遠離了一切，包括親人與朋友。心靈慶幸能絕對地遠離所有的牽絆。我打從意識裡清清楚楚地自我隔絕了。從前我仍有些許遲疑，如今卻果斷而堅決，當然這需要相當大的勇氣。我想所有的一切遭遇與苦難最後証明一切都是相當美好的。它們引起與製造今日的我——心靈能絕對地孤獨，隔離那一切的人世間的虛假，直搗直覺的本質，不管它多麼殘酷與冰冷。

你是個謎。我也是個謎。你我不需了解太多。
總之，你我的相遇是個謎。一場緣份。
世界對你是個謎。世界對我也是個謎。
我盼望你也和我一樣，流浪於這如謎的世界。
世界是個謎，對你、對我都相當重要。
因為它是我們懷念的泉源。
它也是我們生存下去的藉口和勇氣。

林丙丁

形而上、虛無主義 非理性的世界——

青年丙丁思想漂浪之旅日誌

博客思出版社

林丙丁國代（上排右三）與全體黨外公職人員打拚到建立民進黨

楊寶發縣長拜訪母親

麻豆的計程車司機們

丙丁仔與三升仔合影

進入麻豆上帝廟投票

總統別館坐坐

中戴斗笠者為清池吾兄

中穿紅衣者為連豐兄

站最高者為金生兄

楊寶發縣長（左三）、宋時選（左四）、林豐正（右一）
力邀加入國民黨，丙丁未答應他們

服務處籌備

二、三百部計程車
出動義務助選

金生、丙丁與母親在上帝廟前合影

楊寶發縣長（左四）、戴再生議長（左五）、連豐吾兄（左一）拜訪母親（左二）

麻豆的計程車司機
在五王廟前合影

投票選舉總統及副總統

國民大會發言

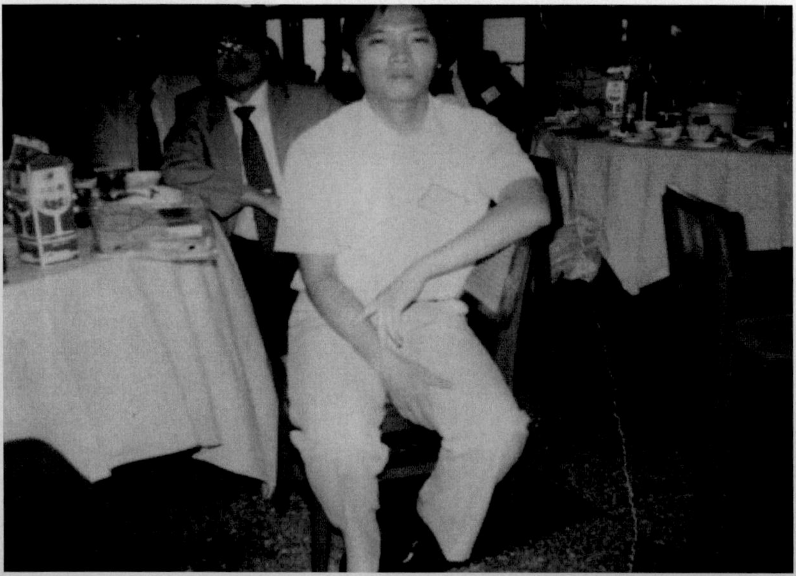

參加黨外人士聚餐演講，林丙丁（前），後坐者為陳水扁

與李登輝國賓飯店用餐。郭慶芳代表（左一）、林丙丁（右一）

與李登輝相見歡

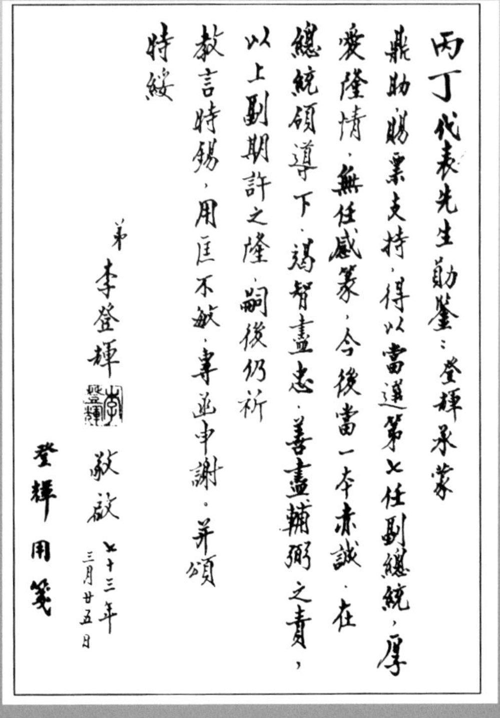

丙丁代表先生勛鑒：登輝承蒙
鼎助賜票支持，得以當選第七任副總統，厚
愛隆情，無任感篆，今後當一本赤誠，在
總統領導下，竭智盡忠，善盡輔弼之責，
以上副期許之隆，嗣後仍祈
教言時錫，用匡不敏，專函申謝，并頌
時綏

弟 李登輝 敬啟 七十三年三月廿五日

登輝用箋

參加國民大會

為張金策演講

前教育廳長王宮田來祝賀

王馬出動

與金生兄向鄉親們致意

一九八五年，三升兄與到訪的前監委尤清（右二）、前省議員游錫堃（右三）、前國大代表林丙丁（左二）及記者陳如願（左一）合影留念

民國六十九年黃天福（左一坐者）與游錫堃（右二站者）陪同登記參選，左二坐者為謝三升

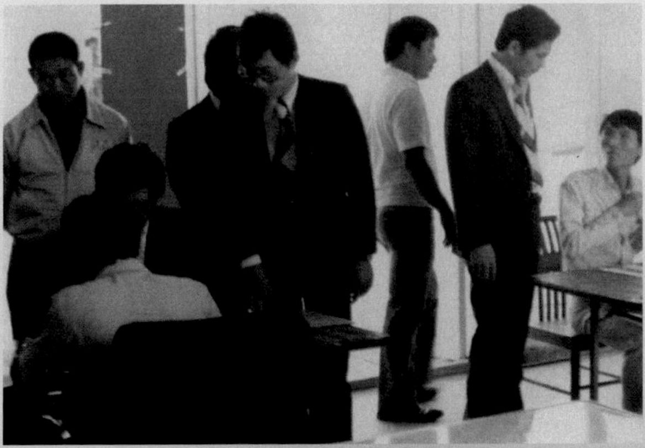

民國六十九年游錫堃（右二站者）與黃天福陪同登記參選，左邊坐者為謝三升，右邊坐者為林丙丁

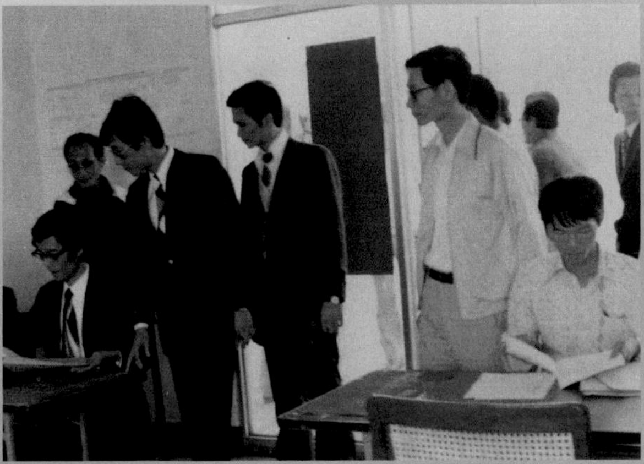

游錫堃（右四）

與「脫褲濫仔」
下層階級鄉親合
影留念

楊寶發縣長拜訪
丙丁的「厝」

縣長與議長進入
參觀那破爛不堪
的「厝」

二、三百輛計程車出現麻豆街頭義務助選

勝選的微笑

母親柳錦女士在競選總部前面揮手致意

曾文初中領獎學金時合影，上排紅圈者為阿扁，下排右紅圈者為丙丁，下排左紅圈者為台南市長許添財。

么弟林金源教授與母親合影

選情之夜

在車子前面越過馬路者為「火雞仔」王龍鎮

歐洲考察旅遊古羅馬競技場

歐洲考察攝於龐貝古城前面

作者林丙丁

么弟林金源教授

麻豆中央市場前面第一場私辦政見發表會

丙丁陪阿扁登記台南縣長候選

一步一腳印，謝三升與林丙丁共同走出台南縣的民主路

東引島當反共救國軍阿兵哥，丙丁（由上往下第四排左三）

民眾日報　　中華民國七十三年三月十八日

林丙丁借題發揮、抨擊戒嚴法

麥克風言不由己、無聲勝有聲

「播到癢處」眾矢之的、移送紀律委員會懲戒

大膽犯忌自食「惡果」、同仁否認與他「同仁」

例會記要

△因本社林耕嶺社長率團赴日訪問姊妹社，今天例會由巫永福副社長代理主持，這對下屆社長當選人巫永福來說，正是一個很好的實習機會。

△今天是新年的第一次例會，恭禧聲仍然不絕於耳，雖然出席人數較平日為少，但是熱鬧如昔，連電力公司都和我們開了一次小玩笑，例會時停電長達二十分鐘，在暗暗的氣氛下用餐開會，也是別有一番風味。

△今日例會邀請國大代表林丙丁先生來演講，林先生為此專程由麻豆趕回台北，實在非常感謝。林丙丁先生原是文科的高材生，由於對台灣政治具有抱負及理想，因此毅然棄文從政，出來參加競選，當時他除了保證金外沒有其他競選經費，但是憑著其本身具有的學識、才能及熱忱，仍得以如願以償，近年來更是忠於工作而無暇結婚，此種公而忘私的精神，眞是令人敬佩。

林丙丁先生五歲喪父，從小與母親相依為命，靠母親賣菜來維持生計，求學期間經濟常遇困難，如今終於苦讀有成。林先生不時懷念母親平日的辛勞，他說為母親刻苦耐勞的精神亦正是台灣同胞所具有的，若是人人能夠保持這份精神，台灣的未來是光明遠大的。

△最後由代理社長巫永福代表贈送紀念品、社旗各乙份及車馬費一千元給主講人林丙丁先生，林先生說他將珍惜保存這份紀念品及社旗，但將車馬費捐贈本社，並另捐五千元贊助本社慈善事業，本社特在此感謝國大代表林丙丁先生。

程序手册一九八一年版
扶輪季刊開始發售

●程序手册是扶輪季刊歷年來耗資最的大一本扶輪叢書——由精通扶輪知識之社友負責翻譯。

台灣新聞報 民國72年5月1日

實踐競選諾言獎勵清寒

林丙丁昨頒發

清寒獎助學金

得獎學生名單公布

【麻豆訊】國大代表林丙丁為實踐競選諾言獎勵清寒學生努力向學，於昨（四）日分別發放獎學金，于各得獎清寒學生，獲致地方各界好評。

此次國大代表林丙丁所發放之獎學金計有大專組十名，每名二千元；高中組廿名，每名一千元；國中組廿名，每名五百元。林代表除分別寄贈獎學金予各得獎人外並分申賀忱。

茲誌各得獎學生名單如下：

㈠大專組：郭達謙、胡美惠、陳化佩、陳麗華、張麗琦、林志忠、吳泰成、郭天賜、李一義、王麗美。

㈡高中組：吳美錦、陳順吉、吳麗鳳、張秀玉、陳正成、林四浩、謝奇山、王敬法、李玫瑰、莊福山、李丙傳、蔡平山、蔡誠、謝一光、富、龔愛文。陳琍玉、莊天賜、尤詩吟、簡思穎、蕭仲

㈢國中組：許秦珍、胡錦玉、陳玉梅、林裕健、張天成、李鴻志、王龍寶、楊麗美、楊仙珍、胡美珍、林良鴻、王美麗、郭木綠、李忠良、辛麗花、吳鳳珠、蔡美華、毛秀玲、陳玉秀、簡麗敏。

華夏海事商務法律事務所

(70.)函字第二七八一號　第全頁共一頁

丙丁我兄如晤：

70.1.12.函及附件今日敬悉。有關本案事涉刑事訴訟，又無起訴書地院、高院判決書可資參酌，無法得悉內情，俾進一步處理。

本案吳君涉嫌過失致人於死及過失傷害，其中過失傷害部份乃告訴乃論之罪，一經民事和解，苦主不再告訴，即無刑責。至過失致死部份，不論一般過失或業務過失，均屬公訴罪，縱對造不擬告訴，法院仍須偵辦，民事和解僅爲量刑參考。如吳君爲業務過失致人於死，又死者二人，法院量刑七個月，在實務似不從重。特此函覆，請　鑒督卓核。謹頌

時祺

弟陳水扁敬啟

中華民國七十年一月十六日

事務所：台北市南京東路三段九號美樂南京大樓六樓C室

電話：五六四一二九六・五六二七二二二

國大年會討論全民保險
林丙丁以台語發言
引起鼓噪場面火爆

自立晚報 74.12.28.

【台北訊】國大代表林丙丁今天在國大會提案討論發言時由於使用閩南語引與會人士的鼓噪，會會場因此一度陷於混亂，場面相當火爆。

國民大會年會今天討論由陳鑒安代表提建議政府實施全民保險提案時，林丙丁代表上台要求發言。

林丙丁發言時指出，陳代表的提案他很感動，隨即將話鋒一轉，說二十年前美國太空船登陸月球後，太空人中有德裔太空人在接受記者訪問時，一律用德語答覆，因此，他也要使用自己的母語發言，於是他開始用閩南語繼續發言。

此時，台下的代表們紛紛鼓噪，不少代表上台將林丙丁勸下來。但是林丙丁下台後，隨即帶着錄音機再度上台發言，此時台下更是一片叫罵聲。有人乘機將錄音機拿走。

最後，林丙丁在楊天生代表等人的相勸下，結束一場鬧劇。

國大代表林丙丁（中戴眼鏡者）今天在國民大會年會中以閩南語發言，遭大會制止，現場引發一場騷動。（本報記者浮雲攝）

74.12.30

會中發言講方言
會後被人潑熱水
國代林丙丁火大按鈴申告 怒控國代華淑君公然侮辱

《新聞跑道

國代一席話，「潑」婦一杯茶！

林丙丁控告華淑君側記

十二月廿九日，冷清的星期天早晨，臺北地檢處前却有着不冷清的場面。

一羣高擧「嚴重抗議國民黨在國民大會公然施暴、藐視議堂」及「反對政治暴力」標語的民衆，在地檢處前一字兒排開，神態緊張的警察遠遠站着，沉默地對着那白底黑字的沉默抗議。

時間是十點十分。幾分鐘前，國大代表林丙丁，在監委尤清、立委黃天福、臺北市議員藍美津和顏錦福、省議員王兆釧等人陪同下，堅定地按下申告鈴。

林丙丁告的是國民黨女國代華淑君涉嫌「公然侮辱」——因爲他講臺語，所以她特地在他頭上倒了一杯熱茶，好讓他「清醒」。

原來，外表頗有鄉土味道的黨外國代林丙丁，羅建議「飭內閣總辭」的提案被秘書處「吃」掉之後，廿八日上午又勇氣十足地提着一台準備留下歷史紀錄的錄音機上台，用臺語發音對「實施失業保險」的意見。結果他這項以自已的母語吐露心聲的大膽嘗試，雖然爲時僅一分鐘，却引起台下老國代一陣鼓譟，甚至有人衝上台去把他拉了下來。

到了下午，林丙丁抓住機會再度上台。他國臺語夾雜地說，在座的各位代表到臺灣三十多年，居然還聽不懂臺語，實在令人悲哀；北京現在是共匪的首都，我們却把北京話當作國語。中央民意代表再不改選，大家要亡國了。

此話一出，台下「下去！」、「臺獨！」、「不聽話！」之聲不絕於耳，又是一陣兵荒馬亂。這次，他的「歷史見證」雖然保住了，却被淋了一頭熱茶。

●這是對國民黨不尊重台灣人母語的反抗。

風聲、雨聲、讀書聲、聲聲入耳，
國事、家事、天下事、事事關心。

各位親愛的父老兄弟姊妹們：

有人說：受苦的人沒有悲觀的權利。法國有一個名人也講：窮人更需要奮鬪。

二十年前。今年這一年剛好滿滿整整的二十年。我的父親逝世了。

我的母親帶領著六個飢寒交迫的男孩，落戶於麻豆鎮的中央市場旁邊。

那個破破爛爛、舊鉛片、古木板搭成的「房子」，至今仍然原封未動地留下來。它是我們僅有的住居。我們的家就在那裡。

那裡一直埋葬著母親的青春和苦難。

那裡具有著永恆的價值。和不可磨滅的回憶。那裡自小充滿著我們的歡欣和沈悶。

我們並不表示願意丟棄它，來繼續參加這次的國大代表競選。

訴說我個人的家庭歷史也絕對不是為了爭取同情票。假如投我同情票那就錯了。

訴說個人的家庭歷史只是為了更進一步地向各位父老兄弟們表明：丙丁比別人享受過更多慈母的教誨；接受過更多困難鍛鍊的機會。他是自由和幸福的。除了金錢、物質外，他所接受過的親情比別人更自由和廣大，所以他是一個有毅力的人。

選舉，為窮人爭一口氣，是他從小的志氣和想望。

犧牲在所不惜。

⑥

學歷：省立台南一中
國立中央大學外文系畢業
文化大學英語研究所

年齡：二十七歲

經歷：家教、打雜工、公司副理、新營私立興國中學、台南長榮中學英文老師
六十七年南縣區域國代候選人

台南縣區域國代候選人

林丙丁敬啓

賜教處：麻豆鎮上帝廟後

電話：(〇六四) 724517 722019

林丙丁後援會助

麻豆印刷廠承印
電話：(064) 721623 722228

目錄

壹、永遠的勞動者與受苦者——我的母親 柳錦 女士 35
一、父親的過世 36
二、阿母的受苦 43
三、阿母永別這個苦難的世界 59
貳、台灣最偉大的勞動者之一——林清池先生 63
參、無產階級對抗資產階級的選戰——台灣有史以來第一次 73
一、我第一次參加了中央民意代表的選舉，那是一次中斷的選舉 73
二、從研究所辦理「退學」，再度參選 99
三、下層階級最後的奮戰與勝利 112
肆、我參與了台灣民主運動——覺悟與反省 118
一、擔任「二次不升」、「三次才會升」的謝三升競選總幹事，高雄美麗島事件黃信介的辯護律師陳水扁「匾額相贈」 118
二、「窮人是富人的罪惡」我到美國接受毅音舅舅思想的鍛鍊 139
三、對抗新潮流系、對抗台南長老教會、對抗李宗仁，毅然決然踏上民國七十二年立委選舉政治不歸路 144
四、再度幫忙謝三升。第一次擔任阿扁競選台南縣長的助選員 160

五、打破國會有史以來記錄，第一次使用台灣母語在大會中發言，「老妖精」華淑君以熱茶水淋頭，「黨外人士」陪同按鈴申告　169

伍、形而上、虛無主義　非理性的世界　177

一、受苦　出書新聞稿（代序）　177
二、思想的救贖　179

陸、大學日誌　199

柒、軍旅日誌　298

阿兵哥（一）　298
阿兵哥（二）　320
阿兵哥（三）　326

捌、附錄　362

一、兩根香蕉的故事（註冊記）　362
二、沒有電燈的求學生活　371
三、懷念楊堯風老師　375
四、我遇到了林春成老先生　381
五、我生病了，不久謝三升也過世了　386

壹、永遠的勞動者與受苦者——我的母親 柳錦 女士

民國九十二年四月八日

我的母親是真正受苦的人。她過世到現在將近五年了。我每天無時無刻不思念著她。今年的清明節，就是大前天吧！我長跪在母親的墳墓前面，低頭回想起她生前所受的一切苦難，不知不覺地眼淚直落了下來。我用模糊的眼睛看著墓前的石刻文字，上面寫者「八十七戊寅年菊月吉」，內心的傷痛無法用文字加以形容。我想我的這一跪是真正最適合我不過了。我的這一跪好比是在表示懺悔，我真的是一位罪人啊！我不但沒有真正地哪一天孝順過母親，我反而因為選舉，參加了所謂的「台灣民主運動」而替她帶來了相當多的困擾和麻煩。這個更加勞苦母親一直到死亡為止。

想起她為我所付出的一切母愛，再想一想我所帶給她的一切不幸，我真的是一位不折不扣的不孝子啊！

母親啊！母親啊！生前在您的病榻前面我曾流著眼淚告訴您：我一定要為您寫一些東西來讓世人知道您受苦的經歷，這一本書，不孝兒丙丁正在寫啊！祈望您在九泉地下能含笑歸土，我在這個受苦的世界如果完成了您生我、養育我、供我讀書的最真正目的和使命——悲憫窮人、服務窮人的運動之後，我不久也要回到您的身邊啊！

您等著我啊！母親！阿母！我無時無刻不思念您。

一、父親的過世

我的母親柳錦女士，是外公最大的女兒。她的下面一共有四位弟弟和三位妹妹，可以說人口眾多。她曾接受過日本時代的「公學校」小學的教育，但因為家中經濟極度窮困，就沒有辦法繼續唸下去。那時候，外公又長年逃亡流浪在外，很少在家，為了幫忙家計，所以到處做苦工來撫養下面人口眾多的弟妹。

我的外公柳德裕是一位專門畫西洋畫、油畫的畫家，個性浪漫，他曾經獲得日本人頒給他的許多大獎。我小時候的印象：他的客廳裡擺著一座高高的神龕，裡面一打開，金碧輝煌，置放有他得來不易的不少獎座。小時候，每一次到外公的家裡，常常喜歡把那神龕的門打開，窺探裡面的世界，想像如果那黃金色的「壁彩」下面如果是黃金的話，那該有多好，一切貧窮都可遠離了。

我的外公後來不知道什麼原因和日本人的關係搞壞了，竟然也參加抗日的行列，日本人急著要抓他，所以他就到處亂闖，一會兒跑到中國大陸，一會兒跑到南洋。我的二哥金生曾經聽「阿扁」的丈母娘，也就是吳淑珍的母親說過：有一次，我的外公柳德裕曾受託把吳淑珍的一位長輩帶到南京，結果走丟了，後來花了好多功夫才找到。所以很久之前，我的外公和吳家關係就相當密切。

台灣光復後，我的外公最後竟然也變成二二八事件的受難者，這也是理所當然的事情。想想那個時代，有良心的知識份子不受難也難。他雖然沒有慘遭槍斃，但也被判了無期徒刑。能夠出獄，是因為他突然中風了，「腦筋斷細條的」，一手一腳麻痺而顫抖。他總共被關了二年六月一日之久。從民國四十年九月十九日到四十三年三月十九日止，包括交付感化前之羈押期間一年七月二十九日，和交付感化十月二日。

外公的遭遇讓他完全不能照顧我母親他們一家人的生活。生為長女的母親，為了養活下面眾多的弟妹，沒有辦法，只好在日本的「公學校」畢業之後，就到處做苦工，後來不知道是否命運的作弄，她輾轉來到父親的草繩工場工作。在那裡，她一生最悲慘的故事就此展開了，因為她竟然和我的父親相戀了。

我的父親是一個早有家室的人，他的年齡大我母親足足有十六、七歲。在那個相當保守的年代，當然我母親的行為是不可能被外公接受的。所以我曾聽母親自己講過：外公知道了這一件事情以後，馬上叫她把工作辭掉，回家就是一頓毒打，而且禁止她再和父親約會。可是最後，母親還是排除一切困難，跟定了父親。

我現在每次回想起我母親的這一件事，不得不佩服她當初對於愛情的執著、忠貞和勇敢。那時候，她的年齡那麼年輕，不到二十歲，竟然做了這麼一件驚天動地的事情。它真的是影響深遠，我不敢說就是這一件事注定了我們一生悲慘的命運。但有時候我也會想：假如當初母親不嫁給父親而和另外一個男人結婚，說不定，我們也不會來到這個充滿痛苦的世界受盡折磨與考驗，而母親也不會受苦一生。

在我微弱的兒時記憶中，父親和母親是相當恩愛的，我從來沒有看見過他們吵架或是爭論不休。可能是我當時的年紀還相當地幼小，加上我和父親相處的時間只有短短的四年，因為我的父親在我四歲的那一年就過世了。

我開始對父親有模糊的記憶應該是四歲開始的那一年。在我的腦海裡，我隱約地覺得他對人相當有禮貌，是一個斯斯文文的人。他曾受過漢學教育，很會吟詩作對。我們緊臨著魚市場旁邊的房子還沒有被拆除之前，在它的榻榻米鋪成的大床上面，我們兄弟六個常常在洗完澡過後，圍繞在父親的四周，玩那猜詩迷的遊戲。好像大家都很興高采烈。

我們住家的對面就是「魚丸洪」，他們是台南縣北門海線地區的佳里鎮搬到麻豆來的。我印象中他們好像有許多事情會來拜託父親，而他們對父親也相當尊敬。他們兄弟有很多個，都住在一起，是一個大家族。一到夜晚，就把燈火開得無比光亮，一家人開始很辛勤地在「轟隆轟隆」的聲音之下製作魚丸。那「轟隆轟隆」的聲音，我們並不引以為意，因為畢竟兩家是感情很要好的鄰居。

我父親的本業是五穀雜糧，生意曾經做得相當大，所以他和台灣中南部，甚至遠至屏東恆春一帶的農民都相當地熟識。他也曾開過「草繩間」。從我母親的口中，他雖然不喝酒，但個性卻相當豪爽，非常重視朋友往來之間的道義和信用。他就是太相信朋友了，所以把大筆的金錢借給朋友之後，自己的生意反而受了連累而失敗了。還好，他唯一的兄弟也就是我的「阿伯」（渥仔）最後變賣了田產來幫忙他度過難關。這一種偉大的兄弟之情真是難能可貴。母親從小就常常向我們提起這件事情，所以她要我們每次看到阿伯，一定要有禮貌，一定要向他寒暄問好。記憶中的阿伯，人相當和藹可親，他滿臉總是掛著笑容。

父親竟然也會幫人家看地理風水，那一套不知道是從哪裡學來的。記憶中的他似乎做人相當成功，每天來找他的人相當多，因為他看地理風水完全是免費不收紅包的。他是基於研究的興趣，而不是以賺錢為目的。而他的死亡似乎也和這方面有緊密的關係。

父親的人就是太熱心了，所以本來不應該「洩露天機」的，他竟然毫不考慮自己生命的安危而幫人家的房子修改方位，以致於被「煞到」，而把自己的生命犧牲掉了。不然他那麼厚道做人，哪裡可能那麼年輕就離開了他的妻子和那麼眾多的子女。他死的時候，年紀只有四十九歲。

父親的死亡還有一個最重要的因素，那就是我們本來一家和樂融融的房子竟然被麻豆鎮公所的拆除大隊有一天糾結大批人馬給拆除了。這一件事情真的對父親的打擊相當大。因為他平常幫過許多人的忙，但事情發生之後，人人都逃之夭夭。

我們緊臨魚市場的房子本來和對面那一整排商店一樣都是磚瓦蓋起來的。平常我父親的「人氣」相當好，大家有什麼事情都會找他。但好景不常，前面的商店為了本身的利益，尤其是那「魚丸洪」兄弟，想要把他們那低矮的一樓平房改建為二樓的「樓仔厝」，竟然跑去勾結麻豆鎮公所的官員和鎮民代表們，說什麼無論如何一定要把我們的房屋拆除，如此才方便他們的擴建。

我當時的年齡雖然相當地小，但印象卻是相當地深刻。那一天早上時間大約是十點鐘左右，麻豆鎮公所的拆除大隊浩浩蕩蕩地乘坐一輛大型的卡車，壯丁個個站在車上手拿著斧頭、圓橇和一般性的拆除工具，顯得威風凜凜。

他們一下車，就不分青紅皂白，毫不猶豫地開始拆除我們的房屋，一刀一斧毫不留情地往我們那已經居住二、三十年的老房子直砍。我的父親大概知道局勢已去，所以故意不在現場，僅管我那羸弱的母親和我們這些可憐的小孩在旁邊一直哀求，他們還是無動於衷。

我隱約地聽到了母親的哀嚎。多可憐啊！好無助啊！真枉費父親平常的樂善好施，一下子什麼人世間所謂的人情和友誼都沒有了。我還記得他似乎曾經去拜託過大埕里的鎮民代表叫什麼「陳新發」的，結果事情發生，他在代表會中也沒有幫父親說話。

整個家園被拆除了，當然平常為人相當正直的父親氣憤異常，不久竟然一病不起，醫生說他得了鼻腔癌。我那時候小小的年紀，根本不懂什麼大人之間的恩怨情仇。我只記得有一天，父親曾經順路搭乘朋友北上的運豬大卡車，一路顛簸地坐到台北去了，原來他是要到台大醫院接受檢查。時間隔了兩、三天，當他又再度搭乘大卡車回來的時候，我發現他的臉龐有一大片已經被電療過的疤痕，它顯得相當的焦黑。而我那時候不懂事，竟然還為父親帶回來的「咖啡糖」手舞足蹈，欣喜若狂，因為那是我生平第一次吃到的最貴、最美味的糖果。我記得它每一顆都有一張塑膠紙包裝著，顏色各式各樣。

父親從台大醫院回來之後，就一直躺臥在以前草繩間的舊房子裡，由母親照料著。母親對他的照顧真的是無微不至，可見他們之間真的存在著愛情。

父親的舊房子是一座三合院，他回來後就睡在旁邊的臥室裡。有一天晚上，外面的寒風冷颼颼地吹得「格子窗」聲聲作響，我覺得外面不遠的樹木上面似乎有異樣的形影在動。我就把這件事告訴了父親，他就從病床裡爬起來把門窗重新關緊。然後，用一種極溫柔的聲音告訴我不要害怕，世界上並沒有什麼不好的東西。

父親後來已經病得相當嚴重，他睡覺的地方被轉移到了「大廳」，台灣的俗語叫做「奔廳」，意思大概是已病入膏肓，無藥可救了。我那時不知道天高地厚，整天無知地在大廳的裡裡外外跑來跑去，和我幼小的兄弟們玩耍著。父親完全不能起來走動了，連排尿都有困難，母親就給他接了一條小小的塑膠管子，垂直置放到病床下面的尿壺裡。長期地躺在病床上，父親背部的皮膚都潰爛了。我還記得母親一直為他塗藥膏，或撒上一種白色的粉末，使它乾燥而能讓父親感覺舒服一點。

每天早上，時間大約是十點鐘左右，母親會拿給我兩張十塊錢的綠色鈔票，她要我到麻豆菜市場買菜。我記得我那時候小小的年紀，才剛滿四歲，竟然空著雙手，沒有攜帶任何袋子，就拿著那兩張鈔票，一個人慢慢地沿著鄉間小路逕往菜市場的方向小步地走著。

在麻豆的中央市場內，我一定會先購買一條虱目魚，那是固定的。攤販的阿伯會用一條已經修剪成細長形的竹片穿過魚的兩邊鰓子，然後打結，叫我要提好，那時候根本沒有在使用塑膠袋。而其他的蔬菜就由我自由選擇看要買什麼。有時候，我會順便購買一根長長的紅甘蔗，把虱目魚和蔬菜掛在頭部的一端，然後從菜市場慢慢地拖著拖著，沿著鄉間的小路走回家。

當然有時候，母親為了增加父親的營養，她會特別給我加錢，囑咐我一定要到哪個魚攤購買比較貴的新鮮魚類，像鱸魚、鰻魚、鱔魚等等。或是買回來一大包的「鱔魚骨」，母親聽人家說把它用來當中藥熬湯，藥效不錯。

父親真的好像是要永遠地離開我們了。「大媽」請了好幾尊神明，供奉在大廳裡，然後就是連續好幾個晚上在外面的院子裡舉行法會。只見在敲鑼打鼓聲中，「乩童」裡裡外外地到處亂闖，而一群人扶著小小的神轎前後左右抖動著。香火的煙霧從大廳擴展到院子裡，形成一片煙霧彌漫的景象。

父親過世的時候是在炎熱的夏天。我記得當天下午，時間已接近黃昏了，那時候夕陽把三合院的裡裡外外照耀得金碧輝煌。父親尚在彌留狀態的時候，母親早已幫他穿好了衣服，而嘴巴裡也讓他含著幾顆小小的珍珠，母親說那是要父親前往黑暗世界的「枉死城」沿途照明用的，讓他能走路順利些，不致於迷失。

當父親斷了最後的一口氣，大廳門口的布幕就被拉了下來，只聽到大聲哀嚎的聲音此起彼落。可是我並不知道哭泣。我的腦海一片茫然，好像人生第一次有了一種「失落」，內心裡感覺似乎有一種最寶貴的東西突然失去了，或是一位最親近的人驟然離開了這個世界。

我拿著一張小小的板凳穿過了布幕，就坐在大廳的門口外面。我的動作好像是在向外面世界的人們宣示著我們這一家的男主人已經離開了人間，我是多麼可憐啊！我已經遭遇到了人生的非常時期啊！

我現在有時候會回想起父親臨死前的狀況。我猜想他那時候內心一定很痛苦，一定很不甘願離開我們。在彌留茫然的狀態下，他一定還會意識到死後他的那一大堆孩子怎麼辦？尤其是看到母親這一邊最大的孩子才十歲左右，而最小的年紀也只不過幾個月大而已。這六個幼小的孩子在他死後一定會在人世間受盡磨難。一想到這個，他怎能不肝腸寸斷？

父親的親戚相當多，我的印象中他的喪禮好像辦得相當隆重。我無知地依偎在母親的身旁，坐在牛車上面跟隨著送葬的行列。母親哭得很傷心，眼淚都流乾了。她那時候，年紀仍然相當年輕，只有三十歲左右。

時間已快要黃昏了，我們的送葬行列一路地從「公界埔仔」輾轉經過了母親娘家的前面，準備把父親埋在南勢的「大尿埔」，而我似乎看到白髮蒼蒼的外公也拄著拐杖，站立在門口向我們揮著手，他和外祖母一樣大聲地喊說叫母親要保重身體、要節哀。

父親死後，母親思念他，常常會哭泣。有時候她會跑到路邊或人家的田埂上，一個人大聲地哀嚎，而我就站在她旁邊不知道如何是好，我真的很希望能安慰母親幾句啊！

我記得有某個黃昏，我自己不知道怎樣，也學著母親一個人坐在「大塘掘」（大池塘）的池岸上，幼稚的一張臉孔朝向西方的天空。那時候，黃昏夕陽已把整個大地照耀得一片大金黃，西方天空的雲彩也是一片金黃色朵朵移動著，而我也隱約地聽到那遙遠的地方有陣陣的鑼鼓聲音傳來，我似乎感覺得到那西方天空的雲彩上面也有一場戲劇正在那裡開演著，而我的父親也正參加著他們的行列。我看得太入神了，茫茫然地一直發著呆。

自從那一天黃昏夕陽之後，我的內心裡就好像籠罩著一大片陰影，揮也揮不去，從此以後就失去了歡笑。我那時候的年齡也只不過是四歲左右，但我內心裡所意識到的世界竟然完全和別人不一樣了。

二、阿母的受苦

父親死後，我們這一家不能再居住在草繩工廠的三合院了，因為在那座老式的房屋裡已有「大媽」和她的七個孩子在居住著。沒有辦法，有一天，母親只好拜託一位已經上了年紀的「老阿伯」來想想辦法是不是能在市場邊那已遭拆除的房子原地臨時搭蓋一處簡陋的居住場所。這一位「老阿伯」精通木工，他是我父親的好朋友，我一直記不起他的稱呼。

當初麻豆鎮公所拆除大隊在拆房屋的時候，實在也夠狠，他們真的把我們的住居夷為平地了。幸好，所有被拆下來的有用建材，像木板、鉛片之類，母親都處心積慮地把它們大部份撿拾了起來，運回鄉下的三合院置放著。

它們已被置放有好幾個月的時間了，受了雨水的沖刷，有的已漸漸地在凋損、破舊。母親請來的「老阿伯」很體貼母親的辛苦，所以就不再購買新的材料，全部利用現成的。再破舊也沒有關係，只要「拼裝」起來我們能夠居住就可以，哪管它簡陋不簡陋？而「老阿伯」也很有同情心，他只象徵性地收了母親幾十塊工錢而已。

我們的「房子」簡直不像是一個房子，哪裡像是一個房子呢？屋頂是薄薄的石棉瓦板，而四周是破舊的木板和鉛片所圍成的。有隙縫的地方，就用破舊的麻布袋遮掩起來。尤其我們的「房子」和洪家的「樓仔厝」背後牆壁之間相隔有一條長長而狹窄的通道，母親只能拜託「老阿伯」利用一大片長方形破舊的鉛片折彎打造成凹型遮掩在上面，而連接那洪家牆壁的地方硬是綁著厚厚的鉛條支撐著。

如此簡陋的「房屋」，處處有隙縫和破洞，哪裡能抵擋得了刮風下雨的侵襲？母親和我們六個兄弟剛搬進去居住的第一天，突然在半夜，下起了傾盆大雨，情況真的相當淒慘。雨水不斷地從各處的隙縫滲透了進來。我們六個兄弟本來擠在一起睡覺的那一張床也整個被淋濕了，最後弄得大家都不能睡覺，只好跑到市場內的魚攤上面躺著。

好可憐喔！好可憐喔！這種一下大雨就不能睡覺的情形就這樣地陪伴著我們兄弟們長大。我在童年，曾經看過一本連環漫畫《風雨中長大的孩子》，如果拿來和我們兄弟的遭遇相比，實在是遜色太多了。尤其是遮掩在通道上面的那破舊的鉛片總是東好幾個洞洞，西好幾個洞洞，下雨的時候，充沛的雨水就直接地往洞洞直落了下來，厚厚實實的雨滴淋得人的頭部冰冰冷冷的。最可怕的就是那通道上面已成凹形的鉛片最後總是會匯集各方的雨水然後像是洪流似地直往「房子」的前面傾瀉，它簡直像是小小的瀑布，令人有如置身在「水災」之中，那也是後來母親賣菜常常站立的地方。

父親死後不久，林家曾經召開了家族會議，在會中母親根本沒有任何發言權。本來大家說好：父親的遺產中有六千塊錢要讓母親保管以後當六個小孩子的教育費用。結果並沒有實現，原因是那個叫做「林仔井」的家族老大竟然在會中提議暫時把那六千塊錢的教育費用扣留起來，等著以後孩子教育的花費有需要的時候，再一次一次地給。不要一下子讓母親拿走，原因是他們害怕母親將來會改嫁，把那六千塊錢據為己有。所以自從父親死後，母親根本沒有分配到什麼「遺產」，如果有的話，那就是中央市場旁邊的那一個世界上最破爛的「房子」和六個小男孩，將來要來讓她一生的歲月受盡苦楚與「拖磨」。

為了把六個男孩帶養長大，母親雖然沒有什麼錢，但她最後想出了一個做生意的辦法：先到「大賣市場」去哀求那些大盤商人給她賒帳，把一、兩樣蔬菜先帶回來販賣，等到菜完全賣完以後，再把錢歸還。禁不起母親苦苦的哀求，結果大盤商人答應了。

母親使用「賒帳」的辦法，開始在我們住家的門口前面擺設攤位賣起菜來了。剛開始一、兩樣，漸漸地隨著客人的增加，販賣的貨色也漸漸地增加了。母親賣菜的攤位就在麻豆中央市場的北邊出口。她身體再怎樣疲憊不堪，每天凌晨三、四點一到，就會馬上起床，然後到「大賣市場」去批貨。再怎樣大捆的菜，母親都是一個人獨撐著背回來。在我的記憶當中，我好像從來沒有看過她叫我們幫她，因為我們那時候的年齡都相當地幼小。

我們一家就好像是生活在世界的邊緣。有時候晚飯後，有陣陣蟋蟀的悲鳴傳來，母親就會告訴我們那蟋蟀就是父親的化身。他不該那麼早死，他是冤死的，他一定是被關在「枉死城」裡面。由於不放心我們，所以特地被允准從地獄中回來看我們。父親看到我們孤苦無依，感到內心相當地難過，所以發出了悲鳴。所以在那簡陋的屋子裡，我們的晚餐幾乎都有蟋蟀的悲鳴伴隨著。

母親的勞苦是「無瞑無日」的，她所拼的就是「一口氣」，靠著她自己一個人的力量，準備把她的六個寶貝男孩帶養長大。她不能被「林仔井」唱衰。她自己受苦沒關係，只要她六個可愛的男孩將來能夠長大成人，那她的受苦就非常值得了。

但是前面所擺著的卻是一條相當漫長的道路。未來的前途真的是一個謎啊！

每次遇到颱風大雨，家裡就像在作水災一樣。記得有一天，我睡覺起來，突然發現床下的積水已到達了床沿，簡直嚇得魂不附體。每次水退以後，就到處泥濘不堪。而我的母親賣菜是不管雨下得多大，就是颱風雨，她也照常營業。所站的位置剛好是通道上面的鉛片雨水匯流形成「瀑布」下注的地方。一個人頭戴著斗笠，身穿著破舊不堪的雨衣，她的一雙大雨鞋常常會滲入雨水，等到覺得雨水積滿了，她就會脫下來，把水倒出來，然後再穿上去，連續的動作幾次以後，裡面濕透的襪子後來乾脆就不穿了。

她在賣菜的攤位前面一站就是整天，等到了夜晚，當她把雨鞋脫下來的時候，只見她的那兩隻疲憊不堪的大腳丫，前面的腳趾部份已像生了香港腳大病似地蒼白得都快潰爛了。然後母親會坐下來用針一針一針地刺它，把爛肉給剔除掉，只見鮮血淋漓。好可憐喔！我每次想到母親悲慘的這一幕，心裡就不斷地在淌血，似乎有一根針在一針一針銳利地刺痛著我的心胸。啊！我的母親，您真的是受苦啊！我的眼淚已不知不覺地直落了下來。

母親為了我們，最可欽佩的是她的意志力。父親過世後，她似乎早已把自己整個化身為一處堅強的堡壘，或是一具百折不撓的戰鬥體。她的生是為了六個孩子，她的死也是為了這六個孩子。無論環境如何地惡劣，她一定要和那苦難的命運搏鬥。

父親死後，我們剛搬到中央市場沒有多久，一天到晚都有長輩到母親的攤位來向她試探。由於母親的年紀仍然相當年輕，他們常常勸她早日改嫁，可是母親無論如何都不答應。而來要求母親把六個小孩送人的，大有人在，尤其是我最下面的這三位。記得么弟小時候長得有點像日本小孩，非常可愛，人家常常要來抱他，可是我的母親硬是不肯。有一次，我也差一點被帶去台中的孤兒院。在我母親的內心世界裡，她想得相當清楚：她意志堅決地，再受怎樣的苦，寧願把我們獨立撫養長大，也不願意把我們送人。

我們家的門口，從母親賣菜的攤位進去正好是麻豆中央市場北邊出口。那裡正好也是一整排的肉攤和一整排的魚攤交接的地方。母親為了養活我們，每天中午，當市場的客人比較稀少的時候，她會到市場裡面魚攤前面的小水溝撿拾一些魚販殺魚後不要的內臟來飼養雞鴨，其中烏賊的卵，可以炒薑絲，它是我特別懷念的美味。

我小時候當然也會到魚拍賣市場的冷凍庫前面去撿魚。每當大卡車把一箱一箱的「冰魚仔」卸載的時候，我們小孩子就會蜂擁而上，撿拾那從斜斜的梯子掉下來的「冰魚仔」。記得我最喜歡的魚是「肉鯽仔」。每次把它洗乾淨之後，上面塗上鹽巴，用熱火煎一煎，一尾就可以配好幾碗飯。當然不可能是白米飯，而是「蕃薯籤飯」。

母親因為要做生意，所以有時候中午時間常常沒有辦法順利地煮完一頓飯。有時候炒菜炒到一半，客人突然來了，她也不能丟著「烹爐」不管，所以她會叫我在爐火旁邊幫她看著。後來，我就乾脆自告奮勇地要母親教我如何做飯煮菜。所以我大概從五歲左右開始，就幫家裡煮中飯。

那時候，在鄉下根本很少有瓦斯爐，大家都使用「烹爐」，撿拾回來的木材和稻草是免費的。燃燒柴塊，火起不來的時候，就拿一隻圓圓的竹筒直往爐子裡面猛吹。我那時候因為年紀很小，沒有多大力氣，以致於常常吹得滿臉漲紅，眼睛都被滿屋子的炊煙燻得無法張開。

殺魚不用說，我也學會了殺雞。逢年過節時，母親會叫我把後面飼養的雞抓出來。首先準備一碗生米放在地上，然後我坐在一張矮凳上面，右腳踏住雞的一對翅膀，左腳踏住雞的一雙腳爪，抓住牠的頭部便開始拔牠喉嚨外面的雞毛。拔光以後，要割牠的喉嚨之前，母親教我先唸咒語，台灣話內容大概是：「作雞作鳥無了時，殺雞殺鴨好代誌，後世人出世好野人子兒」，意思是：「作雞作鳥要過無窮無盡的苦難的日子，所以今天我來宰殺你是一件好事情，讓你能解脫這世界的苦難，早日投胎轉世，希望你後世能變成有錢人家的小孩。」咒語一唸完，我的菜刀就往雞的喉嚨割了下去，只見鮮血淋漓，直往地上那一碗已準備好的生米上面下注。雞的喉嚨一被割，就會一直掙扎著。那時候，雙腳要踏緊，一直到牠的血流只剩一滴一滴的掉下去，而牠也會軟弱無力地慢慢停止了掙扎。等到碗裡面的雞血和生米凝結在一塊之後，它一被煮熟就是一碗不折不扣，嚐起來很美味的「雞血糕」了。而整隻雞用熱水燙過之後，就可以開始拔毛了。

殺雞是一件相當殘忍的事情，現在回想起來實在很可怕。可是那麼困難的環境，又能怎樣呢？我那時候，年幼無知，總共不知殺掉了多少雞隻，回想起來真的是罪無可逭。我們那時候，連生過病的死雞死鴨也殺，甚至人家送來的病死乳豬也殺。將死豬肉用薑絲一直熱炒到油水都跑出來了，最後味道也真是香美可口，配稀飯最好吃。

最不可思議的是「炒臭雞蛋」。母雞孵蛋過了一段時間，把蛋取出，一一地在陽光之下使用紙作的竹筒子照一照，很容易判斷出來哪幾顆是不能孵化的蛋，慢慢地它們就會轉變成

「臭雞蛋」。把它們打破，用「黃花草」或「九層塔」熱炒，可以說是人間的美味。聽說它還可以療傷，如果被人家打得遍體鱗傷，食用過後，身體會康復得相當快速。

我們那時候，真的是沒有辦法，所以不得不食用這些不可思議的東西。因為我們的家實在是太窮困了。那個經濟相當貧乏的年代，如果沒有這些東西的話，很多窮人家都要餓死了。

那時候更談不上使用冰箱，我們所吃的往往是隔了一、兩天或三、四天的飯菜，它通常叫做「醋酸飯」。現在回想起來，真的更不可思議。如果是現在，這些東西老早就倒掉了。但很奇怪的是：那時候，很少看到有人因而鬧腸胃炎。這真的是台語所說的：「吉人天相」、「吉人自有天上福」、「天無絕人生路」等等。

麻豆中央市場裡面中間有一塊「空地仔」，那本來是給人家停靠腳踏車的地方。但一到下午，市場的顧客少了，停放在那裡的車子也幾乎沒有了，那一塊空地就變成是我們小孩子最好玩耍的地方。只見各式各樣的遊戲，包括「捉迷藏」，有時候更會展延到市場內肉攤與魚攤附近的走道。它在我的童年生活中一直佔有極重要的地位。

在鄉野田間隨便和年齡比較大的孩子玩什麼都沒關係，但是母親絕對禁止我們跑去河裡或池塘游泳。我們常常和大小孩用彈弓打小鳥烹烤，到田裡撿蕃薯「焢窯仔」，尤其是在田裡找土塚用水灌「肚白仔」蟋蟀，挖「後炮」。抓回來之後，一隻一隻地把牠們肚子裡的大小腸抓得乾乾淨淨，用清水洗過，然後把蕃薯切成細長型，一條一條地插進每一隻「肚白仔」的屁股裡面，用熱油一陣子炸過，把牠炸得酥酥的，真是人間美味啊！

有時候，我們孩子們也會在路邊，或草叢裡釣青蛙。不用魚鉤，但要事先挖好肥大而且是灰黑色的蚯蚓。不能挖紅色的，因為紅色的長得太細小，它往往被使用來釣魚類，像草魚、鯉魚、鱸鰻等等。

把七、八條灰黑色的大蚯蚓捆在一起，綁在長約一公尺大粗線的一端，然後粗線另外一端綁在竹竿上，把它丟進草叢裡，不斷地抖動著竹竿，這時候青蛙會被引誘跳出來把整梱蚯蚓大口咬住。

青蛙因為大口咬住蚯蚓，嘴巴來不及掙脫，所以就糊里糊塗地被我們趁勢釣上岸來了。趕緊地把牠丟進事先準備好的麵粉袋裡，而那袋子開口處已用鉛線圍成一個圓圈方便青蛙的進入。有時候，如果想吃「烤青蛙」，可以在馬路邊的水溝垂釣，只要把竹竿子往後一摔，剛好把釣上來的青蛙摔在後面石子路的酷熱泥沙裡，牠一下子就被烤熟了。

台語說：「一枝草，一點露」，鄉下以前的小孩雖然貧窮，但他們會想辦法，接近大自然，然後在大自然之中討生活。大自然裡的豐富生命是現代都市裡的小孩子無法獲得與體會的。

想起來也真可悲：以前在鄉下，我們當小孩子的時候可以到處亂跑、跳，而現代都市叢林裡的小孩子卻沒有地方可以玩，整天打電動，好像是關在籠中的小鳥。

小時候，我們還有一個最好的去處那就是到外公的家裡去當「果子狸」。走向麻豆國小，途經「漢碰寮」（經營私娼生意）前面的一大片垃圾堆，然後繞彎經過「屠宰場」，直往南勢，路途對小孩子們來說是相當遙遠的。但為了摘取外公家的「土芭樂」和蓮霧，我們小孩子一有空就今天兩個成群，明天三個結隊，手拿著「卡子仔」走上外公家遙遠的路途，「卡子仔」就是用「鹹草布」編織而成的袋子。

記得每次到外公的家，外祖母就會一再地叮嚀我們不可以偷摘「釋迦」，因為它的價格比較昂貴。但每一次，我們都會偷偷地把表皮還是綠色，尚未成熟的「梨仔」（釋迦）隱藏在「土芭樂」和蓮霧的下面，然後把「卡子仔」壓得低低的，這樣就很容易地瞞過了外祖母的眼睛。一回到家，我們把「釋迦」埋在米缸裡，不久它就成熟了，嚐起來真是人間美味啊！

外祖父尚活在人世的時候，每一次我到他的家裡，都會看到他孤獨地在臥室裡發呆。我那時候年紀太小，也不知道主動去和他打招呼。他有時候肚子餓了，會拄著拐杖慢慢地走出來到廚房裡去挖「鍋巴」吃。他的舉動在我小小的心靈裡留下了不可抹滅的印象：一位藝術家竟然因為時代的窮困，而淪落至此。當然母親也常常煮一些比較營養的東西要我們帶去給他吃。

他畫了好幾幅彩色油畫掛在客廳裡，其中有幾幅是畫我母親的。記得有一幅是畫母親戴著眼鏡，斯斯文文的站在鋼琴的旁邊。那些畫作如果現在有留存下來，該有多好。可惜，都被我那最小的舅舅無知地丟棄在豬圈的旁邊毀了。前幾年，我的穀音舅舅從美國回來，曾整理外公柳德裕的生平準備給《藝術家雜誌》去發表當封面。根據他們的估計，如果他那些遺作還存在的話，可能價值不菲。

母親很有做生意的頭腦。她曾受過日本「公學校」（小學）的教育，所以她會算帳，也會使用算盤。除了賣菜以外，她也嘗試著販賣其他的東西，像「草繩仔」、穀物之類。我印象比較深的是在清明節，有時候母親也會販賣「麵餅」、大麵之類應節的食品。而父親以前曾經做過五穀雜糧的生意，母親一直念念不忘。她也真夠厲害，竟然能連絡其他縣市的「源頭」把「蕃薯籤」、「粉頭」之類的穀物整部卡車運來，然後叫搬運工人把它們堆得高高的。要販賣的時候，才一袋一袋地打開展示給客人看。而母親也販賣甘薯（地瓜）。只見一條一條的甘薯堆在地上，有紅皮的，也有黃皮的。有的品種是把它切成一半時，裡面是紅心的。

曾經有警察來找過母親麻煩，站在攤位前面，指指點點，我也很不服氣地用眼睛瞪著他們。可是，在我的記憶當中，警察就只有來過這麼一次，他們可能是體諒我們的境遇吧！

母親也曾經自己製作過「鹹瓜仔」販賣。整卡車的大黃瓜，把它們丟在租來的大水池裡，然後全家出動，開始一根一根地把它給切開成兩片，使用湯匙把它的「籽」整束地挖了出來，然後一條一條地撒上粗鹽，放在水缸裡面，把它們用「離仔卡」（大拖車）很辛苦地一缸一缸地存放在「林仔井」他家前面的大水槽裡。我記得，每隔一段時間，母親會去一缸一缸地查看是否它已被「醃」透了。如果真的醃透了，就可以再用「離仔卡」運到菜市場來販賣。母親所醃漬的「鹹瓜仔」真的別具一番風味，很受「人客」的歡迎。

為了養活六個男孩，母親真的想出各種做生意的方法。而這些做生意的方法，全部要憑靠自己的勞力。母親做生意絕對謹守信用，斤兩她會儘量厚道一點。有時候人家買一樣菜，配菜方面的薑或辣椒她都順便奉送。遇到「年仔節」，我們兄弟就會很早起來，各據菜攤的一方，問候客人。有時候幫客人拿菜，有時幫客人用「鹹草線」（繩）綁菜，一直站到中午，當人群逐漸散去。因為我們的功課不錯，客人除了買菜之外，有時候會對我們稱讚一番。說我們兄弟都很孝順，成績又很好。這種生活體驗比起學校有時候動不動就給學生訓導一番效果還好。

母親為了父親而守寡，她從來沒有講過父親的任何不是，也沒有任何一句埋怨的話。她也不怨嘆命運，只是一味地忍受，把一切希望都寄託在孩子的身上。而她所穿的衣服永遠是破爛不堪的。家裡大家共同使用一條毛巾，等到下雨，用雨水清洗的時候，擰一擰，結果裡面都是「涎」。

我記得那時候曾經有「美援」，貧戶也會配給一些麵粉和餵豬的奶粉。有時候我們會把麵粉用水拌一拌煮成「麵疙瘩」，或是炒成「麵茶」。而豬吃的奶粉把它加上糖粒用來乾吃更是美味。

我小時候也學母親做生意，賣過糖果。先花大約四塊錢，到「周仁仔叔」的餅干店裡向老闆購買一盒糖果，然後讓鄰近的兒時玩伴抽，四塊錢約可賺進二塊。接著再購買比較高級的「再抽」花生糖，賺了錢之後，再購買比較貴的「魷魚絲」盒。那時候，我常常慫恿有錢人家的小孩回家向父母要錢來抽我的糖果。整個暑假過去了，總共可以賺進五、六十塊錢。有時候也會販賣冰棒，有一次我不小心，還把老闆借給我的冰筒摔破了，結果要賠償人家二十多塊錢。我也曾經異想天開，到果菜大批發市場去購買了一大籃子的棗子，清洗完後，放在一旁，然後購買一包粗糖，開始加水在鍋子上面熬煮成糖膏，加入紅色的染料，結果因為火燒得太久了，紅色的最後都煮成黑色的，我簡直嚇死了。沒辦法，我還是硬著頭皮，製作我那黑色的「棗仔糖」，照賣不誤。

家裡再怎麼窮困，母親也一定要我們讀書上學。我記得要去唸小學的前一天晚上，母親帶我到服裝店裡去買一件卡其褲和一件白色的襯衫，但還是缺錢買鞋子和皮帶，我只好想到一個辦法，那就是使用「鹹草繩」綁在我的腰上，但我還是要赤著腳上學。

這種赤著腳上課的日子，是延續整年的，無論寒暑，甚至一直到我小學畢業準備唸初中的時候。

從前我讀小學的時候，中午是可以回家吃中飯的。我也可以順便幫母親煮飯，因為她總是為賣菜而忙著。

那時候，鄉下幾乎沒有柏油路，道路大都是沙石鋪成的。冬天時，當然兩隻腳丫被地上的寒氣凍得紅腫，而路上的小沙石也刺痛無比，可是一切都要忍耐。比較可怕的是夏天的時候，路上的泥沙滿天飛揚。每次中午回家吃午飯的時候，熱燙的泥沙把兩隻赤裸裸的腳底燙得都脫皮了。有時候，一個不小心，腳趾頭就碰到了石頭或磚塊，鮮血淋漓，血液與泥沙混合在一塊，而泥沙最後總是蓋滿著整隻受傷的腳趾頭，才不管它呢？根本不曉得這樣子危險不危險，更不可能有錢去打「破傷風針」。

而那「鹹草繩」的皮帶，有時候一不小心，腰部稍為用力就會斷掉，褲子整個就掉了下來，當場在同學面前出醜，所以我的書包裡常常要準備好幾條「鹹草繩」，以防萬一。

我記得讀小學從一年級到六年級，我的褲子就是那麼一條，東縫西補，永遠是破破爛爛的。尤其褲子後面總是破一個大洞，常常受到同學的欺侮，一些家境比較富裕的同學常常在下課時間會拿竹枝子來作勢要插我屁股。

母親很明白我們在學校裡的困境，所以對我們她自己都常常會覺得很「抱歉」。她不會打我們，這是我這一生當中對她印象最深刻的。她如果覺得我們的行為有什麼不對的地方，幾乎都會傷心哭泣，我們一看到這種情形，行為就會自我收斂而改正過來。所以我至今仍然極力反對打罵教育。

我上大學之前，我們的家一直沒有電燈。台灣那時候沒有電燈的人家真是少之又少。有時候母親會拿「五角銀」要我去買「番仔油」回來點油燈。那微弱的燈火亮度只能稍為照明，如果要用它來讀書，真的會傷害眼睛。所以我們小孩晚上的讀書地方只好找中央市場出口的路燈底下了。有時候寒冬太冷，就會到處打游擊，像果菜批發市場的「組合」就常常有我們兄弟的足跡。也不一定是哪個固定的地方，只要能借到光線，我們兄弟都會出現。

我小學剛開始時並不會唸書，第一次的考試只得二十多分，回來被兄弟們罵死了。後來發憤圖強，對讀書突然開了竅，一年級上學期雖然只得了全班的第二十名，但下學期竟然跳到全班的第八名。等到我二年級時，上學期就跳到第三名，下學期變成第二名，儘次於里長的小孩。到四年級時，開始有升學課後輔導，我正為沒有錢繳補習費而煩惱。可是上課的第一天，林傳枝和林榮題老師就把我叫到他們兩人的面前，勉勵我一番。他們好像有調查過了，知道我的家境相當地窮困，而我的書唸得還不錯，所以他們要我放心讀書，我的補習費用可以免繳。

我至今對林傳枝和林榮題兩位恩師的栽培永銘難忘。我的導師是林榮題，他教算術，而我的國語是由隔壁班的林傳枝老師擔任。乙丙班是聯合教學的，因為林榮題老師和林傳枝老師是很要好的同事。

我從小學四年級，成績可以說是全班第一名，尤其是算術，模擬考四回一共四十八張，每一張我都考一百分。而林榮題老師也常常要我站上講台，在黑板前面充當小老師，為同學們解答算術題目。

每次上算術課時，林榮題老師常常會有意、無意地向同學們提起我的刻苦向學，他要同學們向我學習，以我為榜樣。我有時候真的會很不好意思。但林老師的這一種勉勵對我的一生影響非常大，我從那個時候開始對自己有了信心。我認為：「我是會讀書的。」，我不會因為家裡的窮困而頭腦變得平庸。

父親死後，家族會議中林家曾答應六千塊的教育費用給我們這些小孩。母親後來為了清池兄考上初中，懇求林家，可是沒有結果，向別人借也借不到。我深深地記得我上小學三年級的時候，有一天，我告訴同學說：「今天我的阿母背著我最小的弟弟去曾文初中，準備向校長譚地大求情，希望能給我的二哥清池兄一個機會，能繼續在曾文初中讀下去，不要只為了區區六十塊錢的學費尚未繳納就要把我的二哥退學。」。誰知當天下午，我回到家時，我母親傷心地告訴我：她今天背著么弟到學校去，結果沒有見到校長，可是向教務主任莊南山求情的時候，竟然被他趕出來。我的心裡聽了相當地難過。

清池兄被學校退學的事情對我們家真的是很大的打擊。本來我們都期待他三年以後可以考上師範，或師專，將來當一位老師，這對我們的家庭經濟一定有很大的幫助。而他輟了學以後就留在家裡幫忙母親和我們這些兄弟們，自己犧牲了一生的享受。母親曾說她這一生最大的遺憾就是不能讓清池兄繼續升學。

我們兄弟一感冒生病，母親一定煩憂終日，不吃不眠。曾經有好幾次，么弟金源著涼發高燒，母親就把他背在後面，趕急地穿越著中央市場裡面的魚攤、肉攤以及服裝店，而我緊跟在後追著他們，目標是「林仔滿」（滿伯仔）的私人診所，每次都是如此的緊急。「滿伯仔」是父親很要好的朋友，他對母親很客氣，常常不要拿母親的錢，但是我的阿母仍然堅持照付。他有一個女兒叫林淑靜（阿靜仔），是我的小學同班同學，人長得高高的，很秀氣，一副「傻大姊」的模樣。她對我很關懷，有同學要欺侮我的時候，她會像小男生似地加以阻擋。

我就讀初二的時候，不知道什麼原因，我的左小腿上腫了一大塊的「粒仔」。有一天母親真的在我放學以後來曾文初中接我去給中醫治療。他們真的把我的「粒仔」殺了，只見裡面的膿血流了一大堆，後來就好了。而我現在左小腿上面仍然有一個很明顯的疤痕，每一次觸摸到它的時候，我就會想到阿母來學校接我的那一幕。

曾文初中有一位教理化的唐震環老師，曾經擔任中國時報的記者。他曾到我們家好幾次，準備要來拍照，把我們家的窮困情形寫在報紙上。勸說了不知多少遍，母親不答應就是不答應。我們寧願在飢餓的邊緣，也不願意被刊載在報紙上接受募捐。

唐老師後來發生「綁架」案，入了獄，曾寫了一本小說《衝破黑漩渦》。現在有時候我也會想起他，盼望他一切平安。

母親含辛茹苦地把我們這些兄弟帶養長大，完全基於一片天生的「母愛」，她絲毫不要求我們的回報。而她似乎從小就已開始認命，甚至一出生就開始認命：她這一生是和「富貴」無緣的，談不上什麼歡笑的日子。如果有的話，也只有和孩子們相依為命的慈愛與悲苦而已。看到孩子們個個都能長大，沒有學壞，就好了。而她最喜歡看到孩子是「讀書的」，但也萬萬不能靠著讀書去欺壓別人。

她似乎認為她自己的「受苦」沒有什麼，總之上天是要她來這個世界受苦的。而「受苦」竟然也非常悲劇性地變成她的生活習慣了。她凡事都為別人著想。有時候，我看著母親的照片，我真的看到了「救苦救難的觀世音菩薩」。

而有時候，我也會想：母親為什麼要那麼堅貞地為父親守寡？為什麼意志要那麼堅定地守著我們這六個兄弟？這真是一項天底下最大的悲哀啊！父親帶給她這苦難的命運真是太「罪惡」了，所以我有時候真的會怨恨起父親。

我也怨恨起我自己。為什麼？因為從民國六十七年開始，我竟然帶給她一生中更大的痛苦——那就是參加了所謂「台灣民主運動」的選舉。雖然表面上好像是替我們家「揚眉吐氣」了一番，實際上是另外一場更大的災難啊！

民國六十七年，我的參選事先根本沒有徵求她的同意。而我的家庭歷史過去可以說只有少數人知曉而已。現在一下子曝光了，這是她本來就不願意的。而一直和母親生活緊密在一起的清池兄也不能同意。他們一直希望我們的家是在安安靜靜中度過，不要有任何的渲染。只要守著貧窮，上天就無絕人之路。結果現在一下子，母親的名字柳錦天天在報上出現。

民國六十七年的選舉中途停止了下來（因中美斷交），本來母親鬆了一口氣，她曾私下告訴我說：選舉是要欠人家恩情的，還好現在已經停止，否則以後欠人家的會更多，將來要還也還不完了。

可是，母親最後還是避免不了這一種既定的「受苦」命運。民國六十九年選舉又恢復了，而她又再一次為我拋頭露面，拿著「卡子仔」（鹹草袋仔），有時候搭乘客運，有時候搭乘人家的便車，上山下海，到處為我奔走，替我發傳單，結果我的當選並沒有替她帶來任何真正的快樂。

她的命運畢竟是和別人不同的。如果是別人，可能馬上會拋棄「貧窮」，穿金戴銀，而她卻無動於衷。她不認為她應該離開「貧窮」。她不能因為我的當選就把那已經陪伴她一生的「貧窮」給拋棄掉，而去享受榮華富貴。曾經有好幾次，我力勸母親休息下來，菜不要再賣了，可是她一直說再等一段時日，因為她已勞動習慣了，一下子不能適應。其實，她所以會拒絕的原因，我知道得很清楚：她一定認為我的當選國代並不是要來讓她享受榮華富貴的，而是要來服務鄉親的，尤其是眾多下層階級的父老兄弟姊妹們。所以在我當國大代表的那段期間，我的母親還是照樣販賣著她的蔬菜。

民國七十年謝三升的省議員選舉，那時候，我擔任他的競選總幹事，母親還和謝的母親一部車陪著謝三升到台南縣選委會去登記，彷彿她也參加了台灣民主運動，到處幫黨外拉票。後來民國七十四年，阿扁的縣長選舉也一樣。

母親的固執於「貧窮」，守著「貧窮」，有時候回想起來，真是一項天大的悲哀。一切的「休息」或「享受」對於早已勞動習慣了的她竟然變成「害怕被別人恥笑」的東西。勞動者本身最後真的勞動到死亡。有誰能夠真正地了解他們，拯救他們呢？

勞動對母親來說，她似乎整個人對它麻木了，而她本身也忘記回來了。她認為她要繼續地勞動，因為「勞動是神聖」啊！她就此一去不復返了。想來這真是一項悲慘而無可救藥的宿命啊！

因此，有時候，我會責怪父親千不該，萬不該來娶我的母親，讓六個小孩受苦，更摧殘了母親的生命。有時候，想起來，父親真是「罪惡」啊！

母親的受苦和她一生的享受簡直是不成比例啊！

三、阿母永別這個苦難的世界

母親一直都在勞動，而形體也一天一天地在衰弱，我們日日夜夜在擔心的事情終於發生了：在民國七十九年六月她突然中風，我們兄弟趕緊把她送醫急救，還好和外公一樣，母親的「腦筋」斷了「細條的」。

我馬上一通電話打到美國，告訴么弟金源說：「樹欲靜，而風不止；子欲養，而親不待。」，他聽了，馬上辭掉在美國的教職趕回台灣照顧母親，也回到了母校中央大學數學研究所擔任教授。

母親生病的期間，我們兄弟無日不擔心煩惱。有時候，我真的想代替母親接受這一種生命的苦痛。想一想：這個世界也實在太不公平了。幾乎都是壞人在享受，而好人在受苦。本來有「受苦」，就應該有「享受」的代價，但我的母親卻一直勞動到生病死亡為止。

母親的慢性病拖了八年多，很不幸在民國八十七年九月二十八日（農曆八月八日）晚上八點三十分過世了。距她生於民國十四年九月十五日，享年有七十四歲。八十七年十月十四日（農曆八月二十四日）母親安葬於台南縣的官田鄉，那也是阿扁的故鄉。

自從母親過世以後，我就不再「過節」了。過節有什麼意義呢？我親愛的母親已不在人間，過節變成沒有什麼意義了。如果我有什麼「榮華富貴」，那榮華富貴也變成沒有什麼意義了。

尤其是每一年國曆的九月二十八日，我不會慶祝什麼教師節了。我會永遠記得母親是這一天晚上過世的。而農曆八月八日也是一樣的。

自從母親過世以後，在我的內心裡幾乎無論晝夜，一天二十四個小時，我都會思念著母親。

而我每天所思索的竟然是：母親「一生受苦的意義」是什麼？她一生的受苦又為這個世界留下了什麼？她一生的受苦對這個國家，對這個社會又貢獻了什麼？

母親對我來說無論是生是死，永遠會在我的思念裡。母親是生的話，她永遠是在勞動之中。雖然有時候她對人生會有些許的盼望，但總是盼不出什麼結果。這是我們作兒子的人最不孝的所在。而母親過世了，對她來說可是一種真正的解脫和安息。

永別了，母親。

祭文 哀阿母

林丙丁泣首叩頭

阿母：

外公畫圖逃亡唐山，因為日本人要抓他。生為長女，您為了照顧小弟小妹們的生活，到林家做工，後來嫁到林家。

阿爸過世，您那時才三十四歲，帶著六個男孩，從此過著人世間最悲慘的生活。我們兄弟那時候年齡最大的才十歲，最小的幾個月大。本來幾個，人家要抱到孤兒院，但您還是堅持把我們通通留下，獨立撫養長大。

您賣菜，受風受雨，受盡人間最大的苦。孩子沒有電燈，只有在路燈下苦讀，到處找地方，魚攤上、「組合」的桌上，一直到最小的弟弟美國拿了博士。這個受苦的過程中，因為您的第四不孝子丙丁參與了國代的選舉，也帶來您最大的委屈。

您為了拉票，到處走動，也彷彿參加了台灣民主運動。可是，您不孝子的當選並沒有為您帶來任何真正的光榮與享受。因為您堅持「勞動是神聖」，所以您的孩兒奔走台灣民主運動的時候，您也繼續地在操勞，在工作，一直到您中風為止。

這七、八年來，眼看著您受苦，作兒子的我們內心都不斷地在淌血，不知該如何是好？

今仔日，阿母，您走了，也等於解脫了這世界所有的痛苦。

可是，阿母的死，我們作兒子的真的想不通。本來有受苦，就有代價，就有享受。但是，阿母只是一直受苦到死亡為止。最後獲得什麼？我們在想：只是精神的勝利而已。這種精神的勝利也就是受苦，為著他人而受苦到死亡為止。那就是您最偉大的愛，您留下給我們永久的懷念。

阿母！永別了。我們會永遠記得您的話：不要貪圖別人的財富，守著貧窮，為下層階級的人民服務。

阿母！永別了。今仔日，有這麼多的貴賓、朋友來送您，盼望您能含笑歸土。雖然您在人世間並沒有享受什麼，但是您的高貴，您的受苦，永遠會留存在知道您的人他們的內心深處，作為永遠的懷念。

民國八十七年十月十四日

貳、台灣最偉大的勞動者之一——林清池先生

我的二哥清池一生的命運可以說是很悲慘的。我們兄弟都一樣，自幼生長於一個相當赤貧的家庭。他的個性從小就相當地溫和，我們六個兄弟之中他是最與世無爭，最不與人計較的。他從麻豆國小開始就相當地勤奮向上，所以畢業之後，參加台南縣曾文區的初中聯考，結果成績優異地以第一志願考上了曾文中學。

就年齡來說，我的清池兄應該是和陳水扁就讀曾文中學的時候同屆，但他受苦的命運卻比阿扁來得乖隔多多。他至今受苦的累積並不是阿扁所能相比的。

在我的心目中，清池兄是我在這一個受苦的世界，除了母親之外，最尊敬的人。

而阿扁算什麼，他只不過是「命運」與「機會」的投機者而已。他所成就的也只成就了他個人和家族的聲望，對於下層階級人民的福利絲毫一點助益也沒有。充其量他也只不過是進行了一場「欺騙社會」的政治勾當而已，玩玩一場虛浮的政治遊戲罷了。然而，我的清池兄卻命運乖隔地被迫走向一條相當崎嶇不平的道路，在這一個受苦的世界裡，受盡了一切的苦楚、委屈和悲哀，但是他所成就的卻是踏實的、誠懇的，沒有任何私心和企圖的。

我的清池兄之所以會導致和阿扁不同的方向，最主要是因為他生長的家庭太赤貧了。如果拿阿扁的家和我們的家相比，他家實在是好太多了。除了母親之外，至少他還有一位「作長工」的父親可以依靠，更何況他家裡的人口也不像我們家那麼眾多。而我的家卻只能依靠我的母親一個人。

在曾文初中準備註冊就讀一年級下學期時，因為沒有辦法繳足學雜費，清池兄的求學過

程後來整個休止了。

我記得非常清楚，有天，他的導師方新榮先生（綽號紅毛仔）騎著腳踏車來到母親賣菜的攤位前面，他為了清池兄註冊的問題準備到我家來進行家庭訪問。母親很親切地拿了一張竹椅，請他坐在她平常賣菜站著的地方旁邊走道上。

「紅毛仔」有一位妹妹叫做方桂美，她是麻豆國小的老師。他們兄妹的母親是以前台南縣長胡龍寶的妹妹。方新榮老師的個性溫和有禮貌，臉上時時掛著一張和藹可親的笑容。他是教英文的，臉和身上的皮膚很白，而他的頭髮紅紅的，所以學生給他一個綽號叫「紅毛仔」、「阿獨仔」、或「美國人」。

方老師來進行了家庭訪問。按照道理講，他應該已經相當地清楚了我家經濟貧困的慘狀。但是他的到來卻對清池兄沒有絲毫的幫助。

那時候清池兄曾文初中已艱苦地唸了一個學期，在下學期註冊的時候，為了學雜費僅僅只差了六十塊錢，學校準備要把他退學。但「紅毛仔」雖然來進行了家庭訪問，最後一個當導師的人竟然沒有辦法挽救我二哥被退學的命運。

記得那時候我大概是國小三年級。有一天在學校裡，我竟然心血來潮地告訴班上的同學說：「今天，我的母親背著我最小的弟弟金源到學校去向校長求情，希望學校不要只為了六十塊錢而把我二哥退學。我的清池兄曾文中學畢業以後，將來是要準備報考師範學校的。我們家將來是會出老師的。我們家將來的一切希望都寄託在我二哥身上。我們家將來的一切經濟都要靠他……」，我的話一講完，有些同學聽了竟然也為之動容，臉上顯現出憐憫的表情，而我的內心裡更充滿著期待。

誰知當天下午，我回到了家裡，我看到了母親哀傷的表情就知道事情並不如想像中的樂觀。母親告訴我：她一早背著我的么弟，漫漫的長路走到曾文中學，本來要拜訪校長譚地大先生，誰知他竟然不在，而教務主任莊南山竟然只為了區區的六十塊錢，把我的母親和身上背著的么弟趕出了校門。任憑母親怎麼哀求，他都置之不理。我聽了，內心真的是相當地難過，眼淚都掉下來了。天底下最悲慘的事莫過於此。

原本六十塊錢，母親應該可以名正言順，很容易地去向林家的老大們要的。但母親曾去懇求了好幾次，他們不給就是不給，當初的承諾真的食言了。

我的父親過世之後，原本家族會議中，他們曾答應母親六千塊錢的教育費用，要母親代為保管，但家族中的老大「林仔井」卻說什麼：害怕母親太年輕，她可能會拋棄六個小孩，逃跑出去改嫁。所以他提議把那六千塊錢暫時扣留在林家大媽的手裡，將來如果孩子的教育費用有任何需要，母親隨時都可以跟他們要。可是後來母親在清池兄有緊迫需要的時候，卻屢次向他們懇求不成，以致最後造成了清池兄被退學的命運。

而那時候，窮困的社會環境，人情的淡薄也造成了清池兄只為了區區六十塊錢的差額，竟然被學校給退了學。有時候，我真的想不通，學校怎能區區為了六十塊錢而把我的清池兄趕離學校。難道導師都沒有辦法幫忙了嗎？在這裡我無意責怪方新榮老師沒有盡到一位導師保護學生的責任。但在我的印象中，他是相當和藹可親的，他應該是一位相當關心學生的好老師呀！但這與後來事情的演變——我的二哥輟學了。兩者真的是非常不相稱呀！

一個大約只有十二、三歲的小孩子，卻只為了六十塊錢被退了學，他考上師範的美夢一下子都破滅了。本來我們家全部的希望都寄託在清池兄一個人身上，期望他能在初中畢業之後順利地考上師專或師範學校。將來他可以當一個小學老師，接著再栽培下面的弟弟們，如此我們家將來的經濟就能改善了，母親也不用那麼辛苦地賣菜了。但如今一切的美夢都只為了六十塊錢而破滅了。母親還在人世的時候，每次談到我二哥的這件事，自己總是覺得相當地遺憾。她一直說她對不起二哥。

清池兄自從輟了學以後，有一陣子在家裡都不開口說話，母親那時候十分地擔心他。最後雖然有一天他終於開口說話了，可是他的性情比起從前來得更加靜默了。母親一直溫情地安慰著他：「天無絕人之路」，要他暫時留在家裡幫忙，將來再出外找「頭路」。

我的清池兄個性文靜，他繼承外公繪畫和我父親吟詩作對的天份，所以很會塗鴨寫字，尤其是他的毛筆字更是端正帶勁。除了幫忙母親做做家事之外，他從來就沒有忘記讀書這一件事情。既然因為窮困沒有資格在正規的學校受教育，他就只有靠著自修來滿足讀書的慾望。所以他的讀書都是自動自發的。

人家丟棄在路邊，破爛不堪的舊書本、舊報紙，或是畫冊，清池兄都會如獲至寶般地撿拾回來閱讀或模仿寫字、畫畫。所有的舊書中，他最喜歡閱讀古人所謂的「聖賢書籍」，像論語、詩經之類。雖然是文言文，但他卻能無師自通。而封神榜、三國演義、西遊記，和七俠五義之類，更是他愛不釋手的古代民間故事。由於他已對它們滾瓜爛熟，所以一有空閒時間，他常常會把它們的情節講述給我們聽。

有時候，他會帶我們到麻豆中央市場的東邊出口。越過馬路前面有一塊空地，它靠近防空洞的附近，常常有人會在那裡講古，尤其是那個後來出家的「說書者」正口沫橫飛，比手畫腳地講演「大俠甘鳳池」的故事。只見四周擁擠的人群都聽得入神，感覺津津有味。每當故事觸及精彩之處，大家都會鼓掌叫好。每一次，我的清池兄聽完之後，回到了家裡，他竟然對它的每一個情節都可以倒背如流，然後有機會就會在我們兄弟的面前表演「講古」一番。

清池兄自從輟學之後，眼見我們家附近和他同年齡的小孩都能順利地在初中裡就讀，他本來善良文靜的個性就整個自卑了起來。雖然他們以前在國小的成績不如他，而且他們所上的學校幾乎都是二、三流的，像下營初中、黎明中學等等，但至少他們都有學校可以唸。不像他，只能天天困守在家裡為母親操勞家事。

眼見以前的同學個個穿著制服、背著書包，走在路上一副耀武揚威的樣子，可以想像的，我的清池兄內心一定十分地痛苦。他的自卑感一天一天地比以前嚴重了。每一次，我看到他一走出家門，馬上用跑步的。或是戴著一頂帽子，把帽緣壓得低低的，遮遮掩掩，他非常害怕遇到以前熟識的同學。

可能又是命運的作弄，我的家很奇怪，母親竟然全部生下男生的我們六個兄弟，家中連一個女生也沒有。母親曾說：「如果有幾個女孩子該有多好。」，但是母親卻常常會暗地裡稱讚清池兄比起一個女兒家還要聽話孝順。他的這一生自從初中輟學之後，似乎整個命運就注定要和母親悲苦的命運牽連在一起。他好像是上天悲憫母親一個人的力量太單薄，所以特別命令他下凡來到人間協助我母親撫養下面的這些弟弟的。無論是怎樣的勞苦，他都願意犧牲個人的一切享受來承擔。

清池兄曾到外島金門服役，回來將全部在金門領到的俸給（軍餉），一塊錢不差地全數交給了母親。他還帶回來了一布袋的金門高粱和藥酒。記得他回來時，我剛就讀台南一中。我每天早上五點鐘就要起來趕搭興南客運通車到台南一中上課。每天早上當我起床的時候，每次都發現清池兄已比我早起正在為我做早飯與製作便當了。

自從上了高中，我再也不必像以前初中的時候，中午所帶的一直都是「蔬菜便當」，而且還不敢在教室裡和同學們一起享用，卻獨自一個人躲在操場附近的防空洞裡吃。清池兄每天會為我煎蛋、炒菜，煎我想吃的魚。而我吃完早餐之後，他已老早幫我把便當裝好了。

我就讀了台南一中以後，我的學雜費再也不必像以前初中的時候一直繳不出來。我可以大大方方地和同學們一起準時註冊了。我再也不必因為家裡沒有錢註冊而被學校一再地刁難、侮辱，最後終於打破台灣的教育史而被學校記兩支小過了。所有的這一切都要歸功於我上面的三位哥哥，他們犧牲了自己的學業，不再繼續升學，尤其是我的清池兄，除了照料家事之外，他也開始慢慢地由小變大，到處租用人家廢棄的空地做起撿拾「破爛」的環保行業。

清池兄的勞動生活是完全不顧形象的。他所穿的衣服可以說是全世界最破爛的，又髒又黑。一年從頭到尾，他也不害怕酷熱或寒冷。酷熱時他仍然是黑黑的長袖一件。寒冷時，頂多外加一件很薄的外套。而他出外的時候，總是一頂黑色的帽子壓在頭頂，把頭壓得低低的，深怕遇見以前熟識的同學。

他的外表穿著簡直就是一副「十全的勞動者形象」。而他的內在世界已老早因為被退學的挫折整個武裝過了——那就是一種對「勞動神聖」的認命與覺悟。他自己心裡似乎知道得很清楚：像他這種從來就沒有受過上天祝福的孩子，本來就沒有什麼資格去和別人談什麼物質享受的。

為了幫忙母親撫養我們，我的清池兄是整個人豁出去了。他不怕任何人的譏笑，他只要勞動。他內心裡有一個非常明確的目標：那就是為了愛，他甘願把自己生命的一切享受都犧犧牲掉，在所不惜。命運既然生下我們六個兄弟來到這個悲苦的世界，生為哥哥的他有義務接替亡父的角色來扭轉這些兄弟們苦難的命運。

台灣讀到博士或當到大學教授的人實在太多了，可以說到處都是。但像我們這樣窮困的家庭，沒有電燈，又沒有讀書場所，卻能「誕生」美國著名大學留學回來的大學教授實在是沒有幾位，我最小的弟弟就是其中的一位。

本來還不滿一歲，十個多月大而已，人家就要把我的么弟抱走，但我的母親含著眼淚不願意就是不願意，堅持把他留下來。而他的讀書場所一直都是在路燈底下，因為我們的家在他高中以前一直都沒有電燈。

林金源，我的么弟，台南一中畢業以後，考上了台大的農經系，後來二年級的時候，由於興趣的關係轉到物理系。畢業之後，本來要報考台大的數學研究所，但學校以他從來就沒有修過數學相關課程，拒絕了他的報考，所以他後來就跑到中央大學報考數學研究所，結果第一名考進去，最後又以第一名畢業，直接就申請到留學美國十多所學校的獎學金，最後他選擇到路易士安那州的紐奧爾良城杜南大學去研修數學博士學位。

記得在出國的前一天，清池兄還不放心，在南部託我到台北轉交給他十多萬塊錢的「瑣費」，當作他前往美國的零用金。記得當天晚上台北聚餐的時候，當時擔任台北市議員的陳水扁也來參加。

我常常想寫一部長篇小說來描述清池兄勞動精神偉大的一面。

就是在共產世界裡，也找不出幾個像清池兄這麼「純潔」的勞動者了。他完全沒有任何的私心。他完全剔除掉了外表虛榮的東西。外面的苦難、外表的醜陋，和人家的嘲笑，這些都沒有什麼關係。他只是一心一意地想把他全部的生命，全部的精神拿來奉獻給他最親愛的母親、兄弟，甚至悲憫那些他生活周遭的弱勢者。他無時無刻不在掛念著他們，為他們勞動，為他們餓乏其體膚。

喔！一想到清池兄一生奉獻的精神，我內心不得不肅然起敬。一想到清池兄為了我們，至今未婚而沒有屬於個人的家庭生活，我就覺得這個世界似乎再也沒有什麼可以怨嘆命運的。

清池兄勞苦他的一生，從來就沒有想要我們的回報。同樣，他也常常幫助弱勢者，而一點也不留下任何名姓和痕跡。他一直始終如一地厭惡「虛榮」。

假如當初清池兄能繼續留在曾文初中就讀，以他的天份，將來一定很有成就，可能他也會變成一位所謂的「高級知識份子」了。不過，等到那個時候，說不定情況會有所改變。他說不定也會變得和一般受過高等教育的人一樣，「勢利」而「鄙俗」，更可惡的是往往「看不起窮人」，而那個時候，他可能已經不再是我最尊敬的清池兄了。

可見人類高貴的靈魂是經過「受苦」鍛鍊得來的，場所並不是非得一定要在學校裡不可。往往學校教育反而會朝向相當謬誤的路途前進。因為學校集體的生活，反而容易踐踏個人的性靈，讓人不知不覺地因受幾年「教育的美容」而自傲。

好幾十年生活外部的受苦，和內心世界的「自我修練」讓清池兄的行為舉止變得十分祥和而謙卑。這一生對他來說是已經「受苦」而身經百戰了。

他有機緣「受苦」。他的形象、他的苦難，和他的犧牲，一直都是我這個所謂「受過教育」的人學習的榜樣。

清池兄的受苦，同時也是我的內心裡日日思考的課題。我這一生當中，除了母親之外，從來沒有遇到過像清池兄這樣「純潔的」奉獻者，他沒有任何私心要來為自己圖謀任何屬於個人的福利。他只是不斷地在勞動著，他所過的是相當簡樸的生活。他也從來沒有想要擺脫或厭惡那種現狀。他所期待的是他所愛的人都能過著快樂、幸福就好了。

我的清池兄一生勞動。他對社會的貢獻真的比起那些受過高等教育的人不知要超過多少倍?他是一個「獨特的」（unique）的人。他是我最尊敬的人之一。每次一想起他的犧牲、他的受苦，我就知道在世界上什麼樣的人才是真正偉大的人。

真正偉大的人不在報紙、雜誌等平面文字的宣傳上。真正偉大的人不在廣播、電視等立體傳媒上。真正偉大的人也不是西裝穿得筆挺，具有光鮮外表的人。真正偉大的人只存在於「隱微」之中，是大家平常庸俗的眼光看不到的。

我現在生活最大的滿足莫過於：每次回到南部，我一定回到清池兄的「古物商」、「環保場」，也就是他「收破爛」的存積地點去和他生活幾天。享受他親自為我下廚所煮的三餐，然後晚上睡覺時間大家可以一起聆聽從小型收音機陣陣傳來的懷念台語歌聲，伴隨著夜晚的蟲鳴，甜蜜地不知不覺地入睡了。

和這樣一位我心目中最偉大的勞動者之一——我的二哥林清池，就是在一起生活一天也好，那就是我生活上最大的滿足啊!因為在他的地方，我們兄弟之間的對話，都是出自最「純真」的感受。大家沒有任何虛偽，任何隱瞞。我同時會很容易地在他的場所，回憶起從前他受苦的往事而學習「謙卑」的道理。

我的清池兄因「受苦」而生命漸漸地在凋零。我在此跪求上天最後一定要好好地悲憫這一位始終如一的「奉獻者」，也是台灣最偉大的勞動者之一，讓他多活幾年，否則這一個世界真的是太沒有公理與正義了。——好人都不斷地在受苦，而不好的人反而欺騙社會而不斷地在享受。

在清池兄的「古物商」環保場裡，我可以有相當充足的時間來重新回到了原點，思考「無產階級勞動者悲慘的命運」。

參、無產階級對抗資產階級的選戰——台灣有史以來第一次

一、我第一次參加了中央民意代表的選舉，那是一次中斷的選舉

那年，民國六十七年，我正在台南縣新營市的私立興國中學教書，時間大概是十月中旬的某個禮拜六中午吧。我剛下完課，突然接到在台北工作我三哥金生的電話，他一再地囑咐我下午要趕到台北一趟，他有要事急著找我商量。在還沒有說明原因的時候，就掛斷了電話。雖然我的內心裡有無限的猜疑，但還是趕忙搭乘野雞車北上了。

我到了台北已經是日落黃昏。那時候，金生兄在台北市萬華西園區雙園街十七號的一家瓦斯行工作。他一看到我，馬上拿起前天的報紙指著給我看，他告訴我「增額中央民意代表」的選舉正要如火如荼地展開，而領表準備登記的時間就在這幾天，我可以在我自己的故鄉台南縣參選。

我那時候一聽說什麼中央民意代表的選舉，心裡著實嚇了一大跳。因為對長期處在困窘狀態之下的我們來說，那簡直是一項天高皇帝遠，令人高不可攀的選舉。

過去，我所聽到的選舉最大的也只不過是縣市長的選舉。如果讓我參選的話，最有可能參加的大概是麻豆鎮長的選舉吧。因為我對麻豆鎮公所的那批人並不心存好感，尤其小時候他們所留給我的惡劣印象——他們曾經指派拆除大隊一群年輕力壯的傢伙開來一部大卡車把我們的家給剷除了。這個慘痛的經驗至今仍然好像是夢魘似地殘留在我的內心最深沈底處，

讓我午夜夢迴時，深惡痛絕。所以有時候我會幻想有一天我會變成麻豆鎮長。

金生兄自從國小畢業之後，因家裡沒有辦法供給他繼續升學，所以他年紀非常小的時候，就跑去跟人家養雞、養鴨，有時候幫母親賣一些菜，甚至當上了台南客運的售票員，他可以說生活受盡了苦楚。也不知什麼時候開始，他竟然對政治產生了興趣，喜歡談論政治。所有政治人物之中，尤其崇拜黃信介先生，他很喜歡聽黃信介先生的演說。

在雙園街的瓦斯行裡，三哥金生一直對我講有關黃信介先生的事情。我那時候對立法委員黃信介實在非常陌生，我只聽說他很會演講而且很敢講話。其實我懼怕選舉，內心裡面最擔憂的就是我覺得我實在無法去從事這樣廣大區域的選舉。對我來說如果我登記參選了，不知擺在眼前的會是怎樣的一條道路。

金生兄看到我還在猶豫不決，突然跟我說了一些話，讓我動了心決定參選。那幾句話一直到現在，我還是永銘難忘。他說：「我們的母親為我們辛苦了一輩子，為的是什麼？她並不是要我們追求榮華富貴。而是要我們，如果可能的話，要為窮苦人家的子弟造一座橋、鋪一條路。」我突然覺得很驚訝，金生兄雖然所受的教育不多，但他竟然能說出那樣富有哲理的話，連我都自嘆不如。我當時覺得非常慚愧。

他告訴我：我那時候要做的就是趕回新營，到台南縣選舉委員會領取表格準備登記參選。至於其他的事就不要想太多了，他會幫我料理一切。

我那時候，內心裡面也有一點不想再在興國中學教下去，因為私立學校的打罵教育，我本來就很反感。曾經校長要我打一個學生的耳光，後來我雖然輕輕地拍了他一下，學生哭了，但最後我也哭了。我那時候想：如果我參選，可能那就是我離開學校的最好機會。其實興國中學的董事長對我還算不錯，我又有夜間部的課可以兼，同時他又請我當舍監，總共一個月的薪水我可以領到三萬多塊。我第一次領薪水的時候，我就用其中的兩萬伍千塊去購買了我那一台山葉牌的重型機車。它曾被金生兄運到台北，後因缺錢，進了當舖，我把它贖了回來，輾轉又回到台南了，它變成我後來選戰剛開始的時候最得力的幫手。

我當天回到了新營的興國中學已經是晚上十點多了。隔天早上將近八點的時候，我就拜託一位體育老師用摩托車載我到台南縣的選舉委員會去領取表格。我現在已經忘記了這位老師叫什麼名字，後來我聽人家說他被董事長罵得很慘。我實在很對不起他，因為他根本不知道事情的嚴重性。

而誰領取表格，當天下午的晚報就登出來了。我的大名竟然排在第一位。這一件事在非常保守的台南縣來說，尤其是我的出生地麻豆鎮，它簡直是晴天霹靂，因為麻豆鎮有史以來就沒有任何人敢參加中央民意代表的選舉。

隔天，綽號叫作「矮仔趙」的董事長趙景霖馬上把我叫到他的董事長辦公室。剛開始，他其實對我還算客氣，再三地勸告我絕對不要跑去登記，領表就好。出一下名也好。而他也已經接到好幾通台南縣教育局長葉棟樑關切的電話。我聽他那麼一講，就明白教育局長一定施予他不少的壓力，因為葉棟樑先生本身也要參加那一年國大代表的選舉。

葉棟樑就是現任立法委員葉宜津的父親。

我被叫到董事長的辦公室之前，早就有了心理準備。我意識到我大概離開學校的日子不遠了。我們兩個人的談話漸漸變成沒有了交集。因為我自始至終都沒有答應他不要去登記，所以趙董事長的口氣也突然轉變成非常僵硬。他最後竟然開始責問我憑什麼去跟人家競選，選舉是要花大錢的事情，而我的家裡是那樣的窮困。他的語氣也漸漸地露出一種輕蔑的不屑，讓我有如處身在一種被侮辱的難堪之中。我最後漲紅了一張臉，頭也只有低下了。我為了害怕火爆的場面出現，只有忍辱吞聲，先主動地提出辭呈，明白地告訴他我不幹了。簽完了字，我就頭也不回地離開了董事長辦公室。

辭職完後，我當天晚上就開始擬定我的競選傳單。記得我本來就對德國的悲觀主義哲學家尼采有特別的偏好，所以我採用了他最有名的一句話「受苦的人沒有悲觀的權利」當作競選標語。

我在台北時，金生兄曾經告訴我的話語也被我應用了。我在我的第一張宣傳單上面就明白寫著我的競選目的就是要「為窮人爭一口氣」、「為窮苦人家的子弟造一座橋、鋪一條路」。我至今仍然想不出我那時候為什麼要使用這些標語，而它們現在對我來說更是彌足珍貴的。我那時候所以會採用這些，可能是出於我的直覺吧！我只是直接地把我的現狀描寫反應出來罷了。我萬萬沒有想到後來我的宣傳單一推出來，聽說新營的調查站馬上非常緊張，派人在暗中調查我。而興國中學的一位教官還當面向同學們說我是共產黨，因為我的文宣上面有提到「要為窮人爭一口氣」，而且「要為窮苦人家的子弟造一座橋、鋪一條路」。反正一牽涉到「窮人」，他們就聯想到共產黨。現在回想起他們的行徑，真的很可笑。

當我的宣傳單用最便宜的薄紙由新營的印刷廠排印出來之後，我就開始在新營沿著大街小巷散發。剛開始，我根本不知如何開口向選民介紹我自己。有時候我竟然僵硬在鄉親的面前，連一句話都說不出來。幸虧，鄉親並沒有因此排斥我，他們反而對我充滿著好奇，因為我太年輕了，年齡才只有二十五歲。在我的身上，聞不出任何政治人物腐敗的氣息。有時候，他們讀完了我的傳單，因為我悲苦的身世而產生了同情心，馬上向我多要了一些，準備幫我向親戚朋友拉票。

漸漸地，我的勇氣隨著直接拜訪選民的經驗與日俱增，而口才也慢慢地改善了許多。我漸漸地發現和選民接觸並不是一件羞恥、可怕的事情，它反而是一項相當哲學性的體驗。在和鄉親的接觸當中，我體會了他們的悲苦和歡笑。雖然我是一個候選人，但我就好比是一位流浪漢，或是一位求道者，不斷地在觀察與體會人間的疾苦。就是再卑微的人物，都非常值得我去和他緊握雙手，對他的處境加以悲憫。所以這真的是一項非常難得的經驗。在我過去的求學生活當中，從老師和書本上，我永遠沒有辦法學習到。

我印象比較深的是有一次在新營的一條大街上拜訪到一位沈先生，他的腳有點殘廢。他是第一位和我深入談論選情的人。他親切地請我在他的店裡休息。在談論之中，我第一次從他的口裡聽到謝三升的名字。

他告訴我今年的立法委員第四選區有一位名人，他就是去年剛剛才參加五項公職人員選舉，省議員的部份最後以第一高票落選的謝三升。本來電台和電視都已經宣佈他當選，但隔天早上，國民黨控制的選舉委員會卻說他落選了。

沈先生帶著一種懷疑的口氣詢問我能不能像謝三升先生一樣能講敢講，把選民真正的心聲表達出來。像謝三升的「三斤稻仔換嘸一包煙」，那時候已經是家喻戶曉，人人都能朗朗上口的詞句了。因為它們真真正正地道盡了台灣鄉下農民的悲哀和黨外民主運動的崎嶇道路。我聽了他的一番話語之後，當然非常感動，當場也自己勉勵自己一番。心裡暗中也在想不知什麼時候才能和謝三升先生認識。

金生兄的動作也非常快速，他已把台北的工作給辭掉了。他打電話給我，他很快便會騎我的那輛摩托車南下，準備載著我到處拜訪。他要我在他還沒有南下之前，自己一個人先回麻豆拜訪，因為那畢竟是我的出生地。

我本來一直逗留在新營附近拜訪，不敢回麻豆，原因主要是「近鄉情怯」。因為在我準備參選之前，我的內心深處一直認為我將來的發展一定是在外面。我是不可能再回麻豆這塊「傷心地」的，原因是我的身世太悲苦了。故鄉麻豆存留在我腦海裡的竟然都是最悲淒的回憶。而我那可憐的母親，她悲苦的命運竟然是葬送在這裡。所以在我的往日求學生涯中，我常常告訴自己我一定要好好用功，將來有天一定要把我那苦難的母親帶離這塊「傷心地」，最好以後都不要回去。但是我萬萬沒有想到我會回到自己的故鄉麻豆參加選舉。

和金生兄通完電話的隔天早上，我帶了一位以前的學生，搭乘協成客運回到了我真正的故鄉麻豆鎮。我下了車，就從興中路的協成客運總站開始沿街散發起傳單。我所遇到的鄉親都帶著一種相當驚訝的表情好奇地看著我，因為透過報紙的宣傳，他們都已經知道了麻豆地區他們有一位本地出生的「子弟兵」準備參選中央民意代表，但卻不曉得他是哪一戶人家的子弟。好幾年沒有見面，不知道他已長大變成什麼樣子了。

我和我的學生走了沒有多久，剛好在興中路七十號的太良行碰到了我的小學同學李啟充。他有一個「政治犯」哥哥叫做李政一。

不知道是否命運的安排，我很幸運地可以遇到我的小學同學李啟充，因為他欣喜若狂地答應了我將來的競選辦事處可以設在他那裡。他的家「太良行」是一家地點很明顯的店面，正位於協成客運總站的斜對面。

李啟充的父親李老先生是作「可口餅乾」大批發生意的。人非常慈祥，對國民黨有很明顯的憎惡（自從兒子李政一因政治迫害被抓之後）。

李啟充很親切地陪我開始往派出所、鎮公所的方向沿街拜訪。萬萬沒想到當我們拜訪到民眾服務社的時候，一進去裡面就遇到了麻豆國小的老師張文玉的女兒張秀月，還有國民黨的服務站主任王海龍。張秀月因弟弟和我是同學，對我還算客氣，但王海龍就不一樣了。

王海龍長得矮矮胖胖的，一副非常勢利眼的模樣。他一開口就責問我為什麼要跑去領取表格。假如我再不識抬舉跑去登記的話，他們國民黨將會把我開除黨籍，因我已違紀了。我被他這麼一詰問，頗覺莫名其妙，心裡也至為納悶。

我雖然曾在就讀台南一中的時候加入過國民黨，但將近十年以來，我從未繳交黨費，也未曾參加過任何有關政黨的活動。更何況，當初加入國民黨是在一種無知的情況之下加入的。因為訓導處的組長曾經告訴我們：同學們如果在高中時代加入國民黨，將來就讀大學的宿舍費全免。我就這樣糊里糊塗地在高二時加入了。但誰知道後來我就讀了大學，才知道台南一中的訓導處原來是騙人的，其實我的宿舍費用還是照樣要付。

我語氣和緩地告訴王海龍：參選是我個人的自由。不管情勢如何，我都會去登記，更何況我老早已經不是黨員了。即使還算是黨員，我也要參加。

我參選的態勢已經很明顯，他看拿我沒辦法，就開始數落我，說什麼我的家境如何如何不好，怎麼有能力參加選區這麼遼闊的選舉，而且選舉的經費如此地龐大。我如果參選鎮民代表，或是縣議員，那還差不多。他罵我是惡徒，不應該出來丟人現眼。總之罵得非常難聽。

如果我是一個沒有心理建設的人，可能會被他嚇倒。但當時由於我的社會經驗仍然不夠，一下子也沒有拿話來反駁他，只是默默地承受著他的痛罵。

我們很不愉快地離開了國民黨的民眾服務社。雖然我的同學李啟充不斷地安慰著我，叫我不要理會他們，但是我已經感覺有點心灰意冷，心想選舉都還沒有正式開始，就遭受這樣的侮辱，乾脆不要選了。我便叫我的學生先把裝傳單的袋子帶回新營，我準備回家一趟。我想我那時候應該回家一趟才對，因為這幾天報紙上選舉的消息一發佈出來，母親一定已經感覺相當大的困擾，尤其是我的二哥清池。

清池兄一定會相當地氣憤，他絕對不會贊成我去參加什麼選舉，因為對於一直生活在困苦環境之下的我們，參選簡直是一件晴天霹靂的事情，不可遇也不可求啊！更何況，幾個禮拜之前，我還特別從新營返回麻豆告訴母親說我要好好地在興國中學教下去，不久便可以買個房子，順便娶妻生子，把母親帶離那苦難已經居住了好幾十年的破爛房屋，而母親聽了我的話語之後，還非常高興。只不過這一種承諾，言猶在耳，竟然經過幾個禮拜的時間就大大地變化了。

我一走到母親賣菜的攤位前面，母親看到了我，臉色馬上顯現得相當緊張，她趕緊地把我拉進屋內，搭在門口的塑膠布幕也同時拉了下來，外面賣菜的生意乾脆暫時不做了。

在屋裡，母親以一種非常煩憂的臉色，但語氣仍然溫和慈祥地問我為什麼要去參加這樣一件驚天動地的事情。我們的家裡都這麼貧窮了，到那時候家運都還沒有任何改善的跡象。而清池兄更是憤慨地對著我大發脾氣，他責罵我為什麼不務正業，不安份守己，何必要讓人家知道我們的家庭狀況。我那時候對於他們的責備無言以對，內心裡也感到相當的抱歉與難過。於是我答應母親和清池兄回去新營，不再參加什麼選舉了，更不要去辦理登記。吃完飯後，我便帶著失落的心情，一個人偷偷地搭乘協成客運離開了麻豆。

我雖然辭職了，但大部份的行李仍然置放在興國中學的宿舍裡。所以客運一抵達了新營，下了車，我就逕往興國中學的方向走去。沒有想到，在遠遠的地方我就看到金生兄已站在校門口等著我。他的動作可真快速，他老早已把台北的工作辭掉了，而且從台北把我那台重型機車騎了下來。於是我答應母親的事情又有了變卦。因為我經不起金生兄的一再勸說，因此決定要跑到台南縣的選委會去登記了。

我那時候連要登記參選的保証金也沒有，突然想到最近在拜訪途中碰巧遇到的小學同學王雲麟。他已結婚生子，和太太把家搬到了佳里鎮。他國小畢業以後，就不再升學，從某位老師父那裡苦學了「打龍柱」的技藝，從此就跑遍全省各地的廟宇，賴此為生，收穫頗豐。他人長得高高大大，一副很魁梧的模樣。雖然不會唸書，成績總是全班最後一名，但他的性情卻非常豪爽樂觀。好幾年沒有見面，突然相遇，我們兩個人當然都感到相當意外而萬分欣喜。他很豪爽地告訴我：有什麼困難，隨時可以找他。

我們兄弟一到佳里鎮他的家裡拜訪，二話不說，他馬上趕到農會去提領了四萬伍千塊的保証金借我。這種恩情，我至今難以忘懷。世界上，就只有這一種不會讀書的同學才有可能在我們急需的時候伸出援手。

那時候我已把我的服務處設在興中路的太良行。王雲麟一有空也會陪我到處拜訪。

我在興國中學教書時所購買的重型機車真的對於我的選舉幫忙非常之大。金生兄每天載著我到處拜訪。那時候我們連一部轎車也沒有，只有靠著這一部機車充當拜訪選民的交通工具。我們真的是在土法鍊鋼啊！田野間的道路彎來彎去，我曾經被鄉下人家的豬圈籬笆碰得頭破血流。

我那時候的膽量也很大。記得有一次，到新化街頭拜票，遠遠的有一個警察站在那裡，我的哥哥金生就趕快把機車停在比較隱密的地方，他一個人躲得遠遠的去看他的報紙了。我膽量實在有夠大，我非但不躲避，反而走向警察，也發給他一張傳單，他對我笑笑，然後叫我要加油。

台南縣真的是幅員廣大，全部有三十一個鄉鎮。我們根本沒有任何選舉經驗，也沒有任何選舉計劃，只是靠著金生兄用摩托車載著我，到處亂闖。今天到了這個鄉鎮，明天到了那個鄉鎮。我們都直接發傳單給選民，都面對面直接向鄉親訴求。這種效果如何？一般選舉專家當然不把我們兄弟看好。他們不是冷嘲熱諷，就是批評我們的家境這麼貧困，為何還出來選舉，是不是吃錯藥？或是腦筋有問題？

我們兄弟更沒有所謂選舉的「柱仔腳」，我們所找的都是一些普通的平民百姓，他們大都是下層階級的鄉親。所以這一場選戰變成是一場試驗、一項謎題。每當我接觸到一張陌生的臉龐和一雙長滿厚繭的手掌時，我的血液便會因此而沸騰。那一張張純真的臉，那一顆顆充滿熱誠的心，對充滿好奇的我來說是一種新的人生經驗的體會。

我們要到新營台南縣選委會登記的前一天晚上，國民黨省黨部突然派人下來麻豆，由當時的麻豆鎮長陳清田先生陪同來拜訪我，他的名字我已經完全忘記了。他是省黨部的紀律委員，人長得高高瘦瘦的，戴著一副深度眼鏡。他力勸我不要跑去登記，否則就是違紀參選。我聽了，心裡直覺好笑。但是我義正詞嚴地告訴他：自從我高中畢業之後，有將近十年的時間，未曾繳過黨費。為什麼平常我落魄的時候，無人聞問。等到我要登記參選，就說我是黨員。平常好的沒份，現在才要來找我。更何況，台南縣的國代並沒有提名，它是開放自由登記參選的。他被我們兄弟講得沒有話說，結果摸著鼻子走掉了。

當時的報紙還在猜測我是否會繼續競選下去，因為領表的人最後也不一定會真的跑去登記參選。這種例子過去多的是，到了最後都是「搓圓仔湯」了事。

我們還是按照既定的行程準備到台南縣選委會去登記參選，記得金生兄是用機車載我去的。只有我們兄弟兩個人，並沒有任何其他人陪伴著，當然不可能受到任何注目。只見選委會的辦事人員冷冷冰冰地接待著我們兄弟的登記，他們根本不把我們兄弟看在眼內。而別的候選人去登記的時候，浩浩蕩蕩，陪伴著一大堆助選人員，當然他們都受到選委會人員的熱情對待。

登記以後，選局就顯得相當的明朗化。在台南縣的區域國代方面，登記的就有七位，要選兩位。除了我之外，那另外的六位候選人就是王鼎勳、張鏗堯、林秋龍、吳豐山、洪玉欽，與葉楝樑等。他們都是台南縣有頭有臉的人物。像王鼎勳是台南縣議會的議長。張鏗堯是副議長。林秋龍是省議員，天仁工商的董事長。而洪玉欽更是法學博士，文化大學的教授。葉楝樑則是台南縣的教育局長。而最難纏的可能就是吳豐山，年輕氣盛。他是自立晚報的總編輯，現任的國大代表，台南統一企業支持的對象，尤其更是大老吳三連的愛徒。只有我沒有任何背景，也沒有任何政黨來奧援，憑的只是一股志氣，和對於社會財富分配不均的一種憤慨，一心一意想要為窮人與弱勢者討回公道。

我們兄弟是玩真的，不是選假的。麻豆地區的鄉親萬萬沒有想到我們會堅持到最後，真的跑去登記了。選舉實在是一件酸甜苦辣的事情，每天所遇到的人都不相同，所遇到的事時常千奇百怪。而我那時候的年紀真的非常年輕，只有二十五歲。我才大學畢業二年多，頂多才剛當兵回來。社會的經驗實在不足，憑藉的只是一片赤誠的心。我真的就像初生之犢，根本不怕站在眼前的是熊或虎，只是一味地往前衝。

麻豆地處於台南縣的中心地帶，是一個人文相當興盛的地方，但同時它也是相當的保守。聽說曾經發生「麻豆案」，所以大家平常都不大敢談論政治。二二八事件發生之後，父執輩常常會告誡大家：「小孩子！有耳無嘴！」不可以隨便亂講話。而我的外公柳德裕也是二二八的受難者。我的參選在麻豆地區是一件不得了的事情。民風這麼保守的地方，居然在一個赤貧的家庭，會有人出來參加選舉，這實在是一件相當瘋狂的事情，大家都產生極大的好奇。剛開始，鄉親們大都抱持著一顆懷疑的心：難道這小子是吃了熊心豹膽？

民國六十七年，國代和立法委員是同時選的，當然仍然是第一屆。國代的選區只有一縣或一市，但立法委員的選舉區域就遼闊了許多。第四選區涵蓋了五個縣市：包括雲林縣、嘉義縣市、與台南縣市。當選的名額又相當的少，大概只有五位。每一縣，或每一市只能分配到一個名額。記得連張博雅的母親，非常有名的黨外民主鬥士許世賢女士都參加了選戰。我記得那時候台南縣國民黨只提名了李雅樵一位，他曾任幾屆省議員，擔任過國小老師，是教育界出身的。他也曾任自立晚報的社長，是吳三連刻意栽培的人才。他和國代候選人吳豐山是同一夥的。除了他之外，參選人士中最有名的當然是黨外人士謝三升這個人。我們兄弟拜訪選民的時候，常常聽到鄉親們提起謝三升的名字。他那時候對我們來說具有相當神秘的色彩。

和謝三升的認識，就是肇始於這一次的選舉。某一天午後，我已記不清楚到底是誰連絡的，我和金生兄準備到台南縣的學甲鎮去拜訪謝三升先生。那時候，風聞他的選舉「三角旗桿」已插滿著整個北門地區，而造成一股轟動。「北門郡」靠近海邊，民風相當強悍。那裡居民大多討海為生，所以養成一種冒險犯難的精神。

金生兄騎著機車載著我，經由草爛，沒有繞道佳里，就直接進入學甲地區。沿路只見三角形的旗子到處在路的兩旁飄揚著，構成一片非常壯觀的「旗海」。它們具有最醒目的三種顏色：紅色、綠色，與黃色，它創造出一種黨外肅殺的氣氛。過去的選舉，從來沒有人在使用旗子造勢，這種動作可能是從謝三升開始的。

我們兄弟的摩托車還沒有到達謝三升的選舉辦事處，在很遠的地方，就看見從三樓的頂端它高掛垂下紅色的布條，橫的寫著：「謝三升可以戰死 北門魂不可失」的字樣。直的寫著：「一元一滴血 一步一點淚 嘔盡心頭血 句句為縣民」的對聯。而謝三升本人和服務處的人員已老早站在門口熱誠地迎接著我們兄弟倆。

他戴著一副舊式的眼鏡，鏡框顯得滿寬大的。身材高瘦，穿著一件黑色的皮夾克，初次見他，給人一種極神秘的感覺。他並沒有一一介紹服務處的人員，就直接帶我們進入他服務處附近一個矮小的房子。

我記得它大概位於慈濟宮旁，而謝三升的競選辦事處就在廟的左方附近。時間已是下午三、四點了，中午大太陽的熱溫已漸漸地在消退。室內電燈並沒有打開，矮小的房子裡只有一張小桌子和幾張椅子。謝三升招呼我們坐了下來，而他本人並沒有坐下。腰部緊靠桌子前面的邊邊，一直居高臨下站著和我們兄弟講話。他喜歡比手勢，語氣帶有一種「革命家」的味道，但對人的態度卻很客氣，很有禮貌，給人一種非常純樸的感覺。

謝三升先生告訴我們：很早以前就想找我們兄弟了。他說我的參選和他的參選或許雙方有互補的作用。我們都是「歹命子」出身的，在台南縣的部份雙方可以配合。他談到政治的東西，我那時候雖然不是很懂，但我真的被他那一股熱情和誠懇所感動。尤其是為了蒼生的幸福，我們窮苦人家出身的小孩一定要獻身出來，盡一切的努力，甚至於犧牲掉生命也在所不惜。他講話的時候，喜歡作手勢。聲音有時候低沈，有時候高亢，講到有關社會的不正義、憤慨處，好像他是一位勇敢的「革命家」。尤其是「歹命子」的講法更讓我動容。

這是我人生的第一次。過去我從來沒有聽過這麼直接，這麼令我感動的話語，好像我本身也要開始從事一種以前想都沒有想過的革命運動。而這種事情在過去對我們窮苦人家的子弟來說是遙不可及的。參加選舉的事已不是簡單的活動、活動就算了，它是一種長期的運動。「歹命子」的我們就是要來獻身，要來為大多數下層階級的人民服務。不過，那時候，謝三升還沒有提及更深一層的屬於下層勞動人民的事情。另外，他也開始針對政治和選情加以分析，這方面他似乎特別有獨到的見解和聰明。

我開始崇拜謝三升的主要原因，其實不在於他對政治方面分析的專長，最重要的是他對窮人的同情，這點讓我覺得他是一位真誠的人，是值得交往的朋友。那時候，夕陽把外面世界照耀得一片金碧輝煌，而沒有開燈的室內卻是一片黑暗，他就好像是一位我小時候常常聽到的廣播劇裡的男主人翁，一位獨居的老人，處在陋室裡，坐等著某一天時機來到。

我們事情談完之後，走出小房間，回到了不遠的競選辦事處。在那裡，他介紹了從台北下來的一批朋友。他們都帶有一種濃厚的江湖味道。像他的競選總幹事，從宜蘭下來的「阿亮」（游振亮），人長得矮矮胖胖的。他曾幫黨外前輩郭雨新助選，對於民主的知識和黨外的歷史非常熟悉，喜歡和別人談論有關民主運動的事情。

「阿尾仔」（黃雄俊）是台北橋頭下來的，他做人非常重義氣。平常一條短褲就任勞任怨地幹起競選事務所的大小活兒，完全不會嫌棄任何卑賤的工作，像釘看板、插旗子之類。

「喜禮」（林秀雄）兩兄弟，世家出身，個性非常溫和。家族在台北市圓環附近開茶葉行，姊夫是大學教授。

「財興仔」（張財興）是學甲的在地人，坐過數年冤獄。我對他的印象極深。他的人長得極為高大而孔武有力，一副「武將」的模樣，卻戴著度數極深的眼鏡，一張臉顯得特別斯文而有才氣。而他竟然很會畫看板，製作選舉海報之類。他的才情不知跌破了和他初次見面的人多少眼鏡。

「阿傳仔」（李兩傳）是台北縣三重地區下來的助講高手。人長得中等身材，戴著一副金邊眼鏡，相當斯文。然而，一場私辦政見發表會無論聚集再怎麼多的群眾，他的人還是面不改色，能夠很鎮靜地把政治理念透過他那富有磁性的聲音表達出來，讓全場的群眾聽得如醉如痴。

還有台北市仁愛路甲富三溫暖的「營中仔」（張營中），是一位非常熱情的年輕人，本身從事建築業，他的父親就是以前的台北市議員張詩經先生。他來追隨謝三升，完全是出於一股愛好民主運動的熱誠。

最值得一提的就是「阿興仔」（吳進興）。他是謝三升在台北教書時的得意門生。花蓮人，長得高壯而有一種胖胖的感覺，具有一種很大方的老闆模樣，他是做塗料生意的。他也是後來在民國六十九年，把游錫堃帶下來南部和我們認識的人。

這一批「外人」從台北下來，算是浩浩蕩蕩的，帶給謝三升很大的助力。因為在地人大部份都對政治冷漠而敏感，一看到北部外地人都下來南部幫忙了，有空他們也開始會好奇地到競選辦事處來走動走動，一方面打聽選舉的消息，一方面看看謝三升有什麼需要幫忙的地方。所以他們也漸漸地藉由參與選舉的過程，慢慢地對台灣民主運動有所了解與關心，並且開始對政治方面的事務加以討論。

北門地區的黃昏好像特別地漫長，我們看還有一些時間，就向「財興仔」請教選舉作宣傳「三角旗」製作的方法，他很豪爽地指導著我們。所以在學甲就地取材，我們也開始製作我本人的選舉三角旗了。

我們兄弟跑到附近謝三升親戚所開的布店購買最便宜的布料，主要是紅、綠、黃三種顏色，然後請老闆娘幫我們裁剪成大小適中的三角形布塊。帶回謝三升的競選辦事處之後，我們便開始切割那刻有我名字的鉛片模型，切好之後，把它附在已經裁剪好的三角布塊上，噴上黑色的漆，一面三角旗馬上就完成了。我們噴的速度相當地快速，不到一個鐘頭，就製作了將近六十多面。

我們興奮地把它們帶回麻豆，然後由我出面到「親家仔丈」的「竹椅仔店」，購買了二十幾根長長的竹子，當場就拜託店老闆（他也是我的遠親）用鋸子把每一根竹子鋸成三段，每一段可用來懸掛一面旗子。回到了我的競選辦事處「太良行」，金生兄一再地囑咐我最好先把它們存放著，暫時不要掛出去。但是因為我太興奮了，我並沒有聽進他的話。當晚十一點鐘過後，趁著路上人車已稀少，我獨自一個人抱著竹旗，一面一面地把它們掛滿了麻豆主要街道興中路和中正路兩旁店家的旗杆上。連金生兄都還不曉得，因為他已太疲累而老早跑去睡覺了。

我現在仔細回想：那時候，我的作風往往太特立獨行了。這一種天生的個性有時候有它的優點，有時候卻有它的缺點。我是覺得謝三升的競選旗子製作得太好了，所以等不及過一陣子再懸掛。

果然，隔天早上，我懸掛的旗子轟動了整個麻豆鎮。這種事情在過去從來沒有發生過。以前的選舉沒有任何候選人在懸掛旗子，他們頂多綁個紅布條，上面寫上候選人的名字，接著就是「拜託！拜託！」、「懇請惠賜一票」。

「太良行」也漸漸有人來看我，關心我了。可是很多鄉親來看我的時候，都會一再地叮嚀我說：「選，可以。但不要和謝三升走得太近。」，因謝三升的言論對他們來說是太激進了。謝那時候已被國民黨抹黑成很可怕的黨外人士。由於戒嚴時期的緣故，所以言論自由一直沒有開放。雖然政府開放競選，但言論自由的尺度還是訂得相當的高。

選舉活動終於快要正式開始了，可是我們兄弟卻日夜操煩著沒有宣傳車的事情。那時候我們也實在是太鄉愿地認為：剛開始的選戰不能太草率行事。我們總不能像以前一直使用機車到處宣傳。這樣真的有時候會被選民「看衰賣」（輕視）啊！

從前台南縣新市鄉有一位毛大福先生，他好像對選舉特別有興趣。在我的印象中，他選了好幾次，都是以腳踏車，或機車作宣傳，他也曾經當選過縣議員。其實，在我的內心深處，我是相當地尊敬與佩服毛議員這一種候選人的，他們才應該算是最純潔的候選人啊！

俗語說：「抓一隻雞也要蝕把米」。為了獲得選舉的奧援，金生兄和我不得不硬著頭皮，去拜託我們那已多年沒有見面的同父異母兄弟們。

俗語又說：「上山打虎也要親兄弟」。我這一生會永遠感謝我的丙申兄、銘堂兄、銘松兄、西湖兄，與銘鐘兄他們好幾位兄弟的鼎力幫忙。果然在選戰正式開始的前一天晚上，我的兩輛宣傳車才在困難重重的情況之下拼裝而成。我那時候，休息睡覺的地點也從太良行轉移到丙申兄的汽車修理場了。

我的競選辦事處表面是放在太良行，其實它只是一間店面，位於麻豆交通要道的興中路上。它的前面就是大馬路，根本沒有任何一片空地能讓宣傳車迴轉或置放，而且它也沒有比較寬廣的場地來讓群眾聚集。所以，我們兄弟只好選擇丙申兄的汽車修理場當作實際上的競選總部，那裡真是寬廣太多了，雖然它有點偏離市中心區。

我記得我的宣傳車上面寫著：「一元一滴血　一步一點淚　嘔盡心頭血　句句為縣民」，都是我們兄弟學自謝三升服務處上面的對聯。而他在和我們兄弟的對話當中也曾經提及這句話。他說：我們窮苦人家如果花一塊錢，就好像我們的胸膛淌下了一滴血。

兩輛宣傳車後面跟著一部助選的私人轎車，好不容易，選舉活動正式開始的那天早上，我的宣傳車隊出發了。剛開始，麻豆鄉親並不是很熱情。我披著紅色的彩帶，一個人在宣傳車的前面，慢慢地行走於大街小巷。我的雙手還戴著白色的薄手套，表示我就像一張白紙，清清白白的。除了在中央市場的前面，有人燃放鞭炮歡迎我之外，其餘的鄉親幾乎都只是在看看熱鬧而已，他們並沒有真正的參與。

而那些幫忙我，跟在我旁邊的助選人員，大都是一些麻豆地區最被人家瞧不起的「浮弄拱」無業遊民。他們可以說是麻豆地區最弱勢、最底層的鄉親：像「火雞」（王良鎮）、鬥雞眼的「阿義仔」等等。他們毫不嫌棄我，因為他們認為我是他們黑夜之中的一隻火把，唯一的希望。平常在我的服務處，他們聚集著，隨時準備幫我的忙。麻豆地區的鄉親一直有著傳言：在我的服務處，所聚集的都是一些「赤腳仔仙」、「穿托鞋的」而沒有「穿皮鞋的」。都是一些穿短褲的「脫褲濫仔」而沒有「穿西裝的」。

我的選舉剛開始算是相當地艱難困苦，絲毫沒有任何奧援。而麻豆地區有頭有臉的「大頭仔」幾乎都已經被其他的候選人「綁旗棍仔」，而變成別人的「柱子腳」了，所以他們都不敢來我的服務處看我。這舉動漸漸地引起麻豆地區大部份鄉親的不滿和憤慨，尤其是下層階級的。他們開始一有空就會到我的事務所來聊天，並且幫忙選務工作。而「車頭」的計程車隊也慢慢地開始在集結，他們準備來幫我助選。剛開始二十輛，到了選舉的第五天，就達到了六十多輛。他們的車子前頭或車尾插上我的三角旗子，車身並且用油漆噴上我的名字和候選登記號碼「６」，聲勢相當地浩大而壯觀。

按照規定，正式的選舉活動一共有十五天的時間。政見發表會分為「私辦」與「公辦」。私辦在前，有七天；公辦在後，有八天。我本來還在擔心著我的私辦政見會不知道要以怎樣的面貌出現在鄉親的面前。幸好，私辦要開始的前幾天，突然我以前的老家鄰居黃水泉從台南市帶黃太平先生來看我。太平兄表明願意義務幫我助講，我聽了當然欣喜萬分。他就好比是從上天掉下來的一項禮物，我內心真的對他有無限的感激。

黃太平是仁德鄉太子村的人，留有很性格的兩撇鬍鬚。他在台南市的博愛路經營「古物集郵社」，時常開著一輛黑色的轎車，有時候他的太太和兩個小孩會與他同行。我記得他的小男孩常常戴著一頂小型的鴨舌帽，長得非常可愛而瀟洒。我的一些講稿有時候會請太平兄指導。當然我的金生兄也很會演講。雖然他所受的學校教育不多，但他天生就有這一種天份，對我的幫忙很大。

我記得還有一位林永杞先生在學甲地區自告奮勇地幫我助講，他曾當選過麻豆鎮民代表，人相當地富有正義感。

我的私辦政見發表會剛開始是以比較悲情的型態出現，我常常談到有關我的出身背景與求學過程的悲苦。後來因為太平兄與我的三哥金生大力的助講，隨著一天一天經驗的累積，演講會漸漸有了生動的內容，鄉親們也漸漸地在認同我們的訴求。

七天的私辦政見會很快地過去了，我的選情也起色了不少。記得在選舉活動第八天的時候，也是公辦政見會的第一天，「車頭」的計程車司機們當天早上為我發動將近一百輛的車子，聲勢相當地浩大。可惜在中午一點鐘的時候，當大家準備參加新化鎮舉行的公辦政見會，突然「中美斷交」的消息傳來，總統已經緊急發佈「處分令」，將全國的選舉活動整個中止了下來，大家都嚇了一跳。政見會不舉行了，中午我的車隊繞行新化地區的時候，我還和國民黨的國代候選人洪玉欽先生兩個人手牽著手，連袂拜訪鄉親們。選舉中斷了，參選的人和一群群的助選人員，大家頗覺得莫可奈何。

民國六十七年中美斷交，政府片面宣佈選舉暫停，對很多候選人來說好像是晴天霹靂。因為大部份的候選人都已投入了大量的金錢、文宣，然後選舉活動進行到一半突然喊停，當時完完全全沒有談到賠償的問題，而候選人方面也沒有任何人提出。現在回想起來，它實在是一件很奇怪的事情。可能那時候大家的心思都比較單純吧！

我本來就沒有當選的絕對把握，我也沒有抱持著非得當選不可。我那時候想：這樣也好，早一點結束，我也可以早一點休息。為了打贏這一場選戰，我到處拜訪選民。選戰正式開始之後，大部份的時間我幾乎都用走路的。我的身心已顯得相當地疲累。選舉宣佈暫停，那時候我的臉孔和身體已整個消瘦得不成人形，好像是一隻「瘦皮猴」。

學甲謝三升那裡的動作真快，已老早處理完選舉善後事宜，「阿傳仔」、「阿尾仔」等等那一批從台北下來助選的朋友都跟謝北上了。台南縣當時的警察局長果水，在選舉中止之後，曾親自到丙申兄的汽車修理場來拜訪我。我沒記錯的話，他大概是來通知我到台南縣的選委會領回我的選舉登記保証金。當然不久，我也把它全數歸還給王雲麟，我的小學同班同學。

我和金生兄把選舉中斷的善後事宜處理妥當，收拾好簡單的行李，就回去向母親告別。她再三地囑咐我們回台北以後一定要安份守己，好好找一份工作，不要再從事這一種吃力不討好的事情了。這一次選舉雖然曾經為我們的家揚眉吐了一口氣，但最後卻積欠了人家一大堆「人情債」，這是很難還清的。本來貧窮人家就沒有什麼資格去參選什麼民意代表。萬一參選，宣傳費用就是一個大問題，不是東挪西湊，就是要靠人家的義務贊助。這種恩情，我們兄弟以後要怎麼還呢？我和金生兄含著眼淚吃完中飯，告別了母親和清池兄，兩人就騎著那輛重型機車北上了。

到了台北之後，金生兄仍然在雙園街的瓦斯行裡工作，而我也準備找份工作。我們那時候臨時租屋在與萬大路交叉口附近的西藏路，萬華國中的斜對面。那是金生兄向瓦斯行樓上的林姓代書女婿馬傳鎮先生（曾任中央警官學校的教授）承租的。瓦斯行的老闆也姓林，人長得高高瘦瘦的，戴一副眼鏡，個性斯文。所以我曾在西藏路與萬大路的交叉口（也就是台灣人所謂的萬華地區）（艋舺）附近生活了一段好長的日子，而以前的國大代表王兆釧也曾住在我隔壁不遠的萬大路。康寧祥和康水木的聯合服務處北安宮亦在附近。八十年代雜誌社大概位於莒光路「康水木花店」斜對面的樓上，因為謝三升曾經在民國七十四年選舉過後不久帶我到社裡去找過康寧祥和司馬文武（江春男）先生。

我到了台北之後，為了糊口，必須先找一份工作。我應徵了好幾個地方，好不容易，民國六十八年初，我終於進入了明典國際貿易有限公司，它是一家專門從事食品罐頭外銷的公司。老闆姓葉，名昭謀，是彰化北斗人，鄉土氣息相當地濃厚，個性也非常的豪爽，他對我很客氣。我那時候常常聽他提起現任的立法院長王金平的名字。大概王金平的家族也是從事罐頭食品外銷的。我記得報紙好像曾經有一陣子刊載過他的家族曾以「空罐子」貸款之事，可見台灣以前國民黨執政的年代，不知有多少特權與烏龍事件。

我在公司裡負責英文書信和電報的擬稿工作。我也學會了打 Telex 條孔，打完之後，就直接撥號發送到國外去。

經過了半年多，時間大概是民國六十八年的六月初，天氣已相當地炎熱。有一天早上，我在公司裡突然接到謝三升的電話，心裡為之一震。他約我中午十二點在台北火車站前面的希爾頓飯店右邊的走廊見面，我馬上向公司請了假。等我趕到希爾頓時，謝已先一步比我早到。只見他的一隻腿向後彎曲拄著希爾頓飯店右邊走廊的牆壁，高瘦的身影，神情顯得相當的落寞。他看到了我，露出難得的一張斯文的笑容。然後我們兩個人搭乘計程車到台北市仁愛路的百齡大廈，那也就是從前美麗島雜誌社的總部。

在那裡，我生平第一次看到了施明德。在一間四面有透明窗戶的房間裡，他正把頭放低下來用雙手托著靠在一張書桌上面，很靜默地不知在沉思什麼。謝三升只是在窗戶外面向我指著暗示那是施明德，他並沒有介紹我們兩個認識。而我那時候也不想認識他，因為施明德給我的第一個感覺是拒人於千里之外，神情顯得相當冷漠，和現在電視上常常笑容滿面的畫面真的是天淵之別。

我們進入同一樓層隔壁的一家西餐廳，只見許信良談笑風生地身穿著短褲與洋衫，頭戴著鴨舌帽，坐在一張大大而圓圓桌子的主人位，好像在舉行圓桌會議似地。他的四周圍繞著許多男女，我猜沒錯的話，一定是呂秀蓮她們。那時候，因為橋頭聲援余登發父子，許信良剛從桃園縣長被停職。

謝三升並沒有介紹他們和我認識，我想原因大概是選舉剛結束，經濟方面的困窘讓他每天為如何還給人家的金錢而煩惱著，所以根本沒有心情去和他們打招呼。他刻意地帶我繞過他們，然後選了一張離開他們有一段距離的桌子。謝先開口問我喜歡吃什麼，我一下子竟然回答不出來，就說「隨便」。從前，我根本很少到西餐廳，有去的話，也已經忘記了我曾經點過什麼。由於經濟方面我一直都很捉襟見肘，根本沒有見識過什麼高級的料理，所以，後來謝點了青椒牛肉炒飯，我也跟著點。這「青椒牛肉炒飯」的印象以後竟然永遠留存在我一生對謝三升的記憶裡頭，永難忘懷。每次到西餐廳，我一定會先問他們有沒有青椒牛肉炒飯，然後點一盤，即使是人家招待請客，桌上已經有了非常豐盛的菜餚。

我們兩個人邊吃邊聊著。他稱讚我在這一次中央民意代表的選舉當中表現得相當突出，台南縣的鄉親們都已對我刮目相看。將來選舉有天恢復，希望我能繼續參選，完成下層階級人民的付託，不要輕言放棄。然後謝三升問我要不要擔任美麗島雜誌社在台南縣的副理，因為黃信介那時候已指定他為經理。我那時候回答說我還要考慮考慮，沒有肯定地答覆他，原因可能是選舉不知要拖延到什麼時候，說不定遙遙不可期。而我已準備將來有一天再度報考研究所。

對於台灣民主運動，雖然我有無限的同情，但我本來就不是走這一條路的人。我反而對廣泛的人生困境更感覺好奇，我那苦難的家庭命運有時候真的讓我不知如何是好。而我那時候的人生閱歷和社會經驗還相當地欠缺，我只是一直受著貧窮之苦，從來就沒有想到要投入更廣泛的社會運動之中。那時候對林義雄、張俊宏、呂秀蓮他們，我只是帶著一種崇拜「苦難政治明星」的心理，欽佩著他們的勇氣，但絕對還沒有膽識去參加他們的運動。

國民黨政府仍然不能容忍黨外的言論與結社。果然，在民國六十八年刻意製造了美麗島事件，電視上的畫面讓人怵目驚心。眼看著一批一批無辜的台灣人民被當局「未暴先鎮」地抓進籠子裡，然後非常霸道地加以審判，「入罪於人」。它在我的內心裡面引起了相當大的震撼。想一想，我當初假如也能參加他們的活動，該有多好。我的內心開始有了很大的反省。

我同情他們，完全出自內心的一片真誠。因為一個受過苦，有良心的人一定會主動地在內心深處同情美麗島的這批人。心想：他們真的是英雄！他們真的是偶像！你看！那電視畫面上的施明德是多麼地瀟脫；而姚嘉文是多麼地高大英挺，兩顆眼珠炯炯有神；呂秀蓮是新女性主義者，身披黃色彩帶，在高雄帶領著燃燒火把的遊行車隊，的確是「巾幗英雄」；而林義雄更是那麼地悲壯，以後又發生了天地同悲的林家血案。

我第一次看見林義雄，是在他的故鄉宜蘭，他那時候剛當選省議員，正帶領著車隊謝票。而我那時候也剛好在「反共救國軍」金六結單位服役，我們的部隊正外出幫農民割稻。我記得他走在宣傳車隊的前面，額頭被太陽光曬得「黑金」、「黑金」的。他的兩隻手不斷地向鄉親揮動著，作揖銘謝，而沿途的鞭炮聲隆隆。他給我第一個印象是精神相當地堅毅而且富有正義感，我那時候真的非常羨慕他的一舉一動，真希望有一天我也能跟他一樣參加選舉。

在電視畫面上的張俊宏戴著一副深框眼鏡，他是多麼地冷靜而富有斯文之氣。陳菊更是傳奇，我聽說她並沒有受過什麼大學教育，卻能以郭雨新秘書之頭銜和他們這一群知識份子為伍，她給我的印象是「草地型」的。而林弘宣更是一位斯斯文文，與世無爭的傳教士。

最引人注目的黨外龍頭老大當然是我三哥金生最崇拜的偶像——黃信介先生。他身穿黑色的「中山裝」，深深具有「毛澤東」的革命氣概，一副從容赴義的模樣。

這一群人所從事的「台灣民主運動」對我來說是富有相當啟發性的。由於對他們的同情，我開始思索台灣社會的種種不公不義。我本來就對當權者沒有任何好感，所以這些一天到晚被傳媒「抹黑」宣傳為「叛亂份子」的美麗島人士，其實在我的內心裡面自然有一把尺，我比別人更清楚他們是怎樣的人。這一點不需要別人告訴我，我自自然然就知道了，因為這一種能力在我平常的「受苦」經驗之中就已經學到了。所以我後來參加所謂的「台灣民主運動」其實都是內心自動自發的，包括我至今所以一直不參加民進黨，理由也是不言而喻的。因為只要忠實於自己的「原始感覺」，真真正正的在這一塊土地上過活，而對下層階級人民充滿著悲憫之心，就沒有所謂「路線」不「路線」的分岐問題。他只有單一的一條路可以走，那就是永遠站在下層階級人民的立場，縱使政黨一變再變。

我在明典國際貿易有限公司工作的那一段期間，我和三升兄仍然時時保持著聯絡，藉以了解黨外動態與恢復選舉的可能性。但我內心卻一直都沒有忘記繼續報考研究所的這一件事情。而公司老闆葉先生也不排斥我的繼續深造，他說假如我考上，我仍然可以繼續留在公司裡工作，有課的時候，再去學校。

我終於在民國六十九年考上文化大學外文研究所。我的英國文學考得特別好，分數大概有八十幾分。我會再參加考試，表示我仍然有心向學，我本來就對政治的東西並沒有很熱衷。我們那一系總共有六位同學，所長是嚴振瀛教授，他對戲劇和繪畫方面特別有專攻，人長得斯斯文文的。記得他給我口試的時候，我曾告訴他我對學識的忠誠和對文學、哲學的熱情。在研究所裡，有一門西洋文學史，嚴所長只有教我和另外一位女同學。那個時代，就讀研究所的真的不多，不像現在到處都是。

雖然學業我已經荒廢了一段很長的時間，但能考上研究所，表示我的能力還算不錯。然而恢復選舉的消息成天在報上刊載著，於是我當時又開始徘徊於是否繼續參加選舉與完成研究所的學業之間。

國民黨當局藉著美麗島事件把黨外人士分批判刑，處理妥當之後，大概從民國六十九年七、八月之間就開始不斷地透過傳媒工具放出風聲：準備恢復六十七年因中美斷交而暫停的中央民意代表選舉。

對於繼續參加選舉，我的三哥金生當然比我興趣濃厚，他一再地慫恿我要繼續參加。有時候我會利用假日返回麻豆，探訪鄉親。而在那一年恢復選舉之前，麻豆中央市場突然發生了火災，幾乎把所有魚攤、肉攤，與菜攤的外架都燒掉了。幸虧有老天爺的保佑，我母親的菜攤安然無恙，可能是位置在外緣的原因，這也表示我那破爛的老家仍然存在著。我一聽到火災的消息，就趕緊奔回麻豆探望母親，順便慰問中央市場的攤販們，他們都是當初在民國六十七年的選舉幫我出錢出力的我最親愛的鄉親。當我一回去探望他們，報紙的記者馬上尾隨而來，尤其是陳明陸先生，他是一位相當熱心的人士。他父親和我的父親是世交。他父親陳春厚老先生是一位醫生，開了一家小型診所。小時候，母親常常帶我們去給他看感冒。我回麻豆探訪火災，當然隔天早上的報紙馬上就刊出了我的消息，記者們對我是否再繼續參加選舉多所揣測。

二、從研究所辦理「退學」，再度參選

國民黨當局對於美麗島雜誌那些所謂的「叛亂份子」已完成了審判，所以恢復選舉的跡象也似乎越來越明顯了。我不知道怎樣，心裡成天總是為報紙上恢復選舉的消息左右得魂不守舍。我真的很想繼續未完成的學業，因為參加選舉實在是前途未卜，不可知數。尤其依照選舉法的規定：具有學生身份的不可以參加選舉，如果要參選的話，一定要辦理退學，即使休學也不可以參加。如果參加了，一被發現，資格馬上就要被取消。其實這一條文正是我日夜所煩惱的。假如我下定決心辦理退學，那就是「吃了秤陀，鐵了心」，不管它是不是一條不歸路了。但我也在擔心著萬一選舉失敗了，我就一切都完了，我也不可能再被允准回去學校就讀。

金生兄一天到晚催促著我：趕快從學校辦理退學。他每天幾乎都會告訴我選舉的好消息。有一天他又說了一項好消息：我是上次選舉暫停的候選人，所以我可以保留以前的幸運號碼6號。而謝三升那裡也常常打電話給我，詢問我有關繼續參加選舉的意願。

謝三升還有一次帶我到他中和的臨時住家，他的太太陳繡鳳那時候租房子在中和。我去的時候，家裡擺著一台針車（老式的踏板裁縫機），三升嫂為了維持生計，白天在工廠上班，晚上再從工廠拿成衣回來加工。我那時候，對三升嫂的第一印象很好，認為她是一位非常勤儉、溫柔的女性。

終於有一天，我真的正式從文化大學外文研究所辦了退學。隔天，就收拾了簡單的行李和金生兄騎著那輛已身經百戰，破爛不堪的重型機車南下了。

中央民意代表增額選舉歷經中美斷交宣佈休息了兩年，期間政治情勢的變化實在相當地大，不但民國六十八年發生了美麗島事件，而且那時候很多以前的候選人甚至都已離開了人間，有的為了選舉債務早已傾盡了家產，所以再次參加的意願不高。便值得注意的是：有很多在民國六十七年本來就沒有參加的人也突然冒出來準備參選，所以全省各地到處都有新的面孔。

中美斷交，本來選舉是不應該宣佈停止的。既然中斷了兩年，又恢復了，當然國民黨暗中已有充份的準備來應付這場重新恢復的選戰，它就好像「桌上拿柑」（從桌上拿椪柑）般地容易。對於人選，它已經有了一番新的佈局。

國民黨採取「圍堵」的策略。拿立法委員方面來說，台南縣為了對付謝三升，表面上是開放自由參選，其實暗地裡：在學甲鎮方面，它就提名郭俊次博士；在下營鄉方面，就叫洪玉欽改選立法委員；而在七股鄉方面，叫黃正安律師出來參選，他正是國民黨的主委黃正雄的親弟弟，表面上是無黨籍，其實是十足的「黨友」；而更可惡的就是在麻豆地區提名法務部的科長李宗仁，他是一位有名的「黨棍」與「打手」，而這些地區都是謝三升的鐵票地區。

國民黨的提名作風就好比是取了四隻巨大的釘子準備把棺材的板蓋四個角落牢固地釘下去，它只有一個目的：就是對付所謂的「黨外敏感人士」謝三升先生。

在國大代表的部份，雖然出來的人不像以前那麼多，但在麻豆地區它竟然叫省社會處的專員，留美的陳明男出來，目的當然很明顯，就是衝著我而來。他們以為我會就此打退堂鼓，乖乖地把我的研究所唸完。他們萬萬沒有想到我最後還是堅決地參選了。

其實，我的內心也曾經軟弱過。有一次，我和金生兄在太平兄位於台南市博愛路（現已改為北門路）的古物集郵社商談選情。可是不知怎麼搞的，過一陣子之後，因為對選情有不同的看法，我和金生兄雙方之間起了嚴重的衝突。我脾氣一發作，突然說我不選了，我要回文化大學研究所完成學業。於是我就丟下金生與太平兄兩個人愣在那裡，然後自己一個人跑到台南火車站旁的公路局搭乘國光號北上。我那時心想我如果再回文化大學，他們應該不會拒絕我的復學請求才對，因為我的退學申請剛送出去沒有幾天。我一路在車上把事情的經過一再地重新思考，尤其是想到我離開台南市的時候，金生兄一個人失望地蹲坐在集郵社的牆腳旁。他那孤獨無助的樣子讓我越想越傷感，我突然又對我倉促的退選決定後悔不已，所以車子一到了新竹休息站暫停的時候，我趕急地打電話回博愛路，告訴金生和太平兄我又要選了。他們兩個一聽，簡直欣喜若狂。

我和金生兄曾經討論了競選辦事處的位置。我們不想再麻煩「太良行」我的同學李啟充了，那裡的地點也不寬暢，而丙申兄那裡的汽車修理場也太偏僻了。所以回到了麻豆之後，我的三哥金生便騎著那輛重型機車載著我，繞行整個麻豆市區，積極地準備找尋一處適當的地點。找了好久，最後不知不覺地兄弟倆竟然繞到上帝廟後面。我們看上了那緊靠廟後牆壁出租的攤位，於是找廟公郭老先生商量，最後以每個月大約一千五百塊錢租下來，然後就開始著手佈置。

我們所以會租下那個地點作為競選辦事處，最主要的原因就是：雖然它的前面是兩條道路的交叉口，其實車子稀少的時候，它是一片相當寬廣的空地。交通四通八達，它又靠近麻豆的「大賣市場」，平常很容易聚集相當多的車輛和人群。我曾聽父執輩說我父親曾在那裡作過「粉頭」生意，而那裡是一處「蛇穴」，不過這些都是選舉以後才聽說的。

我在民國六十七年曾選過，所以一切選舉事務都駕輕就熟。當我們開始佈置選舉事務所的時候，麻豆的下層，我的原班人馬：像「火雞」（王良鎮）、「阿義仔」，我的同學王雲麟、金生兄的同學「憲仔」與「群仔」兄弟，與「三賢仔」等等都跑來幫忙。當然我那已存放二年的選舉三角旗子又開始插滿了整個麻豆鎮的主要街道，而義務來幫忙的人數也不斷地在增加，剛開始有一個好的現象。

我們兄弟也常常到學甲謝三升那裡走動。那時候他的競選總部前面從三樓已高掛垂下紅布條寫著：「蕃薯不驚落土爛」、「只求枝葉代代傳」延續「黨外香火」的對聯。謝三升背負著傳承台灣人民的「民主香火」，發揚「蕃薯精神」的重責大任，他的使命感實在令人動容。

等到登記的那一天，我們相約一起到台南縣的選委會登記。沒有想到黃信介的弟弟黃天福也下來了，還有一位稀客，那就是現任的行政院長游錫堃。在選委會，我記得他那時候站在我的身旁一直看著我的傳單，我對他的第一印象極為良好。那時候，他很年輕，眼睛的輪廓很深，宜蘭人似乎都是這樣子的。雖然他穿著一身標緻的西裝，但給人一種極為親切、極為純樸的感覺。我第一次跟他們兩人的認識就是經由三升兄介紹的。

自從到選委會登記完後，我的選舉決心已經非常地明確了。那時候我也漸漸地引起大家的矚目，主要的原因就是我的年紀非常年輕，只有二十七歲。尤其是我的出身背景相當地特殊，來自一個赤貧如洗的的家庭，竟然有勇氣出來參加中央民意代表的選舉，簡直是一件不可思議的事情。另外我有一位偉大的母親，她的辛苦是大家都看得到的。大家都知道我的母親——林柳錦女士是一位永遠的勞動者。她毫不畏懼環境的惡劣，親手撫養著六個小孩，生活在世界的邊緣——麻豆的中央市場邊。而他的小孩林丙丁聽說是一位孝子。在鄉下地方真的這是一項極容易說服人的特點。而那時候，我又是一張白紙，未曾擔任過任何公職。除了貧窮，別人幾乎找不到任何攻擊我的弱點。

更引起注意的就是我曾花費五千塊錢請人幫我畫了一幅肖像看板，滿大型的。他們也要負責僱請工人把它懸掛在中央市場東邊出口的大門上面。那裡前面正是整個麻豆鎮最熱鬧的地方，幾乎傳統攤販，尤其是各類的飲食攤都聚集在那兒。我還記得懸掛那張畫像時，天色已漸漸黑暗了下來，而街上的飲食攤燈火初上，非常多的鄉親跑來圍觀著。我發現麻豆鎮民代表會的主席吳鐵甲先生也在人群中站著觀看，我便走到他的身邊向他問候。以前他們這些「大頭仔」根本不會把我看在眼內，而我那時候的選舉聲勢已漸漸有了。那一幅畫像，對於麻豆鄉親來說著實是一件相當轟動的事情，因為之前從來沒有人那樣子做過。我在選舉之前幾乎所做的每一件事對於麻豆人來說都是相當新奇的事，都是過去他們從來沒有聽說過的事。

我的隔壁鄰居「魚丸洪仔」是作魚丸生意的，我的兒時玩伴洪基田的父親宏舟叔叔為我組成了一個小小的後援會，他們就是由「里長伯」郭玉池出面帶領。記得，還有一位金凱叔叔也常常到我的服務處來看我。那時候麻豆地區的「大頭仔」仍然不敢到我的服務處來，尤其自從有李宗仁參加了立法委員的選舉。

我從頭至尾就相當地討厭李宗仁這個人。對於我這一個貧苦子弟來說，他所代表的是一股邪惡的勢力，那就是麻豆地區所有「有頭有臉」的人，有財富的人集中的大本營。他的參選對我來說真的是五味雜陳，因為感情上我真的是屬於謝三升的，我壓根兒不會喜歡這樣勢利眼的人物。人長得矮矮胖胖的，講話沒有任何機會讓我可以跟他溝通有關政治的東西。可能他和我的年齡也有一段相當大的距離。而他又是什麼法務部的科長，是國民黨有關當局的公務人員。而他的么妹竟然是我的小學同學李瓊珠，我記得每次考試，她都是全班最後一名。她還有另外一位表妹郭美惠也是我的小學同班同學。在前二年，我的選舉壓根兒就沒有看過李宗仁的影子。所以我民國六十七年的選舉真的影響了許多人，大家都想窮小子林丙丁都敢出來了，他們哪裡有不敢出來的道理。

如果我猜得沒錯的話，國民黨叫李宗仁出來其實也是為了對付我，準備不讓我在麻豆地區一枝獨秀，更故意讓謝三升在我的出生地難堪，很難和我搭配在一起。可見以前的國民黨真的是壞事做絕，專門在搞選舉的排列組合。

民國六十七年我當初要出來參選，內心裡完全沒有想到以後我真的會相當程度地連累到母親。她幾乎把賣菜的生意整個停頓了下來，手拿著「破卡子仔」（菜籃子之類）到處搭乘客運，有時候搭乘別人的便車，走遍整個台南縣，不管是「山郊野外」或市區小鎮，到處幫我發傳單，到處幫我拉票。假如我開始就知道選舉要勞動那麼多人，也許我就不會參加了。

我是「菜販」的小孩，基於「愛烏及屋」的心理，麻豆中央市場內的攤販們常常會為我集體休市。更讓我這一生當中永難忘懷的就是麻豆「車頭」的計程車司機們集體為我義務出動他們的計程車幫我助選，有時候二、三十部，有時候五、六十部，最多的時候，聯合其他鄉鎮，達到二、三百部。計程車每次出動之前，不管以後擦不擦得掉，司機老大們會先用油漆大大地在車身上面塗上我的名字和登記號碼，然後前後插上我的三角旗子。全國可能是我的選舉才開始有計程車隊的義務助選，而且聲勢是那麼地浩大、壯觀。

計程車隊每次出動的時候，市場的攤販們也會配合著同時為我休市，然後全家大小搭乘計程車，好像是參加郊遊似地，到處為我拉票、為我造勢。整個麻豆地區的鄉親們，尤其是下層階級，幾乎人人都是我的助選人員，都在幫我拉票。甚至別的鄉鎮，或別的縣市也為我發動了義務助選車輛。他們都是自動自發的，自己掏腰包買便當。總之，大家團結一條心，為的是要讓「歹命子」林丙丁能夠出頭天。

而我那時候也相當地努力。幾乎我的車隊每到任何一個鄉鎮，我都會從宣傳車下來，用走路的，走在宣傳車的前面，沿街拜訪選民。我幾乎天天走路，天天握手，整個形體被太陽曬得黑黑乾乾的。而我卻從不喊累，整個人好像是一個戰鬥體，不斷地向前推進著。從前我的這一種競選方式當然不同於現在的選舉，而這裡面所隱含的哲理是很少人能夠理解的。如果本身缺乏意志力，根本不可能走完全程的選舉，而要半途而廢了。反觀現在的選舉方式，千篇一律，幾乎都是一種投機與虛浮的表徵。

我從小就不斷地在接受著貧窮的打擊，日子久了，也就習慣了。對於處在貧窮之中的下層階級，我本來就充滿著萬分的悲憫心。

我從小就面對貧窮，然後在貧窮當中靜思。雖然也曾經想要擺脫貧窮，但最後因為個性的關係，所以發現「擺脫貧窮」並不是頂重要的事了。

因此，我從小也漸漸地培養不再對富人抱存任何仰慕之心。本來人就很容易輕視比自己低下的人，然後很容易去羨慕比自己高上的人。這種心理狀態一直是我們教育的謬誤：我們都教育自己的子女要掙脫環境的貧窮，然後告訴他們那也是從小讀書的主要目的。讀書的目的就是為了要賺錢，然後擺脫貧窮。

我們的教育都沒有教學生怎樣面對人生，讓他們知道財富的追求只是「偶發的命運」之一部份，它不是主要的目的。如果最後沒有獲得財富又怎樣？那也沒有什麼了不起呀！人最重要的就是忠誠地面對人生呀！

很多「讀書人」讀到了最後，都變成高傲地瞧不起窮人，或比自己低下的人。他們甚至忘記了從前也是那樣的出身，然後誤以為自己接受了幾年的文化教育就已躋身「上流社會」了。想來真是可悲呀！我不知道怎樣，似乎很早就認識了自己讀書的本務就是不斷地擺脫這種情結。因為自從我進入學校開始，我們的教育幾乎都是要教人摒棄「對於窮人的同情」，認為貧窮是一種「羞恥」。

我對窮人的悲憫是非常自然的，它是發自內心的一種原始呼喚。不管他們是多麼貧賤，我都來者不拒，招待他們是相當親切的，所以他們都非常願意到我的服務處來。在我服務處的鄉親幾乎都是下層階級的，他們形成和李宗仁服務處的一種強烈的對比。到李宗仁服務處的幾乎都是麻豆地區所謂「上流」的、穿皮鞋的、穿西裝的；然而到我服務處的幾乎都是「脫褲襤仔」、赤腳的。他們是麻豆地區最貧窮、最被人家瞧不起的勞動階級。我和他們形成了一個選舉戰鬥體，每天早出晚歸。

我的選舉符號是相當簡單的，我所代表的是下層的勞動階級，「攤販的子弟」。而我的主要訴求是：「為貧窮人家的子弟造一座橋、鋪一條路。」。我宣傳車上面的標語仍然是上一次選舉曾經使用過的，很簡單的的幾句：「一元一滴血 一步一點淚 嘔盡心頭血 句句為縣民」。

和前年的選舉一樣，選舉活動一共有十五天。私辦政見發表會有七天，公辦有八天。私辦在先，公辦在後。我的私辦政見發表會在各個鄉鎮有時候會刻意緊接排在謝三升的後面，因為他的私辦政見會往往聚集了人山人海的群眾，他講完以後，聽眾往往捨不得離開。所以有人認為我們是在聯合競選。而麻豆陳明男的參選，最後所演變的情勢似乎對我並沒有任何威脅性，反而是有利的，因為麻豆選民具有「先入為主」的觀念。「先得先後得後」，我是以前的（六十七年）參選者，所以繼續參選具有正當性，最後麻豆鎮民對陳明男產生了極大的反感。

我在政見發表會就明白指出他是國民黨叫出來的。我至今仍然不明白為什麼會突然冒出一個陳明男。他至今對我來說仍然是一個謎。他是麻豆華王百貨的小孩，是留美的碩士，人長得很斯文。我猜他可能是「朝松嬸仔」的小孩。我小時候的記憶中，「朝松嬸仔」常常會來「阿母」的菜攤前面和我的母親聊天買菜。母親對她相當地尊敬，她有時候也會送來一些舊的衣物。

我的私辦政見會晚上第一場就在麻豆中央市場東邊出口的大馬路上，也剛好是我的「大型肖像」看板的正前方。它可以說相當轟動，也因為這一場演講奠定了日後勝選的基礎。金生兄雖然只有國小的學歷，但平常對報紙上的政治新聞多所關心和涉獵，所以他的口才可以說是一流的，就是一般大學的畢業生也比不上他。而太平兄也為我助講，他一拿起麥克風，宏亮的聲音和豐富的材料，不用說，很容易打動人心。他又從新豐地區，尤其是仁德鄉請來了蔡金滿、李岩松，與阿良兄等等知名人士來幫我助講。好多好多的朋友，我至今他們的名字有些都已記不起來了，但是他們的形影卻日日夜夜徘徊在我人生的睡夢當中。尤其是麻豆地區有一個很有名的歌仔戲團，她們的領隊「千鶴姊仔」，後來她也來幫我義務助講，她最常講的就是「甘羅七歲當宰相」的故事，因為那時候有其他的候選人一直在批評我的年齡太年輕了。

我的助選團好像是一團「雜牌軍」，各種人物都有，有時會有人臨時上台來客串，即興講演，所以這種選舉方式頗富創意。尤其是母親有時候會突然出現在我的政見會場人群裡，引起一陣騷動，那時候我會扶著她上台向鄉親們致意。每一次她沒有講幾句話，台下的聽眾就已經感動得不斷擦拭著眼淚。

我的私辦政見會在各鄉鎮都創造了高潮，尤其新豐地區（靠近台南市）更是熱情。記得有一天晚上在永康鄉大灣的廟口講演，我的大哥連豐在台南市服務的旅行社老闆就出動他所有的員工來贊助我的光彩。他們在我的政見會場四周圍以及整個大灣地區安排鞭炮大放特放，創下有史以來空前的記錄，把大灣地區炸得濃煙密佈，伸手不見五指。

公辦政見會的第二天，麻豆「車頭」的計程車司機們聯合其他鄉鎮，主動義務地組成一隻龐大的車隊，數目達一百多輛，他們開始幫我助選。而麻豆中央市場的攤販們也主動為我休市，家庭成員人人都坐上了計程車。只見車隊一早便在我的競選辦事處前面的廣場以及周邊的馬路上大排長龍，最後分成三隊繞行整個台南縣，而曾文區的那一隊是由我帶領的。這一種聲勢衝擊了整個選情。我在隔天的政見發表會上，另外一位候選人王鼎動就主動跟我聊天，他說我的車隊已轟動了整個包括雲、嘉、南五縣市的第四選區。

如果把私辦和公辦政見會拿來作一番比較，我認為公辦比私辦更富刺激性。因為所有候選人聚在一起，大家可以互相批評與攻擊，更可以創造高潮，所以在公辦政見會我的表現可以說發揮得淋漓盡致。我一會兒和吳豐山辯論，一會兒把陳明男罵得狗血淋頭，我常常諷刺他是國民黨唆使出來的。而吳豐山的人是屬於高傲性質的，他雖然聲稱為「黨外」，但事實上屬於「黨友」性質。他戴著一副深度眼鏡，臉形長得四四方方，具有相當的「霸氣」。他是政大新聞研究所出身的，台南統一企業集團支持的對象，而且是大老吳三連創辦的自立晚報總編輯，可以說是接班吳老政治立場最得意的愛將。

按照道理來講，謝三升應該和吳豐山搭配才對，因為他們出生地同屬於台南縣的北門區，又同是政大研究所的高材生（謝研讀公共政策）。但謝三升曾經好幾次告訴我：他瞧不起吳豐山，更瞧不起吳三連，因為他們都是屬於「黨友」的性質，都是靠執政黨生存的。有人好幾次力勸他要去看吳三連老先生，但他有自知之明，他不會去的，因為他不會那麼自討沒趣。吳三連雖然有時候會幫幫「黨外」講講話，但先天上他仍看不起窮人。所以他認為我才是他最適合搭配的人選。

我時常在公辦政見會上批評吳豐山就是攻擊他的「黨友」性質：雙手各五隻手指頭的指甲修得整整齊齊，然後把「爛鳥」捧著，深怕它受傷害，這一種專門在捧「爛鳥」的黨，叫作「爛鳥黨」，其實是「假黨外」，不是真正的黨外。我那時候也不知道怎樣，開始罵起髒話來了，而聽眾只覺得好笑，卻絲毫不感覺任何唐突，因為政見台上只有靠著這一種粗俗的鄉下俚語才能把事實的真象敘述得傳神與可愛。

我在公辦政見會上的表現越來越突出，那時候幾乎整場政見會，大家矚目的焦點就在我的身上。輪到我講話時的一舉手、一投足都會引起聽眾的共鳴。有時候我講到傷心處，真的也會賺人眼淚。講完之後，雖然政見會尚未結束，全場的聽眾竟瘋狂地集體跟著我走出政見會場，然後大家有秩序地簇擁著我，開始揮著手遊街拜票。那時候，我宣傳車上最得力的麥克風小姐「阿華仔」就緊跟在我後面，以她那富有磁性又宏偉有力的聲音開始廣播。「阿華仔」小姐就是「三角應仔廟」附近賣香腸的女兒，她完全是義務的，對我的幫助極大。

而我好像是一位天生的選舉專家，我專心一意地在從事我的選舉活動，走路的機會比別的候選人多很多。我好像是把選舉的活動當作是一場運動會的比賽，絲毫不敢怠慢。我的目標就是選民的雙手，他們的悲喜就是我的悲喜。有時候我走路的速度竟然讓我的助選人員都跟不上。

自從選舉活動正式開始之後，我的聲勢明顯地與日俱增。前來助選的計程車已不限麻豆地區，幾乎全台南縣的各鄉鎮都有發動來義務幫我助選的，甚至有外縣市來的。令人感到驚訝的是遠從屏東地區竟然來了二十多部計程車，後來有人告訴我說那是因為我的父親從前對人太好了，他積了很多陰德，有恩於別人，所以當地人一打聽知道了他的小孩正在參選，就特地從屏東地區發動助選車輛前來。（從前我父親是經營農民穀物生意的，他當然與屏東地區的「源頭」有所接觸。）有時候，回想起這種台灣早期的人情味，不禁讓我感動得熱淚盈眶。

那時候，我也常常到麻豆的五王廟拜拜，有時車隊會從那裡出發。有人牽來了一隻「王馬」，我原先不想坐上去，因為民主時代，坐上去如同王公貴族一般，怕引起選民的誤會。小時候，有一次鎮長選舉，我曾看過候選人呂庭復騎過。我後來只是象徵性地在上面坐一坐，和助選人員照完像之後，就馬上下來了。不過我們的計程車隊出發的時候，牠也被主人牽跟在我身旁，引起路人相當大的注目。所以我的選舉是多彩多姿的，下層階級的選舉本來就是這樣，和花大錢的選舉根本不同。

我到處都很受歡迎。每天一從別的鄉鎮拜訪回來，我一定先把宣傳車隊帶向麻豆中央市場的前面，好像在告訴鄉親們：「丙丁仔回來了！」如同前縣議員陳漢王曾告訴大老吳三連說林丙丁的選舉就好比是：早上把一大群「粉鳥」（鴿子）放出去自由「討吃」，然後在黃昏的時候，牠們會主動飛回巢穴。根本在他的事務所裡找不到任何一位「總幹事」，幾乎人人都是「總幹事」。（蕭裕珍曾代表政治家雜誌來訪問過我。）

要投票的前幾天，很多關心我的鄉親常常會在夜晚選舉活動結束之後聚集在我的服務處討論選情。本來我的宣傳單是所有候選人當中最便宜的簡單薄紙，更談不上什麼宣傳海報。大家在互相討論的時候，突然金生兄想到利用舊報紙來寫海報，以前好像康寧祥先生的選舉使用過。

所以隔天晚上十點過後，當宣傳終止時間到了，人群便聚集到我的服務處，他們開始用毛筆在舊的報紙上面為我寫宣傳，大家越寫越起勁。隔天，當我的宣傳海報一被張貼在道路兩旁的「電火柱」上面，馬上轟動了整個台南縣。

用報紙寫的海報雖然簡陋，但宣傳效果非常良好，並不是所有候選人都能利用這種宣傳，而我利用它是最自然的，因為我本來就很窮困，沒有多餘的競選經費來印海報。我深深地記得：那時候，台南縣長楊寶發的座車司機也曾來我的事務所幫過忙。

投票前三天，晚上十點活動結束後，我突然接到謝三升的電話，他要我們兄弟倆趕到學甲一趟。在謝的服務處二樓，他告訴我們兄弟，我們兩人的聲勢都已起來了，尤其是我更有當選的希望。為了確保選舉的勝果，一定要把監票的工作嚴密地做好。尤其是選舉活動最後一天和開票的當天晚上，一定要聚集大批的群眾在服務處的前面廣場，創造一種緊張而浩大的聲勢，讓國民黨有壓力，不敢把我們兩個人的票全部都「作掉」，至少不敢把我們從當選名單上剔除，否則一定會遭到群眾的暴動。從前他的選舉吃了很多這方面的虧，原因就在於所聚集的群眾太少了。和國民黨選舉，一定要贏很多票，否則就是贏了，最後也一定會被作掉。

所以從謝三升那邊回來之後，我們兄弟就開始緊密地籌備監票事務。當然在我這邊要找人並不困難，因為我的選舉事務處每天都有人群不斷地聚集著，而且大家都非常樂意幫忙我監票。雖然大家對選舉沒有經驗，但把它當做一種眾人的團體活動，也是一件非常有趣的事，更何況我的這一場選戰在過去的麻豆選舉史上是空前具有參與價值的。

三、下層階級最後的奮戰與勝利

選舉活動的最後一天，幾乎所有的麻豆鄉親，無論大小，都全家出動了，他們準備來幫我拉票、助選。我的宣傳車之外，包括計程車、大卡車、「發財仔車」，與拼裝車，全部聚集了將近二、三百輛，好像要打一場劇烈的戰爭似的。

計程車、轎車都用油漆塗上我的名字，而大卡車、「發財仔車」，或拼裝車則掛上紅布條。不過，幾乎每一輛車，不管大小，大家都會插上我的三角旗子。那時候，鄉親私底下幫我製作的旗子不知道有多少。各式各樣的車子一插上我的旗子和掛上我的宣傳紅布條之後，真的是浩浩蕩蕩，飄亮而壯觀。

記得最後一場新市鄉所舉行的公辦政見會我的演講結束之後，時間大概是下午三點鐘左右，我就站上了一輛已事先準備好的小型卡車中央的位置，前面雙手靠著一條鐵製的握把，我的兩旁都有助選員護衛著。大家站穩之後，我們將近三百多輛的車隊便開始繞行整個台南縣。我的車隊途經的鄉鎮，到處都有鄉親早已準備好燃放的鞭炮，等到我的車隊一出現，就開始大放特放，有時候太稠密了，有人會幫我遮擋，但大部份的時間，我本人是不怕的。我好像是一位乩童，有神明附身似的，身上除了一條競選的紅色綵帶之外，胸口還掛滿著各地廟宇恩賜我的各類「信物」，置身在四周滿佈鞭炮的聲音隆隆之中。我們的車隊在田野旁邊半途休息下來的時候，因為臨時找不到廁所，大家又很急，所以不得不就地解決。只見男的站成一排，好像機關槍掃射一樣，真的壯觀無比。

當我的車隊經過學甲謝三升服務處前面，我臨時下車走進去慰問謝的助選人員，然後拿起了麥克風呼喚大家都把票投給謝三升。當然謝的助選人員早已事先準備好相當多的鞭炮掛滿著整個學甲的大街小巷來歡迎我。

麻豆地區的鄉親們似乎把我的這一場選戰當作他們自己的選戰在打，所以「選前之夜」，市區就如同舉行「迎神賽會」般地熱鬧。所有外縣市工作的鄉親都已老早回到了自己的故鄉，準備投我神聖的一票。

我記得我的宣傳車隊從麻豆交流道下來的時候，已經是晚上大約九點多左右，距離選舉活動正式宣佈停止不到一個小時的時間。麻豆鄉親已迫不及待地群聚在道路的兩旁準備歡迎我。我看到這種情形，不得不從宣傳車下來用走路的。大家都不斷地在鼓掌向我喊叫著：「當選！當選！」沿路也開始燃放起早已佈滿在道路中央形成一串串，連接不斷的鞭炮。

平常相當懼怕鞭炮的我，這時候竟然一點也不理會它。我走得很慢，我好像是一位乩童，揮舞著雙手，有時和鄉親握手，有時鞠躬作揖，尤其到了興中路與中正路交叉口的派出所前面，鞭炮已被燃放得煙霧遮天，伸手不見五指，麻豆五王廟的五府千歲出巡的時候從來也沒有那麼熱鬧過。幾乎整個麻豆地區的二十一個里，我的車隊都繞行過了。等我回到服務處的時候，已超過選舉活動正式停止的時間二十多分鐘了，而我發現人山人海聚集在我的服務處前面廣場，很多人都是從其他鄉鎮特地跑來看我。選舉活動已結束了，我把掛在我身上已好久一段時間的綵帶拿了下來，然後和圍繞在我服務處四周圍的鄉親們一一握手。他們聚集在我的服務處前面的廣場久久不散，一直到凌晨一、兩點。而我的三哥金生也重新再把監票的工作向負責的鄉親叮嚀一番，最後透過麥克風，金生兄呼喚鄉親們明天除了把票投給我之外，還要人人幫我監票。明天投完票後一定不要馬上離開自己的投票所在地，在下午四點鐘投票所打開票櫃的時候一定要去監看。

雖然很晚才睡覺，投票當日清晨，我還是習慣性地一早就爬起來。八點鐘的時候，我就一個人走到設在上帝廟裡面的投票所自己投給自己神聖的一票和謝三升的一票。

早上的天氣非常晴朗，時間一分一秒地過去。差不多在十點鐘的時候，謝三升突然來看我。他的司機載他來，他本人並沒有下車。他們把黑色的轎車停在距離我的事務所不遠的一處偏僻的角落，他叫我們兄弟倆進入他的車子裡。開口第一句話他就恭喜我已經當選了，但是他有可能已經落選了。他要我一定要注意晚上的「群眾運動」。不久，他就由司機戴走了。

我至今仍然有點想不透，為什麼一場選舉經過了兩個小時的投票後，謝三升就知道我已當選了，而他卻落選了。那時候都還沒有開票哩！

下午五點鐘過後，各地的選票已被陸陸續續地開了出來，我的服務處也聚集了不少鄉親，他們議論紛紛地高談闊論著。金生兄利用下午的時間老早把記票的看板釘好了，高高地豎立在服務處前面不遠的空地上，準備晚上「選情之夜」應用。當有人回來報告各投票所開出來的選票時，正式的計票工作也展開了。雖然我們對選舉從來就沒有什麼經驗，但到那個時候為止，幾乎每一個過程、每一個環節都還滿順利的，比起其他的候選人有過之而無不及。這當然包括計票工作。

我的服務處裡裡外外已擠滿了群眾，而前面四通八達的廣場更是水洩不通。事務所的計票工作不斷地在進行著。人群都把他們的臉龐朝向看板緊張地注視著，因為助選人員已爬上梯子在那裡正在登錄票數。他們把全台南縣三十一個鄉鎮的地名和各候選人的名字都一一地記載在上面而且畫了格子。哪一個鄉鎮的總票數一統計出來，人們就發出興奮的吼叫聲，拍手叫好。我各鄉鎮的得票數幾乎都領先了其他候選人。尤其是麻豆地區的鄉親們在這一次的選舉當中展現了空前的大團結，我幾乎囊括了全部的公民票數，獲得了一萬多票，其他的候選人只有幾十票，而陳明男也只有幾百票。

當人群在我的事務所前面越聚越多的時候，我暗地裡知道我會當選。我的服務處估計的票數已超過了十萬多票，是所有候選人當中的最高票。那時候群眾老早準備好的鞭炮已經開始要燃放了，突然聽說新營停電了，群眾一陣子緊張，以為國民黨又要作票了，我趕忙和好幾十個壯丁趕往新營的選舉委員會探看究竟。我們車子一進入新營，只見沿路兩旁的人家都跑出屋外，到處都有人群聚集著，而真的是停電了。我的內心覺得情勢不妙，這樣子一定對謝三升不利。我猜他的選舉結果是凶多吉少。果然，我在台南縣的選委會前面廣場看到了謝三升和他的助選人員已老早聚集在噴水池附近。他的黑色皮夾克讓我覺得他的選情一定是不妙。他的表情好像是要跟國民黨拼命似地相當的嚴肅。謝三升看到了我，就安慰我說：我當選應該沒有問題，因為我的票數已經超前太多了，國民黨作票都來不及了。換句話說，我的票再怎樣給它作，還是贏過其他候選人。而謝三升是危險了，因為他雖然已達到當選的票數，但贏的並不多，可能會被國民黨作掉。到那時候，還有幾個國民黨眷村的票箱還沒有開出來。而就在這緊要關頭，故意停電了，這個暗示著國民黨又在故技重施，又再作票了。

台南縣長楊寶發那時候剛好從選委會出來，他特地走到我的面前，臉帶著微笑，拍著我的肩膀，恭喜我已經當選了，他叫我安心回麻豆。

我那時候對於政治的歷練仍然不夠，就聽了他的話。其實，我那時候應該繼續留在台南縣的選委會追根究底，因為萬萬沒有想到我本來是第一高票的，等到正式公佈時，結果竟然變成第二高票，原來他們竟然把我的很多選票，我猜沒錯的話，一定是作給了葉棟樑，因為以他那時候平淡無奇的選情，不可能會獲得第一高票的。而事實上，吳豐山應該有當選才對。可見國民黨真的是太厲害了。而我那時候的政治經驗太不足了。我幼稚的想法是認為有當選就好，不必去計較名次的前後。

我留下謝三升他們在新營，和助選人員回到了麻豆。在很遠的地方就聽見競選總部前面的廣場已鞭炮聲音震耳欲聾。大家一看到我回去，馬上把我抬了起來，一再地歡呼。那天晚上，服務處前面的廣場聚集了好幾萬人，那人山人海的態勢當然讓國民黨嚇到。再從上天借到怎樣的膽量，它應該也不敢違反民意，硬把我的票數全部作掉。因為搞不好，很有可能會發生暴動。我想這就是三升兄所說的「群眾運動」力量最典型的展現。

兩年多來的努力，大家的辛苦最後終於沒有白費，獲得一個完美的句點。而我們兄弟所帶領的這一場選戰和所有發生在台灣各地的選戰型態完全不同。這一場選戰參與的每一個人幾乎都沒有任何自私的企圖。因為大家都沒有經驗，但基於悲憫窮人的心理，所以都把它當作一種與自己休戚相關的活動來參與。

他們大部份是下層勞動階級、窮人的結合。不相信選舉是有錢人的天下，富有的人才能參加的活動。大家同心協力，也可以眾志成城，靠的是很簡單的幾句口號：「下層對抗上層」、「無產階級對抗資產階級」。參與的人心地都是十分純潔的。而那時候，和我同鄉的阿扁也不知道人在哪裡？至今我不禁在懷疑他可能是因為我的這一場選戰而激發起對政治的興趣，跑去幫黃信介先生辯護，因為我和謝三升的兩次選舉，都不曾看見他的蹤影。

肆、我參與了台灣民主運動——覺悟與反省

一、擔任「二次不升」、「三次才會升」的謝三升競選總幹事高雄美麗島事件黃信介的辯護律師陳水扁「匾額相贈」

民國六十九年十二月六日晚上，我當選台灣有史以來第一位最年輕的中央民意代表。我的當選在那時候大家都公認為台灣的一大奇蹟，聯合報在美國的世界日報都整個版面登載了出來，它說：「賣菜子在台灣都可以當選國大代表，可見在台灣所推行的民主政治是多麼地進步。」表面上是在稱讚我，其實是在為國民黨宣傳。

我自己知道得很清楚：我的當選是歷經千辛萬苦的。而台南縣的正義人士，尤其是下層階級的鄉親，他們「無瞑無日」對我的義務幫忙更是我當選的主要因素。

在整個競選的過程當中，我和「黨外人士」比較有連絡的就是謝三升先生，我們雙方之間的互動是密切的。由於有這樣的因緣，往後我所走的政治路線竟因此被定了基調，那就是謝三升一直在走的台灣民主運動的「黨外路線」。

當選之後的那天晚上，我的服務處可以說人山人海，熱鬧非凡，一直到凌晨兩、三點鐘，人群才願意散去。隔天，台南縣長楊寶發和議長戴再生一早便到我的服務處來拜訪我，甚至在人群的簇擁下，用走路的，我帶他們到麻豆中央市場的北邊，我母親賣菜的攤位前去拜訪她老人家，而他們竟然也「心甘情願」地不怕弄髒他們的衣服，穿過塑膠布幕，跟我進去裡

面參觀我們那從小到長大已經破爛不堪的「舊厝」。

雖然國民黨的楊縣長和戴議長對我相當地殷勤，但我並沒有把因國民黨作票而再次落選的三升兄忘掉。本來謝一路領先，到翌日凌晨四點卻出現大逆轉，而李宗仁「吊車尾」，硬把謝擠下來。所以在選委會正式宣佈我當選的當天下午三點鐘左右，我便和金生兄準備到學甲探望謝三升。

我們兄弟倆到了學甲謝三升的競選辦事處，謝熱誠地迎接我們到一家已歇業的西餐廳二樓上面。只見一張長長的餐桌早已坐滿了人，謝所有從台北下來的朋友和助選人員都已在那裡等候歡迎我們。我一一地感謝他們的大力鼎助，並對謝三升說了一些安慰與鼓勵的話語。三升兄表示這一次敗選的主要原因當然是要怪國民黨的作票，而他個人的努力不夠也是重要的原因之一。

謝從台北下來的朋友稍稍在責怪他不夠努力，不像「丙丁仔」的「頭殼低」，謙虛有禮貌。我勸他們不要再責怪謝三升了，謝有他個人的特質。他最主要的落選原因就是被國民黨給鎖定了，因為他本身就是美麗島事件的落網之魚。我鼓勵他們不要洩氣。明年的省議員選舉馬上就要到了，相信這一次，也是謝參選的第三次，「三升仔」——「三次才會升」，選民這一次絕對不會再讓大家失望。老天大概已經註定謝三升的競選命運需要歷經三次，才會成功。而台南縣我是第一個當選中央民意代表的「黨外」，當然我有責任輔選謝三升呀！

我們兄弟倆離開了學甲回到麻豆之後，就開始籌劃謝票事宜。我的服務處仍然是人山人海，連續有好幾天。台南縣各鄉鎮的鄉親都跑來麻豆看我，當然也包括外縣市的父老兄弟姊妹們。我們兄弟那個時候實在沒有任何「心機」。假如我們夠「聰明」，要為將來「作打算」，大可像現在一般「政客」的作法：利用我那時候人氣正旺，在服務處前面的廣場舉辦一場大型的「募款餐會」。相信我那人山人海的聲勢，應該可以很容易募集一大筆金錢來當作以後的「服務基金」。這種行為應該沒有人會講閒話的，因為我那時候形象正是清清白白，一貧如洗呀！我現在回想起來當初的錯誤真的就是犯在這裡——我沒有在我剛當選的時候就馬上組成一個「智囊團」來協助我，最主要的原因是我那時候太年輕了，社會經驗也不足，導致我的「考慮欠周」。

另外一個原因是：我那時候不想要再勞煩鄉親了。在選舉的過程當中，他們都為我出錢出力，甚至我謝票的時間竟然打破有史以來台灣選舉的最高記錄，一共進行了九天才結束。原來住在我家大埕里附近的鄰居，他們竟然在我當選之後主動出錢大約有二十多萬塊，暗地裡幫我製作了「八仙彩」準備讓我繞行全台南縣三十一個鄉鎮大約有九百多座大小廟宇的時候，可以每一座都進去給它懸掛，答謝神明的隆恩。甚至連「應公仔」廟也進去。因為他們認為我的當選和「神威顯赫」有關。那時候，我的謝票行列仍然和競選時的行列一樣地浩浩蕩蕩，計程車也每天會出動二、三十部，就像平常舉行迎神賽會般地熱鬧，可見那時候鄉親對我多期待啊！

在參與台灣民主運動的過程當中，影響我的「政治命運」最深的，除了謝三升以外，就是陳水扁。

我和謝三升的兩次選舉過程之中，阿扁從來就沒有出現過，雖然我在曾文初中一年級的時候就知道有這麼一位「優秀人物」存在著。

我和陳水扁的見面是在我當選的第三天，那時候謝票車隊還沒有正式開始啟動。可是我後來曾聽金生兄說過：他在我當選的當天晚上，就已經回到了麻豆他的岳丈吳昆池老先生家裡。所以隔天一大早，大約六點多，那時候我仍在睡夢當中不曉得，他便穿著拖鞋跑到我的服務處來送我兩個匾額，上面寫著：「十年寒窗無人問一舉成名天下知」與「為窮人出一口氣」，都署名「高雄美麗島事件黃信介的辯護律師陳水扁敬贈」。

我深刻地記得我們見面的那天一大早，我平常相當敬重的「再順叔仔」，就跑來我的服務處偷偷地告訴我說陳水扁在他的家裡。我的內心為之一震，因為他是我自從初一開始就相當仰慕的對象。

我們雙方在我的服務處後面，也就是上帝廟前面「再順叔仔」的家裡見了面，共進早餐，那是我這一生當中第一次享用「海苔醬」。阿扁帶著他的太太吳淑珍和兩個小孩，姊姊幸妤和弟弟致中。那時候，你看！他們兩個的年紀有多小。阿扁告訴我說以後有關法律的問題可以請教他，和他聯絡。

其實以前在曾文初中的時候，我根本未曾和他打過招呼或談過話。十多年了，我仍然對他崇拜有加。因為他以前在學校都是讀書第一名，又出身寒微，現在又貴為人權律師，我幾乎可以死心塌地把心肺都掏給他。突然我覺得我對他的仰慕與崇拜可以說是超越謝三升的。

我唸初一的時候，他正唸高一。在麻豆的曾文初中，我就知道有這麼一位「優秀人物」存在著，因為我常常聽到學校的單位在廣播他的名字。他的成績相當地優秀總是第一名，而我在領清寒獎學金時也曾經兩次跟他合照過，我真的非常羨慕他成績的優秀。而那時候留在我腦海中比較深刻的影像就是有一次我看著他走過高一水泥磚的教室，戴著一副眼鏡，人長得瘦瘦、斯斯文文的。而那教室的前面似乎是牽牛花圍成的籬笆。

後來他私底下常常告訴我說：他們被學校騙了。曾文初中提供獎學金給他們，要他們不要參加台南一中的聯考，繼續留在曾文初中就讀。因為學校告訴他們已經運用各種可能的管道準備將曾文初中升格為省立的學校，要他們放一百個心。可是後來一切努力竟然都徒勞無功，白費力氣了，逼得他們這一些唸高一的「毛頭小子」沒有辦法，只有趕快插班台南一中。而最讓他生氣的就是曾文初中的總務處竟然跑到他西庄的老家要回那些已經領走的獎學金。他曾經為這件事「懊惱」學校萬分。

「再順叔仔」夫婦和每一位麻豆鄉親一樣曾經熱情地為我助選過。我印象比較深的就是在選舉最後幾天，他們夫婦常常到我的服務處，拿雞精給我喝，那是我人生當中第一次服用雞精。後來有幾個晚上，我就近就在他們家睡了。他們夫婦曾經透過我的助選員太平兄希望我能認他們夫婦為「乾爸、乾媽」，但那時候，我因為母親尚在人世，加上舊有觀念的束縛，讓我沒有好好地處理這一件事情，拒絕了他們的好意。我真的至今對他們夫婦仍然感到相當的抱歉。其實這樣的事並沒有什麼需要我大驚小怪的。不過，當初民風非常保守，對我來說，我假如這樣做，可能就「背叛」了我母親，我想這也是她不可能接受的。

參選過程還比較單純，那時候只有一心一意地朝向「當選」的目標前進，沒有雜七雜八的事情需要我「冷靜」地去處理，才不會「得失」（得罪）別人。可是當選之後，卻有相當多困擾我的事情如同「排山倒海」般地湧向我，最糟的是我那時候又沒有一個能替我解決一切事情的「智囊團」。

就在我母親的攤位前面，每天來拜訪的媒人不知道有多少，因為我那時候尚未結婚。但我母親都委婉地把他們所提的婚姻拒絕掉了。那些女孩子裡面當然有很多家境非常富裕。可是母親曾經說過：「我們不可貪圖別人的財富。」」。她寧願我娶一位當老師，乖乖的女孩子就好。我們本來就不是什麼「政治人物」的家庭，而且我們也絕對沒有任何「心機」去做一些「政治性」的安排。假如那時候，我稍稍考慮自己的政治前途，老早就已經娶富家女為妻了，因為我那時候要達到這樣的目的並不困難。全國增額國代才當選七十多位，而戒嚴令尚未解除，國大代表的地位還是相當「尊榮」的。

我和阿扁在「再順叔仔」的家裡見了面，我那時候根本沒有心情去懷疑為什麼我們的兩次選舉——那就是民國六十七年和六十九年，我和謝三升的服務處根本就沒有陳水扁的蹤跡。我只知道他在民國六十八年的美麗島事件曾經為黃信介先生辯護。但為什麼我在選舉非常艱困的時候，他都不來看我。只有等到我當選時，他突然出現了。

可是我的人根本不會去計較這些的。我的參與民主運動內心可以說是「最純潔的」，我根本和「黨外」毫無任何淵源。我的當選是靠著個人的努力和一批最純潔的下層階級的鄉親，他們毫不嫌棄我。他們其實也不懂什麼叫做「民主運動」，他們只知道政治的東西不能老是掌握在有錢人的手裡，而貧苦人家出身的子弟也不能老是被摒棄在政治之外。

我似乎宿命地要走這一條「黨外」的不歸路。其實我大可不必理會所謂「黨外」的民主運動這一條道路。我可以充份地利用當選時浩大的聲勢，和國民黨討價還價。而台南縣支持我的選民當初支持我的本意也不是要我走這一條黨外的崎嶇道路。可是當選後，我卻不顧一切地支持謝三升。而支持謝就擺明了自己未來的政治道路從此以後就染上了一層色彩。這一層色彩代表著從此以後我和國民黨之間的關係毫無轉圜的空間了，而我的政治之路再也沒有任何「有利可圖」了。

可以說我的政治生命為了謝三升而整個賠上了，但我是那麼地心甘情願，原因是我當時認為這一條「險路」值得我信賴，值得我去奉獻犧牲。

我當選的第一天就擺明了要為謝三升助選，這是我心甘情願的。不需要任何人來教導我，我是基於一種同情他是「歹命子」出身的心理。

雖然有時候，外面風風雨雨。因為很早就有人告訴我他會賭博，他和黑道有掛勾。但我還是無動於衷，我還是要幫他助選。我的整個感情是純粹屬於他的。

從民國六十九年我當選的那一個時刻開始到民國七十年的省議員選舉那一整年的時間，可以說我們兄弟倆是真正陪伴謝三升的人，也因此我們認識了他的許多朋友，像台南市的鄭春福、陳益春等等，還有許多三教九流的朋友。由於這一年的相處，讓我開始對謝三升這個人有更深一層的認識。他真的是一個相當複雜的人。一般人像吳豐山之類，常常在責怪與攻擊謝三升老是沈迷於賭博，但對我來說它是一件無傷大雅的事情。許多人到現在也摸不清楚我是基於什麼道理要死心塌地幫他助選。連阿扁的太太吳淑珍有好幾次當面告訴我謝三升會賭博，我都不理不睬了。其實在我的內心裡面自然有一把尺：我認為只要黨外的基本方向摸對就行了。

謝三升常常是缺錢的。我每次借他，就從來沒有希望他一定要歸還。最後我心裡有一種自知之明：那就是我先天好像就是欠他的。所以至今，我仍然對我那已過世的「外嬤」（外祖母）感到相當地抱歉。因為每一次謝三升向我借錢的時候，如果我不方便，我會跑到南勢里的「番仔巷」（我母親的娘家）向我「阿嬤」借。

無論如何，在經濟上我還是真心誠意地儘量幫忙謝三升。

他有時候相當地「淡志」（自卑）。他常常會到麻豆他的親戚「群仔」的家中，我一知道他來，就會撥空到那裡去和他見面，聆聽他對政治的分析。有一天，台南縣長楊寶發光臨麻豆一座廟宇參加盛會，因那座廟宇正在「熱鬧」，雖然我極力邀請謝三升一同去參加，可是他卻自卑地說他不敢去，因為他那一天穿著一件破舊的牛仔褲。

後來我發現：謝三升純粹是一種「賭徒性格」，他好像一直都在坐等著時機來到。假如沒有真的需要動手的時候，他不會去採取行動的。我漸漸地發現他純粹把選戰當作是一種「佈局」在看。

我在民國七十年九月曾前往美國威斯康辛（Wisconsin）州的麥迪生（Madison）去探望我穀音舅舅的同學張其山先生。那時候陳文成的命案已發生，海外的同鄉彼此之間的氣氛很緊張。那是我第一次到美國。我會到張其山的家，是因為他曾回來台灣到我服務處來看我，順便邀請我到美國去見識見識。他曾提及曾文初中郭漢僚老師有三位得意門生，那就是柳穀音、張其山，還有一位，我已忘了，大概莊六雄吧！他就是莊南山的親弟弟。莊南山以前是曾文初中的教務主任，他曾經把我母親和么弟趕出校門。那時候我母親曾經背著我那現在已當大學教授的么弟金源到學校去求情，懇求他們能讓我二哥清池繼續讀書，不要只為了缺少區區的六十塊錢而不能註冊。

我在張其山的家中，他介紹許多海外同鄉和我見面。他們都喜歡聚在家裡談論有關台灣政治的事。那時候我已注意到了一份週刊，那就是在美國復刊的《美麗島雜誌》，它的主編是艾琳達。我看了極為動容，因為它上面畫有許多非常美麗而純樸的台灣農村圖，最引起我注意的是它有一篇〈政治的藝術家康寧祥〉，裡面強調康寧祥的從政作風都是一直在保護自己，不得罪人，「圓滿地」在做他「一位政治藝術家」的事情。而我那時候也深有同感地認為政治家不應該總是保護自己，因為那是「政客」、「政治藝術家」的行為，根本不是「政治家」應該做的。而張其山也曾經載我到密爾瓦基（Milwaukee）拜訪田弘茂先生。田弘茂是台南縣六甲鄉人，他那時候好像是在威斯康辛大學任教，他後來曾被阿扁延攬擔任外交部長，也是李登輝的愛將。

我雖然人在美國，但內心仍然擔心謝三升的選舉，我放心不下。本來計劃順道前往加州找我的舅舅柳毅音，可是我急著趕回台灣，所以臨時取消了。而謝三升方面也在擔心我逗留美國不歸。最後我只去了兩個禮拜，終於趕回台灣了。我回來的第一天，便趕往學甲謝三升的服務處，在謝氏宗親會上，當著很多鄉親的面，我宣誓要幫謝三升助選。

國民黨知道我已意志相當堅定地要為謝三升操盤，為了圍堵謝三升，也為了讓我難堪，所以特別在麻豆地區叫李光雄出來參加選舉。李光雄在我的兩次選舉當中我從來就沒有看見過他的影跡。他是麻豆安業人，父親李添寶曾經當過縣議員。

而他不斷地在鼓動計程車隊幫他助選，便帶給我無限的傷害。他學以前我曾經喊過的口號：「麻豆人大團結」、「麻豆人支持麻豆人」，並攻擊我走「黨外路線」，完全沒有顧慮麻豆人的感受，因我已經宣佈支持謝三升。

其實我那時候也不一定非得支持謝三升不可，因為我自己的助選大將仁德鄉的地方聞人蔡金滿也出來參加省議員的選舉，他曾經帶給我實質上極大的幫助。我的國代選舉在新豐地區他曾大力鼎助過我，我欠他的恩情可以說真的「沒齒難忘」。但我那時候真的太年輕了，我根本不曉得玩弄什麼「政治手腕」，我真的太直了。為了謝三升，為了走台灣民主運動的路線，我竟然一切都不管了。

謝三升曾經親口告訴朋友說：「政治人物像丙丁仔這樣子的人太少了。為了一個特定的支持對象，為了一個理想，竟然不顧一切，不計較任何的毀譽成敗，……」假如我當初年齡稍大一點，社會經驗多一點，我考慮的層面可能不是這樣了。

因此，麻豆地區有人就開始在罵我。他們批評我：本地都有人出來了，為什麼我不支持，而跑去支持外地人。這和當初我所喊的口號「麻豆地區大團結」、「麻豆人支持麻豆人」根本不相符合。

從小我的個性就相當地強烈。我認為對的，我會堅持我的主張，不管前面是怎樣的阻礙，我都會硬衝過去，不管它利害得失了。連李光雄設在「車頭」的競選辦事處我竟然一步也沒有踏進去過。

我和金生兄天天陪著謝三升按照既定的行程到處在台南縣各地拜訪。為了準備舉行一場聲勢浩大的「黨外支持茶會」，謝三升曾事先和我北上拜訪黨外各公職人員，邀請他們南下贊助光彩。

果然，在競選正式開始登記的前一天，在謝三升競選總部附近的學甲慈濟宮廣場舉行了一場熱鬧非凡的「黨外中央後援會」助選團的支持茶會，全國的黨外公職幾乎全員到齊，包括立法委員康寧祥、黃天福、許榮淑、張德銘，與監委尤清等等，人山人海，盛況空前。我在演講會快結束的時候，正式地在鄉親面前宣誓支持謝三升，也懇求鄉親大家一定要團結起來讓第三次參選的三升兄最後這一戰一定要「升」起來，而謝三升也含淚地宣佈我擔任他的「競選總幹事」。

隔天下午登記，謝三升邀請我母親和她母親一部車共同陪他到台南縣的選舉委員會去登記。當然後面敲鑼打鼓，跟著很多聞風跑來助選的車輛與鄉親。台南縣長楊寶發最怕謝三升登記參選縣長，只要謝登記為省議員候選人，他就放心了。

其實謝三升那時候大可登記為縣長候選人，但因選怕了，他害怕又遭到失敗的命運。而台南縣那時候還沒有黨外縣長當選的氣候。本來，國民黨另外有一位李雅樵先生雖然曾南下「佈樁」，卻一直都沒有膽量違紀參選。他也曾經拜訪過我，我還當面告訴他只要他敢違紀參選，我一定支持他，可是最後他還是當了逃兵。

我那時候年齡尚未滿三十歲，所以沒有資格參加競選。

突然有一天，蔡四結（軍人出身）先生跑來學甲拜訪謝三升，當時我也在場。他希望謝三升能競選縣長，而他想選省議員。可是謝三升無論如何不答應，他委婉地以他不適合當行政首長為拒絕的理由。最後我們極力勸服蔡四結參選縣長，他終於答應了。

蔡四結人長得樸實，但有演講的才華，他的言語簡短有力，所以最後在台南縣的「選舉政壇」上曾經掀起了一陣旋風。

而台北市的陳水扁也準備參選市議員。

國大代表的就職典禮過後沒多久，因為鄉親有事請託，在台北我曾經親自拜訪陳水扁。全省的「政治從業人員」大概很少人知道陳水扁的大本營是在「南京東路三段的美樂斯南京大廈」華夏海事商務法律事務所。

記得我去找阿扁的時候，時間已快中午了。他很高興地請我下樓到隔壁沒幾步遠，位於地下室的一家「華新牛排店」用餐，那裡的生意看起來很不錯，因為高朋滿座。除了牛排以外，也可以點其他的客菜。我印象最深刻的是他叫了一道「腸旺」的菜，它是一種辣辣的小火鍋，裡面有大腸，還有豬血塊，它配起飯來是滿爽口的。而這一道菜也深深地存在於我對阿扁的記憶當中。因為每次我們到那一家牛排店用餐的時候，阿扁總是喜歡點這一道菜。我也一直覺得非常納悶，為什麼牛排店會賣「腸旺」這一道菜。

而陳水扁的辦公室裡永遠訂閱著一份南部版的「台灣時報」，我猜它讓他可以真正地了解南部的政情。可見那時候，阿扁對台南縣的政治舞台已經有很大的企圖心。

我那時候也開始全省到處跑民主運動。不過大部份的時間都跟著謝三升，因為他認識的「黨外前輩」比較多，而他本身又是候選人，可以參加其他候選人的競選總部成立茶會，藉機造勢，全省大串聯，爭取上媒體的機會。

我們曾一起到台南市參加蔡介雄的競選茶會。我記得在府前路的體育館前面，我開口大罵蘇南成是台灣政壇的「變色龍」，那是引用李敖在書上批評「大頭成」的話語。

其實我不需要去得罪蘇南成的，多年來回想起來，「大頭成」也是出身貧困，他的政治立場「回歸國民黨」本來就無可厚非，只不過我那時候一想到他的一些作為就義憤填膺。

舉例來說，在民國六十七年的立法委員選舉，當黃信介為首的助選團下來台南市幫謝三升助講時，在白色恐佈的低氣壓之下，台南市體育館聚集了將近五萬人聽講的浩大場面。那時候，「大頭成」竟然和立法委員候選人胡時武律師率領群眾鬧場，最後兩邊的群眾被警方佈置的鐵絲網隔開。而謝三升那時候能夠受到台南市民那麼盛大的歡迎，原因就是「反攻無望論」打破反攻大陸神話，他告訴台南市民：「反攻大陸是蔣介石父子對台灣人民最大的騙局。」、「一黨專政之下，政治與監獄只隔層薄壁。」、「三、兩人決定，百萬人無話講。」

等等。

「未暴先鎮」的美麗島事件發生後，蘇南成也一直在幫國民黨講話，批評黨外。這一種沒有「窮人節操」的表現，對於同樣是下層階級出身的我是相當瞧不起他的。

游錫堃也參選宜蘭縣的省議員，我中央大學外文系學姊張昭義的先生陳定南也決定參選宜蘭縣長。我和謝三升由吳進興開車夜晚趕到宜蘭羅東參加他們聯合舉辦的競選茶會。可是立法委員黃煌雄也支持張川田先生出來競選黨外的省議員，所以游錫堃的選情並不樂觀。張川田就是後來打邱創煥耳光的國大代表。

記得那一天我連演講的機會都沒有，原因是主持人黃煌雄不斷地把人家講過的話重覆又重覆，平白地浪費了許多時間。而「老康」康寧祥更是扮演「關鍵的角色」。因為當警察最後把麥克風的電源切斷，「老康」竟然相當配合他們的舉動，他老大哥似地宣佈整個演講會已經結束，而那時候，從很遙遠的地方趕來參加的許多公職都還沒有機會講話。

在從事台灣民主運動的過程中，後來我有很多機會到宜蘭。那時候黨外組織已分為「公政會」和「編聯會」。而我有一次在羅東演講時，旁邊曾經有人向我暗示坐在最後面的那一個小女孩就是陳文茜。我那時候，只覺得她長得矮矮的，沒有留下什麼印象，她可能是以「編聯會」的一份子去參加的。

他們那一群「編聯會」的人其實那時候是專門在搞選舉文宣的，他們專門在旁邊觀察政治人物的一舉一動。俗語說：「站高山看馬相踢」，像吳乃仁、邱義仁，與洪其昌等等那時候都不參加選舉，一天到晚專門在批判黨外公職人員。有時候他們也變成公職人員選舉的時候負責文宣的「寄生蟲」。

謝三升服務處仍然是以台北下來的那一批朋友為主體。謝三升在這之前的每一次選舉，可以說他們從來沒有缺席過。而他們也特別地辛苦，幾乎什麼勞累的雜事都來。尤其是那一個「阿尾仔」黃雄俊更是賣力，他常常穿著一條短褲，動作相當地靈活。他們個個都有江湖人物的氣概，講話非常重義氣。在謝三升的競選總部，我和他們建立了深厚的友誼。而之前謝的競選立委總幹事「阿亮」游振亮已留在宜蘭幫游錫堃競選。本來游錫堃邀請我的金生兄到宜蘭幫他，可惜謝三升比較「自私」，硬把他留了下來，因為那已是他最後一次的選戰，這次不容許再失敗了。

我完全沒有顧慮麻豆人心中的感受，或麻豆地區以外的人的感受。我已漸漸地走上一條所謂的「台灣民主運動」之不歸路。本來在省議員的部份，高育仁也出來競選，為省議長鋪路，他曾經親自到我服務處來拜訪過我。而楊寶發縣長本來對我期待甚殷，不然他不會一大早就到我那「破厝」去看我母親。我假如幫他們助選，我的政治前途可以說一片看好。

一般台灣窮苦人家的子弟都是遵循著這樣的一種模式，不是加入國民黨，就是幫國民黨助選，變成一位「黨友」，如此，前途是一片看好。像林洋港、許水德、邱創煥，與蘇南成之類，都是這樣子的。

而我的助選大將仁德鄉蔡金滿的服務處我竟然連一次也沒有去拜訪過他，就是我車子經過時，也從來沒有進去過。我現在如果回想起來，真的是相當地對蔡金滿先生感到非常的抱歉。政治的東西竟然是那麼的殘忍。回想起來，我那時候的心腸也太絕了。我強烈的個性讓我毫無考慮到自己以後的政治前途。

謝三升曾參選民國六十六年的省議員，後來又有六十七、六十九年兩次範圍非常廣大（包括雲、嘉、南五個縣市）的區域立委選舉慘痛失敗的經驗，加上這一次來幫忙的人比以前多很多，謝三升的選舉當然進行得相當地順利。他也心存最後一戰，「誓死護票」，再也不能容許有任何的差錯。而台北的立委黃天福（黃信介的親弟弟）竟然吩咐他的太太藍美津下來幫謝三升助講，原因是國民黨的文宣裡面提及謝曾侵佔美麗島雜誌社七、八十萬塊錢。黃信介的偉大之處就是不計前嫌，指派他的弟媳下來幫謝三升澄清謠言。

十天的私辦與公辦政見會很快就過去了，而謝三升一直在這一次競選的過程當中不斷地在強調：「最後一戰謝三升誓死護票」。所以，為了造成「群眾運動」，開票的當天晚上，他的服務處前面早已聚集著廣大的群眾。我的內心裡直覺謝的選情是相當樂觀的，我可以感受到謝三升「第三次才會升」的預言應該馬上要實現了。時間大概是晚上七點鐘左右，謝突然私下邀請我們兄弟倆到一家熟人開的茶行談話。

進去茶行，只見老闆娘「阿嬌姊」已經泡好茶葉招待著從台北下來助選的那批朋友。我們找空位一坐了下來，謝三升當著眾人的面前開口第一句話便對我說：「這一次非常謝謝你們兄弟的幫忙，但大概這一次我又落選了。因為我這一次新豐區的票數可能因為丙丁仔你的緣故，會減少一萬五千票。」。我聽了他的這一番話後，心裡感覺非常納悶與驚訝，暗中在想三升兄怎麼會講這種話。這一次幫忙他的人比以前更多，而選舉的態勢也對他更為有利才對，衝高票的機會很大。

我的內心裡真的非常難過。我為他犧牲了那麼多，而他竟然講那樣的話，我當然感到相當地失望。可是謝三升的話還沒有講完多久，馬上外面有人來通報說謝三升已經當選了，而且在五位當選人之中排名第二高票，僅次於準備當省議長的高育仁。而新豐地區的票數也有增無減，反而比起過去他歷屆的選舉竟然多了一萬五千票。這本來是預料中的事情，但對謝三升來說竟是一件「意外的驚喜」。現在只能解釋說他那時候可能太緊張了，經不起再一次的落選。

我們一群人趕忙陪著謝三升離開了「阿嬌姊」的茶行，回到了人山人海的競選總部前面廣場。此時鞭炮聲大作，我們兩個都被人群抬了起來，大大地慶祝一番。

而謝三升也曾私下要金生兄轉告我，他約我們兄弟倆隔天早上到麻豆的五王廟宣誓結拜為「兄弟」。我知道了並不把它當作一回事。我們兄弟倆也沒有參加開票當天晚上他們臨時準備好的慶祝聚宴，很快地便離開了學甲。因為我的內心開始對謝三升產生了不愉快的心理因素。

所以之後，謝三升的謝票行列很少看到我。因那時候的我已覺得本身受傷相當的慘重，包括內外的。尤其是麻豆地區，我的本居地的鄉親們一定對我至為不諒解。我為了謝三升的選舉，那一群計程車司機對我的恩情，我竟然真的把它給葬送了。

而陳水扁也以最高票當選了台北市議員，可是台南縣沒有多少人知道陳水扁這一個人。我「多事」竟然提議要為阿扁在我的服務處前面廣場舉行一場盛大的歡迎茶會，把陳水扁介紹給台南縣的鄉親。當然，阿扁欣然同意地接受了我的建議。他告訴我他會載立委黃天福夫婦下來參加我為他舉行的歡迎茶會，而且他也會邀請其他台北的黨外公職與「名嘴」下來助陣。而那時候謝三升的謝票行程尚未結束。

可是謝三升知道了這件事以後，甚為不悅，表面上說可能鄉親來參加的不會很踴躍，害怕「漏氣」。其實我猜沒錯的話，他大概不喜歡陳水扁回台南縣，所以才這樣說。政治人物之間的猜忌由此可見一斑。

果然，在茶會的當天快中午的時候，陳水扁就把黃天福夫婦載下來了，我請他們在一家海鮮餐廳吃飯。而那天夜晚所舉行的茶會可以說舉辦得相當地成功。當天下午三、四點鐘的時候，人群已聚集在我服務處前面的廣場「議論紛紛」。在麻豆地區，未曾舉辦過如此規模龐大的黨外集會，台北的黨外公職幾乎都下來了。而省議員蔡介雄也從台南趕來了。監委尤清也特地藉回他的故鄉高雄縣的大樹鄉順道趕來參加。我那時候也和一般人一樣喜歡崇拜黨外的「名星偶像」。像尤清，我就極為崇拜。在演講會快結束的時候，許榮淑雙手舉起了我、謝三升和陳水扁的雙手，然後大聲呼口號：「台灣民主萬歲！」。

自從麻豆舉行的「歡迎陳水扁當選台北市議員」茶會之後，我的黨外聲望也逐漸提昇起來了。而我和謝三升雙方的鴻溝也越來越深了，因為我和阿扁之間的聯絡越來越密切。幾乎每一次我上台北，我都會去找他。如果碰到中午時間，他還是照樣會帶我去隔壁不遠位於地下室的華新牛排店吃飯，然後照樣會點他最喜歡的那一道菜「腸旺」配飯。

「阿扁」的父親陳松根老先生有時候會騎腳踏車來我的服務處閒坐聊天。我唸曾文初中開始就常常看到陳老先生「滿口金牙」騎著腳踏車往來奔波於西庄與麻豆之間。而阿扁的弟弟「文狩仔」也常常到服務處來找我。他們都是純樸的老實人。

茶會之後沒有多久，為了感謝我，有一天在台北，陳水扁夫婦請我和黃天福夫婦在兄弟大飯店聚餐。大家在談笑之間，阿扁的太太吳淑珍突然提起謝三升賭博的壞習慣，我內心有點為謝三升感到難過。我那時候在猜想他們夫婦一定老早就對謝三升有所不滿。

其實，認識謝三升的朋友都知道他喜歡賭博，而「賭」也著實害了他的一生。可是在我的內心裡面對他卻充滿著同情。從前我就知道他真的是「賭徒」，只不過我那天真浪漫的性情讓我認為這並沒有什麼值得大驚小怪的。只要基本的黨外方向把握得住，有時候有一些缺點，那實在也沒有什麼。而在吃飯當中，他們也觸及蘇秋鎮的一些閒言閒語。我那時候開始懷疑黨外為什麼喜歡談論有關人家的私事。

按照道理來說，謝三升應該是和黃信介走得比較密切才對。省議員選舉時黃還特別吩咐他的弟媳藍美津下來幫謝三升助講。

但事實並不然，我發現謝三升卻和「老康」走得比較近，這是一件相當令人訝異的事情。可能是個性吧！「老康」的人老謀深算，這一點正符合謝三升的胃口。

民國七十年為謝三升助選之前，我曾跑了一趟美國。回來後，我曾到周清玉的家裡作客，我稍稍跟她提及美國的《美麗島週報》裡有一篇艾琳達的文章，標題是〈政治的藝術家康寧祥〉，她在裡面曾批評老康的政治立場就是「先護身再護道」。可是民國七十年年底的省議員謝三升剛當選沒有多久，周清玉和陳靜琴（以前三重市長陳進炮的太太，也是國大代表）到台南縣麻豆來看我，我陪她們去參觀「老人安養中心」，並順道學甲拜訪謝三升，謝帶大家參觀北門區的鹽份地帶。在言談之中，周清玉告訴我老康警告我講話要小心一點。我當時覺得相當地奇怪：老康怎麼知道我在批評他。為什麼黨外是非總是這麼多。而周清玉一定是「多話」，告訴老康我曾向她提及《美麗島週報》這一件事。

台北市有一個「台南縣旅北同鄉會」，它的理事長就是李雅樵先生。他曾任幾屆省議員，是自立晚報的社長，黨外大老吳三連與國民黨之間溝通的窗口，是吳老刻意栽培的政治人物。他與連任國大代表失敗的吳豐山同屬於台南縣的「北門派」。民國六十七年國民黨曾提名他參選立委，可是他在民國六十九年的立委與七十年的縣長選舉都當了逃兵。他的個性雖然「豪爽」，卻不願去打那沒有把握的仗。

記得有一次，剛當選市議員的陳水扁拜託我陪他到旅北同鄉會召開的大會中去拜訪鄉親。同行的還有麻豆「丸三」的女兒郭來富教授，她那時候剛從比利時的魯汶大學回來台灣沒多久，她和我一樣同時接到具有「貴賓」身份的邀請函，可是「阿扁」卻沒有。

雖然那時候，陳水扁已經最高票當選了台北市議員，可是理事長李雅樵卻不准他坐貴賓席，阿扁只好孤獨地在最後面的座位呆坐著。而我和郭教授被安排在最前面的貴賓席。

雖然李雅樵私底下再三地叮嚀我講話的時間不可超過三分鐘，可是當主席介紹我時，我才不管它三七二十一，我利用我這一次難得的致詞機會，竟然開頭第一句話就拜託鄉親大家鼓掌歡迎「以第一高票當選台北市議員的陳水扁」到前面向旅北同鄉們表達內心的感激，感謝同鄉們在台北的市議員選舉期間對他的熱烈支持。當然鄉親們都感覺很意外，也很興奮。而李雅樵卻一下子楞在那裡，說不出半句話來。阿扁無意中獲得充足的時間與機會向鄉親們致詞。講話一結束，鄉親們掌聲雷動，他受到空前的歡迎。所以會後，阿扁對我是十分感激的。多年了，現貴為總統，又身兼同鄉會理事長的阿扁在繁忙之中，是否會再想起當初的那一幕情景？

我六年一任的國大代表第一次年會就在民國七十年的十二月二十五日前後，連續有五天左右的時間。我記得非常清楚，在召開大會的前一天晚上，大家有盛大的聚餐。我發現國民黨相關人員好像對我特別殷勤，他們不斷地向我敬酒。大家在幾分醉意當中，有人開始起鬨提議我相親。原來他們已老早為我安排好了，對象就是香港船大王的女兒，相親的地點就是在她父親陽明山的別墅裡。我經不起他們的聳恿，竟然糊里糊塗地答應了。

國民黨有好幾位國大代表那一天晚上陪我相親。這幾位國大代表是台南市的蔡義雄、郭慶芳，台南縣的王鼎勳，中央保齡球館的老闆劉介宙，還有林洋港的胞弟林源朗。我記得那位女孩子的身材雖然長得矮矮的，但面貌卻相當清秀。最後她也把她香港的連絡地址與電話抄給我，以示好意。

我那時候的政治和社會經驗真的非常不夠，我都沒考慮到以後的政治前途。而我也把這一次相親當作好玩。我根本不認真。本來我已答應人家隔天國民大會不去開會了，跟著他們一家人南下到高雄去玩，因為他們正好有一條商船在高雄準備下水開香檳慶祝。

大家陪我相親，意思已是相當的明顯，就是我如果真的要那一段婚姻的話，就要閉住我的嘴巴，不要亂說話攻擊政府。

離開了陽明山的別墅，中央保齡球館的老闆劉介宙國代私下帶我到林森北路的七條通去喝酒，一直到凌零一點，他還纏著我到路邊的消夜攤繼續喝，二點多分別的時候，他還再三地叮嚀我不要去國民大會開會了，我應該和他們到高雄去參加商船的剪綵典禮。

他們萬萬沒有想到，我只睡了三個多小時，在清晨六點鐘就起了床，然後趕到國民大會的中山堂會場去登記排隊，聯合姚嘉文的太太周清玉在開大會的時候大肆攻擊國民黨。

我沒有接受國民黨這段「政治婚姻」的安排，反而更加配合周清玉批評國民黨的行為與言論，這充份說明了我已經不可能和國民黨有任何的瓜葛了。這真是太枉費他們有心的安排，而我也著實犧牲太大了。假如我那時候多多為自己的後路想想，我以後的政治路途在經濟方面也不會一直那麼拮据，我的政治生命也當然比阿扁更有前途。說不定，我也可能變成一位前途無量的「政治明星」了。

自從謝三升當選省議員之後，我發現我們之間的鴻溝越來越深了，而我們的心思竟然也變成格格不入。舉一例來說吧：民國七十一年三月份要舉行的縣議員選舉，還沒正式登記之前，他就來找我告訴我說：「這一種小型的地方選舉最好不要介入，否則會得罪人。」我的觀點就和他的完全不同。我認為政治人物的作為應該以民主運動為主，不要去害怕得罪人。平常有人幫我們已經是一件相當難能可貴的事情。在他們需要我們伸出援手的時候，我們更不可拋棄他們，否則以後再也沒有人敢來幫助「黨外」了。政治人物不能為了保護自身的政治前途而怕東怕西的。所以我並不把謝三升的話當真，我認為他大概是在講好玩的。在人家需要幫忙的時候，他應該還是會挺身而出的。

謝三升曾經有一位助選員，民眾日報的記者陳如願準備參選縣議員。有一天晚上我到學甲，經過他服務處的時候，我看時間還很早，怎麼電燈早已關掉了。我便下車一探究竟，等到我進入了他服務處時，我聽見有一個人正在裡面哭泣，原來那個人就是陳如願。我問他為何哭泣？他回答說：「我出來參加選舉所代表的是黨外，但現在連黨外大老謝三升竟然都不理我了。」他越哭越傷心。我一下子也百感交集，於是我勸他不要難過，我會打電話給在台北的陳水扁，請他下來幫他助選。

當天晚上我就打電話給阿扁了。我順便告訴他還有一個人需要探望，那就是仁德鄉的蔡金滿先生，他這一次也出來參加仁德鄉的鄉長選戰。阿扁一聽，真的滿口答應了。

那時候阿扁對「跑民主運動」也相當地熱情與勤快。隔天，果然他一個人從台北開車下來了。我記得在麻豆我坐上他的車子到達學甲，時間已接近黃昏，而三月的氣候正是春寒料峭的時候。太陽下山得比較早，天色很快就昏暗下來了。陳如願的宣傳車相當地破爛，才兩輛而已。有人聽說阿扁要來，就臨時在後面加了十幾輛助選的摩托車隊。我和阿扁陪著陳如願站上了一輛又臨時加掛紅布條的「發財」車，安排在宣傳車的前面，然後在一片鞭炮聲中便開始繞行整個台南縣的北門地區。從學甲的慈濟宮開始，然後沿著街道，向兩旁的路人揮著手。而行經比較偏僻的地區，那時候北風正盛，尤其是北門地區靠近海邊，天氣特別地寒冷。我和阿扁站在陳如願的宣傳車上，到了佳里鎮的金唐殿前面曾下車作了短暫的停留。我和阿扁陪著陳如願進去參拜，那時候佳里鎮民都露出訝異的眼光，打量著陪伴陳如願的這兩位年輕的民意代表。誰萬萬也沒有料想到那裡面竟然有一位將來會變成中華民國的第十任總統，而另外一位卻「虎落平陽」了。

在凜冽的寒風之中，我的心裡一直在想著：謝三升的人不知道跑到哪裡去了？而最後大約在晚上九點鐘，我把陳水扁帶到了仁德鄉蔡金滿所舉辦的政見會場上。

以前的陳水扁真的對我來說是「有求必應」。

二、「窮人是富人的罪惡」我到美國接受殺音舅舅思想的鍛鍊

有一天，我到陳水扁的服務處，也就是「華夏海事商務法律事務所」，遇到了立委黃天福。他稍稍提及立委康寧祥、張德銘、黃煌雄，還有監委尤清他們四個人準備到美國去訪問。而台灣同鄉會本來的邀請名單並不是一定非得他們四個人不可，人數也沒有限定只有四個，但他們四個人卻壟斷霸佔了名單，所以黃對他們頗有微詞。它大概是民國七十一年六、七月的

事情了，那一年他們四位訪問美國的時候，很巧合地我也剛好第二次私下到美國我舅舅那裡。

毅音舅舅是我母親的三弟，他對我的思想影響相當深遠。記得小時候，在台灣，我對他印象比較深刻的就是有一次，那時候他正在就讀師範，母親吩咐我帶著他託我母親縫補的衣服到「外嬤」的家去給他。當我沿著麻豆國小，轉到南勢里的「阿嬤」家交給他衣服時，他丟給我一個「五角銀」的銅板，我沒有接好，一不小心它掉落了下來。我到現在仍然清晰地記得那一塊圓圓的銅板在地面上翻滾的情形。服役時，有天他跟著「兵仔車」一大清早到麻豆的「大賣市場」採買，天色昏暗中，他曾順便來看過我母親。

我第二次到美國時，毅音舅舅曾開車到舊金山的國際機場來接我到他居住的聖荷西（San Jose）。我在他的家裡，幾乎足不出戶，每天閱讀台灣看不到的書籍與雜誌。他下了班，吃完晚餐，就開始跟我聊天。有時候聊到興致開來，一直會進行到凌晨兩、三點，甚至徹夜未眠。這樣子連續有大約兩個禮拜之久，雖然時間不是很漫長，但它對我的思想影響是既深且遠的。因為我舅舅跟我提到「第三世界」貧窮國家的事情，讓我的心靈激起了陣陣的漣漪。

他以前所寄給我的信件當中就曾向我提起母親的「故事」。第一天晚上，他又把這件事重提一遍。他說以前日本時代，大舅毅文在高雄的海軍服役，母親曾背著他搭乘火車要到左營「懇親」。在火車上他看到別人在吃糖果，他也想吃，就一直哭著。結果要等到母親向別人乞討一塊糖來給他，他才停止哭泣。他告訴我那時候社會的經濟情況就是那麼地淒慘。而他這一生當中，最尊敬的一個人就是我母親。他告訴我「貧窮」絕對不是一件令人自卑的事情，也絕對不需要為此而感到屈辱。它反而是一件光榮的事。因為「貧窮」是一件相當難得的經驗，它讓我們認識了「匱乏」的悲哀，進而具有「悲憫」的心來同情下層階級的處境。

他又重覆了一句以前在台灣曾經讓我相當震懾的話，那就是「窮人是富人的罪惡」。記得以前在就讀大四的時候，舅舅和我來往的通信當中他曾經提到這一句話。我那時候，剛看到這一句話，實在覺得它相當地恐怖，好像有一種「共產黨」的味道，更何況它也不能「以偏概全」。而我那時候，也一下子領會不出來，甚至不敢苟同。但隨著歲月的增加，透過「真實的感受」與「受苦」，我漸漸地發現了這句話的準確性。而我現在，基於我的意識形態，加上我的人生境界，我要大聲地喊出：「窮人是富人的罪惡」這一句話。為什麼？因為大多數的窮人今日的困境，實在是一般大財團「強取掠奪」的結果。而這一句話也有它的「警惕性」和「形而上」的哲理存在。總之，當人生的閱歷多了，你不能不發出這樣的「悲鳴」——「窮人是富人的罪惡」，為窮人出一口氣，因為這是作為一位知識份子最後的「良心」呀！同時這也是作為一位「左派」無產階級社會主義者最重要的節操。

毅音舅舅告訴我，那時候從「蘇聯」投奔自由來一位教授，他正在美國各地演講有關「第三世界」的事情，而他也有錄音帶。

在他的家裡洗澡，我第一次享受「淋浴」的滋味。他告訴我林義雄最喜歡「淋浴」了。以前林義雄當省議員的時候，訪問美國，曾經和張德銘到他那裡住過。因為在宜蘭林義雄剛好和我的舅媽是鄰居，包括林義雄的妹妹，從前他們都是從小在太平山玩耍，一起長大的孩子。毅音舅舅曾經告訴我：他不太喜歡張德銘，因為張的人不像林義雄那麼老實忠厚，而張也對賭博相當有興趣，他曾載他到賭城去玩過。

我的外公是一位專門畫西洋畫的畫家，我的毅音舅舅可能受了他的遺傳，所以也喜歡畫畫。國小老師當了沒多久，就考上了師大美術系。畢業之後，當了一陣子台北市西園國中的老師，就到美國讀書去了。他到了美國，為了謀生，改學了工業設計，因而變成了一位電腦專家。

台灣同鄉會出版的刊物裡面有關諷刺國民黨的漫畫幾乎都出自我舅舅毅音的手。而他也一直保持著神秘的色彩，讓國民黨這一、二十年來一直不知道誰是真正畫漫畫的人。他說同鄉會裡面有很多人生活相當地「物質主義化」。他們平常雖然相當關心台灣，但沒事的時候卻都在高談闊論：誰的家最近添加了幾部車子？而誰的家錢賺進了多少？來留學的人大部份都是學理工出身的，幾乎都沒有在追求「思想的進步」。所以他們所信奉的民主充其量只不過是「美式的民主」，它是一種「兩黨」互相競爭的政治，而美國的「民主」與「共和」兩黨都是相當腐敗的。美國的窮人簡直到處都是。所以除了這兩黨之外，美國已有許多人正在考慮走「第三世界」的路線。那是一條真正關心窮人的政治路線。我聽了我舅舅的論述之後，相當地動容。因為它深深地打進我的心坎裡。從前，我對「貧窮」這兩個字，有時還會避之猶恐不及。但我現在對它已不再感到不安了。「貧窮」並不是自然形成的一種「屈辱」，它反而是人為的一種「壓迫」與「剝削」。知識份子對待它要以「悲憫」代替「逃避」呀！如果「改變貧窮」一下子改變不了，也不要恥於與它為伍。

經過大約兩個禮拜「思想的交流」過後，我的人生觀，尤其是我的意識形態有相當大的轉變。我漸漸地覺悟：我的政治立場應該站在服務下層階級人民這一邊。

我第二次到美國的那一段時間，幾乎天天都留在毅音舅舅的家裡。我認為和他談論有關思想的事比到處去遊樂來得重要。而我的內心裡認為和他相處二個禮拜的時間，已經相當值得了。有時候我們談話談得思想很感動的時候，我們甚至會夜晚談到黎明。談到有關窮人的事情。談到有關海內外的大事。像第三天晚上，我們就談到有關暗殺蔣經國的黃文雄與鄭自才的故事。當初事情發生後，所有台灣同鄉會有頭有臉的人幾乎個個逃之夭夭，都把事情撇清了。事情都好像與他們無關似地，尤其是會長陳唐山，更是避之猶恐不及，所以他們有識之士都對陳相當地感冒。

我準備要回台灣的時候，碰巧台灣黨外的四位公職人員正在美國訪問。他們的行程已到達了加州，下個禮拜就要到達史坦福大學（Stanford University）。我的毅音舅舅問我是否想要和他們會合。他們四個人就是監委尤清，立委康寧祥、黃煌雄，與張德銘等。而聽說林正杰也要來和他們會合，他那時候剛好到美國找他的未婚妻楊祖珺，她是一位有名的民歌手。

我向我舅舅說我並沒有在被邀請的名單之列，我就不好意思去了。可見我那時候對未來的政治生命都沒有任何的企圖與安排，包括海內與海外的資源。

我現在回想起來真的相當後悔，那時候我應該去和他們會合才對呀！我有我舅舅的資源，我應該要好好地利用它才對呀！而別人巴不得有這一方面的資源。像林正杰就不客氣了，以前黨外有很多像他這樣的年青人，一抓住機會，就深怕別人奪走似地。

想像一下我如果去的情形，一定非常地轟動。因為那時候我很年輕，未婚，而且出身於極度貧窮的家庭。我又走黨外路線，曾經為黨外省議員謝三升賣命。而我前一個國民大會年會又表現相當的突出，我一定可以吸引同鄉們的注意。

我回台灣之後，我的舅舅曾經寫信給我，他告訴我那一天他獨自一個人帶著白布條跑到會場去向老康抗議，他質問老康：「同樣去高雄，為什麼林義雄被抓，而你竟安然無恙？」尤清一看到這種情形，就出面打圓場，他文不對題，含糊地說：「沒有什麼！」、「沒有什麼！」而康寧祥就很受委屈似地自我解釋一番，他說：「我在台灣作政治已經有二、三十年的歷史，我的為人就可以証明一切。」

當然也有人曾經質疑謝三升為何沒事，他的回答是：「當天本想跟康寧祥、林義雄一起去，但因兩次選舉，出身貧苦的我積欠債務，需要處理，與康寧祥商量而北上，遂逃過一劫。」，「後被警備總部約談兩天兩夜，疲勞審問，終因罪証不足飭回。」

一九八〇年元旦，謝三升成為警總保二隊地下室的「座上客」，他說：「在那陰冷的密室，受盡人道煎熬、屈辱、恐嚇和嚴刑逼供的痛苦，那一頓難以下嚥的晚飯，以為再也見不到天日。」

我全國到處很熱心積極參加各地「山頭」輪流作主的黨外公職人員聚會，那時候黨外組織已分為「公政會」和「編聯會」。有一次，老康為了要調解我和謝三升之間的嫌隙，他利用南下到高雄參加聚會，順便到台南縣新營。我們招待他在一家海鮮餐廳裡吃飯，他「意有所指」、「頗為用心」地告訴我一段很深刻的話：「你的年紀還很年輕，可是政治生命不要像盛開的花朵凋謝般地快速。雖然那一朵花曾經開得相當地豐盛而豔麗。」而多年以後我真的就如同老康所說的，我的政治生命整個凋謝了。我已經在政治舞台上消失得無影無蹤了。主要原因是我太不會保護自己，我並不珍惜我那得來不易的政治生命。

三、對抗新潮流系、對抗台南長老教會、對抗李宗仁毅然決然踏上民國七十二年立委選舉政治不歸路

我準備舉辦「清寒獎學金成立茶會」，原因是在國大代表選舉時，我曾告訴選民我要把國大代表的薪水拿部份來設立獎學金。極諷刺的一件事是：在我的這一生當中，我所領到的獎學金，竟然只有區區幾百塊，而這幾百塊錢最後還是歸還學校的總務處。原因是我就讀曾文初中的學雜費是分期付款的，而且學校「當局」竟然曾經因為我一時無力繳完學雜費而違反註冊程序，把我記兩支小過。這以後也深深地影響我對獎學金的看法而對它產生了反感。在我之後的求學生活過程當中，我的家庭再怎樣的困苦，我竟然告訴自己絕對不要去申請什麼獎學金。

全世界我可以說是最「清苦」的民意代表，竟然為了實現選舉諾言，準備致送清寒子弟獎學金，這在當時實在是一件不可思議的事。不過，我認為既然政見發表會裡我曾經說過這一件事，就必須實現它。而我那時候的個性，真的想到什麼就要做什麼。我又沒有家累，我的活動力也相當的強，全國到處跑。我也和台南市的黃昭凱、李金億他們很熟。而黃昭凱這一批人就是從早到晚整天在罵謝三升的人。

黃昭凱臉部最顯著的特徵就是留有「仁丹牌」的兩撮鬍鬚。剛開始我們兩個人的關係實在是相當密切，他常常到我的服務處來找我。他出生地是台南縣的將軍鄉。他曾告訴我他和我的堂兄是國立藝專的同學。以前他曾經相當佩服謝三升，尤其是民國六十七年立法委員的選舉，謝三升在台南市的「反攻無望論」演講，吸引了人山人海的盛況。可是黃昭凱後來幾乎都在講謝三升的壞話。他所屬的台南市長老教會就是新潮流系的原始大本營，也是邱義仁、洪奇昌等等的大巢穴。我有時候在想，我假如後來和黃昭凱的關係沒有弄僵，有可能我也會變成新潮流系的一員。

黃昭凱常常告訴我說台南神學院的謝秀雄最沒有膽量了，美麗島事件發生之後，謝秀雄就跑到人家的甘蔗園裡躲起來。而他攻擊謝三升最厲害的一點就是說謝會賭博，生活糜爛，一天到晚都躲在省議會宿舍裡和那些國民黨的省議員賭博，這種事我聽了當然相當地難過。想一想：從前我是多麼地在為謝三升賣命，而如今我支持的他竟然被批評得體無完膚，一文不值。

我告訴陳水扁我要舉辦「獎學金成立茶會」的事，我也準備邀請全國的黨外公職人員到我的服務處來參加。他聽了顯現一副相當欣喜的樣子，滿口答應我的邀請。他也提及他在很多學校也贈送同學們獎學金，而設立獎學金是一件好事。

我那時候也邀請尤清。在全國的黨外同志之中，我和尤清走得最近。尤清是一位相當天真的人，他的人喜歡跳舞。以前在黨外的時代，我對他真的仰慕有加。而他又是一位留德的博士，無論在哪方面都是一流的。我真的非常喜歡和他一起，「和他一起」真的是一件多麼光彩的事。而我也覺得當時黨外的公職人員都是相當地優秀，反觀國民黨都是一批腐敗的人物。我那時候無論是感情上或是友誼上，都願意走這一條「黨外」的道路。因為這一條路是絕對犧牲的，絕不談論個人享受的。而我就像荒野之中的一匹狼，就此流浪在那「黨外的黑色漩渦中」直到成立了「民進黨」才大夢初醒，而醒來的時候，覺得自己好比是「被騙去游泳，然後褲子被拿走了」一般。我和他們不同的是我還在黑色漩渦之中，追求理想。而他們（當然包括尤清）早已上了岸，趕去享受以前國民黨員在享受的果實了。

我記得曾經專誠拜訪過尤清。那時他剛從德國回來，我和她太太到中正機場去接他，然後在他青田街的家裡，他親口告訴我他會如期南下參加我的茶會。我聽了他的承諾，心裡也放心了許多。因為在我的心目中他佔有極大的份量，他如果能來參加，可以說是天大的喜事。

陳水扁本來就已答應要南下參加我的茶會。但不知怎樣，有天將近中午，他臨時從台北打電話給我，說有要事商量，要我趕搭飛機北上去找他。我一時頗感緊張與好奇，便照著他的話做。誰知當我的人趕到台北，雙腳一踏進他辦公室的時候，他竟然開口就說：他不準備南下參加我的茶會了，因為最近「政治氣壓很低」，怕國民黨會抓人。我聽了他的話語之後，頗覺「啼笑皆非」。他本人不來參加也罷，竟然還要我陪他到監察院去找尤清，請尤清不要南下了。我受了他的影響，也慌慌張張的和他趕到監察院。可是尤清的意見是如果我仍然如期舉行茶會，他會準時來參加。

雖然阿扁站在旁邊，我還是肯定地告訴尤清我的茶會時間已是眾所皆知，而新聞報紙也老早刊載了。我一定會如期舉行。

好多年以來，我一直都在回想這一件事情，我想陳水扁一定是故意的。他本人不下去也就算了，何必要我陪他去阻止尤清下去台南。可見那時候他老早已經在防止我「出頭」。本來我們兩個人的出身背景相當類似，但我比他更加淒慘。他是一位「長工」的子弟，而我是「赤貧」的「賣菜子」。我想，那時候在台南縣他大概最小心防範的就是我。如果我觀察沒錯的話，他的人是相當「猜忌」人家的，如果有什麼慈善的事，那也是刻意偽裝出來的。因為他的人在以前學校的生活當中，並沒有什麼將來要從政的準備。他後來所以會從政，實在是一件「陰錯陽差」的事。

我幾乎所有黨外的公職都邀請了。茶會的那一天在我的服務處前面廣場聚集了人山人海的群眾，來的貴賓當然少不了謝三升和蔡介雄。除了他們兩位省議員之外，蘇洪月嬌省議員和他的先生蘇東啟也來了。而李敖的朋友孟絕子也下來了。還有一位相當特別的貴賓，那就是立法委員蘇秋鎮，他也帶來了辜寬敏先生，他就是國民黨中常委辜振輔同父異母的弟弟。他一直都在日本，人長得非常斯文，滿頭銀髮，講起話來慢條斯理。辜老在台灣第一次公開演講的場子就是在我的獎學金茶會。而黃昭凱也把陳文成的父親陳庭茂老先生帶來了，因為我曾經答應要捐一萬塊錢給陳文成獎學金。在茶會當中也出現火把，整個氣氛是包容性的，不像過去黨外或是民進黨的集會總是出現「排他性」。當然，新聞記者當中有人開始猜測我會參選立法委員。

我開始有參選立法委員的想法，其實和一位同屬麻豆鎮籍的立法委員李宗仁有關。我對他可以說自始至終沒有任何好感。大家如果對政治有在關心，應該都會注意民國七十年到七十二年的立法院，簡直就是李宗仁的表演舞台。他充當國民黨的打手，幾乎每一次黨外質詢的場合都可以看見他的身影出現，他拼命地在維護國民黨的利益。他一再地巴結國民黨，靠的就是不斷地和黨外民意代表周旋，如此他就可以很輕易地獲得執政黨的青睞。所以當時黨外的民主運動人士簡直恨之入骨。陳水扁就曾好幾次告訴我他非常非常地討厭李宗仁。而我也對他的行為相當地引以為恥，原因是他的家剛好在我的家附近。他住中正路五十九號，而我住中正路二十九號。天底下哪裡有這麼巧合的事情，民國六十九年的中央民意代表選舉，麻豆鎮的大埕里竟然一下子當選了兩位，那就是李宗仁和我。而他是靠國民黨暗中作票而「吊車尾」的，一直到凌晨三、四點才宣佈他當選，硬擠掉謝三升。他所代表的就是有錢的上層階級，而我代表的就是貧窮的下層階級。我們兩人的政治理念簡直是南轅北轍、誓不兩立。

我原本也不一定非競選立法委員不可。可是國大代表的這一個職位實在太不能發揮了。

我常常在講當一個國大代表實在比一個縣議員都不如。因為國大代表最主要的任務就是選一次的總統、副總統。最長的集會時間大概是一個多月的「大拜拜」，其他的一年才召開一次的年會，那根本不是正式的大會，說一句不客氣的話只是「聊表心聲」、「解解煩悶」而已。由於對官員沒有真正的質詢權，所以在服務選民方面，我的民意代表角色就顯得相當地尷尬。幾乎有很多事情，我無法直接服務，因為我還要透過其他民意代表來幫我。所以那時候一直在想我可能選錯名目了。想當初民國六十七年我不該參選國大代表，我可以選立法委員。六十九年恢復選舉時，我更可以不選，讓陳明男去選，然後暫時離開政壇一段時間，好好地將研究所唸完，再等以後的機會。假如民意代表的項目選錯了，那可真是墜入了萬劫不復的境地。

我的獎學金茶會，大部份的黨外公職都黃牛了。原本很多人都已答應我，連我最尊敬的尤清也黃牛了。我的內心開始對黨外的這批人產生了問號。而蘇秋鎮本來和我完全沒有交情，可是我只有打一通電話，他就來了。那時候的他正是立法院裡政府官員最感頭痛的人物，而他的質詢也非常地勤快。「所有立法委員加起來不及一個蘇秋鎮」，這是李敖先生在〈戰鬥是檢驗黨外的唯一標準〉文章裡對他的評價。而我在跑「台灣民主運動」的路途當中，其中有一個非常重要的因素，也可能是一項「致命傷」，那就是「崇拜偶像明星的心理」。我好像是一位「求道者」，追隨一個接著一個，首先是謝三升，接著是陳水扁，再來就是尤清。但我和一般人不同的是我聆聽他們的演講，卻不會盲目崇拜、是非不分。我好像是一位很不容易滿足的人，我似乎不斷地在尋找什麼，追求什麼，總是帶有一種「批判的精神」。而這樣的情形，我竟然意外地發現它也是有一貫性的，這似乎就是我從小所追求的「哲學思想」

與「真理」的一部份啊！

不管蘇秋鎮人家黨外對他的評價如何，但我一直認為台灣的民主運動本來就應該大家不分彼此，容納各種不同的角色與聲音。只要大家都能拋棄個人或某一家族的政治利益，則應該很容易辦到的，因為大家都是屬於運動的一部份。而這一運動的主要目的是站在下層階級人民的立場而著想的。

現在如果仔細地回想起來，沒錯的話，我就是和蘇秋鎮開始有了交往之後，由於不見容於所謂的「黨外人士」，所以在不知不覺之中，我竟然被他們「點紅作記號」了，而這過程中間我根本是「無心之過」的。想一想，我這樣「赤貧子弟」的背景，尤其在黨外人士之中很少有像我這樣熱誠的、突出的如同「蕃薯」屬性的「台灣囝仔」，竟然我最後會變成如此「苦悶」的下場。

我似乎覺得民主運動之路再怎麼走，民主的選舉獲得再怎樣的勝利，假如大家的心靈沒有任何改變，則一切的運動都是枉費、徒勞無功的。即使一時的運動好像吃速食麵一下子成功了，像現在民進黨一下子拿了總統選舉的勝利，又有什麼用？從前的運動一切都枉然了。我們最不能改變的就是大家的心。因為大家都很容易瞧不起窮人，然後忘記政治的東西原本就是要為窮人服務的。

我自從獎學金成立茶會之後，就時常和蘇秋鎮聯絡，有時候很多事情會拜託他。所以我們就商量在台南市設立一個聯合服務處，因為蘇的太太也是台南市人。那個服務處的地點準備設立在台南市的南門路，以前金輔政律師事務所。

金輔政也是美麗島事件的辯護律師，而我和他的認識是鄭春福先生介紹的。鄭春福是謝三升很要好的朋友。

以前，我常常會順路到台南市成功路一家廚具公司找陳益春先生，他那裡常常會聚集很多謝三升的朋友，大家在一塊兒談論有關政治的事情。謝三升也常常會到那裡。有時候大家會聚集在一起吃飯聊天，而鄭春福是裡面一位最特殊的人物。

春福兄是台南縣北門鄉人，台大法律系畢業，調查局出身，曾經和尤清當預官時睡過上下舖。他的人長得高高、斯斯文文的，在台南市經營「頂好」果汁。他的太太是國小老師，待人很和藹。

金輔政和鄭春福是很要好的朋友。我覺得金輔政的人算滿客氣的。有時候我們會在小型的西餐廳裡喝啤酒聊天。他是不大談政治的，他也不會主動談到政治的主張。我對他的印象是不錯的。

問題是金輔政最後突然移民到美國去了，把他的事務所租給陳進發開小型的餐飲店，因為生意不好，所以陳先生把它轉讓租給我準備和蘇秋鎮成立聯合服務處。

我和蘇秋鎮的聯合服務處成立的當天來了很多貴賓，尤其新竹市長施性忠也光臨了。我們在聯合服務處舉辦演講會。後來大家都接受棒球名教練吳祥木的招待，他開了一家「鄉村俱樂部」，那裡有烤肉和啤酒。我在那裡也經由蘇洪月嬌的介紹，認識了桃園敏盛醫院的副院長張云。

我和蘇秋鎮的聯合服務處左邊設立有民主牆，裡面張貼有各類的文宣。而高高的招牌寫著「立法委員蘇秋鎮和國大代表林丙丁聯合服務處」很醒目地掛著，在很遠的地方就可以看見。而我也請了一位服務小姐，她的日語和台語都講得相當地棒。

我萬萬沒有想到我的這一舉動真的大大地觸犯了所謂「黨外的大忌」，台南市新潮流系的大本營——台南市的長老教會就開始騷動起來了。在黃昭凱的策劃之下，先是寄存證掛號信函，說什麼接受美國金輔政律師的請託，要把雙方已經有訂租約的房子討回去，而我那房子月租費用高達一萬五千塊，我當然不答應。我認為當初租房子，陳進發曾事先用電話徵求美國金輔政的同意，所以我才敢租的，不然台南市有許多其他地方我可以租。我心裡在想：是不是看到我和蘇秋鎮在一起，台南市的長老教會就來反對我。

我對黃昭凱的行為感到相當地生氣。以前他和我原本是很要好的朋友。他也常常向我抱怨謝三升的種種讓他非常失望，他說：「台南縣市這時候真正有在積極推展民主運動的寥寥無幾，而謝三升都已躲到省議會的宿舍賭博去了。」我在台南市，有時候時間太晚了，黃昭凱也常常開車載我到他的家裡休息。

但是現在他對我的友情突然有很大的轉變。有一天他甚至鼓動「南門長老教會」一大群無知的老弱婦孺到服務處來大吵大鬧，甚至怒罵我。我真的不知該如何是好，我又不能回罵他們。

我一直認為基督教應該是一個寬宏大量的宗教，更何況我是為了推行台灣的民主運動而設立服務處的。他們真是心胸相當地狹窄。他們甚至鼓動台南市的蘇南成指派他的工務局長張籐林要來拆除我的民主牆，說什麼那是違章建築。有一天終於他們正在進行拆除的時候，教會的那些老弱婦孺竟然排排的站在旁邊鼓掌叫好。每當我回想起這一幕，我就心痛如絞，它真的是台灣民主運動史上最大的悲哀。

台南市發生的這件事情讓我深深地體會黨外的可悲性。好像走黨外這一條路你也要走對路線，即使你反對國民黨反對得非常徹底也是無效的。如果你跟對路線，即使你不反對國民黨，或是稍稍反對一下而已，你都有很多的「糖果」可以吃。就是你有錯誤，都可獲得原諒。而假如你獨樹一格，你的命運就慘了，其他的人就會用盡各種方法來造謠，來抹黑你。

新潮流系就是一家心胸這麼狹窄的「專賣店」，起先它是由黨外那一批編聯會的所謂「作家們」所組成的。那幾個小子像邱義仁、吳乃仁、洪奇昌，與林濁水等等原本都是以批評黨外公職人員為生。

編輯雜誌來批評黨外路線原無可厚非，可是他們並沒有真正站在「公正」、「客觀」的立場。有時候他們卻隱藏於喜好的黨外公職身邊，以偏見為出發點，最後淪為個別的公職人員應用的工具。他們所信仰的是他們認為「對」的絕對真理，絲毫沒有考慮到「包容性」、「可能性」的問題。所用的手段就是造謠與生非。所建立的他們所謂的「真理」其實都是沒有實際去跟一般下層階級人民相處得來的結論。而他們平常也不願意這麼做，因為他們都不食人間煙火，自認為自己就是「知識份子」。所以台灣的民主運動真是相當的悲哀，因為有了這一批小伙子在興風作浪，掠奪所有的黨外資源。結果本來確實懷抱「真正人民情感」的黨外公職受盡災殃，最後不得不妥協，竟然也開始學習他們的鬥爭手段和技倆，所以從黨外一直到民進黨可以說是一段殘酷的鬥爭歷史。結果一直到了今天，號稱「天下萬能」的新潮流系這一批年輕小伙子到底為台灣下層階級的人民完成了一些什麼？他們已經真真正正地為台灣人民想出一條出路嗎？在他們的鬥爭史中，請問是不是不少本來從事民主運動而非常關心下層階級人民的有志之士都被犧牲掉了。他們有的最後被迫離開，或是變成非常冷漠地站立在一旁。

想來真的是很可悲，台灣的基督長老教會竟然變成「新潮流系」的大本營。

假如我們曾經閱讀近代史，一定非常明白近代「帝國主義」的侵略過程。首先要侵略一個地方，他們一定會先派遣「傳教士」收服當地的民心。那就是一種欺騙的懷柔手段，一項相當殘忍的詭計。等到他們把原住民的蠻性完全征服，緊接著大槍大炮就來了，然後列強就予取予奪。

對於基督教，我本來就不心存好感。所有宗教對我來說都是一樣的，他們只是一些「懶於行動、懶於思想」的人們用來暫時安慰自己的「鴉片煙」而已。

為了息事寧人，我台南市的服務處就暫時從金輔政的房子撤回麻豆了。為了散心，我又走了一趟美國，我毅音舅舅那裡。這一次，他又把我帶到史坦福大學（Stanford University），說什麼要去聽蔡同榮的演講，而史坦福大學也是上次台灣來的四位公職人員演講的地方。我舅舅雖然把我載到了那裡，但是我卻刻意隱藏身份，和他默默地坐在後面聽講。我對蔡同榮的印象是他那時候身材長得胖胖的，一副作生意的模樣。他的演講沒有什麼內容，重點是快要結束的時候，他突然拿出一些空白的資料卡，要台灣同鄉把自己的姓名、地址，與電話填進裡面，他說他一定會保守秘密。

在返程之中，我舅舅告訴我：陳文成可能就是死在這一個關鍵點上。大家都說要保守秘密，其實最後名單都會落到警備總部人員的手裡。我告訴我舅舅我這次回台灣之後，就要準備競選立法委員了，他也頗表贊成。我告訴他我在台灣的處境，長老教會的新潮流系不斷地在對我攻擊。他告訴我不要害怕他們。

在我整理行李準備回台之際，他突然接到電話，興奮地講完之後，問我下星期張金策和張燦鍙要到他那裡，是否想要和他們見面？我考慮了一下，最後還是跟上次是否會合老康他們一樣說我急著趕回台灣。

其實，台灣有很多貴族和既得利益者，他們被國民黨沒收了財產，因此對國民黨懷恨在心，他們裡面有很多人後來跑到美國。他們憎恨國民黨，並不代表他們對下層階級的人民有悲憫之心。而參加民主運動的人，如果只一味地大罵國民黨，大罵外省人，以為這樣就是在走民主之路，或是真正地愛台灣，那就大錯特錯了。從事民主運動一定要具有一個基本條件：真正地站在下層階級的立場，而不是一味地高喊「愛台灣」。

民國七十二年七月我回來台灣之後，就著手進行參選立法委員的準備。那時候，台南市突然冒出了高俊明的太太高李麗珍要參選立法委員，她當然就是台南長老教會所推出來的人選。而我對南門路的服務處被拆的事情，怨恨仍然記憶猶新。我當初聯合服務處所以被拆，其實是他們老早設計好的陰謀。我到台南市設立服務處，他們一定相當緊張。他們就是害怕我到台南市去發展，所以動作才會那麼大。

高李麗珍對我來說是一個相當陌生的人。雖然她家曾經幫忙過美麗島受難者，可是實際上他們並不是「接受軍法審判者」。對我來說，他們可以說都是台灣的「貴族」。所有台灣以前的許多醫生、大地主都是貴族，而跑去美國的彭明敏也是屬於這一類的。對我來說，高李麗珍只不過是距離我相當遙遠的台南市一位老太婆而已。她當什麼立法委員呀！她怎麼能抵擋得了國民黨。

而我認為：我從前的選舉，從來不曾有任何所謂的「黨外權貴」來幫我助選過。更何況「要吃呼神（蒼蠅）自己哈（拍、捕）」（吃飯要靠自己）呀！我今天出來就是要對付國民黨的李宗仁，那是神所賜給我的聲音呀！因為他實在太欺侮黨外了。我太看不慣麻豆的那些有錢有勢的人，而李宗仁就是他們的代表。我內心裡暗自發誓：我一定要排除萬難，將這些人擊倒。而促使我更加決心要參選立法委員的動機就是看到「謝三升的懶惰」。我覺得上天託付我一種「使命感」來參選。

我的國大代表任期有六年。我在國大代表的任期當中要來參選立法委員，本來曾考慮別人會講閒話。但我的參選本來就一直沒有把「當選」作為目的。我的參選是為了「運動」。而我所擔任的國大代表實在不像是民意代表，它簡直比一個縣議員還不如。

我記得在選前，周清玉曾經下來台南市召開了一個協調會，謝三升與蔡介雄他們都在場。但是在我的內心裡已經相當地明白：哪一種人是真正值得我去禮讓的人。今天如果是林義雄或林弘宣等美麗島我所崇拜的受難者，我會禮讓他們的，因為他們是我熟悉的。今天就是一位出身卑微而我非常明白他的歷經險厄，我也會禮讓他的。

可以預知：在台南市的協調會中，他們一開始就擺明要推高李麗珍參選立法委員。周清玉私底下勸我不要參選，我可以擔任高李麗珍的競選總幹事，當然我沒有答應。我內心暗地裡也在責怪周清玉做人不夠坦白，為什麼我們是那麼緊密的「黨外國代」同仁，而我有時候也會到她家裡作客，為什麼她從不跟我提起高李麗珍準備參選的事。可見黨外以前有很多事情都是隱藏在自己「圈仔內」的，不公開分享的。他們只有叫你拼命，結果有時候會暗中「捅你一刀」。

而尤清在他們準備用餐的時候也下來了，他曾好心地勸我不要參選。嘉義市長張博雅也跑來參加了，她邀請我到嘉義市政府服務，但我沒有答應。我只是一意地孤行。這一種個性我似乎是從小帶來的。我好像忍著生命的最後一口氣。「我有骨氣」，再怎樣，我不能被欺侮，我「人窮志不窮」。而那時候，我認為我最有資格來參選。因為我自己知道我自己最清楚。我如果是一個有實權的民意代表，我一定很能發揮。我才不像謝三升那樣的「軟腳蝦」。我在國民大會裡的表現是特佳的。我不像有些人根本不發表任何意見。甚至有人連一句話也不曾說過，那個人就是現任的立法委員葉宜津的父親葉棟樑。很不可思議的，他在國民大會六年期間竟然不發一語。

我真的孤注一擲地參選了。我真的是一位相當「可愛」的政治人物。我真的絲毫不考慮我的政治前途。我似乎是一個頑皮的小孩。而我也真的不把政治當作「永續經營」的事業來做。我就是不信邪。我只相信對人民有利益的事就去做。而黨外的中央助選團一波一波地下來台南幫高李麗珍助選，連謝三升都幫她，甚至擔任她的競選總幹事。而我竟然連一聲抱怨也沒有：「今天你謝三升，想當初，我是如何幫你助選的？為你無暝無日，把你的選舉當作我自己的選舉，而你竟然對待我如此！」。

我的選舉還是老樣子，金生兄還是為我助選。而當初國代選舉時為我義務助選的那些「浮弄拱」（社會最底層的人民）也回來了，他們還是和從前一樣圍繞在我的四周。

這一次參選的過程，我還是像以前一樣都是用走路的。我後來回想起來，那時候的阿扁對我是不理不睬的。原來他們這一些人都是暗中在觀察我，在看我「鬧笑話」。而他們也希望我趕快倒下來，因為政治人物本來就「同行相忌」。我也不想麻煩他們，我也不抱怨他們不來看我，因為選舉是我自己要選的。我過去幫人家助選，完全出於一份「正義感」，並不要求人家回報。而民進黨以前所建立的卻是一條相當現實的「付出」與「回報」之選舉模式。

我的意志力（Will）讓我連續支撐了總共有十五天的私辦和公辦政見發表會。在競選的整個過程當中，我認為我的聲勢真的比想像中的好。李宗仁在公辦政見會中被我攻擊得體無完膚。而在新營，整場的聽眾在輪到他發表時被我帶出會場。就是在麻豆戲院，我也受到鄉親們的熱烈支持與擁護。

但最後的開票，我竟然落選了。我記得在深夜裡，只有兩個人來看我，他們就是台灣省教育廳長王宮田和他的太太黃秀孟省議員。王廳長的親弟弟也一直都在我的服務處幫忙。我至今仍然深深記得他們夫婦倆那天晚上來安慰我的情形。

我後來在那一年，也就是民國七十二年召開的年會中，台南市的郭慶芳國大代表就偷偷地告訴我：我的立法委員選票都被國民黨給作掉了，尤其是台南市更加厲害。她向我舉例說她們全家六票都投給我，可是當她去監看她投的那一只票箱，我的票竟然是零票，那是不可能的事情。想一想，一只票箱有多少戶人家在投票。蘇南成作我的票，那是很自然的，因為我曾在蔡介雄的競選茶會中大罵過他。而那時候的省政府主席就是號稱「民主先生」的李登輝，他作黨外的票那真的是太違背他本來「共產黨的良心」了。

立法委員第四選區相當地遼闊，包括五個縣市。我又找不到那麼多的助選人員幫我固票、監票，當然我的票很容易被作掉。而高李麗珍也落選了。想一想他們黨外中央這一次傾盡全力來幫她，結果竟然失敗了，輸給了黃正雄的弟弟黃正安十七票。如果當初黨外中央好好地來安撫我、傾聽我的委屈，我當然可以不計前嫌地幫高助選，她一定會當選。所以我常常在說「弱弱馬也有一步踢」（就是再軟弱的人也會踢，也會掙扎）。這是南門路他們鼓動蘇南成來拆除我服務處的最佳報應。

在我的人生記憶當中，我對金生兄和所有曾經幫忙過我的鄉親、義務助選人員，尤其是那些日夜曾經在我的服務處工作的「浮弄拱」的社會最底層，一直都十分地感激他們和對他們感到相當的抱歉，因為無論我選什麼，他們總是和我站在一起，因為他們的內心知道得很清楚，我參選的動機完全是為了下層階級的人民。

民國七十二年的立委選舉在失敗之中結束了，我也準備隔年參加國民大會的第七次會議。那是國大的重頭戲，選舉總統、副總統。我在國民大會一個多月的集會期間，我的表現，國內外報紙自有評論。而這段期間，我如入無人之境，甚至那些老代表第一次打破國民大會開會有史以來的記錄，決議把我移送紀律委員會處理。而我也自己打破黨外有史以來的記錄第一次開口質詢當時擔任參謀總長的郝伯村，因為以前參謀總長是不到立法院備詢的。到國民大會來，也僅止於禮貌性質，從來沒有人對他敢開得了口批評。

記得在陽明山的中山樓上，我把郝伯村罵得面紅耳赤，我奉勸他：「不要再不食人間煙火了！」、「如果要真正了解台灣人下層階級的生活，可以凌晨到華西街去看看，那裡可以看到台灣人民最真正的勞動生活。」

自從立委選後，我和周清玉之間已產生了嫌隙，而她的作為我也不會很欣賞。她一天到晚追著執政黨求情，希望國民黨能把她的先生姚嘉文提早放出來。曾經有一次，李登輝看到她，避之猶恐不及，趕快溜走了。而現在李登輝卻口口聲聲說他愛台灣，真的是很可笑。想一想他的過去，「反背」共產黨，陷害同志。而現在，作「黨外」的票。如果他真的愛台灣，以前他乾脆加入黨外就好了。假如他真的愛「台獨」，以前他就乾脆在彭明敏競選台灣總統的時候幫他助選就好了。為什麼要等到他總統已卸任時才再講台獨？可見這些都是他「聲東擊西」的作法，目的只不過是要轉移人們對尹清楓命案的注意而已，而阿扁也太「低路」了，竟然與之同流合污。

我對李登輝實在沒有什麼個別的偏見。其實我比阿扁更早認識他。以前國民大會聚餐的時候，他第一次介紹我和他太太認識，開口第一句話就提及文化大學研究所不給我復學繼續就讀的事，可見他對我的事是滿熟悉的。

而雲林縣的蕭生財國代就曾向我提及一件事情證明以前的李登輝是具有「反抗精神」的。他說李登輝在農復會當專員，他那時候正是元長鄉的農會總幹事，他們會因業務上的事而常常碰面。私下如果有苦悶，他們會到路邊攤一起喝米酒配一些小菜像花生、豬頭肉之類，而「酒後吐真言」，李登輝對政府常常會抱怨連連。有時候在開會的時候，李登輝常常會私下遞給他小紙條，裡面寫很多有關農業的問題。李偷偷告訴他，只要等一下把這些問題拿來詢問那些坐在上面的官員，他們沒有不被問倒的。

雖然立法委員競選失利了，但我還是積極地參與黨外公政會的運作。理事長尤清就曾親自打電話給我，他要我儘量撥空參加。

四、再度幫忙謝三升。第一次擔任阿扁競選台南縣長的助選員

民國七十四年五月十六日省議會發生了「霧峰風暴」，一共有十六位黨外省議員，為了抗議國民黨籍議員強行表決通過不合法的超額「省府委員」預算，違反憲法，也為了反對〈省縣地方自治規則〉，他們發動集體辭職，可是最後只有三位省議員堅持不再回到省議會開會，

他們就是號稱「黨外鐵三角」的謝三升、游錫堃，與蘇貞昌等三位。

自從謝三升當選了省議員，就是這一件堅決「辭職」的事讓我最敬佩。

緊接著，民國七十四年底的省議員和縣市長選舉又要如火如荼地展開了。那時候謝三升的法律顧問湯金泉也要出來和他拼省議員，這是一件很奇怪的事。天底下，竟然有法律顧問不保護當事人，反而要跟他競爭。當然謝三升相當地「懊惱」。按照道理講，選舉是人家的自由，我不便干涉。可是我那時候剛當選黨外公政會的「候補理事」，我有開會的發言權。而謝三升一再地拜託我要幫他，讓台南縣的選情單純化。在省議員的部份，黨外只能提名一人。而謝三升又不斷地提醒我湯金全很明顯的就是台南市長老教會新潮流系的黃昭凱、邱義仁他們唆使出來的，目的就是要對付謝本人。我一聽到「新潮流」、「長老教會」，就毫不計前嫌地答應了。

黨外中央為了民國七十四年的縣長與省議員選舉，它準備舉行一個盛大的推薦大會。不過，事先，在前一天它必需召開一個審查會決定提名名額與到底提名誰，有必要的話，準備當場投票決定有爭議的縣市。在前一天晚上，我和謝三升等人早已住進了南京東路二段的文華大飯店。

我記得非常清楚，隔天很早，大約七點鐘左右，康寧祥、游錫堃，與蘇貞昌等三位黨外前輩與精英就先後進入文華大飯店來見謝三升，然後他們給我意見，教我如何在等一下八點鐘就要召開的黨外審查會中發言。

果然，台語說得真好：「弱弱馬也有一步踢」（就是再軟弱的人也會踢，也會掙扎）。在審查會中，尤其是在全國黨外公職的面前，我的發言慷慨激昂。我一一地分析各縣市的人口數與黨外當選名額之間的關係。我甚至為了謝三升而「作賤自己」，說什麼上次參選立法委員我已經獲得慘痛的教訓，台南縣這一次絕對不容許提名兩位省議員。另外，我又闡述一個非常重要的理由那就是確保「黨外鐵三角」的再度當選，因為它的實質意義更大。果然，我的發言發揮了極大的效果，讓新潮流系和陳水扁方面措手不及。投票的結果一面倒，大家幾乎都贊成台南縣只提名謝三升一位。投票結束後，我回頭看了陳水扁一眼，他的臉色一下子變得相當的鐵青，我那時候猜想他一定是對我非常生氣。從此以後，我們兩個人之間可以說就產生所謂的「政治恩怨」了，尤其是新潮流系一定對我「恨之入骨」。

阿扁本來就如意算盤打得很準，他希望台南縣能提名謝三升和湯金全兩名。讓他們兩人都參加競選，如此就可以幫他多方面拉票。他萬萬沒有想到「半路會殺出一個程咬金」，破壞了他的通盤選舉考量。但他大概作夢也沒有想到這個當初破壞他計劃的人，竟然就是讓他以後能順利當選台北市長和總統的人。因為假如當初他當選了台南縣長的話，可能他要到台北當官的機會就相當渺茫了。說來命運真的相當地作弄人啊！

後來聽我三哥金生告訴我：那一天，他在搭電梯的時候，曾經看到湯金全不斷地擦拭著眼淚走出電梯門口。老實說，一直到現在我對他仍然感覺相當地抱歉，只怪他當時要選省議員都不曾拜訪過我，也不通知我一聲。而他也太相信黃昭凱、邱義仁這一批新潮流系的人了。他們都以為我自從立法委員的選舉失敗過後就死掉了。沒有想到我會再幫忙謝三升這個人。他們萬萬更沒有想到雖然是黨外，仍然有像我這麼「情深義重」的人，竟然不計前嫌，再幫一直被他們認為已經「爛得無可救藥」的謝三升一次忙。

我無論怎樣都沒有理由再去幫謝三升的忙，因為我心裡明白他簡直是一個「忘恩負義」

的人。他是相當被動的。他根本不會主動來關懷我的。可是我曾說過，我好像是前世欠他的，最後還是又幫他的忙了。

如我所預料，陳水扁真的要競選台南縣長了。他太太吳淑珍一天到晚打電話到我的服務處，要我們兄弟趕快把身份證、印章以及相片送到他的服務處準備登記為助選人員。但我的三哥金生考慮的結果，最後還是要留在謝三升那裡，幫他的忙。因為那時候「鐵三角」就只有謝三升的選情最危險，而我三哥和他的氣味也比較相投。

湯金全自始至終擺明要競選到底，新潮流系也一直鼓勵著他，而阿扁的態度更是曖昧。本來按照黨外中央提名的規定，陳水扁和謝三升的選舉要緊密地配合在一起。但事情發展到最後，他們雙方卻貌合而神離了。反而湯金全的人員一天到晚往陳水扁的競選總部跑，甚至誤導他的選舉策略。台南市新潮流系的那一批人最後幾乎都變成陳水扁的「內場」成員了。

當然選戰正式開始之前的一段時間，如有必要，阿扁也會約我陪他去拜訪特定的對象。像有一天他就一個人開著車子來載我沿著高速公路到新營去拜訪我的同仁國大代表葉棟樑，他就是立法委員葉宜津的父親。記得葉宜津以前還是一個小女孩的時候，當時我正和葉棟樑競選，她身上常常背著父親的水壺，在台下聆聽著演講。

葉棟樑是國民黨員，他可能暗中聯絡阿扁說要支持他。我猜沒錯的話，他本來就計劃加入黨外的陣營。而這一切都是投機的。在國民大會，終日不見葉的影子。而他六年的國大代表期間完全沒有發出隻字片語，也堪稱世界一絕。想沒錯的話，他大概是在和我競選的時候，看到花掉了那麼龐大的金錢，結果得票的數目卻是那麼少，最後還要靠國民黨為他作票才當選，所以他乾脆都不參加開會了。

我對吳淑珍的印象自始至終不是很好。因為她的父親吳昆池老先生在興中路開了一家小兒科，它的隔壁就是「保安宮」（王爺宮），從來沒有聽說他行過任何「善事」，或看得起窮人。王爺宮附近的興中路就屬於保安里，算是麻豆的「頂街」。那一帶的麻豆鄉親，對我來說他們所代表的是麻豆的上流社會。吳淑珍的親戚就是隔壁開銀樓的，他們平常都是相當現實的。而吳淑珍的母親長得很高大，性情極開朗，喜歡化粧，以前我黃昏從曾文初中放學回家時，常常會看到她濃粧地坐在吳小兒科的門口。她「樂觀的」世界就跟我母親「悲苦的」世界有著天淵之別。

三哥金生曾聽阿扁的岳母講述，我後來才知道我外公柳德裕原來和吳淑珍的娘家也有淵源。我外公曾經把吳淑珍的長輩帶到上海，結果走丟了，經過一陣子的緊張好不容易才找回來。

吳淑珍一天到晚戴著一副墨鏡跟在陳水扁身邊，他們的選舉真的只適合在都市裡選。而我心裡也感到相當地不滿，阿扁竟然把他的競選總部設在他岳丈吳昆池的小兒科那一間小小的診所裡面。雖然隔壁「王爺宮」前面越過馬路有一塊小小的廣場，上面遮有「布篷」充當大家用餐與停靠宣傳車的場所，但整體給人的感覺就好像他是在競選縣議員。我自始至終都認為阿扁競選民國七十四年的台南縣長，真的姿態擺得太高了，而他的太太也太驕傲了。

選戰剛開始沒有多久，我就非常失望而不去他的競選總部了。雖然他的丈母娘曾經好幾次親自到我的事務所來叫我，但我最後還是決定不去了，我甚至要把助選員証丟還給他們。其中最主要的原因就是他的第一場私辦政見會在善化舉行的時候，我曾奉命到台南機場迎接黃天福，我把他接到善化的政見會現場，那時候真的是人山人海。但當我抬頭往政見會場的台上一看，我發現坐著的來賓包括主持人竟然盡是台南市長老教會的人，也都是新潮流系的人。我的內心當然有自知之明，他們是不可能介紹我上台的，因為我和黃天福在下面已等好一陣子了。

我那一天本來曾受謝三升的請託，他希望我把黃天福帶到他的私辦政見會場。但出乎我意料之外，黃天福竟然猶豫不決，他可能怕得罪湯金全，我在猜他也有可能受陳水扁的交待。最後，黃天福沒有去成，謝三升那邊當然很失望。謝就曾親口告訴我：黃天福的果斷能力比不上他的大哥黃信介。世界上哪裡有被提名者被拒於千里之外，而不被提名者反而喧賓奪主的道理。

國民黨的台南縣長並沒有提名，自由開放給下營鄉的李雅樵和善化鎮的胡雅雄「二強」共同參選來夾殺阿扁。加上「假黨外」的蔡四結也不甘寂寞地參選了，所以阿扁的活動空間變成不如預期的寬廣。

失敗了！失敗了！阿扁競選台南縣長失敗似乎是意料中的事。連帶地謝三升也落選了，「鐵三角」竟然有一角「乞去」（折毀）了。

這一次選舉，阿扁本人好像也沒有「求勝」的意志。他的選舉「意志」往往是「小型」的，「小家子氣的」，是他本人能控制掌握的。他似乎也不喜歡積欠人情，所以「下層階級」的鄉親即使一時興高采烈地參與，但最後還是自自然然地離開了。

証之歷屆的選舉，即使阿扁「台北市長」可以當選，但只能一任。我想總統也不會例外的。現在他所帶領的政府就像他個人的情感一樣，總是不能和下層階級的人民真誠地結合在一起。因為他的作風本來就是「棄絕貧窮」，喜歡跟大財團搞在一起，這是他的宿命呀！

那天，我記得是快中午的時間，我本來到他的服務處，準備下午也和他們一起到關廟去謝票。可是臨時有人拜託我事情，所以下午關廟之行，我就沒有參加了。突然下午傳來他太太吳淑珍車禍的消息，我的心裡暗暗一驚，覺得大勢不妙。

到現在，我的內心裡還是一直認為陳水扁的選舉和他所代表的形象是「欺騙社會」的。他的選舉可以說是代表小型的「資本主義」型態的選舉，而他們夫婦也相當地「勢利眼」。當然阿扁本身萬萬也沒想到他太太的車禍會帶給他那麼巨大的「奇遇」與「財富」。他真的很會「利用」人。他的這一生就是生下來利用人的——踏在別人的頭上一直往上爬。所有黨外的資源都被他們這一家所掠奪了。所有的民主先進像許信良、施明德，與林義雄等等，或平輩的謝長廷都被他太太的這一場車禍給打敗了。而黨外一切的苦難最後都被「阿扁」一家人在獨個兒享受著。

有人說這是麻豆的五王廟神威顯赫的，或是「龍喉」顯靈的，或是他們西庄的「龍穴」所庇佑的。

謝三升的內心裡也相當地痛恨阿扁的作為。阿扁的作為看在明眼人的心裡是一切都只為他自己著想。而他的世界是一個相當神秘的世界。

以前我如果知道他連當兵也沒有順利完成，而他也沒有在台南一中畢業之後的第一年就考上台大法律系，我就大概不會理他了。如果和我比較起來，我不一定比他差。你看我從來就沒有中斷過我的學業。我來回麻豆和台南市之間通車就花費了將近三個小時的時間，回家又沒有電燈可以讀書，到處打游擊。如果沒有這樣，我大概也可以考上台大。而我的「當兵」可以說受盡了「拖磨」與痛苦，白白地浪費了許多寶貴的時間。

以前我如果知道陳水扁並不是如同他文宣裡常常在自吹自擂的「樣樣得第一」，他也有「愚笨」的時候，我就不會那麼地崇拜他了。同樣，如果我以前有「先見之明」能預知民進黨像現在會走入「死胡同」而丟棄了理想，過去的我也不會那麼尊敬那些所謂「黨外的前輩」而對他們客氣了。我真的以前在這一方面耽擱、浪費了太多的時間，結果一切都被玩弄了。

陳水扁也不太願意他的太太被「普通人」、「一般人」所探望，他也是要分「階級」的。我曾和桃園敏盛醫院的副院長張云到台中榮總探望吳淑珍，那時候她還在加護病房裡。我只見阿扁一個人站在外面，兩隻手插著腰，一副很冷漠的樣子。我和張副院長一見到他這種情形，就不便多說話了。

後來吳淑珍轉診到台大醫院。藉著參加尤清的「憲政論壇」結束後，我曾和屏東縣長邱連輝一起去探望。我走在前面，先敲門，陳水扁出來開門，一臉很冷漠的表情。他原以為我是獨自一個人去探望，就當面拒絕我的進入，準備關上。可是等到他看到邱連輝跟在我後面，就馬上轉變了態度，請我們兩位進入病房。

邱縣長離開了以後，我跟著阿扁走出台大醫院的後門，那時候他帶著一個小型收音機準備要去更換電池，我塞給他三千塊錢。從此以後我們就很少再見面了。

其實我參加台灣民主運動，是全國到處奔跑的。由於我的個性豪邁、不拘小節，又由於我那時候尚未結婚，所以真的到處都是我的家。我的個性和陳水扁有極大的不同。他把政治的東西當做一種寵物在飼養，絲毫不能有任何地方出差錯，也不容許別人破壞。「不是同志就是敵人」，他鼓吹的是「潔癖」。要通過層層的關卡才能進入「阿扁的真正內心世界」，否則終其一生，也不得其門而入，所以和他相處一切都要用「猜測的」。這是一件相當悲哀的事情。走民主運動這一條路，並不是我們「坦誠相見」就可以了。在過去的黨外，你要參加小圈圈，你要走對路線，你絲毫不能走錯一步棋。假使你走錯了，再也沒有人會原諒你。而你所走錯的那一步棋，說不定是真正有利於蒼生百姓的，或是你的那一步棋，根本也沒有危害到整個黨外運動的大目標，但他們卻大驚小怪，認為那是一項永遠不能原諒的錯誤。

我每次一想到張俊雄的那一張嘴臉，內心深處就有無限的悲痛。想一想，當初黨外是多麼地悲哀啊！現在的民進黨是多麼地悲哀啊！張俊雄這種人，號稱是台灣長老教會的第一戰將，新潮流系（後來可能轉為福利國）的大老，原來是就讀台大法律系的檢查官出身的，好像民主運動是他的專利品。而別人和他不同路線，就是所謂的「國民黨的奸細」。請問他在高雄市把蘇秋鎮打下來了，然後當上了立委好幾屆，後來又擔任阿扁的行政院長，他到底為民主運動付出多大的心力？好幾十年的行徑，只不過是為了自己個人的政治前途而打拼罷了。這一段期間，不知道有多少的「黨外菁英」由於路線和他們不同就被打成是「另類」的黨外，終至於在「勝選論英雄」的「淘汰遊戲」中消失了。

想來真的很悲哀！台灣人民的眼睛有時候真的是被「蜆仔肉」所遮掩。想當初，張俊雄瞞著大家說他的品德多麼純潔、高尚，然後很不容易地擊敗了對手蘇秋鎮。但是好多年之後，突然他的「性醜聞」被挖出來了，您想他的罪過是何等地既深且重呀！這種人能夠被原諒嗎？這種人只有「憨百姓」的台灣人民才會原諒他。這種人只有基督長老教會，倡導「兄弟姊妹之愛」的新潮流系才會原諒他，難道他「通姦的罪」不比謝三升「賭博的罪」還嚴重嗎？

五、打破國會有史以來記錄，第一次使用台灣母語在大會中發言「老妖精」華淑君以熱茶水淋頭，「黨外人士」陪同按鈴申告

民國七十四年，台南縣的縣長與省議員選舉雙雙「槓龜」，原因主要是主角阿扁錯估情勢。我曾在黨外中央所召開的檢討會中諷刺阿扁對於自己的選舉自己都無法掌握，而被新潮流這批人誤導，當然我也建議黨外中央把黃昭凱與湯金全這批黨外的敗類予以違紀譴責，當然黃昭凱一聽急著跳腳。

那一年十二月二十七日，國民大會的年會召開的第四天晚上，我拜訪了黃天福台北市民族路的住所，他也對阿扁的作風不敢苟同。「天福兄」這一次辛辛苦苦地南下幫他助選，可以說原本滿懷希望，投票結果卻落敗了，內心也頗覺納悶。

在交談之中，曾經當過國大代表的天福兄突然對我隔天要召開的年會頗感興趣。他幫我出了「新點子」，那就是在國民大會正式地使用台灣的母語發言，試試國民黨當局的反應，尤其是那些「怪老子」的反應。

台灣的國會殿堂包括立法院，到那時候可以說都還沒有民意代表打破記錄，正式使用台語在大會裡發言。

現在已被阿扁聘為「國策顧問」的黃天福看到我滿臉欣然同意的表情，他就馬上拿出一本厚厚的《英文百科全書》，翻開來裡面有一頁記載著一九六九年七月二十日人類第一次登陸月球阿波羅十一號的故事：三位太空人分別是阿姆斯壯（Neil Armstrong）、喀林斯（Collins），與德裔的艾德林（Buzz Aldrin）。全世界的傳媒都在實況轉播這一件人類有史以

來第一次的壯舉，可是出乎意料的就是艾德林回到地球公開向媒體發表的第一句話竟然是德語。很多記者帶著相當驚訝的語氣問他為何不講英語，而講德語。艾德林很激動地回答說：「我在美國已經忍耐很久了，今天是我的大好機會。這是人類最光榮的成就，今天我有幸參與其中，我一定先要使用我的母語來表達，讓全世界的人類知道我來自德國，那是我祖先創造我最大的光榮，我也把這一份榮耀歸屬於我祖先。」

我在隔天早上召開的國民大會輪到我針對提案發言時，我遵照天福兄的建議，先使用「北京話」把《英文百科全書》裡面所敘述的德裔太空人艾德林的典故向全場大部份是老代表們重述一遍，表達我接著為甚麼要使用台語發言的理由。這一段話我仍然使用北京話，這就表示我對國民大會還是十分尊重，我天真地想他們應該會接受我使用母語發言。緊接著我還是使用北京話說了一段才開始使用台語，我說：「一個堂堂正正的國會不是在北京，而是在台灣的台北，我現在一定要使用我的母語在這裡發出我的心聲，就像阿姆斯壯邁出他那一小步，象徵人類征服太空的一大步（That's one small step for man, one giant leap for mankind.）……」當我針對某一提案使用台語試著發聲不到三十秒，全場的「怪老子」馬上就好像「猴山仔出洞」似地團團把我圍住，大聲喊打。有人緊抓著我的衣領，有人已揮出拳頭，被我躲閃掉，更可惡的就是那高齡已經七十六歲的華淑君竟然端著一杯熱滾滾的茶水趁隙往我的頭部潑灑，我痛得大叫出來。還好，那時候我留長髮，所以並沒有很厲害的燙傷。我一時也太疏忽了，竟然沒有馬上到醫院去驗傷，而那一天下午的晚報就登出來了。華淑君對外的說詞是她要讓我清醒一點，所以才潑我茶水。

那天晚上，我記得黨外在延平南路中山堂附近的一家日本料理店有小型的聚會，席間很多黨外人士像黃天福、尤清、王兆釧、周伯倫，與朱高正等等都建議我到台北地檢處去按鈴申告華淑君。朱高正還說假如我沒有提告，我就不是男子漢大丈夫。

我曾受省議員王兆釧（原是我國代同仁，後轉換跑道）之託，那時候正在台北縣的中和擔任侯福財競選縣議員的總幹事，順便也輔選其他地區的黨外縣議員，像汐止的周雅淑、板橋的徐秀廷、高文振（前國民黨省議員高文良的胞弟），與新莊的李顯榮（現已成為國民黨的立法委員）等等，而廖學廣當時也在競選汐止鎮長，我也曾去他那裡演講過。我因為有侯福財競選總部的人員配合，所以隔天，也就是民國七十四年十二月二十九日上午到台北地檢處按鈴申告華淑君時，我一下子就能臨時聚集四、五十個人。他們幫我手持標語牌，上面寫著：「台語聽嘸是伊叨的代誌」、「台語何罪」、「支持林丙丁」等等，大家幾列排開在台北地院大門前抗議。那一天陪我按鈴申告的有很多黨外人士像黃天福、藍美津夫婦，加上尤清、王兆釧、周伯倫、朱高正、顏錦福、何文振，與侯福財等等。

後來開偵察庭，其他黨外公職有事不能來時，至少每次都有黃天福陪我到台北地檢處。而華淑君總是召集很多歌星、影星，一群人打扮花枝招展地排在地院門口的兩旁，等我們從中間走進去時，一直大聲地對著我們咆哮狂罵。

華淑君在羅斯福路四段，台大附近開了一家很有名的美容整型診所，她認識非常多有名的影、歌星。而本人年紀雖然已有七十六歲了（民前二年出生），可是美容加上保養，讓她看起來有點像是一位年紀只有五十多歲的「老妖精」。講起來真是很恐怖，我這個尚未結婚的單身漢頭部竟然會被她潑灑茶水。而她所聘請的律師是劉樹錚。每次在偵察庭中，被告華淑君總是坦承有潑水的行為，可是卻說了一大堆沒有「營養」的話，她用沙啞的聲音說什麼

「要忠貞地對待領袖」、「要好好地作堂堂正正的中華民國國民」、「年輕人不要學壞」、「不要當台獨的罪人」，連檢察官蔡宏修都被弄得啼笑皆非。不過，她最後還是會很正經地表示願意私下道歉，要求我和解。我說和解當然可以，但她一定要在報上連續刊登「道歉啟事」三天，向所有台灣人民道歉，這是她不可能接受的。

連續出了幾次庭，民國七十五年六月二十五日台北地檢處竟然給予華淑君不起訴處分，而檢察官就是後來因案被起訴的蔡宏修。這種結果，是可以預料的，因為司法機關本來就很容易被執政黨所控制。我因為民主運動煩忙，所以沒有再向高檢署聲請再議，「饒了她老太太一命」。

我看不起以前的「黨外」還有一個相當重大的理由，這也是我後來一直不願意加入民進黨的主要原因。那就是民國七十五年許信良在美國成立了「台灣民主黨」。

我和鄭南榕的認識是很早以前的事情。我和他是有因緣的，那就是他的太太葉菊蘭的親弟弟葉善台是我中央大學外文系的同班同學呂麗玲的先生，以前我們在學校就很熟了。鄭南榕領導的「五一九綠色行動」，黨外公職被暴警「鎖」在龍山寺裡面時，我也參加了。

許信良的「台灣民主黨」在美國突破了國民黨的「黨禁」，在台灣暗中加以呼應的就是蘇秋鎮、鄭南榕等人。那時候我知道鄭南榕已實際登記為「秘密黨員」第一號，我也準備隨時跟進。

可是，國民黨竟然發出訊息：台灣島內如果組黨呼應許信良，仍然使用「台灣民主黨」的名稱，他們就要採取行動，隨時準備抓人。所以民進黨的成立就是先天上完全沒有擔當的行為。如果民進黨有膽量的話，當初就應該呼應許信良在美國的「台灣民主黨」，用這個名稱在台灣成立政黨就好了，何必又成立一個名稱有瑕疵的「民進黨」，連「台灣」兩個字都不敢使用。許信良曾經擔任立委的弟弟許國泰不曾向他詳細通報，而許信良本人可能也不曉得：他的「台灣民主黨」在美國成立時，台灣的黨外幾乎大部份根本不敢呼應他，因為國民黨已老早放出風聲準備抓人。

舉一例來說明吧！有一次在中和，侯福財舉辦一個黨外的演講會，我是主人之一。當我在台上激動地呼籲大家一定要呼應美國的許信良在台灣突破「黨禁」成立「台灣民主黨」時，那個號稱「台灣第一戰艦」的朱高正竟然捲起他的袖子，衝上台來拉扯我的衣領，準備毆打我，並且大聲喊說：「不可談組黨的事情！你難道不怕國民黨抓人嗎！」幸好旁邊有人把他拉開，我一時被他那突如其來的舉動與言行「嚇得」內心傷痛不能自已。台灣的黨外真是悲哀呀！尚未選上台北市議員的林瑞圖可能那時候也在場，因為自從侯福財參選縣議員，他就一直跟在我們的演講行列之中。就是後來侯不幸落選，他也常常來參加大家聚會時所舉辦的演講。我一直對他的印象很好，覺得他相當地純樸而富有正義感。

可見台灣民主運動的過程本來就是「沒有擔當」、「怕死」的一條「妥協」的道路，所以謝長廷才會喊出「革命沒有市場」這樣的語句，我不願加入民進黨的主因就在於此。因為它是一種「懼怕」之下的產物，它不會站在下層階級人民的立場。成立民進黨的目的變成只是為了「方便選舉」。然後就像吃速食麵一樣，「一層一層」地吃掉了國民黨的結構，最後轉變成「有人去代替國民黨領薪水」而已，換句話說那個領薪水的人現在由國民黨的名字變成民進黨的名字罷了。而實際上一切都沒有改變。

我國大代表的任期到了民國七十六年的二月就要結束了，我本來計劃要在台北市競選連任。

那時候我是不可能回台南鄉下繼續競選連任的，因為我對國大代表的職位本來就相當地「感冒」。我當初在台南縣民國七十二年所以會競選立法委員，就是對於國民大會的一種反彈的情緒，我哪裡有再吃回頭草的道理？

按照民進黨的提名程序，在台南縣的部份我相信一定會提名我，尤其自從國民大會民國七十三年召開一個多月的正式集會之後，那幾年的中間，我也更積極地在奔跑台灣的民主運動，我已建立了相當的威望。我在國民大會因為說台語頭部被潑灑了茶水，為了討回公道，我本來就最有資格競選連任的。

我後來為了呼應美國許信良的「台灣民主黨」，所以在民國七十五年八月三十一日也曾經發表了參選聲明：

敬啟者：

本人於此宣佈，將以「台灣民主黨」名義，參加今年年底台北市選區國大代表選舉。

一、「台灣民主黨候選人」本人以公開的、和平的、合法的選舉方式，推展「台灣民主黨」建黨工作。

二、本人決定不向黨外後援會尋求推薦，也不接受任何黨外團體的徵召。「台灣民主黨」已事實存在，「黨外」將成為歷史名詞。

三、選舉只是手段，突破「黨禁」，解除「戒嚴」才是目標。本人決心投入年底選舉，以貫徹這個信念。

國大代表 林丙丁

一九八六年八月三十一日

但我在台北的選舉，雖然已領了表格，大哥連豐與三哥金生卻連夜上來台北阻止我登記參選。他們說母親為了我的事情已煩惱得不能進食，她希望我不要再參加選舉，「有當過就好了」。為了完成母親的心願，我終於打消了參選的念頭，從此以後「自閉」了將近一個月。想一想，一個政治人物突然讓他離開了舞台，他會是怎樣的一種情形？他可能就此發瘋了。但最後，我卻掙扎了過來。

而尤清還是有心人。有一次我到立法院遇上他，他對我有一點責怪的意思，他質問我為何不參加民進黨的登記？因為台南縣一定會提名我，只要我願意。他再問我今後準備何去何從？我是否能找到工作？而以前黨外人士最要緊的就是找到一個安身立命的地方，尤其「無魚蝦嘛好」，在黨外或民進黨裡佔一個位置是非常重要的。假如我繼續在台南競選連任的話，以我在國民大會的表現和我的「爆發能力」，我應該可以當選的。只是我想如果再當選國代的話，那又有什麼意義呢？

我在國大代表期間一直都沒有結婚，可見我這個人是和一般人不同的。六年中間我遇到形形色色的人物不知道有多少。有錢人我真的也遇到太多了，但我這個人就是沒有「心機」。有許多朋友鼓勵我一定要在國代那漫長的六年中間結婚。

我如果告訴他們我的國代六年期間都沒有賺到一分一毫的錢，他們一定不會相信。利用那六年隨便找一位有錢人的女兒結婚，那是相當容易的事情，但我都沒有。我竟然把那六年的歲月全部拿去奔跑民主運動了。我就好像是一個「精神發瘋」的人，到處在追求真理。因為我來自一個命運相當悲苦的家庭，所以我的思維竟然都是「非理性」的。我不相信建立一個「私人的王國」來維護自己的政治生命與財產是最重要的。

走過了國代的六年，走過了「台灣民主運動」將近二十五年的歲月，我的心性幾乎沒有什麼變化。再怎麼窮困，我還是原來的那個「自我」。那個自我就是「不斷地在追求」、「擇善固執」，相當地寬宏大量，並且具有悲憫之心。

民國九十二年七月

伍、形而上、虛無主義　非理性的世界

一、受苦　出書新聞稿　民國九十二年七月（代序）

「窮人是富人的罪惡」——悲憫下層階級，才能拯救我們那已傷痕累累的靈魂

「受苦不夠的阿扁」——民進黨已腐敗頹廢了，台灣急需真正站在下層階級、弱勢者、窮人立場的左派政黨

我不是專業作家，也不是業餘作者，純粹只是因為一時的需要。

生命已走到一個階段，我想明年（民國九十三年）的清明節也快到了。內心的一股鬱卒與對母親的懷念，令我不得不採取行動。那就是發表我的寫作——那累積已久的對生存的概念與理想，那是我母親生下我來到這個世界一直有的磨鍊，我至今所唯一體會到的——站在窮人的立場，悲憫下層階級，如此方能拯救我那已傷痕累累的靈魂。

母親生前是真正的勞動者與受苦者，沒有任何上天的祝福與人世間的物質享受，有的只是無止無境的盼望與幻滅，如此她真的操勞到她生命終止的那一天。

而我的清池兄也繼續不斷地在勞動著。

我從小到現在所看見的就是這一種像我母親、像我清池兄西西佛斯（Sisyphus）似的台灣人民的勞動。它是永無止境的。它是「隱微」的。它是不公開出來的。它是沒有多少人知曉的。

就如同我一再地告訴朋友說：「二二八事件所紀念的與所補償的不一定是真正的英雄。

真正的英雄有可能是那些永遠埋葬在地下，冤屈莫雪的無名英雄。」。

我們只要憑藉著自己的良知推想，很容易便明白現在媒體所讚揚的是不是真正的好人。事實上，非常多的好人都是隱姓埋名的。

台灣「隱微」的人太多了。他們默默地承受著命運的作弄，忍受著「執政者」欺騙的政治手段，而勞苦依舊，生活的苦痛依舊。政治人物永不休止地、長期地攀爬在他們的頭上，壓榨著他們一絲一絲的血汗。

我的這一本書就是要來表彰這些「隱微」的人。

母親在生前，我這個不孝子無法讓她獲得任何應得的回報與上天公平的對待，死後只有靠著這種宣傳理念的方式，她的靈魂才能真正獲得安慰。我想那是母親同意的。因為與母親相依為命那麼長久的歲月，我一直覺得我母親是深藏愛心與認命的。受苦已讓她無從選擇的餘地。她不忍心單獨進入天堂，只要這個世界仍然有人在地獄中受苦。

這本書如果與大選的日子貼近，絕對不是我本人故意的。它純屬巧合。我的意思絕對不是要害阿扁，讓他落選。像他那麼會「選舉」的人，哪裡會有落選的理由？

他唯一落選的理由一定是背離廣大下層階級人民的期待。棄絕貧窮。巴結富人。其實已不配稱呼「台灣之子」。

我們的社會「站在窮人立場」的聲音已幾乎沒有了。所以我要發出這一種聲音。

這本書可以說是我最後的遺囑。比較自私一點來說，其實這本書我是要寫給我的獨生子士閔（讀書人要悲憫窮人）看的。我要他將來明白我曾經有過的「遭遇」。

我的這一生總算是白費了。空忙一場。可以說是一種相當失敗的人生。但是我的出發點總是好的。我至今對人生仍然是一片茫然、好奇，非常不甘願就此了結。可悲啊！我這軀體。不知能支撐到什麼程度？不過，在隱約中，我似乎「內在的聲音」永不休止，它告訴我什麼是世界上最寶貴的、最真實的，值得我們追求的東西。那就是「悲憫性」的東西。是經過一再的受苦與患難才能產生的東西。

全世界到處都是一樣的。無論所生存的時空與環境，它具有一定放之四海皆準的真理性。所以我現在要把它透過這一本書告訴世人。

不必向我學習，因為我的人生是一種失敗者的人生。但假如對您有啟發性，那就好了。

民國九十二年

二、思想的救贖

我已經是一個快死的人了。我一直認為我快死了。無論生理，或心理，我已忠實地努力去生存了許多年頭，早已精疲力盡。

最近常常作怪夢，但是就夢不到我的母親。自從阿母過世，我在睡夢中似乎夢不到她，夢到的人都是一些我不喜歡或是無關緊要的人。

我的生活裡永遠離開不了對母親的思念。這將近五年來，幾乎在阿母面前高唱台語悲歌而忍不住掉下眼淚，嚎啕大哭的情景會不斷地湧現在我的心頭。

啊！母親。阿母！您是世界上最悲慘的人。記得我曾經在您的病榻前面答應您一定要把您的故事寫出來，讓大家知道您的偉大，現在我已下定決心在寫啦！我絕不再終止下來。因為這大概是我最後的一次機會——我現在的時間算是我最成熟的時間——頭腦最清明、心靈最平靜，對一切都有一種滄桑的感覺，而且知道什麼是好的，什麼是壞的，也是最睿智的時候，也是覺得生命力所剩不多，而上天又沒有公平對我，心裡總是憤憤不平的時候。

◇

一條悲歌綿延不斷地跟隨著我們。我們是一群不受上天祝福的人們，逃不出詛咒的魔掌，命運互相乖隔，互相牽絆，盼望這種寫作能夠獲得生命的救贖。

一天 1000 字，

一月 30000 字，

一年 360000 字。

（我所說的每一句話，所寫的每一個字都是流著眼淚寫成的。）

生活的世界彷彿人間的「阿鼻地獄」，盼不出任何這個世界，這個人間所訂的「幸福的標準」。生活的每一個時刻就都只有苦痛，盼不出任何絲絲的快樂。從此以後我也就習慣了這些沒有快樂的日子，所以決定必須離開這個世界測定的標準來生活。必須要好好地與「苦難」，與「苦痛」，與「鬱卒」為伍，人生只不過是如此而已。

所有自小承受的學校教育的洗禮都自此揮別了。所有人類的禮教制度，人與人之間對答的語言，都絕對摒棄了。要自由地逃出那吃人、可怕的魔掌，尋找第二世界的幸福。而人間「真正的幸福」不是那樣訂定的。

我要強調的是我們大部份人所有的意識形態，教育的目的與作為都只是在強調團圓、圓滿、福氣、快樂，和道德，其實最後沒有一項可以達成的。

其實人生大部份都是魔鬼式、缺陷、不幸福、不成功的。面對它、勇敢地面對它，才能找出一條出路。

這個世界實在是一個虛偽的世界，沒有多少屬於真誠的東西。一切都只是虛偽的表徵罷了。

生活的體驗就好比是我小時候廟宇裡的乩童「起乩」，好多人拉著「小小的神轎」在供桌上滿滿譯出來的文字。

今天會造成我如此的想法是有原因的。「受苦」的生活體驗已自自然然地讓我整個的意識形態從傳統的思考習慣當中完全「脫離」與「解構」了。

大家都在走一條路，為何我會另外走這樣的一條路，一條和別人不一樣的路。他們都走向社會大眾所說的「成功」，只有我走向「毀滅」的道路，因為我不接受安排。我只是憑著「內在世界」的感覺在走。

◇

我的一生已經到達一個分水嶺了。過去的我模模糊糊的；現在的我卻是相當地清楚、明白我想要什麼？

那就是台灣的左派社會主義。

左派的、左派的。

左派的思想。

左派地反對傳統習慣的思考模式，

而這也正是我一直所擁有的思考習慣。

阿母！您一生受苦的經歷使我更加相信：人是沒有必要一定獲得「幸福」的。

幸福是什麼？

成功是什麼？

這些對我來說已經沒有什麼意義了。

最重要的是「真實」。

透過對於「真實」的咀嚼。

只有現狀——現實（Reality）所呈現的一切，我相信。

「幸福」、「成功」的目標不能應用於人生哲學上面。

◇

我這一生當中的轉捩點就是民國六十七、六十九，與七十二年的這三場選舉。它改變了我的一生。它讓我的生命更加艱辛了，讓我們的家庭更加悲劇了。別人是以選舉滋養財富與名位，我的選舉卻讓我們的家庭人人陷入苦痛之中。我常常在回想如果沒有這選舉，我又變得如何？我的家庭又變得如何？或許我現在仍然勢利眼地在看待這個社會的任何人、地、事物。是否我仍然站在富人的立場？是否我仍然混淆不清是非？然後我仍然遵循著傳統的生活方式，每天吃東西，住高樓洋房，但是我仍然空虛。我因為遭遇到這樣選舉的不幸，讓我能開啟天眼，讓我能洞悉一切。我和他們都沒有連絡了。和同學、朋友都沒有連絡了。我沈淪為一位思考者的立場。如此的神秘主義者，如此的虛無主義者，如此的「非理性」，管他什麼台獨不台獨，管他什麼國家不國家。最好的生活方式就是我的這種生活方式。於是我可以驕傲地又站立起來，我以我的內在世界為傲，我以我美麗的思想為傲。雖然外在是千瘡百孔，雖然我外在淪落，但我內在的思想豐富。因為我思考的是「形而上」的東西，「理則學」的東西。

◇

我並不為我所付出的歲月與精力而悔恨。雖然在物質方面沒有獲得任何利益，但我的精神世界卻更加地擴充了。多年來，外部的生活狀況雖不斷地「動盪不安」，但我內在世界對於生命的「疑惑」與「追求」卻是始終如一。再大的痛苦對我來說已不代表什麼。我似乎漸漸地竟識到並可下結論：「受苦」是有利的。惟有苦難能讓我們的精神世界更加洗滌。如此算是生命最好的補償了。

我歷經失怙，感受母愛的偉大，在社會中受苦受難，如今我的內在已慢慢地提昇到一種相當「寧靜」的境界，我早已是另外一個「我」了。歷經無數的「絕滅」與「死亡」，當然又「復活」了。而我與他人不同之處是：我不停止「思考」、不停止「受苦」、不停止與「假象」戰鬥。最重要的是不停止與下層階級的人民站在一起。

◇

我曾經以美麗島事件（民國六十八年）的那批人為傲，真真佩服他們的思想與舉動，但如今又留下些什麼？我生命的過程雖然沒有那麼悲壯，但我所經歷的心海之痛卻千百倍於那些人。我現在內心已不再懼怕，我只是把我心中想說的話講出來，包括我的政治立場，包括我對台灣當今政治人物的喜惡。我現在已腦筋很清明地知道什麼是是非，什麼是善惡，什麼是對台灣人民真正良好的東西。我有時相當懷疑為何我會面臨這場災難。我也不能一味地責怪三哥，總之這是命運。為何我家的兄弟那麼多，很奇怪的一種命運體。我的出生就是那麼地奇怪的命運，彷彿是要誕生下來受苦受難的。我也不知如何來描述我這樣的命運，總之是一個怪胚子。真的不可思議，是一種「亂」（日本電影，黑澤明導演，仲代達矢主演）。我現在仍然對父親責怪，日子久了，這種想法就愈來愈深切。為什麼有這樣的命運呢？

◇

阿扁與我的區別就是他「受苦不夠」，所以執政後可以與財團勾結。我「受苦夠」，所以至今仍念念不忘諸多貧苦的下層階級。他現在在位有能力幫忙窮人卻不幫。而我現在沒有辦法，只能暗暗在內心裡面仍然保存這樣的一份理想而引以為傲，希望將來有天能實現。

我們不能對任何政黨，或人、地、事物有所寄託與期待，否則希望將落空。我們只能期待自己、寄託自己、相信自己。如果人人如此，這個社會就不同了。

像我這樣一個「處處碰壁」的失敗者，最後的精神勝利唯有如此。反之，阿扁任何事都太順利了，包括利用他太太車禍的形象，達到高位。他的這一生就是律師性格，就是時常在利用人的「阿扁的性格」。

◇

如果我死了，我絕對不希翼任何人懷念我、紀念我。包括現在的我，早已遠離各種毀譽的影響。說我好，我心裡可能知道得很清楚：我不是一個好人。說我壞，我可能知道我不是那樣壞。所以塵世的一切也已看透了。

如果我死了，就像一陣煙，起於大地的某一角落，不久也將煙消雲散。生來就像一陣風，帶著太多的苦難，而如今我已憬悟到它的真象。如今，死了，煙消雲散，也不足為奇。看破了，也就都沒有事了。

◇

一條孤絕的路，所伴隨的是無數的眼淚與悲哀。我走上了一條充滿著荊棘、危險的不歸路。在思想的領域裡，我廣泛天空，從此以後我的所有動作亦趨於非理性。生活的國度越來越非理性，但我的內在本質世界總是理性的。一而再，不斷地審視，這是理智的。但隨之而來的卻是無數的悔恨與感傷。

但我並不害怕悔恨與感傷。總之，雖然它已成為我生活主要的部份，可是我從不後悔走上這一條思想的孤絕之路。

政治對我來說已是相當遙遠了，這是很自然的事情。那幾年從事政治生活的期間，所遭受的困境是無庸置疑的。以我這樣一個凡事尋求思想完美的人，無時無刻鼓勵自己尋求真實的人，當然是與政治格格不入的。

經過政治歷程的我只有更加認識了這個虛偽世界所帶給我的衝擊，好像任何事物都是一樣的。所以，我在此要譴責所有政治、宗教、良善的東西。我曾經觀察了人群，發現他們「魔鬼的宣言」裡終日所環繞的無非是這些良善的事物，他們生活的途徑都是要求回報的。

對我來說，我是徹徹底底地已經發現了這些生活事物的瑣屑與不可依靠性。因此，我看到的是一堆一堆的人群追隨與陷入這樣物質生活的泥沼之中。人群能夠再教育嗎？所有的教育家、道德家，所謂這「文明世界」裡的知識份子都無非是利用「道德」而成家的。

其實生活並沒有道德、不道德，理性或非理性。它只是一場「宿命」罷了。宿命帶領我們走向一個未可知的世界。一場「謎」樣的、可恨的追逐遊戲罷了。所有良善的執行根本不能解決事情。

我對台灣的事物實在太傷感了。我們到處都是居住著一群、一群的「非人」。他們表面上雖然談著「理性」，其實已不再具備真正的愛心了。有的只是對於道德的誤解，有的只是活著的一具具「死屍」罷了。

——民國七十八年寫於台北市忠孝東路四段溫娣漢堡店內

◇

這個世界是終究要改變的，或者是它自古至今即已不停、不斷地改變著。只是我們的頭腦總是習慣於念舊，或心理一下子難以適應於變遷的現狀罷了。所以我們要不停地流浪，不停地忍受孤獨，更且不停地受苦。但這並非常人所能的。由此我也已略略領會我「受苦命運」的情狀了。

我似乎永遠也擺脫不了這種「受苦命運」的折磨與夢魘似的纏繞。我似乎時常自己發問著同樣的問題、同樣的難關、同樣的內心的吶喊。我曾休息過否？我自問。

這個社會是充滿著太多的蠢材與 Stupid。「作一個人」的悲劇的我似乎是不能忍受它。

我似乎是不停地逾越、前進著。我的興趣並不限止於此。我活著彷彿是一位「異鄉人」似地自絕於一切，這似乎已經是很長久的、不斷地在進行的經驗罷了。

我應該懷疑自己是否神經已發生了問題——總是透視了一切的現狀，我彷彿從中看到了什麼。聽話時好像另外聽到了其他的什麼。於是我的心靈怎麼能夠平靜呢？到處好像充滿著愚蠢人的聲音，到處好像是踐踏、壓迫、無奈，與愁苦。

冠冕堂皇的文字與標題虛偽地對照著一切破敗的景象，於是我的心靈怎麼能安定呢？

◇

對物質主義者的反抗，我使出了全部的生命力。我算是被迫害的一個人。一條孤單的靈魂。我要怎麼辨呢？一條孤單的靈魂，一顆純潔的心，如何在自然界，這個已被人文、規律籠罩的自然界生存下去呢？我有生存下去的勇氣嗎？當今的所謂「中國」對我已了無意義。當今的所謂「台灣」對我已了無意義。當今的世界諸般的名詞對我都了無意義了。

我惟有作為一位思想家、一位哲學家才了當。這間「麥當勞」的店，不知已坐過千百回的日子，這些青少年不知已觀察過他們多少回的日子，而我呢？苦悶依舊。

我如今要如何擺脫我的苦難呢？我的困境竟然一層深過一層，我的罪惡也一層深過一層，每天我都過著一種流浪的日子。每天我都不得不想到那人群，那可悲的人群。每天總是無數的臉孔，他們掠過我的腦海，我可憐他們。我厭惡他們。我憎恨他們。而我有時也同情他們。

喜歡他們。那就是人群。

我可憐坐在這咖啡廳的這些小傢伙們。此刻他們正在玩著撲克牌，抽著香煙。妓女的形象與妓女的靈沒有什麼區別。熱鬧的一群與孤單的一群沒有什麼區別。他們好比是棲息在沙灘上「上帝」遺落的一群，孤單與任性、無助的一群。

我應該作為一位藝術家來寫盡我的這些煩惱，因為此刻，我正感受著一股「死亡的氣息」在消耗著可悲的「生命力」。在這裡再也沒有任何理性可言，只是無盡地消耗著生命力。在文明的外衣裡面，感受著「文明」架構之下的一點感覺。這就是一種「妓婦」與「文明」都無妨的感覺。

所以讓我放開一切來觀察吧！

我至今已對一切的事物，人的情形，感到相當虛無了。一切都是虛無。有的只是人的貪念僅僅留戀著、維護著一點點的存在罷了。苟延殘喘罷了。

如果對「幸福」的生活再有所迷戀的話，它正導引我們走上錯誤之途，坐等著死亡。

我看著櫃台那兩名女生正忙著。她們不過是萬千世界裡的表演人物罷了。

◇

現在的台灣局勢真的相當地重要。也可以說不重要。反正任何政治都已對我無關緊要了。再民主，也沒有用。所有的外在形式都無關緊要。再民主，內心的煩惱沒有解決有什麼用？我可嘆呀！包括我自己，大部份人的人生都被外在的喜怒哀樂所拘束、所埋沒了。而我剩下的人生能夠再繼續這樣子浪費下去嗎？

台灣政壇的亂現在是無以復加的了。李登輝原是我所尊敬的，但現在這些人我幾乎可以不必尊敬他們的。什麼總統、什麼王公、王八，都是一樣地以「政治的化身」的任一形式在逼迫著萬世萬民的生活。這樣子，愚人才真正地在被玩弄著。什麼是真正的良知，什麼是真正的慈愛，都被人有意無意地湮沒了。啊！今後我應該成為自己的主人，再也不能像過去受著自卑感，一切人類可能之形式來迫害了。

◇

現在的台灣政治變成是一種「防堵」與「暫時性」的政策罷了。總是互相矇騙就過了。在這裡，很多人的人生都被騙了。不但被媒體騙了，也被拖著鼻子走。結果，真正生命的意義都忘了追尋。這麼狹窄的一個小島，關了這麼多人，然後互相玩著「迫害」的遊戲。透過「選舉」活動，及其他一大串「敬軍愛民」的活動，只是為了安慰大家惶恐的心情而已。

◇

台灣現在的官、特權份子實在相當多。地這麼狹窄，卻到處都是官。國府的，又是省府的，互相重疊。每個人真的如果不覺悟的話，就真的都在這種「愚弄」的政治生活之下蹉跎歲月罷了。這裡必須要有著人情，然後又是痛苦地嚎哭一場。失望與盼望，就像西北雨一樣地東傾西瀉，可以不必大驚小怪的。人只是為他人而過活，被人擺佈利用的一顆棋子而已。沒有真正的自我可言。什麼大心胸呀！在哪裡呢？真正有價值的人，有道德的人都被壓抑與迫害著。這裡所上演的每天總是荒謬可笑的一幕呀！

領悟了這些荒謬的行徑之後，作為一個真正的「人」的我已徹底地跟這些決裂了。

◇

母親節快到了。一個人平常不孝順，在母親節才要來裝模作樣地以餐點、以賀卡、以任一形式來表態都是沒有用的。現在母親節快到了，市面上盛行著生意人餐點之推出，各種小遊戲，台灣年來到處都是這些玩意兒，人們只是利用傳統來吃喝玩樂而已。實際上真有純樸之性情嗎？而這個社會什麼都機械化了，都物質化了。人與人之間沒有所謂「真誠」之可言。

邱創煥被李登輝耍了，現連總統也沒「誠信」之可言。本允以閣揆或國民黨秘書長，現則改為總統府資政。他是真的被耍了。

◇

民進黨已無反抗力量之可言。現在是黃信介在掌舵，封建思想已讓這個黨無路可走了。再有路，也只是多爭幾個民意代表、縣市長。就是將來給他們皇帝、總統作，又有什麼用？我所看到的民進黨也只不過是國民黨的化身而已，到處充滿著勢利感。現實、無用。

我現在在台灣所遇到的人到底哪一個是真正有良心的人呢？

林義雄去年年底大選回來，曾說：「年底大選是善良的台灣人民對付那些無恥政客的一場大決戰。」有多少人了解他的心情呢？畢竟他是受過苦難呀！

◇

我已有很久未跟政治人物接觸了。從那個舞台直落了下來，我竟然沈默得像是一位隱士。

這個社會與我已產生了疏離感。我何能最後有一個比較好的成就呢？在這一個我生命中最孤獨、最低落的時期，我何能再現「天堂鳥」花之壯觀呢？雖然我現在是「野百合花」的時期。我人生的命運到底是怎樣了？為什麼是這樣地不順呢？

晚上觀賞「又見天堂鳥」電視連續劇。

◇

有誰真正地像我這麼地浪蕩與浪漫呢？真正地失去了太多而又無動於衷地接受事實。默默地承受著孤獨的侵襲。

有誰又能比我更勇敢？我可以說我命運的安排是那麼地奇特，讓我有時特別感覺人生的豐富，有時候卻又是那麼地貧困。奇特呀！奇特！而我所面對的不只是一個人，而是全世界的敵人呀！我所承受的痛苦又不是單一的痛苦，而是全面的痛苦哩！這就是我與眾不同的地方。有了這樣的領悟，從此以後我就不需要再惶恐不安了。既然我的命運是這麼的乖違，我更應該要勇敢地活下去呀！

◇

這幾年來，支撐我活下去的勇氣是什麼？唯有意識與信念而已。意識著在這極盡喧擾的空間，我在極度困頓之下仍能獲得拯救；信念著我這極度純潔、自由，而漂泊的靈魂最後仍能在某一處找著一塊安靜的地方休息下來。

如今該是我休息下來的時刻了嗎？

是的，我應該休息下來了。我已流浪過久了。我已漂泊過久了。我已受苦過久了。我這一生就到此應該打住了。因為我已深深地意識到死亡在向我招著手。我已不再迷夢這世界的一切。我只意識著生命的極限：人的生命原來只是一項悲劇罷了。它是相當短暫的。短暫地讓我驚訝，讓我分不清它的頭緒。於是我們匆匆地來到，就要匆匆地離去。

我覺得這生命對我來說是太短暫而哀傷的，但這一切已經不重要了。因為我已徹徹底底地憬悟了它、認清了它。我不再作夢。

◇

我希望我寫的東西與功利主義無關。它只是一項延續罷了。延續我苦悶的探討。它已是多年前的事情，當我決定要把寫作當作心理的一項抒瀉。如此，我方能獲得慰藉。

（民國八十四年三月十四日　清晨七時左右）

但這，一隔又中斷了良久。我本來就要拋棄了，將我自身的生命自我遺棄於一再的絕望當中，腐蝕的面像一再地就讓它腐蝕著，但永遠我內在的靈魂卻不滅地存留著。它困擾著我，卻也同時帶給我希望，讓我意念不死、思想不死，如今我仍能重拾禿筆。

◇

我前面所要表達的無非是作為一個人無論歷經怎樣的困頓，環境如何地惡劣，只要內在世界的意念、判斷是非與堅持自己理想的意志力存在，他都可以存活下去。台灣目前這樣的人可說微乎其微。在這樣惡劣與狹窄的環境，人心的一切可以說都受著侷限。包括人的思考與生活能力、做事的方法，更不用說政治上的處理方式。台灣人民簡直變成「非人」了。我此刻的情境與想法不能不讓我有如此悲觀的論調。說什麼新興民族的台灣文化？我腦海裡卻只充斥著一群當初逃難自中國大陸福建、廣東一帶的汪洋大盜、土匪罷了。在我們的血液裡難道需要自我幻想、自詡我們是有高貴靈魂的台灣人嗎？

生活一再的困頓讓我體認人的卑賤與有限。人是什麼都可以做得出來的。並不是鼓吹人民有高貴的靈魂與遺傳就能振興我們的文化。那只不過是往更加狹窄的道路走去罷了。一味鼓吹「高貴靈魂」的結果，卻只製造出一批自我設限、自大、自詡的「我族主義」者罷了，這樣將導致非常可怕的局面。

今日台灣問題的解決不在於此。

台灣是需要鼓吹「平民」主義的。其實，我們都是一群來自大陸福建、廣東一帶的土匪、強盜的後代，在此存留著祖先卑賤的血液。我們已經沒有多餘的時間和空間去幻想那些所謂「高貴的文化遺傳」了。

（民國八十四年三月十五日約下午一點半左右）

我昨天提到所謂台灣人「卑賤的血液」，語氣可能稍稍壓迫了些。

我的諸多想法與對台灣民族的觀點並不是經由一天兩天的觀察，而是長期地在這一塊土地成長，感受的結果。我感受到我們並沒有什麼事情那麼偉大，值得我們一再地鼓吹讚揚。我所感受的只是一群勞動的人民默默地在這一塊土地上承受著命運的作弄與受苦，那已分不清誰是壓迫者或受統治者，而是一種集體受著「搜括」的現象。

◇

認識真理的方法不是受刻意安排的。也沒有任何的教育方法可以讓我們更懂得真理。因為生命的有限性，所以我們必須儘快知道有一方法可以讓我們一勞永逸——那就是立即受苦，承認痛苦，承認苦悶的存在。也唯有如此，才是我們的救贖之道。

◇

我時時生活在一種有可能存在也有可能幻滅的意識層面中間。對我，一切都是無常的。對我，一切都是有可能歡欣的，也有可能是感傷的。

我終日盼望那遙遠的歸宿。上山、下海的此一生活方式便形成了。

——作為虛無主義的我只有承受。

◇

尼采的那隻猴子，查拉圖士特拉偉大的先知，江湖的賣耍者，他跟著他的猴群、鸚鵡與禿鷹，半空的走繩者。自由的欣喜。

我踏著街道的站牌。踏著叔本華的 Symbolism。Signal 在廣告牌子裡舞著、跳著的日文、英文。這是一個符號的世界。

所以我拉過友人一把，我告訴她：

一張白紙，寫上字後對於看懂的人，它不再是一張白紙。

對於看不懂的人，它永遠是一張白紙。

學問的本務只是一個 Understanding 罷了。

世界的智慧也只存在於一剎那的頓悟罷了。人的價值在於把「實在體」不斷地在他的心靈裡超越、翻滾，使成一抽象的概念——亦即是一種形上學的昇華。

最後認知了「實在體」的不可靠性：世界原來是一場虛空、一場夢——這是超越主義（Transcendentalism）的最佳註腳。

◇

所有的道德都是不真確的。

一切的防範僅只是說說而已。

犯罪了，因為他需要的東西經過太長期的壓抑。總之老天爺太不厚道了，應該讓他內在與外在維持至少一點平衡，不能把那點慾望也趕盡殺絕啊！

所以辛辛苦苦建立起來的一點根基又告倒塌了，這是孤獨者的悲哀。僅盼的一點東西終歸幻滅了——失落。

◇

世界的經驗都是使人不能自已的。其總結、其終此，只在一個「死」字。但有一種人頓悟前非的心態過後他維持一種冷靜。這並不意謂著他已駐足不前了。他只是在等著新鮮的刺激，或是他第六感內無從防範的突變發生。

同樣，都導向死滅的邊緣。

◇

人文制度是一種可悲的，徹底虛偽的制度。這好比是吸食鴉片企圖治病，最後蕪雜的症狀都一一提供為 Human Progress 罷了。歷史成為唯物的 rater than 真性情的。無怪乎博物館陳列的標本是給人們看遊戲多於欣賞的意義的沉思。

歷史真正的意義隱藏於不可磨滅的時間因果當中。

人類老早的故事已發生了，卻不斷地重演。從小模型擴散到重大的歷史個案，於是我們說那是命運，該由我們自己來承擔。

◇

早晨搭公車，坐在橫椅上研視眼前那一張張的臉譜。他們的身軀或坐或立，總之完全是呈現於我的視界。有趣、無趣，不管怎樣，我總是正在用一種觀賞動物（ANIMAL）般的心情在凝視著我眼前的事物。

這已是多年的經驗了。

每當我離開現實之善與惡的分判，喘息而處於茫然的心情之下，我從不再也對任何事物寄予希望。

強烈的對生之希望反而把我從峰巔擊落孤寒的坑谷裡。

欣賞 ANIMAL 的心情已使我的心志到達非凡的境界。歸真返樸。

幾千年以來的歷史，人文主義蒙蔽了人的基本真象，製造了太多的問題與動亂。

如此我一根微細的「心志」之游絲，竟然影響著我現行的生活，而牽動著大局。我不得不驚奇。

◇ 罪惡是什麼？罪惡為何產生於團體之中？

罪惡是因為人的意志施加於「互惠」的基礎之上所造成的不平衡與衝突。從此以後「互惠」變質了。互惠再也不叫作「愛」，而叫作「陰謀」。

再也沒有比「陰謀」更恰當的語句了。

互惠↔陰謀。

◇ 我是一位憤世嫉俗者。同時我也認為每一個人都是憤世嫉俗者，只是深淺的不同而已。因為每一個人都打從心裡想要超凡入聖。每一個人都具備著天生動物般的攻擊力。只是有些部份我們把它隱藏在潛意識裡面，有些轉化了、揮發了，變成另外一種面目出現而已。

有些也是可以轉變為愛的，本來愛與恨原是一體之兩面。透過對人類全體命運之不可免的體認，可以使恨轉為愛。但必須是犬儒主義式的。虛無主義式的。

我原本就是一位虛無主義者。虛無主義都是由憤世嫉俗之中轉變而來的。將對全體的恨轉變成對個人的愛。因認知所怨恨的是人類全體命運不可免除的瑕疵，個人是無辜的，所以個人需要我們的愛。

◇

奇妙的圓形

圓周長是直徑的三倍，其實是概略的數字，聽說是三點一四倍。老師您說是不是？這中間的差別，可以從「把圓形切塊解開合併成長方形」看得出來。

所謂「圓形」代表「圓滿」，它並不是正式的「▷」（三角形）所能合併出來的。只有靠凹凸不平的「殘缺」團結起來才能構成「圓滿」。

◇

有花有月有樓台

內在本質的世界是一個神秘的心靈世界。在這裡面，只有我們自己知道自己的秘密。它是會進步的。假如我們到達了一個相當的境界，它是有花有月有樓台的寶藏。

這個有花有月有樓台的內在世界要如何擴充呢？答案是它必須依靠外在世界的不斷受苦。我們只要不怕受苦，甚至肉體和靈魂不斷地飽受煎熬，最後我們的內在世界是可以受到回報的。因為受苦，我們的心靈越發豐盛。最後雖然外面世界驚濤駭浪，但我們的精神「殘渣」卻漸漸地被濾淨了，心靈也越發顯現得清明。這時候我們的內心寧靜了，雖然外在世界仍然是那麼地吵雜。

古人說：「寧靜致遠」，受苦過後的內在世界所看到的當然不是一般的風花雪月，更不是世俗的「有花有月有樓台」，而是展現積極樂觀的「隨遇而安」。

只要內在世界豐盛，我們外在世界到處都可以感受有花有月有樓台。

陸、大學日誌

一九七三年（民國六十二年）四月十三日　星期
（天氣：　）

這就是命運，我要怎麼說呢？人生的痛苦如此重重，一層又一層，永遠無止境似地。我現在所處之境況就足夠讓我死了，又有誰能拯救我呢？除非，勤，妳到我的身邊，安慰我這傷心欲墮之胸懷，但這又何其渺茫不可期。看妳對我的態度，我就明白萬分了。除了上帝，又有誰能調和我倆之間冷淡之氣氛。這些時日以來我已想太多了，深切痛恨那般膚淺之人。老實說，任何人我都痛恨過，我怨天尤人，然而我內心深處說我愛妳，我又如何能違背它的旨意呢？喔，人生啊！人生，你叫我如何活下去呢？一切都已淡然了，包括一切的一切。

一九七三年（民國六十二年）四月十五日　星期
（天氣：　）

我現在的確感覺很好。今天中午連豐哥老遠地跑來看我，他給我深情溫厚的四佰塊錢。我現在來這裡讀書，生命算是對他有一個明確的目標了，自己的弟弟應該讓他快樂生活才對呀！

勤，剛剛我望樓下，看到妳經過，內心已平靜的我祇有感慨萬千了。對！這是命運。

一九七三年（民國六十二年）五月四日　星期
（天氣：　）

◆生活目的的強求的確已淡然了，今後我要更堅強地活著，別人的誤會有什麼關係。

◆不能違背，不能違背是她的臉龐。我眼前茫然，我心溫暖，為的是她所給我的微笑。啊！我是世界上最幸福的人，我享受著愛的溫馨。

在那裡沒有虛偽，沒有邪惡的存在。勤！妳可知道我心裡多高興。我應把生命鍛鍊得更堅強！

一九七三年（民國六十二年）六月五日　星期
（天氣：　）

今天是端午節，每逢佳節倍思親。剛剛有

人問我今天是怎麼過節的，內心不知有多感傷。外面正下著冷冷淒淒的陰雨。現在我獲得令人心碎的消息，就是那封別人寄給妳的信函。啊！我為何愚笨到這種地步，我心茫然，我不知如何引導我的人生。總之，皆是命運吧！命運，命運！命運！我要如何征服它，我是要如何征服你？改變吧！改變吧！丙丁，你是堂堂男子漢，怎不改變呢？

勤，妳會是這樣一個人嗎？不，妳應有妳的自由，愚笨是我一個罷了！

一九七三年（民國六十二年）八月二十日 星期

（天氣：　）

◆

哥哥要到什麼時候才回來呢？

在我的內心深處我總是承認母親是真正一位可憐的人。

今天清池兄要到高雄去，簡陋的衣服，我要他穿上皮鞋，他說哪有時間像我。

眼見他要離家遠去找尋工作，內心雖高興他有機會到外面的世界去見識見識，但何嘗沒有傷感。母親是極力反對的，實在地她需要一位助手。母親賣菜需要他整理，而一日三餐更需要哥哥他準備。爾後如果沒有哥哥，可能母親單獨一個人也忙不過來。學期一開始，母親將會更加變成一位孤獨的老人了。可憐！可憐，我內心不停地吶喊著、嘆息著。

那天我正視母親的形象，可憐的母親容貌已憔悴不堪，肚子因生病而大大的，走起路來是病人的姿態。多年來的勞累，歲月是漫長的，我不知道哪一天當疾病變成不可救藥時，是要怎樣來挽救。天啊！母親為什麼不能像一般人享受得到清福呢？這是命運的安排，抑或人事的安排呢？雨，雨正下著，點點滴滴滴落在我的手臂、頭部。雨聲令人聽了悲哀透頂。這個破爛的家每逢下雨顯得更加苦難。我處身於其中，怎能沒有多少的感傷，怎能沒有多少的詛咒命運。如果說一個人為了擔當大任，他必須受盡折磨，那十多年來對一個苦難的孩子來說，難道不足夠了嗎？而人世間的一切是相差得如此懸殊，際遇各人不同，這或許都是命運的安排吧！

哥哥走了，家裡就馬上欠缺了什麼似的，晚上這一餐我也不能那麼早吃了。哥哥要到什麼時候才回來呢？晚上或往後不可數的日子。

——寫於八月二十日在曾文家職散步坐臥之間

◆今天我寫了信給勤和順雄。勤不知是否會給我回信，我不知道，我殷誠地盼望著。在生活時光不斷地進展上，我發覺從前對某件事情的看法早已和現在有很大的差別，至少現在我已不固執於一時一物。而命運對我來說是那麼地不可捉摸，離開了自然性就完全沒有什麼真正適合人的生活方式可言。一切限制生活的規律都只不過是殘害生命，讓人自尋煩惱而已。但我要說一個人他從單純的世界觀再度回復到單純的世界觀時，又必需經過那思索的途徑。一條一條的思路不斷地鍛鍊著我們，提高我們生活的情操。雖然那路程是令人痛苦不堪的，有時會陷入不可自拔之境地，但所獲得的結果是個人在人生的旅途上戰勝了一切。

◆一切的規律是何等地毫無價值，更別說用在教育的功用上，它一點效果也沒有。人類最大的悲劇就是他們自己訂出法律的規則來束縛他們自己。處於二十世紀的人們，面對著這麼許多累積下來的規則，人類問題又何等地煩雜，每一位思想家假如有遠見，則必需在生命的旅途中超脫，否則是難以生活下去的。

◆六十多年來的中國處於動盪不安當中，知識份子必得負起全部責任。我發覺我越加悲憤填膺，越加不能忍受現代自由中國的社會思想。人們總是以古老傳統的優點來掩飾他們在生活態度上的不可救藥。他們在真正的生活藝術上駐足不前，毫無進步可言，卻在自私的能力上猛下功夫。表面功夫做得真是到了家。我發覺要把真理搗出來，必需衝過極大的難關，也不知要得罪他媽的多少老祖宗。

處於今日時代的的中國知識份子，如要解救我們的社會，他們所要排除的困難是至深且鉅的。一來要對全部中國民族社會歷史文化進展有整盤的認識，二來要對西方文化認識到家，還有一個更重要的難題是他們如何在艱困的生活環境之下理出一條屬於自己的生活方式。

◆我餓，我現在肚子真餓。回家，可憐的母親正忙著煮飯，柴火的煙霧滿佈整個家裡。我不再能忍受，雖然我從小就已經習慣了它。

有誰明白此刻這個人正餓著呢？

一九七三年（民國六十二年）八月二十一日 星期
（天氣：　）

◆每回午後一覺醒來，我總會感覺無限的哀傷，有別於清晨的憤怒填膺。我文思豐富，我回憶往事，有把往日生活體驗所發生的一切傷心事記載下來的衝動與企圖。

◆把一切從頭至尾徹底地忘記，這是我內心已決定好的一種策略。尤其任何事情假如帶給我的是痛苦，我祇要抱著念頭把它們全部忘得一乾二淨，或許我自己會比較好過些。

◆經過了一番掙扎之後，內心的感受是何等地清新，那內心的死結早已鬆開，難題應刃而解，一切的懷疑更不見蹤跡。我想我的意志力變得比平常更加堅強，要恢復一個新的局面，總是勇氣無比。所以說由奮鬥而得到的幸福是最有價值的，沒有比這更神聖舉動的東西，更有價值可言。那永遠靜態的人生只是造成一個人的煩惱多多，杞人憂天，絕不能代表一個幸福的人生。人生就是要充滿快樂與哀傷才顯得和協。如果祇是一味懶惰，貪求「無事的平安」，害怕面對困難，那種人真是欺世盜名。雖為清流之輩，但他們表現於人生的是怠慢，違反自然之道。一種最有價值，最值得一個人去追求的人生即是「繼續不斷地走，倒了，再站起來，再走。」

◆朋友！「人是一種痛苦的思想動物」，沒有比這更確切的定義了。而人生總是跟痛苦的字眼合在一起。越貪圖和平、快樂，越令人得到痛苦的滋味，所以我說：人人都應該認分去面對困難。

◆基督教的罪業就是建立在一種「明知痛苦，卻想盡辦法逃脫。」的原則之下。人的貪圖安逸跟否認人心之痛苦，其效果是等同的，可見人類惰性的可怕。我最不表贊同的即他們歪曲事實，根本一筆否定人類排除困難的能力，使人性的尊嚴受到極大的損傷。不過這是針對一些追求真理，在人生的旅途當中有深切體驗的人們而言。我不敢否認對於大部份的人類，基督教仍有它存在之價值，究竟他們還是小孩子，一心想爭名奪利。

就如同尼采所言：歷史上真正的一個基督徒已被後來所謂的「教徒」害死了。那個人的生活是真正值得我們尊敬的。他沒有一切人世間的混蛋東西存在，沒有所謂虛偽的存在，是很偉大的生活。

◆

從前我沒有感覺什麼，如孩童般無憂無慮。然而隨著年歲的增長，今年再度回到故鄉來就有極大的不同了。我煩惱、我痛苦，我發覺四周圍是那麼沒有價值可言。所有的人爭名奪利，沒有什麼真正的生活方式可言。看到他們的舉動，我內心煩憂。這可以代表全面性的整個中國在他們的生活智力方面是退化了，真正地退化了。想重新整頓故有的文化遺產，同伴有誰呢？

◆

譬如拿我們的電視節目來談吧，它影響觀眾們的生活觀念是何等地至深且鉅。今天的視聽教育極差，把一些低級的趣味介紹給他們，把毫無相干的事物穿插於其間，我不能從中看出任何偉大之處，更何況它把整個社會結構給弄壞掉了。我聽到人們談話，我不想聽下去也著實不敢聽，太低級了。我懷疑他們是不是又在談那些空洞的話語了。

◆

文人類多感時傷景，理由是什麼因人而異，有些專門……

我彷彿看到惠荷的腳。
她的臉孔多麼富於詩情畫意，
我忍不住不停地注視著她的那一張臉譜。
很久的時間我就為人類的一切自由打抱不平，
今天我更要用我的眼光去正視一切，
雖然愛情常苦多於樂。
站立起來吧！我的勇敢人兒，不必怕！

◆

做一個確確實實的狂人真是不容易。當我感覺疲倦萬分，是走萬里路，長期的勞動所引起的。這時一切的事物在眼前，它們都好像飄浮在我的四周，我本身似乎不參與其中，顯得那麼地不重要，那景象跟平時有所不同。當你處於安靜的狀態時，你是那麼地善惡分明，而且有時候更是嫉惡如仇。其間的奧妙是我們不容易了解的，對於大部份的人是如此。人要是能從此事想得透徹，那世界的萬物對於他來說應該是一體的。達到一種極高尚的境地，就能超脫一切。

◆

今天看到電視上有「波斯市場」之演奏，令我感動不已。從前沒有看過這樣的表演，今天之際遇完全是一種偶然性。我走路走得太疲倦，找一適當休息之處是應該的。

一九七三年（民國六十二年）八月二十二日　星期（天氣：　）

◆時光的流逝總是令人難以想像。從前的一些事物，為了某種原因可以暫時把它們全部撇開，可是當那時光逐漸被擠去，人會頓覺無以自立，舊有的一切顧慮會再度顯現於眼前，這真是令人難以解釋的。假如你在那段空閒的時光裡，沒有善加利用，在思想的解脫上沒有作任何努力，則再度回來之舊有的顧慮，你會發覺它們全然相同，煩惱再度會充滿你整個心胸。譬如憎恨這種東西，是很難令人超越的。

◆歸鄉

我明天就要回去，回到親愛我母親的身邊。歲月已從我身上溜去了一年。一年沒有回去，就如隔三秋，令人難以再忍。雖故鄉的情景對我仍記憶猶新，親情卻令我不得不趕離此地。我每日惱恨此地，此地一切是那麼地一文不值。經過了一段長時間的思考之後，我決定離開。令我吃驚的是我怎麼突然生出無限依依不捨之情，此地的一切變成可愛非常。我要離開，怎不傷心感觸。

鳥飛如我，則萬事可迎刃而解，沒有任何遲疑。今後我將不會多所煩難於來去之間。我將能破萬里之長空，與我心愛的人互通訊息。但幻想歸幻想，它總令人惆悵不已。我走遍這裡的一切，想要再多看它們幾眼，最後我卻離開得那麼地不聲不響。我沒有任何話語寄託於她，此後天南地北，我彷彿有傷心人在天涯的心境。

回到故鄉，一切如昔。繞場一周，徒增無限的傷感。

一九七三年（民國六十二年）八月二十三日　星期（天氣：　）

◆誰說從外表可以看出一個人身體是否健康、強壯？令我最不能苟同的是一般人的價值觀，他們常常刻意貶損別人的尊嚴，指出一、二缺點自認是聰明透頂。我真的是對他們深惡痛絕。任何一件事情天經地義地順其自然就好了，假如沒有一個和平的心境，我們哪談得上幸福呢？

◆在我從前的歲月當中，它是如此地充滿著傷感，因此往後的日子相信它也是改變不了我對某些事物的看法。個人的家庭環境是如此地影響至深且鉅，所以成長在其中的孩子是無能為力於上帝所賜與他們的命運。每當我為煩惱所圍繞，陷入極度莫可奈何之沉思當中時，「命運」這個名詞竟在我眼前塑造成一幅極顯明的圖騰。往日的我是多麼地脆弱，挽救不了自己的命運，任隨命運的安排。是的，經驗告訴我：即使我試圖要去控制命運，但最後一切努力還是枉然。我對於未來的一切是多麼地陌生，未可測的命運令我想及人類的脆弱，「宿命論」真的自有它存在的價值。

惠幸阿姨走了，走得那麼地悄然，有多少人在懷念著她呢？人死最後是黃土一堆，勾起的傷感在秋風的吹送當中帶來我對生命無限的惆悵，我就快要變成一位全然、道道地地的斷腸人了。所有富麗、熱鬧的場面總避免不了最後的空虛。

在無限的哀思裡頭，我彷彿看見那秋風瑟瑟的新墳，白髮人送黑髮人最是令人感傷了。此刻我想起父親與么弟的死。記得小時候，它是在陰雨綿綿當中我與母親送走了么弟。生命！生命！未可預測的命運。重視它、不重視它都可以，它必竟是人世間最脆弱的一面，它令人悲傷的感受也太深了。

我想：個人的感傷會在一種極微妙的情況之下產生，至少對我這個傷心人是如此。對了，此刻我想到一切，包括那位教美國會話的女教授。

（註）惠幸阿姨是我母親的表妹，其姊柳惠容是當年台南區高中聯考的女狀元，後來就讀台大。姊妹成績都極優秀，我年齡雖然稍大，但按輩份得叫她們阿姨。

一九七三年（民國六十二年）八月二十六日 星期 （天氣：　）

親愛的哥哥：

弟將在九月十三日北上註冊，屆時我們又可見面了。暑假漫長，我收穫頗為豐富。對於將來如何好好地生活，弟也有一些長遠的計劃。兄與我離別的這段時間一定處於孤獨當中，這種情形我非常了解。總是一切都得看開，歲月之流自會再使我們會合在一起。

南部氣候懊熱，早上很少下雨，午後卻時常有來勢洶洶的雷陣雨，使得大地一片濕濕漉漉，黃昏因而平添無限美麗的景緻，我喜歡散步於其中。我平時運動也會找銘山弟打網球。我最近買了一把新的吉他。曾家（曾文家職）前面有兩座池塘，是我平常避暑的勝地，我常常在那裡彈吉他。二個月來的暑假生活是很愜意的，我也曾到愛國那家商店買了電風扇。

金生兄駛訓結束後曾返家一趟，現他已回連上當駕駛兵去了。家裡如同往常一樣，可是母親比以前蒼老多了，她真可憐。

我相信金生兄退伍回來之後，我們家的經濟會改善許多。就把從前的一切不愉快統統忘掉吧！這當然包括對於生活的詛咒，對於一切的不滿，也許當我們到達那種境界之後，會對所有事情有另外一套看法，您說是嗎？

一九七三年（民國六十二年）八月二十七日 星期
（天氣：　）

◆ 我認為今日台灣學生之所以漸漸不尊敬老師，而且離開越久，互相越感到隔閡。這並不是人心越來越不古，而是我們自己教育制度的問題。單憑教科書，就能為同學們心悅誠服嗎？其實教科書發下來，學生們是可以自己準備的。老師如果單單以教科書為準，這便和學生們的學問不相上下了，學生哪有尊敬老師的心理？

◆ 有多少人為了生活而奔波，大雨天賣冰的小販也不能休息。每次看到這種景象，就別有一番滋味與感觸在心頭，這裡面一定包含了悲哀。

◆ 你看這個人是這樣鎮靜地走著，沒有內心的偏見，沒有一切壞的企圖。他的內心總是有一種對人類的墮落感覺到的傷感存在著。一切含有悲哀的景象，也就是最美麗的事物。但它往往為人們所誤解，誤解得那麼地正派，毫無疑問存在。

◆ 當我眼前茫然，我看到了人類最偉大的景象，那裡面包括了對一切事物的淡然與無望。

年年農曆八月十五日，我內心的感傷是多多的，而今年似比往年有過之而無不及。我唯一安慰的是內心漸漸感覺充實。隨著年齡的增長，生活充滿著快樂和悲哀。觸景傷情，每每不能自已。

◆人去樓空了，人去樓空了，那可悲的一家人不知往何處去了。觸及從前他們的落魄就令我心折。

那打鐵的一家養有小孩子四個。而如今打鐵生意的確已沒落。那時候，可憐的女人時常代替男人打鐵，又要打雜洗衣服，其辛苦是可以想像的。他們租住的樓房，就在我們家的隔壁，如今也已破爛不堪了。我曾許多次哀憐過他們的命運。如今他們搬走了，在我們這個地方竟然覓無一處容身之地。

◆人類的命運為何如此坎坷與多采多姿呢？

◆我有一種感覺非常急促，我要以一種旅人的胸懷去面對這種追求美的事情。啊！可嘆的人生。今後我就是一位浪蕩子了。在這個可惡的世界上並沒有什麼永恆的道理存在，假如有也是太虛偽，太謙謹，它只限制於一個小範圍罷了。

◆這個人他是那麼地孤獨，這是從外表來觀察他的。好像大家都以為他不久將會自殺，再也不能生存於現今的社會，或者他要為人所淘汰，所消滅，凡此種種都是錯誤的。我們所不能看到的是他獨自滿足於他自己，他所看到的世界是那麼地與人不同，誰能否認那裡面有美麗的景象為我們現今的世界所不及呢？

◆所有勉強出來的做作令我感到不安。那種生活令人不能忍受。我從前也實在太幼稚了，竟會落入那種陷阱。總是命運吧！但是今後我要生活得……

◆啊！他們的妻子與兒女竟然不能領悟。這個社會必需改革，但首先我必需用極大的毅力去克服我內心不斷滋長的情慾，提高我對抗四周環境的勇氣。「純真我的感情」、「堅強我的生命」，何時才會有所成就呢？我抬頭仰望蒼天，天啊！假如你知道，可告我。

◆

他是一個世界上最殘忍、最冷酷無情的人，因為他歧視與厭惡那些社會上虛偽的一群。

他是一個世界上最富於同情心的人，因為他會為那些與他無關的人可憐他們的生活與命運。

雖然我年齡已漸漸長大，我懷疑生活是何目的，但我確信我們活著是為了把我們已實行之生活再改變一次。

◆一九七三年（民國六十二年）八月二十八日　星期（天氣：　）

是的，此刻這個人是跟他們一堆的，我猛然驚醒，而她已不知去向了。此刻我的感覺是很奇妙的，我內心極度不能安定。要如何將簡單的畫像描繪出來不是簡單的事情。跟隨一個人後面，就是有許多事情會使你聯想。

我在想愛情實在是一件很奇妙的東西。追求美本來是一宗賞心悅目的事情。從純美的觀點來看，我想要獲得成就，就必須擺脫一切人的因素之限制，一切虛偽都要徹底地打倒。

我至今所產生的痛苦，不是從他們而來嗎？再想到有多少人在為我受苦，我是該心滿意足的了。

◆遠離故鄉，一回來就感覺很舒服。一進入這個家，就感覺真實無比，沒有流浪外頭的漂泊不安。再過十多天，我又要再度踏上旅程，到時候真不知要如何告別它。沒有比沒有一個像樣的家這件事情更可憐了。

我記得高三有一次颱風雨之夜，我那天晚上沒有睡著，結果隔天到學校打瞌睡了。

◆新的痛苦

新的痛苦從各個方面、各個角度不斷地襲擊著我，我發覺深沈的心情比往日更加深沈了。

沒有任何一絲絲的幫助可能給我，這是難題嗎？人生變化無常，昨日的堅貞不二，愛情專一，今日怎麼又變成另外一種東西了？

幾天以來我認為永恆的東西，今天卻已一文人值。新的痛苦來臨，不但把一切都改觀，它還要以它最大的威力來掠奪我：把我舊日的靈魂徹底洗脫。

新的痛苦帶給我的打擊有多大，我不知

道。我只感覺眼前一片茫然，不知如何引導我的人生。當我的內心煩亂，思想基礎動搖，再也沒有比這個更痛苦了。

可恥的一對，我打從心底謾罵他們。而新的痛苦逼使我失去理智。誰能克制得住它呢？我是失態徹底了，隨著認知的後悔，痛苦與日俱增，新的痛苦也與日更新。

動搖！動搖！不定！不定！心神欲碎。痛苦的極端是免疫，且讓痛苦的病根徹底斬除吧！

◆

思念只是一種浪費。

◆

你不知道我現在是何等地感傷，我正懷念著中壢車站偶遇的一位中年人。他和我素不相識，那天他拿他的身份證給我看，裡面寫著自耕農。他開口向我借十塊錢，剛好我那時候內心是何等的冰涼，我回答他說沒有。我至今仍然忘記不了他離去的背影與表情，這已足夠造成我的黯然神傷了。

◆

偽君子！偽君子！周圍皆是偽君子。

母親！我的母親！在您的生命裡，您沒有快樂；在您的痛苦裡，您沒有疑問。

◆

國明吾友：

謝謝您的問候，再沒有比這個更值得了。

前個學期，弟經歷了許多思想和生活上的困頓，總算一切都過去了。痛苦的極端是一切感到茫然。經過一段時間休息之後，如今我又重新踏上新的人生道路了。

七月，我足足當了一個月份的老師。總共有31位學生，我為他們補習英語和數學，賺了三、四千塊錢之外，感觸和無形的收穫也很多。無可諱言的一切事情我們去做，多少都要負點責任。

南部炎熱得很，我發覺接近自然是最好的避暑方法。在草地上或仰或臥，跟孩子們玩耍，我比以前快活了許多。

《基度山恩仇記》結尾有這麼的一句話，我時刻不能忘記——人生的一切希望總是存在於「等待」和「盼望」當中——我們都不是完美無疵的人，世界到底也容納得了我們無心的過錯。只要溶入生活當中，時刻不忘記把一切損害性靈的部份去除，使我們變得更加真實，那也就夠了。

我十四號下午註冊，可能十三號或十四號

一早就北上，你們什麼時候呢？

我已覺悟世界上並沒有什麼絕對而準確的規則可以提供我們去遵循。其實生活體驗所鍛鍊出來的觀念會更加實際。宿命論對於個人實在太重要了，有時候當我遭遇突發之困難，我總是有這樣習慣性的想法：「也許這是命運吧！」感嘆之後一切也就沒有什麼。

其實痛苦能使人變得更加堅韌，收獲也滿大。人的生活不可能長期安逸，總會在平靜之中有一、兩個險阻激起美麗的浪花。有天當我準備離開某一個角落，我會發覺世界原來是統一完美的，那裡面充滿著美麗和醜陋、痛苦與快樂，有了順水就有了逆水，再沒有比這個更為重要的思想了。

我從前曾經告訴過某一個人：「當某人使你產生偏見的思想，或是對方一時的失態，不要老是把他的行為放在心裡（記恨），你可曾知道當你和他沒有在一起的時候，說不定他的行為已改善了許多。」

◆

昨天金源就常常在吐大氣，母親覺得很奇怪，問他怎麼年青人在吐氣呢？那是老年人呀！

金源今天就要離開了，雖然台南不算遠，但別離總是令人痛苦、傷感。我說年幼的他在半途上難免會落淚，這時候母親又鼻酸了。

我內心的滋味是非常難受的，我想到了許多……

一九七三年（民國六十二年）九月三日 星期　（天氣：　）

◆

勤 同學：

我近日參加了舊日同窗會，它真的是一件很有意義的賞心悅事。

幾年的別離，彼此間臉孔、形象雖然改變了許多，大家卻顯得格外熱情無比。

溪頭我還沒有去過。

妳所說的溪頭，我無限嚮往，盼望有機會如願成行，因為我喜歡綠竹的清新。

從前，我常想寫點東西。

這個暑假開始，我就隨身攜帶小本子，一有感觸便馬上記載。我發覺許多情感把它們用文字表達出來，不但可以發洩，無形中寫作能力亦能有所長進。寫作當中，我們會採取細膩而不偏見的態度觀察周遭的世界。事物看多了，也就沒什麼，您說是不是？

隨著時日的增進，生活一有所感觸就非得記在小本子不可，否則好像有一種失落的感覺。我發覺任何時刻，任何事物都有它永恆的價值存在。假如內心去除一切偏見、一切權威，則一位作家當能忍受得住周遭環境突然的變化，而不至於大驚小怪。

千錯萬錯，往日的我求功心切，處處產生不平衡的心理狀態，所以就顯得格外固執而矜持。不過，或許這是一種過程吧。一個人假如不是真正去經歷愚昧，他怎能獲得免疫呢？

這兩個月來我接觸到不少形形色色的人，不管他們帶給我的價值有多少，總是有機會讓我思考人生的一切。

一九七三年（民國六十二年）九月四日 星期
（天氣：　）

◆

再也沒有比這夏日午後一覺醒來所感覺的悲涼更令人傷感的了。每位兒童都先天隱微地散佈著他年老的形象，這是何等悲哀的事情。我喜歡觀察各類的事物，更喜歡審視那些形形色色的人。通常在車站裡，我可以看到來往的人群，他們盛裝的燕服，或是他們襤褸的衣衫，還有他們來去匆匆所帶著的那顆欣喜或悲傷的心。

在那裡我可以看到整體的美，他們的流動性。

◆

我並不需向他人表明什麼，只有內心自足的反省也就夠了。

◆

再也沒有比憤怒這件事更令人爽快的了。把一切難言之癮通通發洩，發覺再也沒有雙方都沈默的可怕。

◆

我知道從事文學的路子是崎嶇的，再也沒有比它更艱辛了。我要排除的困難很多。

今日社會環境的誘惑力太大了，大凡一個人想要徹底地排除它們也著實不容易。拿我的例子來說，我永遠排除不了七情六慾的衝動，……

一九七三年（民國六十二年）九月九日 星期
（天氣：　）

◆

如果有人問你那痛苦的深淵到底纏著你有多久了？

你是不是茫然不知何以對。一個人所受的苦頭層次有所不同，不能以時日計算。一群群痛苦的魔鬼就像一群群心存報復的蜜蜂令你躲避不及，你祇有默認而承受它們的攻擊罷了。但我現在正懷疑為什麼受苦的人們最後能夠繼續地存活。一次的蜜蜂襲擊算不了什麼，對一個堅強的人來說那只不過是另外一次挑戰罷了，並且是一場屬於生命力、意志力對付魔鬼的戰爭。

◆

這個月以來實在太辛苦了，我現在生了病，身體疲憊不堪，想到再過幾天就要回學校去，內心真是茫然。對！我不能悲哀，沒有什麼可悲哀的。不是有和我同類的人嗎？他們比我痛苦更甚，不是嗎？

◆

把一種景象用顯明的手段表現出來是困難的，除非耍手段，耍精明，對人生以一種無情的小氣來對待，我看……

◆

以「他媽的！」一句話來聊以自慰，藉以自嘲，不是很好嗎？他媽的世界上並沒有什麼所謂固定的生活方式可為人們所遵循，但當今的社會卻到處充滿著要人怎樣怎樣的教條，還有一些誤入歧途卻不自知的知識騙子他們正在導引著學生的道路，可恨又可恥，不是嗎？

一九七三年（民國六十二年）九月十二日　星期
（天氣：　）

◆

他竟然以為我是同屬於他們的那一群，真是有眼不識泰山了。今天的國民教育是何等地低落！或許這是鄉下，教育還沒有真正地上軌道呢。

◆

我要離開了，內心竟有無限的悲哀。我打從心裡明白那些凡是我曾以真性情對待過的事物，無論我是否在常人眼光的衡量之下做得對不對，它們所帶給我的懷念是永久的。離開它們，不管那時候我的心境是快樂或悲傷，隨著歲月的增加，它們的形象也越愈顯現在我的腦海裡，為我時刻所懷念，可是通常都是很感傷的。

◆

離開學校時，我曾立志做一個「堅強自己生命」與「純真自己感情」的人。可是如今我再也沒有那兩個限定的名詞存在於內心之中。說實在，一個人的生活是完全勉強不來的。過去一年的大學生活我曾忍受多少的痛苦，我曾多少次受到情感的折磨，為的是要找尋一條解脫的途徑。這個暑假以來，我也曾經為了那兩句口號掙扎，所有的那些就如此地像一縷輕煙被微風吹走了。世界上再也沒有什麼特別的人或事物為我所必需尊敬和認真去對待，都是一樣的，不是嗎？就看我感情能付出多少吧！

快樂與痛苦並沒有什麼分別。某些時候，我獲得無知的快樂，之後我卻發覺自己是被嘲弄的。善惡兩個字和其他表達人類特徵的名詞完全是人們的自作聰明。假如這個世界有良善的話，那真的跟現在的人們所想的差多哩！

◆ 跟一群知識水準相差太多的人相處是困難的。昨天中秋節晚上，我就獲得寶貴的經驗。雖然最後我回來已快今零晨三點，而且身體已疲憊不堪，但那並沒有多大關係。只要我能欣賞一場我不曾經歷過的場景，那身體的某個部份感覺不適又有什麼關係呢？

「林丙丁憑什麼來參加呢？」好刻毒的一句話，我不知道那個女孩是否富家女林芬蓮。是的，我已徹底地被掠奪了。堂堂男子漢的我，竟然會在他們面前認輸，再也沒有比這個更令人難過的了。

往日的我並沒有認清這一點：我是比他們強多了，至少我比他們更懂得生活。我承認我的失敗就等於宣佈我是劣等於他們。唉呀！這可悲的過錯。

今後的林丙丁再也沒有任何使他感覺緊張而戰戰競競的偶像了，再也沒有痛苦的癥結了。一切都需由我自己本身去觀察，而且是遵循藝術的眼光去觀察。即使我遭遇困難，我已處於進退維谷之境地，所有的一切現狀都令我不能忍受，我還是要以「總之，一切都是藝術家的命運！」如此的心境好好來自我解嘲。

◆ 昨天我去看金源，幫他買日光燈。現在我對那頭一家的商店老闆感覺歉疚不已，因為他實在太有禮貌了，他不因我後來的替換而表現慍怒的態度。我騙他我弟弟已買了日光燈，討回了一百二十五塊錢去另外買較便宜七十五塊的。

我留了一張字條告訴金源：要學著自己與自己相處。一切都得靠自己照顧。想到離別，我內心是何等地感傷呢？

◆風又不斷地在吹了，雨也不停地在下著，一個人的感傷有其止境，詩人的命運卻是波折不堪的。我不能讓這本子被淋濕，它是我生命與情感的發洩處。任何人也阻止不了我內心的想像，不是嗎？

我愛我生命的詩篇，因為我是透過我「藝術家的眼光」來對待我的生命。我的生命是最純潔的。

◆我現在腳痛得厲害，極為酸疼，再也沒有比這更痛苦了。它是屬於肉體的，不會影響我精神的超脫。

《瞧！這個人！》尼采最發人深省的著作。超人能做藝術眼光所能觸及的事情，而且做得坦誠，一絲不假，如同「洛可兄弟」主角亞蘭德倫的一句名言：「朋友！祇有你自己才能評判自己。」最是一針見血的話語。

從前的身軀已亡毀，為什麼我不能重新開始呢？

——於車上

◆好名聲既不可求，還有別條路可以走嗎？這是我掙扎的問題，是被欺騙之後我自己評判自己的訛言，我開始不該有如此的問題啊！所謂四海皆兄弟也，又有何界限可求。

我在想：一切為人群所鄙視的事情，為什麼大家看待它們，白天與黑夜會有如此的不同呢？

——寫於九月十三日晚到校準備隔天註冊

一九七三年（民國六十二年）九月十五日 星期（天氣：）

◆早上一覺醒來，腳酸已痊癒了，只覺精神無限爽快，一切再也沒有權威，再也沒有個人的偶像為我所懼怕。平平淡淡的卻充滿無限生機的心理狀態，我不得不慨嘆一個人的覺醒和復甦是何等地不容易，有時候迷迷濛濛，似霧花，似水月；有時候清清楚楚，似明燈，似燭火。我不敢想像當我處於極端困難的身心俱疲狀態之時，我的生命有多危險。總之，我所走的路是對的，即使我的一些外在形象已為人所剝奪，我在人群的地位已為人所貶謫並且早已蓋棺認定，我不得不感謝那些阻礙我的人或事物。

◆《異鄉人》作者卡繆，他的意思，我現在很了解，可是對於一些從來沒有把思想生活看到家的人來說無疑是一種荒謬之言論。今天早上公佈欄上有萬國書城貼出來的廣告，其中一張我剛開始以為是一些專門搞教派，企圖干涉別人思想的人士所貼出來的，裡面寫著：「卡繆的真面目，荒謬乎？荒謬乎？仁愛！仁愛！仁愛！」而我現在已清楚明白了，那一定是衛道之士（幫卡繆辯護的人）想要澄清的書籍，相反地就是想攻擊卡繆的學說。

◆今天赫然見著妳的臉孔，它是多麼地優美，比從前更春風滿面了，而我是多麼不符合妳所能想像的「形容」。我已把一切都放在「不在乎」的隨意當中了。妳現在如何對我感覺驚訝，我不會放在心裡。妳再度的出現只是重新讓我檢討自己，想要做個符合妳願望的人罷了。可是不用欺騙我，我有我自己的生命與靈魂，我有我自己應走的道路。從前的我是如何地生存於愚昧當中呀！這裡的一切企圖再度衝進我的胸臆，回復從前我離開時的原有形象，更想利用它來使我恢復本來墮落之真面目，啊！西達塔的道路既然我已經獲得，難道我會再度被引誘和掠奪因而又一次進入生與死之苦痛輪迴當中嗎？沒有權威感，沒有什麼值得藉以自負而感覺戰戰競競，不想合群的優越感，這樣的一個人如社會不允許的話，那也可以証明這個社會充滿著不實在的形象。

◆Freud 學說　父、母、子之三角關係

①Narcissus Stage　自愛

②Oedipus Complex　變母情結

③Homosexual Attraction　同性戀

④Heterosexual Period　異性愛

浪漫式之愛→成熟之愛

由浪漫式之愛進到成熟之愛乃是一條正常的道路，可是一旦在這過程中有了挫折，就會產生退化的現象。一個人受到了打擊，所墮入的痛苦深淵是無從量測的。但是當他有一天發覺人生是那麼地短暫無常，所謂真理更是不可捉摸，人何必固執於一點。生活原是一場遊戲，有時候更是一場騙局，規則原是人們自己

創造出來的。我相信只有一次的婚姻未免太殘害性靈，辜負青春。你只是為了顧及名譽，受了那些想維持秩序的虛偽人群欺騙罷了。

◆自己長久鍛鍊出來的見解是不容易消失的，即使行之萬里，堂堂皇皇的也可以從那裡面抽取。

一九七三年（民國六十二年）九月十八日 星期二
（天氣：　）

◆一個人想要變成偉大於人間是極容易的，然而它卻是很虛偽的。他假如想要在他的眼前看到一幅偉大的世界景象，腦海想要欣賞到偉大的思想供他自己做見証，則必需學習自己能夠與自己相處，最重要的一點我時常強調的是他必需能夠忍受外界毫無價值之干擾與影響。

◆他的線條極為顯明，就如同希臘雕像。情況恍如《威尼斯之死》作者所描述的那個男主角，為了追求一位美少年，而作者本身也被……

外面是淡淡的悲愁，快要下雨的樣子，誰知……

◆北風在吹，雨不停地在下，我茫然矗立於車站的門口，眺望那黑色天空無底的深淵，心情是極度懊悔和悲傷的。在矇矓的淚眼裡我內心觸及往事，往事是多麼令人不堪回首。一個破窮的家庭，在那裡中不知埋藏多少的辛酸，啊！不堪回首。回轉你的思想吧！人兒。我妄想不久的未來是否有一個快樂的歸宿。現狀，現狀比過去更糟，未可預料的未來令我茫然——不堪回首、不堪回首——極度悲憤的是我的靈魂。

◆*The Plague by Albert Camus* 卡繆

一個人並不需要快樂去重新開始——

車子來了，夾著風吹雨打，哀傷的臉龐令我不敢正視眼前一切的事物與醜惡的人們。一骨碌地坐下去是我極度疲憊的軀體，在矇矓睡夢中我感覺身體冰冷得要命。

傾盆的大雨，傾盆的大雨，驚懼的是我的頹喪臉龐。當我下車，回到了家園，可悲的是我已被雨水淋濕得有如一隻落湯雞，於是我那悲憤的靈魂頃刻之間充滿了混亂的因子。從前的心理秩序跑到哪裡去了？於是我茫然於那生之旅程，在這可厭的人生旅途中追求真理是不是太荒謬呢？

「我不能進去！我不能進去！母親！母親！雨水充滿了整個空間，它是那麼地深且密，我無處可鑽。」於是您拄著一把破傘走了出來，「我可憐的孩子！你是那麼地辛苦，呵呵……」。

命運！命運！雨滴敲打著鉛片，那破爛的鉛片伴隨我們已有十五年的光景。歲月不斷地在增進，母親您也不斷地接受著雨點的攻擊，它那反擊的力道所發出的巨大悲鳴，令我聽了悲傷斷魂。凹曲圓滑，雨水的身體就像一條河流，就像一位潑婦，傾瀉著滿腹的惡言。

啊！只有通過雨水的洗滌才能進入那床室。母親幫我換了乾衣服，那個時候我才發覺雨水已衝進整個床底下。河水，河水，河水！我沈浸在一條河裡。木頭、瓦片、空的布袋抵擋不了颱風大雨的威力。床與棉被都已濕透了，我們不能安睡。勉強吃完晚飯，無事可做。這是颱風雨之夜，是嗎？飄風雨之夜，颱風雨之夜，伴著夜的悲鳴，又使我回想整個人生了……

血淋淋的生之殘害，隨著夜風的聲嘶力竭。

貓叫，老鼠亂跑，恐怖！恐怖！它侵襲人兒的心靈！

蠟燭紅光微照下那張蒼白的臉龐，是屬於我母親的。

「ももたろうさん　ももたろうさん……」母親沙啞微弱的聲音，這是一支安慰我心靈的曲調……

童年！童年！無邪的孩童，伴著這一支靈魂的慰安曲長大，長大，長大……

寫完上篇，但感心靈如釋重負，情境已有所不同。

◆沈默吧！沈默！沈默是你的本性。在沈默當中你看到一番美的景象，你的感情因而越加純真，你沒有其他因素的煩惱，因你已看透了人生。

在沈默當中，你知道如何去克服你極度的困難。你為所有朋友著想，把他們的一切超昇在你的腦海當中。從前就是有那麼的一段時刻，你認為荒廢了時日，你認為白費光陰於大自然當中，但現在回想起來，那些日子是多麼地可貴呀！日出、日落，在美麗的黃昏景色當中，你仰臥於柔軟的草坪上面，你幻想著未來的一切，你欣賞這人世間一切的美好與罪惡。如今可貴的日子已過去，但願你在這學期當中學得更加沈默，對於一切困難視若無睹，盼望你下個暑假有美好的生活。

◆ 啊！你內心有充實感並不代表你自私。通常俗人都不知道他自己要如何去生活，而你也不願多管閒事，努力做好自己的事情。

◆ 衣食足而知廉恥。當你飢餓不堪的時候，哪來什麼道德意識？整個社會當陷入瘟疫當中時，道德制度將放寬，縱情恣慾無所不來。

一九七三年（民國六十二年）九月十九日 星期
（天氣：　）

麗君：

人生本是一場荒謬透頂的夢魘（至少人為制度已使它變成如此），我們每一個人都沈浸在裡面隨著時日之漂流罷了。對於我來說從頭頂到腳底徹底地毫無秩序感可言，談不上有什麼計劃。時間只不過是人們多事所編造出來的把戲罷了。想一想！人不都是從生到死之旅途當中遭逢許多的變故嗎？雖然我們因時間的因素感到困擾，還不都是一樣地在長進。長進！長進是我們人生的一盞明燈。

這個暑假，我回家讀書不多，每天往外跑，總有一種失落的感覺，尤其對命運與人生感觸良多。我發覺我們這個社會是如此地虛偽，多少人在頹廢之時光中沈默，最後老氣橫秋，枉費了整個人生。

我不需要人們的讚譽，我也不需要人們不值得的激賞。是的，就讓我自己在人生的旅途當中評判我自己好了。我們本來就是我們自身罷了，不是嗎？

既然你我相識，又是同學，用不著客氣，有時間常寫信給我，互訴衷情。我們不都是遠離故鄉之人嗎？

一九七三年（民國六十二年）九月二十日 星期
（天氣：　）

◆ 我現在最感到不安的是我不能以真我來面對現實。

◆ 我所懼怕的是我沒有志氣，我在為某一個人而生活。

我對那兩個長滿荷花的池塘是夠懷念的……

一輪明月高掛天空，以它金黃色的強光普照整個大地，

四周盡是濃密樹蔭籠罩下之黑影，帶著夜的黑色恐佈，

我隱身於那林園的某個角落，凝視那月之金水所漂流之空間，

靜悄悄的流光，充滿著無聲無色的歲月，

於此時我看到真正的生命之流，它是多麼地奧妙，令人難以想像。

不久之前，一群花前弄月的男女，放蕩他們的行徑，

他們努力塑造他們業已流失之青春歲月，

於是戴奧尼修斯酒神的形象再度出現在他們的身上，

一場歡樂過後，免不了極度之虛空，

讓我們充滿它，以令人暇思之金黃月色。

於是乎，你帶著遊子的心情，

你憧憬著未來，你懷念你的朋友，你更不堪回首於逝去的傷心往事……

凡此種種……

於是流浪者之歌再度為你所唱，

你又重新想起了那迷失的西達塔、哥多華，

藝術家的命運最後得到了心靈的歸宿，

你想你以後要繼續過著這樣的一種生活，

而那樣地生活總是有這麼地漂泊的靈魂去充滿你整個的身軀，

往日過後，你說你要……

◆ 日本的あさいしめ滑稽

由興趣去培養，最佳的方法……

◆ 那是從前的一段時間了，我照樣地像今天在圖書館的這個角落等著妳。可是那個時候我的身軀笨拙，我處於無助當中，心力盡竭，口渴、肚子餓。我餓得就像從前通學時站著等車，風削弱了我的雙頰，雨淋濕了我所穿的衣服。我是一個受夠風吹雨打的人，就是這樣子拖延著我那疲憊的歲月，這些有誰知道和明白呢？如果這是上天要考驗我，那又是另外一回事了。而我現在是多麼盼望人家了解我，了解我的悲傷。可是妳就是那麼地不盡人情，竟把我拋棄在這極度悲哀的境遇。

◆

我這顆心的另外一個潛在處實在地常常在告訴著我：今日你變成什麼樣子，什麼境遇為你自己所接受，這些都沒有什麼要緊。從生到死之旅途當中，你的生活是一串一串的記憶，永遠沒有間斷過，它表示一個人時刻在成長著。

◆我最近幾天感覺有點勞累。昨天晚上書讀不下去，就躺在床上翻來覆去的。反省，反省，反省自己的思想行徑。墮落，墮落，墮落是我的靈魂，想從我那疲憊的靈魂解脫出來是我的企圖。

◆我們都極端的不是什麼聖人物品。我有的是我那充沛的精神，

我有的是我那……

◆我不會再相信你的廢話，什麼基督教是什麼基本信仰。他媽的！把我們都當作無知的小孩，這又有什麼尊重可言。天啊！談什麼理智，什麼真正的文化思想為我們人類的寶貝呢？我們將不會再度感到真正人的價值存在了，人類的一切建設都被那位神祇否認掉了。

啊！想起往事就令我極度痛心，我從來沒有想過我自己的家族會發生那樣的事情（惠容阿姨的妹妹自殺身死，她們的家庭篤信基督教），一切都把它當作命運吧！我為何不能以道德的勇氣來對抗它呢？即使我的言語極度笨拙，我還是要講，把我本身的理想述說出來。

◆啊！我放鬆了，放鬆我的情感。揮起勇氣的長茅，往那無數的魔鬼們劈去，我要為我那天真純潔的阿姨出一口氣。我要努力，再努力。我不是貪求名譽的人，我要做我自己真正的主人。即使那無情的打擊令我不能再忍受下去，我還是要把血與淚往我的嘴裡吞噬下去，雖然我的身軀已疲憊不堪。

◆那嬉皮笑臉的臉龐是世界上最狡猾的一張，我曾經立志打擊他們，而創造一個屬於自己的生活。

衝創意志需要極大的勇氣，我以生命去擔保、去埋葬，沒有什麼可煩憂的。你說你已失去你的愛人，沒有關係，你還不是照樣地站了起來嗎？

所有那些魔鬼假如我不……

一九七三年（民國六十二年）九月二十三日 星期
（天氣：　）

◆我現在不知道要怎樣才好？我發覺我又在流浪之中徘徊了，要怎樣才好呢？我每次進城，見到女孩子，就想多看一眼。這正表示我還是控制不了性慾之衝動。難道我必需壓抑著感情？我感覺極度茫然。

◆假如說我愛妳，那是極大的謊言。一個人怎能終身守住那愛的枷鎖呢？反叛的心靈是容納得下一切東西的。你是沽名釣譽的傢伙，而我又是另外的一種人……

◆昨天金生中午來看我，帶來方糖，一罐奶粉，二隻牙膏，還有一張軍毯。有了這一張軍毯，我就很方便了，我就能度過這個寒冷的冬天，內心不禁太感動。昨晚又夢見惠容阿姨。在這個世界上，唯有親情最是能令人落淚，脫帽致敬。我對她們的懷念與日俱增，我從沒有過這樣子掉下眼淚的。惠容的純潔，惠容對他人關懷的愛，不是一般人所可比擬的。我現在所處的環境，我過去一切的生活背景，不是正充份顯現我應該如何去感受嗎？

◆於是乎，今日的大學生就如此一文不值地徘徊在感情的煩惱和學業的困頓當中。每當感情不順時，整個人生的意志竟都垮了，再沒有比他們更脆弱的人了。

一九七三年（民國六十二年）九月二十四日 星期
（天氣：　）

◆細讀一本好書，不只增長知識，更能使人意識上有所轉移，轉向比較明白的境地。

我們對每一件事和每一個人都是有責任的
——杜思陀也夫斯基。

Each consciousness pursues the death of the other. ——黑格爾。

人生如果沒有死亡的束縛和限制，便會是沒有意義的。
——《凡人必死》西蒙．地．波娃

◆我現在的生活是平行普通的徹底了，但似乎還要記得生活並不是能夠完全給人把握的，未能預料的災難或幸福正跟著在後頭呢？任何哲學家都比其他的凡人更會生活，這是無可否認的事實，而世俗一般的觀念每每以他們那平生表面的景象作為一種憑斷的依據。

我現在發覺一種感傷的心情是多麼地令人快活，眼前所顯現出來的景象是多麼地莊嚴呢？

◆

可憐的這個人，他正趴在我前面的座位睡著了。不知今天中午他的午餐吃了多少，總是令我無限地擔心著。去年他也坐在我前面，那時候我是多麼地憎惡他，多麼地想要叫他離開。而一年來我改變了許多，至少在性情方面改變得比較溫柔。看了「愛的藝術」以後的我，對於一切有豐富的同情心，顯然受到許多的影響。而今我提筆寫這，日子已過去了一大截。走在路上，我發覺到處充滿著偏見、虛偽。以後的我是徹徹底底地自由了。假如說人世間有權威的話，我都不再相信了。至少在活著的時候，我不想再見到這種局面發生。他們不能珍惜這種時機，可不悲哀嗎？

◆

女人假如沒有修心養性，便會魔體附身，變成極端醜陋之面目。把一個人的心性用客觀性的手段來解剖，……

一九七三年（民國六十二年）九月二十五日 星期（天氣：）

◆

啊！生活的手記是傷心人的淚眼。我淚濕滴滴，靈魂崩裂得令我難於熬過明日的秋霜。

枯枝不堪折，枯枝不堪折，母親的淚珠濕潤了我的心胸。

無限地愛撫，今年初秋將為我穿上新的株芽衣裳。

難以忍受呀！難以忍受呀！短暫的一瞥是何等地強而有力。

生命！生命請您告訴我，告訴我……

◆

現在春城的夜笛又在憑空吹響了，甘霖降落在我的雙頰。呼喚的靈魂終於夾帶著它的哀傷，陷入無邊無際的深淵，斷腸人就此在淪落……淪落……淪落……

無聲的眼淚，靜悄悄的街道，厚重的衣物，我臉龐沈重，我想到我未來的前途和生命……

明天就是我的生日。生日，生日，除了去年在成功嶺慶生會上吃了幾個迷你型小蛋糕之外，我從來就沒有真正享受過有關生日的一湯一飯。

啊！你是孤兒，你是孤兒……帶著傷痕的你本身就沒有一種緣份去享受。

啊！明天就是我的生日，我差點忘了。刻意去淡忘它已使我滿足一切，又有誰會分點糕與脂給我呢？啊！母親。母親的生日就沒有人會送給她什麼東西。沒有人送給她什麼東西，她還不是每天勞苦著，編織她那早已失去的美夢。愛！愛，愛，母親！母親，我想念妳……是的，我要堅強起來，堅強起來，沒有什麼可以悲哀的。我沒有堅強已有很久的一段時間了。時間會沖淡一個人的記憶。

一九七三年（民國六十二年）九月二十六日 星期（天氣：　）　今天是我的生日。

雖然在某一方面它是一個重要的日子，可是今天早上起來，我卻感覺無聲無息的……

◆

除了班上幾位同學，沒有其他人在掛念我今天的生日，就是在遙遠的地方……

同學們都跑去看電影了，都去了。今天是我的生日，剛才勤在餐廳門口，我把傘借給她。同學來說她沒有傘，她正在那裡等待。雨太大，她回不了宿舍。衝呀！衝！我終於把傘交給她了。剛開始，她不理不睬，我說：「拿去吧！拿去！」她終於拿去了。我心想：「妳曉不曉得今天是我的生日？」……我還是寧願把它忘記。假如我能把它忘記，那該有多好……

只是我真的太賤了。我不是老早就告訴過妳了嗎？

那些日子以來我談不上有什麼成就？我只有再一次怨歎自己的命運。

管教授您知道嗎？那個跟妳談話的孩子是多麼地盼望人家的同情啊！……悲歌！悲歌。

◆

在這個學校，我曾經愛過一個人。她使我神經緊張。她使我煩惱。她使我變成世界上最笨的一個人。她使我不知道如何過日子才好。……上個學期，我曾經犯了許多的錯誤，我的生命曾經死過好幾遍，我也不知道要怎樣才能生活下去。

◆

是屬於我的。

現在就讓我重新自己的生命吧！重新、重新，重新找回我自己。雖然我已好久沒有回歸純真的本質，可是這些似乎都已經足夠了。我想念我自己，我想到未來的命運，而那純真本是屬於我的。

◆一九七三年（民國六十二年）九月二十八日 星期（天氣：） 紅日 教師節

最親密的朋友有時候也會令你極度生氣。最健全的幸福有時候也會令人感覺噁心。當初的諾言也會變成不可信任的傷心記憶。一切的事情就是那麼地在反射著全世界原本那個最豐富之景象。且把所有的事情忽略過去吧！不必再重新回憶了，就此把它們全部都忘記好了。……

昨天有一個機會參加研究所舉行之茶會，我發覺我的言論雖然美好，可是還沒有深入真正生命的底層。為什麼我跟他們那樣地不合呢？人為何要發表什麼高見，人為何不老實地生活呢？

所有的一切哲學探討沒有什麼用？言論多多，剽竊人家思想祇有使你顯得太諂媚而不實了。……

◆對！我應該勇敢地去面對世界，面對一切……

尼采三態之變化：駱駝、獅子、童子。

駱駝——虔敬、服從而學習的精神。

獅子——破壞、批判而試作對價值重新估價的自由精神。

童子——肯定、創造的對命運之愛的精神。

◆一九七三年（民國六十二年）九月二十九日 星期（天氣：）

一次的挫折，就有再一次的重新。假如生命裡有煩惱的話，那也已變成往事了。就是這樣子，我生命的主流不停地向前推動著。即使勤去旅遊，那也不是什麼大不了的事情。她有她自己的自由，我有我自己的本分工作。也因為在過去的不幸當中，我忽然更深切地了解我自己了。自己是什麼？自己明白，沒有什麼可欺瞞的。

好，現在一切反正都已過去了。從現在開始，我要認真寫一篇文章來悼念惠幸阿姨不幸的逝世。算日子她的過世也將近三個月了，三個月了。暑假期間，我沒有寫出來，是不是感情太匆促了，我問我自己。

一九七三年（民國六十二年）十月一日 星期（天氣：　）

◆也就是在去年這個時候，我跟我二哥清池搭乘普通車將行李帶到這個學校來。我怎麼不讓哥哥跟我同住一晚，為什麼呢？

啊！我心痛！我悲傷！每每想到這件事情。我有一位穿著破舊衣服的哥哥。我有一位身體不好的哥哥。……

然而我現在可以在此做一個見證：世界上最偉大的是哥哥您。哥哥您是世界上最偉大的。哥哥忍受一切比死更痛苦的折磨，為什麼我連一點小小的事情都做不到呢？哥哥當天晚上不知怎麼走出去的？母親告訴我他在車站睡了一個晚上。聽到這，我茫然，我內心感覺極茫然。我因為一點世俗的虛榮心，就連一點手足之情都沒有嗎？人最感困難之處就是不能降低他的身份。我立志要做一個平平常常的人了。

我應好好隨著純真之情，我再也不要什麼其他裝飾了。

一九七三年（民國六十二年）十月二日 星期（天氣：　）

◆藝術家必須洞澈生命真正的底處。除這，世界上並沒有什麼東西值得我們學習的了。

◆平靜的性情、輕鬆的步伐、無所不在的放縱和歡欣以及……

——尼采《查拉圖士特拉如是說》

◆如果一個人肩負命運的重擔，如果他的畢生工作最後演變成是一場災禍，那麼，這個人怎能還算是一位最輕鬆和最超越的人呢？

◆所有的藝術家，他們觀察事物的眼光不同於凡人，而精細的構思也是他們必需具備的條件。作為一位真正時代的作家，他必須憐憫這個世界的一切，觀察更多的事物乃是他終生的職責。我曾經想把這一切應用於我生活態度之上，可是勇氣不足是一個真正的致命傷。對於過去，我有太多的懷念。

沒有界限是生命本身最偉大的地方，我想。

一九七三年（民國六十二年）十月四日 星期
（天氣：　）

生命原是一連串的莫可奈何，我處於其中，難道不需要定向的主力嗎？假如我抓住它，又有何用？只有令我失去生活的活力罷了。一種隱藏於高峰，力大無比的高度生命力，怎能令我內心安靜得下來呢？沒有辦法，真的！往外發洩原是我應該承擔的事實，沒有再比這個更令人難過的事情了。今天我遭受的最大阻力乃是基督教所偽裝的生命力，他們不斷地誘惑著群眾，使他們變成我的死敵。啊！每逢黑夜來臨，冰霜凍得我想要……

一九七三年（民國六十二年）十月五日 星期
（天氣：　）

這個世界原是沒有什麼好爭的，只不過是觀念與思想的不通和隔閡而已。這一番的戰鬥我已花費時間夠久，而一陣的波濤洶湧過後，當我再度感到平靜時，就沒有什麼了。放掉他們吧！放掉他們吧！

一九七三年（民國六十二年）十月六日 星期
（天氣：　）

◆冷風在吹襲，至少它已充滿整個早晨。又是一個充滿著冷風的早晨，我所感到的是無限的興奮。

你曾經看過一種景象慢慢地凝結為你的心思嗎？在那個景象裡，你可以自由自在地生活著。我離開它也已太久了。對的！我想起母親，我想起母親，她受盡風吹雨打。有一個堅強生命的我難道會害怕風雨嗎？只是一種心思就有一種最令人懷念的回憶。我曾經那麼多次地告訴你了，我永遠再不能為別人活著，為別人活著，我又怎能為別人活著呢？

◆對，快樂！快樂！就此放鬆一切。

就如同戴奧尼所斯那內心之混合式泉源，就像阿波羅那美與高尚的理智。你那未可知的命運，應該確信你是那麼地無以名之……

匆匆的流景，就如同你那難測的人生。那夕陽遠掛西天，你以「夕陽之輓歌」相贈以為別辭，說一聲：「過去的再見吧！」

麥浪波動，麥浪波動，

凡此一切都值得去愛，「愛一切！」就好像你在班刊所寫的那一篇寓言。

一九七三年（民國六十二年）十一月六日 星期（天氣：）

這段期間以來，我所受的壓力是蠻大的。我相信：從今以後再也沒有比這個更加令我傷心的時刻了，尤其當一個人沒有半毛錢在身上的時候。錢，錢真是萬能，錢能彌補人們內心的一切缺陷，錢能使我們更加地具有優越感。再來，因此，我也絕對地相信命運之擺弄了，我沒有任何反抗之餘地，世界今後也再不會留給我任何一點殘生之餘地。往日的一切悲哀、幻想如今已變成空餘之殘夢，實在地毫無意義可言。現在我正在懷疑是不是我這枝筆能夠再以無比之精力繼續寫下去。

在台灣大學沒有見到惠容極失望地回來之後，我就一直這樣子地生病下去了。病，病，病，我是一個病人嗎？我懷疑誰能真正地認清他自己，尤其是當他的一切希望都付之流水之際。我那無力的奮鬥滲透出我靈魂之悲哀，悲哀能令我的靈魂更加深沈嗎？救我！救我！縱慾！我能縱慾嗎？在這死亡之形象上面，我看到哥哥之悲傷落魄，於是我帶著無比地愛之歡呼，我想要把他們通通都拯救出來，可是我卻不能。

一九七三年（民國六十二年）十一月二十三日 星期（天氣：）

那又是第十度的寒冬了。帶著永恆堅毅的面孔，衝刺著眼前一切的寒霜風雨，不管它，我不管它！而你又回來了，重新回到我的心靈裡。

我祇有忍淚含悲，我祇有一個意念：我必需奮鬥下去！或許在那第十一個寒冬降臨之時，我會帶著春風的得意和笑臉，……一切終成過去的惡夢。我祇有一個意念：我必需超越自己！……啊！勤，我能忘記妳嗎？我冷落冰霜，我痛苦異常，在極度冰冷的臉頰上，我能流下淚水來嗎？

一九七三年（民國六十二年）十二月二十一日　星期　（天氣：　）

在這個有情的世界上，其實無情是對的。有情的牽累和麻煩已太多和太久了。

就是這樣，社會上到處充滿著偽君子。

一九七三年（民國六十二年）十二月二十六日　星期　（天氣：　）

◆我病好了，精神輕鬆。沒有最徹底、最痛苦之毀壞，就沒有絕對新生的開始。沒有最是孤獨煩憂的時候，也就沒有平靜之開始。現在我回想得起的事情也不複雜了，而是簡單、健康。

我常常在冥想當中突然會顧慮幾個人之陰影，凡此種種皆影響到我自己的超脫。

◆假如有人問我人生的目的是什麼，我不會回答。真的，人除了死亡為其最終的目的之外，著實並沒有什麼。存在主義的人會回答他們活著只是：遭到一件困難，馬上迎頭把它打倒以証明自己的能力和信心，因為從這當中所獲得的幸福感和快樂讓他們有存在的真實感覺。

◆騙人的把戲正在中國的教科書上面演出，所謂「人人之口碑」是病弱的違反人性之情愫。不管這些了，以後將絕對不管這些了。

我將把看待宇宙萬物、草木之心情拿來看待我四周圍的人群。

草木無情，人類有情嗎？有的是違反天性。

我看歷史博物館，高尚、卑賤、美麗、醜陋和人類化石，不可悲、亦不可喜。我只欣賞它那靜、柔、美的特性，它們是由萬物的互不關心當中射發出來的，因此我的腦海裡昇起一種永恆的美感，就如同看待幻想，懷念金閣寺的外貌，三島由紀夫的靈魂正在地獄裡對我呼喚和啟示。

我永遠要記得我的行事無人會注意。要求他人來顧念我，最後所得到的是被徹底地誤解和誤用。……

◆生活在自己的模式裡是用任何物品代換不來的，再也沒有期待和盼望。

◆農曆春節，母親正盼望著我回去。……

在斜坡等車的地方有人正在賣菜，那攤子就像母親日夜廝守的那攤。十五年了，風雨無阻，母親那青春的面孔變得衰老和蒼白。她白皙的手指頭被凍壞，僵硬而粗糙不堪。母親的形象是奮鬥者之具體表現，她讓我敬畏。我墮落之時，每想到她，我就會鼓起勇氣準備好好地向命運挑戰。做兒子的我就是要追尋母親這麼一條與人類命運搏鬥的道路。

◆ 你自己沈落下去並不打緊，可是悲哀喜樂就要由你一個人獨自來承當。

◆ 難道我們除了在宗教的境界裡創造一些幻想，我們就不能自己在外面之範疇裡找尋材料嗎？

一九七四年（民國六十三年）一月四日 星期（天氣：）

金源在台南不知道有沒有東西吃。啊！掛念，掛念。上了一節體育課回來之後，我陷於很傷心和很思念的狀態當中，母親一定又在思念著我。外面的風吹很大，又是別離之情使我又不知不覺地掉下了眼淚。

啊！啊！不再思念妳了，勤。我本來就是最沒資格的人。

我要節省，至少能給金源，銘山他們一點錢，最重要的是我一定要奮鬥。

一九七四年（民國六十三年）一月二十五日 星期（天氣：）

上學期體育課期末考的時候，我從單槓上面摔了下來，腰折了，剛開始以為沒什麼。昨晚把病情告訴母親，她責備我為何那麼不小心，也不早點告訴她。寒假已經快結束，母親陪我到舊的菜市場去給接骨師醫治我的腰傷。正值殘冬，天冷，路走了二趟，北風迎面吹掃。母親身體不好，一直抖顫不停。一切都那麼地冷淒，一路上跟母親依偎在一起，有種說不出的感受。

然在接骨所，卻被冷落地接待。什麼臭議員，假慈悲！他們令我想到社會虛偽的一面。

接骨所所長就是陳漢王議員，他還準備競選什麼下屆的麻豆鎮長。

一九七四年（民國六十三年）二月三日 星期（天氣：）

長久以來，總覺得午後這段時間是最有靈感的時候。因每次午睡過後，我總是百感交集，一股淡淡的愁緒從心中昇起，無以形容的滄桑。在這裡，我們一家人經歷了痛苦與歡樂的親情。這間屋子的每一個角度，每一絲線條都顯現與包含了房中人之性向。

母親的形體已因長久之積勞而衰頹得可憐。無以名之的哀傷此刻又再度占據著我的整個心靈。清池兄正在煮飯。我永遠忘記不了母親陪我到那個叫「漢王」的接骨所去給他們弄腰。那種臉孔，那種形象，最討厭！唯一我所體會的是親情之可貴。

一九七四年（民國六十三年）二月十八日 星期
（天氣：　）　大二生活第 155 天

今很早起來運動，跑好幾百公尺，做體操，但感疲倦。望明天可多跑些，非但能自衛，言詞才有份量。

我已不再羞赧了。這個無真理的世界，其實這樣也比較好些，我可以繼續在這複雜的世界擔當一個角色。

我永遠懷念以前吃「甘藷籤」的日子，因此刻我想或許我可以重新來過如此儉樸的生活。

一九七四年（民國六十三年）三月三日 星期
（天氣：　）

文人當他發覺城市越來越擴展，對他來說實為一種威脅。他心靈的渴望不是走向城市，而是離它而走向鄉村。幾根破舊的電線桿，綠牆紅瓦的古色，襯托出一幅老舊過去的生命史，文人的感慨是憂傷的。

母親一早就買了兩條大大的鯽魚，清池兄煮好等著我。把書讀了二頁半，它已涼了，清池兄再燉了一次。吃完一條，他說再把那條吃了，鍋子裡還有。從吃著第二條魚到刷著牙這段時間，我想著母親節。俗語：「母愛是犧牲，永恆不變」、「母愛是偉大」那時候在我心海上波動，就如跳躍般的音符，是那樣地無可否認，我承認它是真理。

回到故鄉來已是第四天了，我喜歡散步，藉著沉思進入那偉大、莊嚴的美麗國度，而沿路的景色更是我那國度裡的「加油站」。我懷疑為何眼前會充滿著詩感。繁文舞弄文筆來創造，詩的規格、韻律於我無效，寫作方面來講幾乎無緣。別人是不會了解我的，縱使我極力解釋。但常常唇齒欲動不知要訴說什麼，因為無窮的滄桑往事，掙扎的痛苦過後，我思想是何等的平靜，單直而坦率。

我現今還以擁有這樣的國度自傲。想寫作這是我多年來的夢想。我左思右想，想不出一個好的題目，忽然母親的形象進入我腦海。對了，我必須描述母親的偉大。

我的母親。

在那地方的人，在忙碌的生涯中……

一九七四年（民國六十三年）三月十六日 星期 （天氣：　）

今早又開始下著濛濛細雨。我昨晚一點半才睡覺，今早又快六點半起床，差不多只睡五個小時，我開始努力從事於我的前途。今早從圖書館借了兩本書，一本是《關於杜威博士的寫作資料》，另外一本是《存在主義從齊克果到沙特》。我發現中文有關哲學翻譯之書籍，都是很晦澀，很難真正接觸到原文的精神。英文結構方面，真正字之用法，沒有很努力是不夠的。

一九七四年（民國六十三年）三月二十一日 星期 （天氣：　）

◆ 那整個的、一片的、細絲的，都需要經過仔仔細細地栽培嗎？

一隻手抖顫著，牙齒發冷，眼睛淚水充滿，另一隻手放進口袋裡面，隱瞞，……

於是發覺施養太多的精力於無用上。……

◆ 這個地方就是你的過去與未來，必須徹底地了結。

而你靜聽那個聲音，那的確已變成很遠的事情了。努力！努力。

一九七四年（民國六十三年）三月二十五日 星期 （天氣：　）

這段時期的命運長途旅行，我必須確立自己、確定自己，好好把握住生命的一點光輝，利用那長久以來之積悶，發洩於生命的終極點上。

從今起是另一段戰鬥的開始，確立自己。

一九七四年（民國六十三年）三月三十日 星期
（天氣：　）

我發覺任何事情只要盡力，都可以做得很好的。此刻我忽然覺得感傷無比。人走了，樓空，增加了無限悽惋。如果我不禁慾，常以理智之心去判斷，否則此生就糟了。

我從台北回來，人潮擁擠，女孩子都打扮得鮮豔奪目。我覺得自己似乎很容易被吸引。什麼貞潔的情操，那時似乎已失去效用。為什麼？難道我要放蕩。

一九七四年（民國六十三年）四月十日 星期
（天氣：　）

我現在寫下日記，懷疑著是否會掉入幾個前進犧牲者他們相同的命運當中。我就像一位文明的過客，因此地我不能隨便發言，亦不能隨便發表文章。到處都是那麼地不能信賴。從今晚，從此刻起，那公開的談話我已避免，把一切都放入「沈默之聲」吧！

一九七四年（民國六十三年）四月二十二日 星期
（天氣：　）

◆導師請我去，他告訴我一些有關「做人」之大道理。鍾健文教官請我去，我得到一點溫暖。我看他們走，心也就冷了。

這是我生命的衝突時期，他們只顧自己，可以吧！

◆最近在班上有一件事情在發生，就是準備叫系主任走路。當然會議是已開過了，可是卻有不可言明之隱憂存在。這一種逼使我不得不做第二步想。

身心疲憊，自己在從事心理的長期戰爭。

◆母親！兒不能得到任何助力，您知道嗎？我現在遇著人生最大之衝擊，癱瘓地爬不起來，有誰願幫助我呢？人的社會是那麼地不容易相處。我也不知道要怎樣才好？啊！誰能幫助我呢？我常常落淚。我爬不起來，我找不到助力。我口渴得要命，我要奮力向前。

啊！朋友，一切的人們，你們往哪裡去了？我要就此關在象牙塔裡嗎？痛苦、痛苦，令我昏昏欲醉，人生、人生，我何時才能得到真正的了結呢？

我問你，你曾經與惡勢力妥協嗎？冬天一過，冰霜瓦解，鳥語花香的春天又再度降臨人間，可是煩惱依舊存在那裡。

我曾經幻想，我曾經作夢，我曾經奢望羽化而登仙。如今，一切都完了。我曾經徬徨，失落，快死去，但有誰曾經問過、幫助過我？人生喔！人生！一切都是命運。

一九七四年（民國六十三年）五月三日 星期（天氣：未記）

親愛的各位同學：

我以極沈痛的心情寫這一封公開信。下午我就要回台南故鄉去了，將有好幾天離開「班代」這個職位，實在非常遺憾。

這段時日以來，我曾堅強自己，我也知道「沈默做事」總比「意氣用事」好，但青年人的血氣怎能壓抑呢？尤其當對方以極盡侮辱之能事來讓你難堪時，是不是你要低聲下氣去考慮對方的「尊嚴」，而一剎那間，你那「正題」被敷衍了過去呢？

我們的教授曾大聲向我喊叫：「林丙丁！你打字不好、中文程度不好、發音極差，看你的成績糟糕透頂，自己的事管不了，還管別人的！」

凡此種種，頃刻間我變成一文不值的人。您說如果您聽了，會不會感覺人生真是很悲哀？

我可要請問你們：現行的成績能代表一切嗎？或許對我來說，確實是真正無誤，然而對於你們來說我卻要辯護——我相信各位皆隱藏有無限的潛能，只是不願意表現而已。

上個禮拜五召開班會，黑板上也明白寫著「班會」兩個字，召集人是「班代表」。開始我也曾經說明性質、緣由，無可否認的每位同學對於課程都可以發掘問題，對於本系教授都可以作建議要求改善。可是很不幸的卻有同學開頭第一炮：「難道你們要鬧學潮啦！」，現在我要請問那位同學：「『學潮』這個字眼所代表的意義，你知道多少呢？」同一天晚上，就有男教官來找我，說女教官要找我談談。這件事情發生在我跟大一學弟妹談話之前。

「林丙丁！你要造反啦！這是戒嚴地區，你要鬧學潮啦！」不只是系主任，別人相同的話語一直不斷地在侮辱、侮辱、侮辱，到底最後受傷害的人是誰？外在、內心的掙扎，頭痛得腦漿快要溢出來一般。誰能負責自己不去想：世界現在真的在跟我作對了。

我們的建議已收到一些效果，可是跟理想

還相差甚遠。我已說過：每一個人都是外文系的主人，它並不是我個人的事情，盼望大家能團結起來。

我從來不會感覺身心疲憊，我這次回去並不意謂要逃避什麼。假如你們要如此想，也可以，我不怕你們對我有什麼壞的印象。就是你們說我有「自卑感」，把自己貶得一文不值，也可以。我實在告訴你們，我這個粗人連「一文不值」也當不上呢？

祝大家

快樂堅強

班代 林丙丁 敬於

六十三年五月三日

一九七四年（民國六十三年）五月八日 星期

（天氣：　）

昨天下午一回到學校來，心情比以前好了些。我覺得自己不應該再改變才對。最近試著慢慢地去嘗試克難的生活。

這裡的生活跟母親比起，委實相差得太遠了。母親來自於窮困、髒亂。那一張破床不知何時才能被補足，而且是歧嶇不平的。

天底下最大的錯誤是明知一條路可行，自己卻不做。

地野的廣擴是不需要我爬行的，我當堅強自己。

一九七四年（民國六十三年）五月十四日 星期

（天氣：未記）

◆我現在對一切都不想再辯駁了。陳龍福說得好：「現在你最好不要吭氣。」他的話實在太正確了。對我來說實在是最好的清涼劑。

◆有一種沒有丈夫氣概的「男子」叫 Nancy（南西），這種人是世界上最悲哀的人。

一九七四年（民國六十三年）五月十六日 星期

（天氣：未記）

◆為了正義與真理而戰，我必需追求不可能達到的星辰，做自己做不到之事。雖然一再失敗，我也不要再落淚與痛苦。無情命運的雙膀正向唐吉訶德開展著，因為他有權去接觸他所喜愛的人，把他的命運施展出來，因為理想與真誠在遠方愛著別人。

◆我們為什麼只為了一點無根的溫暖的感覺，就甘心把我們生命燃作政治舞台的腳燈。——何秀煌《0與1之間》。

一九七四年（民國六十三年）六月二日星期（天氣：未記）

今日整天埋首讀書，開始計畫考研究所。以前閒散的生活，加上自己的虛榮心，對別人有太多的奢望與苛求，所以才會陷入思想掙扎與心靈痛苦當中。如果往日有某段快樂的生活發生於周遭，也總是建立於別人的施捨之上，根本談不上真正的幸福。就是因為它並不是真正的保險，所以緊接著後面，痛苦就像鬼魅一般，不知不覺地佔據了我整個的心靈。我總是想不通為什麼日子會經過那麼久呢？難道一個人真正要發現他自己，找出一條他應走的道路，一定必需經過如此漫長的痛苦、斷續的掙扎嗎？

我曾經祈求上蒼在那些痛苦的時刻馬上讓我死去。因為生命是那樣的頹廢和無快樂可言。

現在唯一應走的道路是努力塑造自己，在不須旁人的協助之下站立起來。隨時保持沈默，不誇張自己。努力用功，好好利用時間。

一九七四年（民國六十三年）六月三日星期（天氣：未記）

◆回到宿舍，看到陳復國拿著兩個饅頭準備當晚餐，他把它從早上保持到現在。克復要搬家，準備把所有的東西運到「白宮」去。我倆就到餐廳去問，問了好幾處，不是已把車子賣掉了，就是根本沒有它。最後回來，談到從前日本時代，人民很辛苦，吃「蕃藷籤」度日，但他們還是照樣生活。

不管怎樣，如今我已經自己站立起來，再也不需別人的助力。我必需在生活上克制自己，不要再走上浮華的路徑才對。

漸漸地我要疏遠這毫無美感的一群。再見了，◆往日痛苦的命運。

今晚克復把行李準備好，就要搬到外面了。外面正下著雨，對面宿舍日光燈從窗面反射了過來，由於層樓的關係，漸漸地四方格、四方格的，路燈也顯得無限的淒涼。啊！我心情為什麼有一股講不出來的心酸呢？難道人要離別都是這樣子嗎？心神一黯然就更加懷念起母親來了。清池兄跟她廝守在那可憐的老家，他是有太多地方值得我學習的。這兩年來我一直迷惑於都市的繁華與虛榮，從來沒有想到要奮發向上。我何時才能真正地得到他們的原諒呢？

一九七四年（民國六十三年）六月八日 星期（天氣：未記）

對面在整理他們的鬼房間，為的是要巴結上方與賺取獎金。林四浩下午也要整理房間，為的是招待他的長輩。也許是為了他已有女朋友，一個教徒也談起戀愛來了。呸！昨天英詩，老師隨便亂出題，可以如此談與說，根本不合範圍與程度。他的居心良苦，與學生作對，這也是外文系的怪現象。

我近來都不理外面的干擾了。管他什麼天從上面倒塌下來，它也永遠動搖不了我的決心。這之前，那個狗死的導師也利用全班同學來做為我整個形象的敵人，也罷！不理這些他媽的狗死的一切。

一切將從頭重新批判。我新的人生導向也將在堅強的意志下開始。沒有什麼可悲哀的，看開它吧！所有這一切。我再也不掛念日月盼望的她了，漸漸地那一段往事也將隨著時間之消逝而淡忘。

◆ 暑假我將回到那個偉大的家鄉，重回母親的懷抱，重享溫暖的家庭生活。

◆ 恢復以前純潔的高中生活也許是最重要的。

一九七四年（民國六十三年）六月十一日 星期（天氣：未記）

◆ 國明吾友：

在寫這一封信給您時，我同時寫了一封限時信給毬仁兄。他就讀台大外文系三年級，是負責此次校友回返國中輔導學弟妹的主要人物之一。我向他說明並推薦您，他一有消息回我，弟會馬上寫信跟您聯絡。

轉眼就要上三年級了。這學期我當了班代

表，跟班上同學接觸的機會比較多，從處理事情方面也學習到了一些東西。還剩下兩年，弟準備好好利用，考研究所。上了大學以來，由於四周環境變換的關係，曾經自己做了自己的敵人；如今這一切都已成為過去，現在內心比以前平靜多了。

二個多禮拜前，做為班代表的我，跟幾位同學聯合起來，向系主任提建議，轟轟烈烈地大幹一場。好意終被人誤解，教授、導師的責難隨之而至，如洪水氾濫般地不可阻遏。人所具有的道德勇氣終究是有限，連最好的朋友都會變成最不可饒恕的敵人；平常說大話的人最後骨子裡所隱藏的虛偽毒素都洩露出來了。弟沒有助力，沒有人向我伸出援手。我曾孤單獨處一室，妄想讓那熱淚盈滿雙頰，然而最後連一顆眼淚也擦不到。

二星期前，弟還想放棄學業當兵去。主要原因是受不了全系大部份教授之攻擊。他們很怕整系課程發生改革有所變動，更忌恨我這個班代表的興風作浪。提出最好的建議終被誤解，更何況人與人之間的相處呢？

這個學期弟曾為同學作了一些事情，從中感觸良深，更推向前去，就是一段不平凡的人生了。

◆那松針的命運已經被決定了，因為沒有人曾經重視過它。我問：松針是不是一種果物或一朵花，是一種結果還是它的本身。

我就要像荒野的一匹野狼。

一九七四年（民國六十三年）七月四日 星期
（天氣：未記）

◆我今天看了音樂叢書對舒伯特的介紹之後，內心十分激動。他是我的模範，他也是我就讀國小的時候就傾心的偉大人物之一。對！以前麻豆國小就時常播放他的樂曲，從那個時候起，包括他，每一位增列於我心中的偉大人物就逐漸演化成一長串藝術的表徵。每每遭遇困難的時候，我就回想他們。今後我要時常懷念舒伯特獨具的風采與惋惜他「天才早夭」的不幸與悲慘事實。

小說家是無所謂「開始」的，但他需要一個真正的「開始」，就把此時此刻當做我生命真正的開始吧！此後的路是殘酷與堅強的，不用感覺悲哀與掉淚，姑且把它當做是命運吧！

◆不要被困難與憂傷擊倒，不要讓自己給魔鬼吞噬。

◆不必表達自己——舒伯特

◆「當一個人不痛恨惡運的擺佈時，他往往是感受得更深切……」

「人生正如舞台，但誰能判斷自己演出的優劣？錯誤可能出在那安排角色的人，他給了你一個永遠不可能演好的角色」——〈舒伯特日記〉

一九七四年（民國六十三年）七月五日 星期（天氣：未記）

◆「江戶搖籃曲，以及許多日本的民謠與兒歌，那柔婉與淒迷，那如怨、如泣、如訴的素樸情調，在我童年到少年的心中，引發我對日本的哀憐與同情之愛。

荒城之月——

歲月如流春已去，消逝花叢裡，

狂歡時節最難忘，燕爾新婚時。

荒城繁華今何在，歡聲已沈寂，

悠悠往事如雲煙，矇矓月色裡。

秋來大地顏色變，披上紅衣衫，

雁行成群天上過，年年復年年。

逝水流光逐飛鳥，明月照高天，

月色茫茫城影暗，無語對愁眠。

無常的幻滅感，如櫻花之璀璨一時，旋即凋萎。壯麗與哀慟。」——何懷碩〈自卑的罪孽〉

◆《菊花與劍》就是研究日本民族性格、文化模式。——by Ruth Benedict 露絲．潘乃德

行為科學是心理學、人類學與社會學之合作，是二十世紀下半以來對於十九世紀的「專門主義」的反動，而趨向於科學的統一。Specialism → Unity of Science ——摘自何懷碩先生所著〈自卑的罪孽〉

◆「我必須走一條路，一條進退維谷的路」——〈路標一首〉舒伯特

◆「懇求你把我帶到我的房間去，不要把我留在這陰暗的角落。在這個世界上，竟然會沒

有我容身之地？」、「不！不是真的，貝多芬沒有躺在這裡。」——上面是舒伯特臨死前對哥哥費迪南的囈語。

一八二八年十一月十九日下午三時，他終於悄然離開塵世；他為自己坎坷的一生寫下了休止符。

——摘自劉塞雲所著的《舒伯特介紹》

Schubelt 舒伯特的命運是極令人慨嘆的，再也沒有哪一個真正的藝術家像他那樣坎坷。閱讀有關他的介紹過後，我整個下午一直沈浸在哀傷的思索當中。對於人生與命運，我從此就像是一位漂泊的過客，於冬夜的寒風當中，走過冷冷清清的車站。我能表示什麼呢？對於別人我是不可能有所表示與傾訴的。每當看到那古老的斷牆頹垣，荒草堆堆，就興起一股莫名的感慨，而這一股暖流頓時會充滿我整個心胸，於是在我那遙遠的思想王國裡浮起了舒伯特、尼采、《流浪者之歌》裡的悉達多諸位偉大的形象。即使是眼前一片繁華奢侈之景象，亦會令我感到莫名的淒滄。

我是不可能被人了解的，多少次的解釋只是到了最後變成了瘋人的囈語。我不想再試圖說些什麼。

◆暑假已十多天了，上學期所產生的厭惡感覺已漸漸消失，那些形象也變成非常模糊了。他們和我已形同陌路，甚至是敵人，中間再沒有什麼妥協的餘地了。新的學期，再來的二年光陰，我一定要像巨石般地堅定座立於大地之上，探求新的智識之光。

我發覺日記實在有記寫之必要，沒寫總會有一股失落的感覺，「積憂」亦無從排解。

一九七四年（民國六十三年）七月六日 星期（天氣：未記）

◆金生吾兄：

今天下了整天的雨，屋外漏漉漉的，雖有點不方便，但空氣變得比較清新，使人覺得比起平時更舒服點。故鄉的雨天外面是冷清的，好像什麼都跑掉了似的，隱藏著一股哀怨。

近日弟學彈吉他，雖初學感覺極度枯燥，但也因漸漸有進步，心裡有十分的欣喜。我接觸了音樂叢書，內容介紹一些偉大的音樂家他們的傳記。雖說天才是孤獨的，但內心卻生活得比俗人豐富，「內在豐富」即是他們整個生命最大之特徵。這正說明了藝術精神之追求永遠是一種堅苦卓絕的舉動，有所用心的人必得有他獨特之舉動才行。

也因為這個想法，我放棄了暑期國中的輔導。因為近日的用功與生活已令我深深體會了一條我應走的道路：即順應本性追求藝術的生命。要做的事情可真多了，像滿足寫作之願望與學習一種樂器之技能。我需要早上半天的時間練習，然後下午到民眾圖書館寫文章與看書。

家裡安好。金源十七號才回學校參加補習。對了，十日回來時不要忘記向連豐問候一聲。還有我現在補習吉他需練習費一個月二百元，我暑假也需要零用錢，不然不能到外面去了。所以最好回來順帶一千塊，千萬不要告訴母親。如果您沒有，跟連豐要。十日再見。

祝　順安

◆ 我每天必需追求嶄新的知識。研究一個人完後，他早已失去了價值，再也沒有什麼留戀之必要；同樣的，舊調不必急著去重彈，如果沒有必要的話。不要跟不得快意的人在一起，在他那邊所得到的只是講不清頭緒的煩惱。人最好的境況是互相不要講話。無聲勝有聲乎！

一九七四年（民國六十三年）七月七日 星期
（天氣：未記）

◆ Heieligenstadt 海里根城〈貝多芬遺書〉之代名詞。

寫了遺書之後，他獲得了更生，換了另外一個人似地。

◆ 明天到台南買吉他架子。

◆ 現在我心靈感覺極度的空虛不滿足。今早肉體有點倦怠與酸痛，昏昏欲睡。這麼一個大熱天，沒有一個比較適合我意的住所，真是很大的不幸。有時候自己徘徊於路側，想要找尋一片清涼安靜之地，竟不可得。學吉他沒人指導，實為受罪，而教的人又都隱藏他們的真誠，看來不得門徑是此刻我感到痛苦的原因之一。

金生今早從台北回來了，我得償還毯仁的二佰塊。總算解決了內心的一層負擔了。別人認為怎樣都不大要緊，只要我時時發覺人性，不往那一群烏煙瘴氣的腐敗團體裡鑽就好了。

身體不舒服不大要緊。反正我又不是為別人而活，生長一個罪惡之軀體要給那些低級動物看的，將來也是一樣。想到人類苦難的命運都是因家室之累，那綿延不斷的「大生命循環」，我實在應該立下決心不理會這一套才對。

遠離那群不愉快的社會大眾，在我來說實在是一項偉大的計畫。從今以後，藝術精神將是我心靈領導之佳劑。別了，過去。

一九七四年（民國六十三年）七月九日 星期（天氣：未記）

◆

「春天的陽光沒有妳溫暖，
桃花的媚麗也沒有妳解艷，
蕭邦的小夜曲哪有妳動人，
我的戀人啊！
妳那含情的雙眼是吸我靈魂的磁鐵，
緋色的酒液沒有妳酸，
海天的碧藍也沒有妳情深，
芙蓉苞蕾敵不上妳的皎潔，
我的戀人啊！
妳那迷人的微笑是我心中永恆的春天。」

——陳〇雄

上面這一首詩，看起來並沒有韻腳。十五年前一位有志青年當他被女子拋棄後，毅然他鄉外里奔波，如今回來視其窮困，按月寄一千元給其丈夫，但他皆花費於賭賻，有二年多。此詩是獻給其愛人的。為何我把它寫下來？因民國四十年代是貧窮困苦的時代，我知道正值我童年之時，許許多多愚昧令人感慨萬千的事情正在各地開演著。因為沒錢，大都普通百姓沒有機會追求更高的教育。如果說那時候沒有學校教育的輔助，社會就沒有深度的人那就也鬧笑話了。反觀今日，學校教育發達，教育出來的「深度人們」究竟有多少？那時候很多從事藝術的工作者為麵包煩憂，今日也有太多的文人為時運之不濟而痛心，有什麼不同？任何時代、任何地點，都會有掙扎的一些事情發生。

◆《齊瓦哥醫生》 by Boris Pastermak（1890-1960）波里斯・巴斯特納克　俄名詩人　一九五八年諾貝爾文學獎

「無限的謝意、感動、驕傲，慚愧表示衷

心之喜悅。」

「什麼才是真正的生活？」

◆齊瓦哥（zhivago）源於俄文的 zhivoy，意即「活的」、「生的」。

◆注意作家發自內心之用話，那些才是有價值的。

一九七四年（民國六十三年）七月十日星期（天氣：未記）

◆今天金生北上了，送他前往車站之途中，談到昨天報紙上的一則消息。昨日看起來，似乎那個今日之勝利者是好心的，其實卻隱藏著陰謀，這是一種瞞天過海，卑鄙的復仇手段，今日社會上諸如此類之事，實在太多了。

◆歷史是若干世紀以來對死亡之謎的有系統的探索，並且一直企圖克服死亡。——齊瓦哥

一九七四年（民國六十三年）七月十一日星期（天氣：未記）

◆我為什麼感覺抱歉與痛苦呢？今後是確認的時期了。事實到來是如此的挫手不及，明顯得無跡可以加以否認，我又能說什麼？過去或許有過後悔，現在與未來我就不應該懷疑那永恆價值之真象了。

他們要那樣，我沒有辦法。現在事實擺在眼前，清楚歷歷，我能從那裡面看到大部份的人沈船了，他們不斷地在浮沈，顯出有氣無力、無可奈何的姿態，他們哪裡知道迫使船沈之原因和他們要抓住什麼才能獲得自救之道？

◆我已決定好好地善待自己，記取那個解釋不清的「人類大循環問題」。

一九七四年（民國六十三年）七月十二日星期（天氣：未記）

人生際遇多麼奇妙！說什麼像悲慘、哀傷之情況，還不是自己的無知所引起的。可以說人類的最大不幸是傳統慣性束縛著人類的行為，時常莫名其妙地也就遵循著它，深深忌怕人家的笑話。

一九七四年（民國六十三年）七月十五日星期
（天氣：未記）

◆不必哀傷，亦不要感到人生莫可奈何。苦酒杯數我已嚐太多，對於我人生感傷也已足夠。找尋吧！在無可奈何中找尋吧！在炎熱的漠海中找尋一滴清涼的泉汁，於是在眼前逐漸地浮現了鄧克堡血戰異域十幾載換來人生道上之認知。不與妥協、不必認定，祇許認知一數學常數，不必衡量變質之大。

◆「祭君疑君在，她將一直懷著一顆不絕望的心。」這一句話摘錄自《異域》，也可反映舊時台灣受日本統治時代的社會。

一九七四年（民國六十三年）七月二十四日星期
（天氣：未記）

◆完了，一切都完了，我還是忍受不了激情之動盪，慾火從內心深處燃升而起。四、五個女孩子環繞在那個圓桌坐著，叫我怎樣也不能停止自己去看。啊！我不能禁止自己去做諸如此類的事情。算來我的靈魂本身就是一種動物本性，無論怎樣我都不是一位真正的「人」。

◆我必須對我這一段時期的生命有所澄清。幻想是從層層的破滅感當中昇起。

昨天不該把自己的心志告訴玉惠，這是非常不該的。與她不太了解，接觸第二次，為什麼我馬上告訴她這些。我是如此無可救藥。作為一位真實生命的信徒，為何我要常常把自己顯現給別人呢？我告訴她我將從事藝術工作與寫作，骨子裡從頭至今，我文章到底完成了多少？還不是間間歇歇……。

◆對！我是多麼渴望愛情的力量。對一個真正令我傾心，並值得去愛的對象，我是多麼渴求啊！可是它是很困難的一件事情。在這個我所居住的地方，不算大，但它卻顯得非常古老，隱約可以看出一種古老的律則束縛著人們的行動。它的威力無比，根深蒂固得非常可怕。多少個美麗的愛情故事無從編起。這裡有它天然的美好，照理可以產生非常多的詩人與文藝大家，這些人更具有骨氣。然而有美好的地方，有古老鄉鎮的餘味，卻居住著亂七八糟的一群。為什麼人們只求取物質的享受，而忽略心志需要很勤奮地不斷追求啊！

古老的人們只教我們年青人去死，而古老善良的法律只教我們年青人變成迂腐之士，無比的刁滑。

◆

一九七四年（民國六十三年）七月二十五日 星期（天氣：未記）

今天眼睛痛得厲害。自從昨天，就一直耽留在家裡。

這些年的求學生活，從來沒有一天真正享受過家庭的溫馨，或許因此對家有一種懷疑與厭惡。但命運的流轉最後終於讓我再度回來。整個房子雖然從外表看起來有破爛不堪的景象，但每一根柱子、鉛片何嘗不是母親和清池兄勞力的結果。如今，它已顯現得極為古色古香，裡面正符合藝術的線條美。高三準備聯考時所裝備的台燈從台南帶回來，今年寒假亦從台南買回來了一具。去年暑假買一隻二百六十元的電風扇，去成功嶺以前買了一個約七百六十元的電唱機，如今無形當中都平添了用處。

◆

音樂，我已發覺了它的好處。差不多有一個月的時間對於樂理與吉他有深入的鑽研，於是音樂知識之吸取與欣賞就變成我每天不可或缺的生活消遣之一。在它裡面我發覺了藝術感真正美好之所在。

◆

我想我的生活必需單純與始終如一。再不久就要畢業了，我必需得到一點東西才好。我不必再與什麼妥協了，因為我已知道自己單純的命運無可救藥。詩句不停地跳躍於我那心海之上，這是多麼新奇和美妙的事情呀！於是我發覺自己有藝術家的本質。藝術家必須從生活體驗當中出來，於是我又得朝這個方向邁進。

一九七四年（民國六十三年）八月十四日 星期（天氣：未記）

連豐吾兄：

所寄的錢都已收到，母親把它留存著以作註冊費用。今年暑假過得比以往都快，大概弟對生活的調度比以前更成熟些了，這是很令人興奮的一件事情。因為我發覺過去的一段日子雖苦，但它卻變成有如美夢般令人懷念的「過去」。過去、過去，一切都已成為過去，日子來去雖無可奈何，但醒來卻是一件非常美好的事情。您認為如何？

吉他我已學習得有點基礎了，近日沒有再到老師那邊，只是臨時有空就自彈。聽許多人講它越學越高深，隨日會有所進展，大概是吧。我想音樂假如你去接觸它，一定愛之不捨，逐日成為生活中重要的一種調劑。每次我總喜愛深深的夜晚，伴著秋風，懷想童時所留記憶的一些歌曲，我是多麼希望有天自己也能把它們彈奏出來。像〈博多夜船〉、〈秋風女人心〉、〈荒城之月〉這些曲調是多麼感人肺腑，都能令人對淒苦的情狀有所致意。而現在漸漸地我也能自己歌誦了。

寫此信給您是在中山堂民眾服務社的圖書館，此刻外面正下著大雨。母親還是跟以往一樣穿著雨衣忙碌著。暑假回來，把東西放置整齊，十幾年的老房子也顯現其美好的一面。雖早上四周圍太吵，但夜晚清靜，在此令人有無限的感慨。從童年到現在，它是咱們的避難所，無論怎樣，以後我們都永遠忘記不了它的。剩下的空白日子不多，我要好好利用。九月我們又可相見了。

望您保重。

一九七四年（民國六十三年）八月十七日 星期（天氣：未記）

◆「在這靜謐的夜裡，晚風徐徐吹來，天上星光燦爛；心頭悲喜交集，我的幸福何時來臨！」——〈山胞豐年樂〉

◆金生吾兄：

近來可好？暑假就要結束了，眼看不久就要再度回到學校，總覺得自己在未來的兩年大學生活要如何來充實自己就必得有充份的計劃才是。過去兩年，弟沒有很安定的心情用功，主要在於對人生價值的懷疑。當然這些內心的衝突終會停止下來，而痛苦過後，對於人生又是一番深切的認識。

將來是一條長遠的路，而要保証有充實的感覺就得用心。凡事用心，就是我們家庭環境好起來，也要用心。您說是嗎？一個最幸福的人就是最曉得如何生活的人。他知道在空閒隨時用精神的食糧填滿空虛的心靈。

吉他是一種簡便的樂器，可以滿足歌唱慾望。從前我們沒有機會去接觸音樂的領域，主要是沒有人指導與富裕的經濟環境。弟認為個人的消遣很重要，隨著內心生命的滋長，他的消遣方式也會越來越趨於高尚。他曉得選擇與改變，當然是擇善固執，不同流合污，因為他知道他自己的需要。小時喜歡聆聽〈博多夜船〉、〈荒城之月〉……等等歌曲，我現在也能用吉他彈奏出來，實在是一件很令人欣喜的事情。所以望兄有空亦能欣賞一些音樂叢書。

母親每天不斷辛勤工作著，只有晚間才有休息。看電視的時候，蹲在人家的門邊。清池兄幫她整理家事。前次寄回的錢，母親留著以作註冊費用。而連豐也寄了一仟伍佰塊回來。我覺得我們家是最溫暖的，但望今後幾年能把它帶入佳境，使母親有一個舒適的住所。金源弟成績全班第二名，明年他和銘山弟就要告別高中生活了，看來大家都已長大了。末了，謹

祝

身心愉快

弟　丙丁　敬上

六十三年八月十六日

一九七四年（民國六十三年）八月十八日 星期

（天氣：未記）

我要問自己：疾病對你又有什麼了不起？沒有關係的，深深地懼怕它，或者採取一切緩慢的措施，更甚的是杞人憂天、患得患失。我願意生活於忘卻當中，因這樣子我才能真正專心如一去完成工作。從前是有點虛榮過度了，以致迎取別人的歡欣與否就變成煩惱的一項大問題。其實最好的化妝材料就是氣質與學問。

一九七四年（民國六十三年）八月二十日 星期

（天氣：未記）

我認為努力不需受限於何時何地，與從事何種工作。讓自己一顆沈靜的心作自己得力的武器吧！為了達成心中所期望的目標，受何待遇又何妨。人都善於照顧自己的身體，弄得煩惱之疾病纏身。往事最值得我回憶，我最懷念的時刻就是初中與高中時的「努力用功」，那時候最得力的武器就是一顆純潔的心。它並不受環境所左右，一心一意地想要完成目標。

如今，我那顆純潔的心跑到哪裡去了呢？它離開我也有一段漫長的時日了。當一切考驗的、混亂的、漫無目的的、痛苦的都過去以後，願它再度回來，與我度過漫漫的長冬。

處於此一時期，我應該專心一意。藝術的

熱情逼使我度過那些徬徨的日子，它要我走向更成功的命運。舒伯特是孤獨的。天才永遠是孤獨的，無人幫助他一切，他自己也對本身的物質生活無能為力。在世界上他存在著唯靠一顆善良的藝術良心，他靠它繼續生活，即使周遭是如此地難以相處。

一九七四年（民國六十三年）八月二十一日 星期
（天氣：未記）

◆ 今早清池兄煮飯，煙氣燻天，遭到鄰居她（阿花仔）的一頓怒罵，連母親也被波及，大家都情緒不好。今早，一切如此不堪想像，這是令人痛心的。我必須為他們完成某些事情才對，即使受苦亦可。

◆ 哲學家最初是以詩的形態出現的。如我去了，一定不理他們之中的任何哪一位。不管怎樣，我必得有自己的目的才是。

◆ 那豐腴的力量如果不加以詩性美之想像力，則無值於世界上為人所觀賞。我在生命之旅當中能企盼什麼呢？冥冥孤獨的長夜陪伴著心神的絲絲劇痛。

一九七四年（民國六十三年）八月二十六日 星期
（天氣：未記）

姐姐能看得見紅紅的蘋果枝上懸垂
辛勤的蜜蜂花間紛飛
書中的字，從頭至尾
我所要看的一切，什麼都觀察入微

朵朵白雲飄颺隨風
碧澄如洗萬里晴空
驕艷的太陽東起西落
黃昏的雲彩漫天通紅

黑色的小鳥在地上跳躍
長耳朵白兔往來奔繞
忙碌的螞蟻小而又小
許多東西——但多真幻難曉

——摘自〈雲破日出〉Harold Krents

「這是一位盲目青年的自述。他不信命運的安排，以不屈不撓的精神排除萬難，撥開雲霧，力爭上游。他的歡笑和勇氣，躍然紙上。

他為前途而奮鬥，對生命有信心，堪為世人借鏡。」

一九七四年（民國六十三年）八月二十九日 星期（天氣：未記）

◆一切試驗都已過去了，我身體疲憊不堪。重新背起包袱是我的責任，但它並不是笨重如山，要你像拼鬥老虎似地賣力。它將為我帶來極大的財富與心靈的安慰。一切美好的東西如果沒有內在的氣質與文學氣氛的欣賞，又有何用呢？最後只是形成煩憂的來源與生活的障礙罷了。

◆我無需排斥人家，也不必為人際關係考慮，藝術追求生命的路途將使我忘掉他們。它可以維繫使我的生命堅強，而不致往下面降墮。

◆他們說青年人違抗傳統終會回歸傳統，講起話來好像都是很有自信的樣子。他們何曾真正領略失落的痛苦。今日咱們的社會就是充滿著這許多「老成持重」的孩子。

將來我不願以教條式的命令去勸誡人家，把自己也給僵化了，以致造成了壞印象。讓他們都墮落下去吧！讓他們靈魂都給塗上一層色彩吧！不要老是蒼白得叫人唾氣。然後叫他們於深刻的痛苦當中自己去挽救自己。如此他們將在生命史上留下不可磨滅的印象。

◆今晚在連豐這裡碰到此事，小路攤有為人點眼藥的。他胡亂地把我拉了進去，說不要我的錢，結果「很仁慈」地為我洗眼睛又要拿藥給我，我隱約都可以聽到好幾句他說不要我的錢，最後我還慢吞吞地表示感謝之情，結果他說：「錢怎不拿出來？」我很訝異說沒錢，我身邊一個錢也沒有，好在他沒扣留我的眼鏡。（藥二罐一百五十元，單洗六十元）我回去也不拿給他了。

一九七四年（民國六十三年）八月三十日 星期（天氣：未記）

◆柏拉圖的《理想國》、湯瑪斯摩爾《烏托邦》、陶淵明《桃花源記》——理想世界的科幻小說。

◆ 喬治歐威爾的《一九八四年》指出極權世界之可怕。小赫胥黎《美麗新世界》攻擊科技文明之危機——不理想的未來世界。

◆ 斯威夫特《格列佛遊記》、伏爾泰《坎笛》*Candide*
《鏡花緣》→〈君子國〉
《聊齋》→〈羅剎海市〉

◆ 那心中的神要我渡過彼岸，他說不必太照顧齊全，你應忍受這些。對的，我要忘記歲月所留給我的可怕印象。在炎熱的中午一本好書可以使我忘記憂悶，而且忘記了時間之遲遲不去。

◆ 人生的痛苦是什麼？就是不能專心，常常想博取人家的歡心與同情。如果我不在這件事上努力，則此生休想有什麼可以告慰了。

最近牙痛得很厲害，一走出外面就像孤單無依的一隻小鳥似的，這種不便不要緊。雖然離家早一點，但我有一次可貴的經驗，就使我收穫至大矣。這次能從死亡當中再喚起新生的生命，以後就不怕再倒下去了。

一九七四年（民國六十三年）九月四日 星期
（天氣：未記）

◆ 人往往會迷失得不知所措。像今早為了找房子，就像流浪漢一樣，不能安心讀書，也無家可歸了。那個家（宿舍）在放假的期間，盥洗室的漏水滴滴，聲音之響亮可以清楚聽到，「人去樓空」的味道很濃，但一等他們回來就又充滿了一些沒有智慧的談話聲音，令人英雄氣短，我又能表示什麼呢？如果人真的要為別人而活，則實在太痛苦了。

那吵雜的聲音來自各個不同人的口中，像一根一根尖銳的刺角，穿戳著我的心靈，那時候我真的想到我必需離開了。像昨晚，原本我那顆很安定的心，頃刻之間就又被他們搞亂了。他們，我要叫他們「老奸巨猾者」，直到永遠永遠。

◆ 我所以要澄清的這件事是這樣的，如果不給它一個交待，你將永遠不會了解這段時期我之所以痛苦的原因。這段時期是從 1974 年的

四、五月間開始的。我記錄它，我想把所有的感觸寫下來。耳朵總是嗡嗡地隱約聽到人們毫無價值的談話聲音，凡此種種人們的傷德敗行都足以使我氣急敗壞。我這一顆滿懷熱情的心靈如今已被澆灌得夠受了，永遠再也容納不了任何冷言冷語。逝去的日子已遠，我已不敢奢望，因為人民本性之改變是如此不容易呀！

從明日起我將埋首讀書，置他們於不顧了。好好地愛惜自己，用理智眼光放射觀察這個世界。

一九七四年（民國六十三年）九月五日 星期（天氣：未記）

我搬離了宿舍，離開了那吵雜的地方，現在我才想今後一定要好好安心用功了。離開了他們，自己才不會捲入那個無可救藥的漩渦，從此生命就會有所長進。我必需記住沈默寡言，才能免除災禍，專心向上。

一九七四年（民國六十三年）九月六日 星期（天氣：未記）

◆

假如再顧慮什麼人情事故，則我在這個學校根本無法用功得起來。為了求得命運的妥善，我不希翼他們的捧場了。

◆

生命面對現實所要做的一切，必得用極大的精神去關照，才能付諸實現。我知道當命運進入了某一階段，而人生的感觸更加成熟的時候，「忘卻」即是一貼良好的清涼劑呀！再也沒有比心靈的刺激更加令人深思的了，因為我將在這裡面重新遇見生命的悲哀啊！

◆

剛才那個是不是賴勤，一定是的，跟那個也是高高的。如果講風度，跟同學好好地相處，或許是很容易的一件事情。但一逢此事，就太容易令人失卻風度而捲入痛苦的漩渦了。

忘卻吧！忘卻，你曾經努力發誓，為何你把它淡忘了。再也沒有什麼敵人與同志的區別呀！你只知道你必需努力。

◆

我為何要如此傷心呢？

那年春天已過，百鳥已消聲匿跡。一切的掙扎不是都已結束了嗎？大海的怒濤不是也已化成一波「風平浪靜」嗎？你也不想把自己一直關在牢籠裡，因為你需要的是進步與能力。

這不是一件很明顯的事情嗎？有與沒有、刀斷與連結不是很絕對嗎？為何你要再對它們留戀呢？

啊！五、六個月之後你又要回去故鄉呀！完了它吧！堅強你自己吧！可憐！不堅強的丙丁。

◆那會是真的嗎？生命已無望。不！生命需要的是新生之展望。我看到勤跟那個人在一起就煩憂痛苦嗎？沒有必要。以後就沈默吧！讓那痛苦的回憶掠過天空而遠去，孤獨的片雲永駐我的頭頂。別了！一切。痛苦！別了。

當昨日我還懷抱著希望，當來此地之前我還對生命有所期待的時候，忽然一片烏雲籠罩了下來，雷光閃閃，下大雨吧！我期待造物主您下大雨吧！但我為何流不出傷心的眼淚呢？為何我的心靈已麻木了呢？

◆我所需要的是長時間的孤獨呀！

從今以後，再也不為自己帶來煩憂了，生命既然如此地不可解。

一九七四年（民國六十三年）九月七日星期（天氣：未記）

從昨天到現在一直有點傷感。啊！它轉變得太突然了。頃刻之間，一切都變了，措手不及。也好，反正沒有她的羈絆，自己也省得麻煩。

一九七四年（民國六十三年）九月十日星期（天氣：未記）

◆從台北回來之後，發覺生命是一項艱難的工作。我如何在這麼複雜的瑣屑當中活下去呢？唯有靠人格的不斷擴充。是這樣的，我會感到沮喪、懊惱，皆起因於自己的奢望人家。外在的物質與內在的情感之索取，假如失望了，也特別來得強烈。

我要責罵的是整個世界多的是偽君子。也罷！人家眼光那麼短淺，你又有何辦法？難道又要蒙蔽你的眼睛而硬說她永遠是那麼純潔而不可侵犯嗎？人不是一種受供奉長久的東西，人家也要張大眼睛以便識相呀！完矣！過去，過去。

你要緊記的是站住你自己，靠你的力量，生存你的思想。為達到藝術生命之高峰，且為你的兄弟多多考慮吧！

◆一切都已隨著這年夏季沈悶的空氣而過去了，而我是如此地生活於孤獨之中。時間已不容許我再度陷入不可救藥的虛無主義裡，我已從自己的煩憂當中站立起來了。

我對人生的一切所懷抱的希望是多麼地深厚，但每接觸到事情之表面時，現實怎不令我難過呢？從明天開始，我要每天只睡四個小時。

◆這是一顆火紅的太陽，它又要落入西山了。一切是如此地靜穆，沒有旁人再能阻止我的孤獨。我像是一隻孤雛，今後再也不要去討食別人的東西了。

一九七四年（民國六十三年）九月十二日 星期（天氣：未記）

◆我是很懷念母親的，當四周一切都很靜寂，而我內心亦感到孤單、寂寞、無助的時候。像最近就為錢而煩惱。在這裡，再也沒有比這個更令人操心的。雖然表面上學校是個團體，班就如同家庭一樣，但這只是一種理論。其實儘管大家都很和氣，但最後還是要全部靠自己呀！

過去，我還是個小孩子，現在卻長大了，再也不必求助於別人，或怨嘆自己。

我應堅持自己的目標，努力用功呀！

◆什麼時候才能真正感受社會充滿文化想像漫佈之氣氛呢？我從這般所謂「莊敬自強」的文化人群裡看不到它的存在。教育只是給與他們「便利」的機會罷了。凡事便利，有面子，有「尊嚴」，更容易隱藏在那顆貪婪的內心深處。

昨晚打死了那隻小蛇，費了很大的力氣。驚惶、恐懼攫住了我那顆心靈。啊！昨晚我是最沒有出息了，用那麼大的力量來對付一隻小蛇。每件事情，如果真正思索起來，實在太奇妙了。啊！深度呀！你是多麼不容易讓我獲得。

一九七四年（民國六十三年）九月十四日 星期（天氣：未記）

◆我所想要的是什麼呢？當混沌的世界展現

於眼前，令我多麼無助的時候，我曾經企圖去改變、思考，而它對我有結果了嗎？命運之神導引我走向另外一條道路，卻是我從不覺醒或知曉的。好比一條直直的道路，我努力、我思考，我企圖去走完，並在它的上面創造出許多的遐想，但它並不允許我如此去做。我恍然大悟了，直路我還得要走，但所懷抱的心情卻是不相同啊！

◆ 看！他又回來了

我必須走一條路，一條進退維谷的路。

從荒城回來之後，孤獨又再度來車站迎接我。他所給我的印象還是一樣，只是眼神更加深遂。

一九七四年（民國六十三年）九月十七日 星期
（天氣：未記）

寫給母親的一封虛擬信

——在這個痛苦的時刻。

親愛的母親：

兒現在實在窮困得身心俱疲，似乎不能有任何的援助了。在家是何等地好！不必為生活擔憂。呵！前些日子我是多麼無知呀！像今天中午我就餓得四肢走路輕飄飄，整個心神焦急敗壞得不可言狀。像上次清池不在家的時候，我回來就大啃「蓮菝」，而您說那樣會對肚子不好。母親！窮困的人是可憐的，他本身困乏得連向人求乞的力氣也沒有，只有深度的寂寞，孤獨摧殘著他。母親！我真正領略人生的悲哀與痛苦了，我將來一定要賺錢，給您有好東西吃。

一九七四年（民國六十三年）九月二十七日 星期
（天氣：未記）

◆ 昨天生日，平平淡淡的。自己也忘記，更不用說向別人提起了。現在我真正認識生命的虛無了，原來宇宙世界是可有可無的一個大騙局，包含於裡面的一切是流動的呀！善的對面就是惡，美的相反就是醜陋，無可否認的如此命名是出於人類的好惡，適與不適罷了。而真正宇宙的大本體必需包羅萬象才能真的顯現其深度，人類想來是何其藐小呀！他們為了生存，不得不透過命名的方式，對於種種物質與現象加以認定，為的是什麼？就是要逃避短暫的虛空以獲得安全感。

◆夏日的憂傷為何還不趕緊打裝你的行李呢？揮不掉的淺淺灰雲原來是你短暫的臨別贈禮嗎？快走！

一九七四年（民國六十三年）九月二十八日 星期（天氣：未記）

◆為何你要如此感傷呢？你每時每刻無不以藝術的肅穆氣氛滿足你饑望的心靈，難道痛苦不能切除嗎？啊！所有的現實、繁華，我棄你如敝屣呀！

◆人為何要生活在聲色當中呢？最簡單的聲色就是人家的看得起或看不起。

一九七四年（民國六十三年）九月二十九日 星期（天氣：未記）

我有一個念頭，想出去玩，尤其是找女人。啊！這是多麼奇妙的一種誘惑呀！它會使你整個心神為之振奮。但是整個早上我卻埋頭用功，現在這念頭又沈下去了。我看路上有人偶而會站在一塊，那是男女雜處，也有好幾個黑點、黑塊的印象使我想到兩性的互相追逐，頓時會覺得噁心。像我這個真正時時在體驗生與死的人，還屑去跟他們一般見識嗎？

有多少人是真正專心一意地重視他應做的工作？這世界上找不到幾個。

一九七四年（民國六十三年）九月三十日 星期（天氣：未記）

我知道我已準備把自己開放給世界，但內心卻是保持極度的寧靜。我知道，無論怎樣，仍舊相信世界的這一項至理——沈默可以帶我走向充滿美感的新世界。

一九七四年（民國六十三年）十月一日 星期（天氣：未記）

今天經過圖書館，遇到蔡麗卿與「阿九」，她們問我為何不參加班上的月光晚會，我用英文說：「沒時間」，麗卿說她知道 a little。現在我又在圖書館這邊，我內心有點傷感。

當我又變成絕對孤獨的時候，為何內心會有傷感呢？

一切距離漸增其遙遠，沒有關注與祝福，有的是茫然的自得嗎？還是恬淡的寡慾。

漂泊、沈入、深沈，生命就像一首詩歌了。
去你的！一切凡夫俗子。
你們永遠無休止喃動的嘴唇，
嗡嗡的、嗡嗡的爆炸聲響，要吞噬我嗎？
期待它的體積漸次擴大，然後彌補旁縫變成稠密的畫布，
變成吧！變成吧！
而那時，我並不承認你呀！

一九七四年（民國六十三年）十月二日 星期（天氣：未記）

◆（通過一群校園裡練太極拳的傢伙身旁我內心的感受，尤其是那幾個手持木劍的女子。）

孤獨的面像就是寂寞的身影，
通過那群自大的、空無的、無法脫身的一個個，
時間對於他們等同食物對於懶惰而貪婪的人們。
啊！他必需想法擺脫浪費，
他高喊度日如年呵！度日如年呵！
於是我試問那永恆性有多少？
只有拖累，累積下來的不厭煩與憂鬱充滿著宇宙。
事事於他們既是無厭煩之滿足與投射，
就乾脆發起一場大火把它整個燒掉吧！
我內心必欲暢快。

◆今早沒有穿內衣，只是一件單薄的外衫，冷風吹襲而來，起了陣陣的寒意。身體不知是否敏感的關係，覺得很不舒服。在圖書館讀了兩節之後，找許文宏老師談內心的抱負——考研究所要從何準備起，他說下禮拜一要拿給我一張 List。

一九七四年（民國六十三年）十一月八日 星期五（天氣：未記）

◆來圖書館之前，買了一個饅頭與包子，忽然心中想起刻苦是多麼地可貴呀！

瘋狂是代表著什麼？它值得極大的尊敬，應受廣大的同情才是。

一味追循這腐朽的、崩壞的生活規條是儒

夫的行為，我只為那些乖孩子感到惋惜罷了。

至少瘋狂者與常人有極大的距離，他們多少有著反抗叛離的意味，單靠如此一點就夠稱之為偉大了。他們的不幸導因於生活的壓逼，最後終於不幸生病，使他們整個意識變成一場混亂而已。

◆

什麼人都不該責備，如果寬大的精神力量是我經由生活鍛煉當中得來的偉大認識的話。

至今，我才真正地了解寬宏力量的偉大，那裡面不僅隱藏著一種人生深切的美麗感受，更且顯出境界是多麼的豐盛呀！

我已開始知道生命真正的價值了，雖然我不知悲觀，一些令我痛苦的影響力量是否已完全飛離我那不可挽救的心靈深處。

一九七四年（民國六十三年）十一月二十七日　星期三

（天氣：天晴，風還是大，出太陽）

過去的許多材料總是零碎的。我發覺不但字體不工整，而且思路太過於不真實。

何時我才能脫離過去那種天真的孩子氣。算算時機，現在正是。

我承認我內心還是不平靜，時刻有衝突。痛苦就在眼前，一絲絲的可以抽出檢視。

然而，我並不真正知道它完盡之時刻，似乎並沒有了結的時候呀！

明天，我將又要邁進生命的混雜當中去，雖然現在我是如何自由地與自己為伍。

明天，我仍舊要做慾望的奴隸。

明天，一位藝術家還是要去探察他心中衝突的畫像。

一九七四年（民國六十三年）十二月二日　星期一

（早上天晴，晚上似乎要下雨）

我又找到了一種新的生活方式，大概是如此：

早上六點起來，跑五千公尺，有了活動力量之後……

其餘時間儘量運用。跟別人隔離，不理那些令人作噁之事物。

查拉圖士特拉式的生活是什麼？由於生當智者，他必得高立山巔，俯視人類世界之悲苦。而他會產生情愛與動容嗎？

我發覺自己只適合作一個詩人，這也是我

最主要的弱點之一。因這，我就要永遠陷於痛苦的感情困擾之中。

為什麼我不能超越這些呢？痛苦的人會得到回報嗎？

一九七四年（民國六十三年）十二月三日 星期二
（天氣開始有所轉變，下雨）

從昨天到這之前，我內心時刻有一種徬徨，一種生命活力無從發洩的隱憂。忽然我體會了：自己更適合於孤獨。孤獨去面對難題。

今後，我將再沒有別人之干擾了。

我不該再小看自己了，而今而後，自己就是一個單一的存在。

一九七四年（民國六十三年）十二月十一日 星期三
（天陰雨，平冷）

這就是一種命運。我自選的痛苦命運。在這裡面充滿著無情與冷酷，用我冰冷的雙眼照射者它。自覺，好冰冷的雙眼呀！我知道我是痛苦的。然而不該因那周圍的冷刺而有所不自在，我生命所寄託的是我一個自我的存在呵！我如何能保存我那個自我的完整性呢？到達自我存在的滿足應該是什麼？我那痛苦的所在又是什麼？我是否對我的生命潛力盡了絕對的責任？我是否企求人家的同情？我是否在維持自我的存在？

一九七四年（民國六十三年）十二月十四日 星期六
（台北天氣風不大，雨亦小）

今天到輔大找俊廷，他熱烈的招待令我感動。我們逛了輔仁校園（真美，有精美的一番設計）後，俊廷兄送我兩條鍊子。與他同學到台北看商展，夜到師大吃牛肉麵，逛百貨公司，最後分手，夜宿吾兄處。

一九七四年（民國六十三年）十二月十九日 星期四
（天嚴寒，風大，跟昨日差不多）

今晚在「文藝」裡看到一首極令人感動的詩，抄錄如下：

乞丐

他走在黑暗的小巷，
沒有人看一眼。
他蹲在閃爍的陽光下，
沒有人看一眼。
他躺在公園的椅子上，
沒有人看一眼。

他暴斃在一家店鋪門口，
卻吸引成群看熱鬧的人。

一九七四年（民國六十三年）十二月二十一日星期六
（風大，晴天如昨）

真正要深入學問之涯，並不是一件簡單的事情。要讀的，可真多了。

高中以前，教科書時代，就有了精神內外之掙扎，入了大學，情形更不可想像了。何去何從的日子拖延了二、三年，在外表上講可說疲於奔命，然實質上是多少為我所獲得呢？我常在想，是否過去生死的瀕臨有著非凡的意義？或者是一場白日夢或我僅是時間的枉縱者罷了。

人生困難之處在於抉擇。一走錯一個小目標，委實會令人後悔莫及。然假使傾盡心力，從多邊去考慮，而最後亦無法避免一敗塗地之災，則罪過能還就於自已嗎？常常如此，大可不必。啊！還就於命運吧。

命運既已帶我來到此步境地，於已又可奈何呢？唯一之路可行的是盡其在我，就是寄望於我的人們最後非得責備我，亦有何法度呢？

一九七四年（民國六十三年）十二月二十三日星期一
（天陰，溫暖，或於黃昏有了毛毛細雨）

◆

我只要求一種溫馨的平和也就夠了。理性的思考總必得被喚醒，如此慾望就可以得著適當的駕馭，不流於庸濫，導至茫然之苦痛。

「茫然」對我來講，多年來已體認深切；主因在於主角本身性格之缺點罷了，他總是常陷於歇斯底亞之病症，而不能把持自己。

於熱情氾濫日子消失之餘，如今我亦能有寧靜。面對著世界，我願意把整個心思付諸於傷感的詩情寫意之中，就讓那淡淡的悲愁不斷地洗滌靈魂吧！

◆

今晚將近九點，從圖書館回來，頭有點暈。但後來，我又被魔鬼所引誘，跑到女生宿舍邀約她看電影。為什麼傻得甘願去吃人家的閉門羹呢？

她說清大烤肉，明晚沒空，還有什麼事嗎？我無言。

一回來，躺下，睡不著。人生現實已不大

有意義，甚至沒有，明天的課打算不去了。又爬起來，發憤讀書。今後就祇有這一途了。

◆ 一九七四年（民國六十三年）十二月二十四日 星期二
（一早下雨，全天有雨，但不大，氣候輕冷）

今早，沒去上課。

沒錢，缺錢是一項極煩惱的事情呀！

整天都不去餐廳吃飯，煮大麥跟白飯，加醬油。晚上到錄音圖書室聽耳機，身體沒有力量，肚子不大舒服。雖然閱讀速度仍快，但怎麼茫茫然呢？如此我也經歷了一場「饑餓」。

跟楊小弟借了一百元，就安心了。

◆ 今晚是 Christmas Eve 洋玩意，但失意無錢的人總是不大去管它呀！

照例踏上圖書館的路道，冬天氣候北風早已吹慣了，下午可能有雨的跡象，此刻卻是消失後冷冷清清的空白。路中人少，人人都趕著度佳節。

如同往日，夕陽一定也掛在天邊，無辜的叢草撒成一片仍躺臥在我路經的田地。我在想，如同過去，那裡應有隻烏鴉。我總之很空虛地到了圖書館。

我想，它是一個令人傷感的夜晚，在遙遠的地方我想著它。

◆ 每一年的聖誕節平安夜，為何總是感覺傷心無比。記得去年此時，正臥病在床，在棉被下病痛的軀體，輾轉反側於門外熱鬧之喧雜當中。

我生活所抱持的態度應是什麼？一個人越發成熟後，除抓住自己，盡責任，其他的應是平靜無波，有如秋水般的心靈呀！「可遇不可求」是自古名言，逐漸地它正在啟示我人生的智慧，而我將有得意的生之伴侶呵！

「可遇不可求」的境界應是一種昇華後對人生事物、百相看破了的超脫境界。

◆ 一九七四年（民國六十三年）十二月二十六日 星期四
（早上似乎要下雨，但沒有，陰天，溫暖）

我的創作潛力到底躲藏在何處呢？人生的

悲苦竟然不敢面對？本來我從小所學習而來的語言，或者是本質的教養，在任何時候，我何曾費盡心機，或用一點力氣去思索，藉著它來表達我內心真正的喜怒哀樂呢？

難道過去那一切，都是為作一個詩人先前的準備經驗嗎？不然，它們只不過都是一堆惱人的記憶而已。

夜，昨夜，臨死的邊緣，生命我想及悲哀、坎坷最透徹的一面。

今早，似乎生命應是有再生之跡象，然而卻充滿著往日那種屬於無可奈何的影子。白天醒來，還是要我去面對這現實的一切呀！

我知道日影在移動，這會是一個有陽光的好日子嗎？誰又能說生命將會轉臨好運？

一九七四年（民國六十三年）十二月二十七日星期五
（早上有了陽光，似乎將是一個晴朗的天氣，但陰暗的長空，隨著我的悲哀而來。我今日遺失了手錶。）

◆

天呀！為何我會掙扎得如此厲害呢？血與淚，滴滴的血，不知隱藏在何處？

那不可看見的苦流，是影子，模糊，難以說它。再至多一年半了，再至多一年半了，苦痛也應有補償的一天。但我這些模糊的苦痛將是屬於永恆性的。無根的自己思想被建築了的模式，只為求取一個研究所而設立；語言，無根的文化，在懷疑的無知上面，我還是要繼續向前不斷地摸索呀！這將是未來考慮的事情了。

如今再一年半多的時間裡，我唯一能做的事情是沈浸於書堆當中呵！

◆

童年時，以前，有痛就喊母親。現在，我要叫一聲母親，卻無處可得，悲呼！

那一只手錶終於被我遺失了。

記得大一春節前後，母親到鐘錶店去買它。我永遠不會忘記的是母親發愁的臉孔，只為了仔細慎重起見，只為了家庭經濟那麼地窮困。

終於我有了一只手錶。母親的苦心所包含的愛，似乎是一種應當的事，對我來講，我只為有了它而高興著。

如今，我遺失了它，悲愁令我想到命運的

坎坷，母親的那張臉孔又顯明地佔據著我的整個心胸。啊！我想到窮苦的深沈與悲哀。

今天翹了課，到外面享受陽光，為了恢復身體的健康。只為了這個理由，張國諱就跟我玩起籃球來了。這樣的代價就是一只手錶。

到訓導處問了，期待著下星期一，或是哪一天，將會再遇到我的手錶。

晚上在圖書館被老黃叫住了，他說我弄糟了他的門，那是他的財產。我想：他已把那被他管理的財產當做自己的了。

晚上真疲倦，說要只睡四小時，但痛苦的睡眠呀！

一九七四年（民國六十三年）十二月二十八日 星期六
（天氣如昨，現寫它時，已忘記它的確定性了）

◆

感謝一位士兵為我送回手錶。走出了訓導處，我被一股溫暖的陽光照耀著。

◆

沒錢真痛苦呀！

我整天在衝突當中。

◆

親愛的母親：

又是學期將要結束的時候了。兒在此平安，不要掛念。

北部的東西比以前貴很多，一餐至少要花十三塊才勉強吃得飽。一天三十元，一個月包括其他方面就得要一千多塊。學期開始到現在，兒一直在餐廳吃飯，但也就不斷地總是錢不夠用，包括買書。兒曾到中壢找家教，但均不得要領，每一家去問，後來弄得自己也覺得很悲傷。

屈指一算，離畢業還有一年半，時間不長。望母親放心，不久兒就能掙更多的錢，好好改善我們的環境。

現兒總共還積欠人家六佰五十塊錢，我已寫信叫金生再替我寄一千塊來，但這樣一來，就只剩下三佰五十塊，到學期結束不夠用，所以請母親寄五佰塊錢來給我好嗎？

兒已打算自己煮飯（這裡房東有瓦斯爐給同學用），以後就不會花那麼多錢了。最後

祝

家安

兒 丙丁敬上

六十三年十二月二十八日晚

P.S. 寒假一月十八日開始，到二月十九日結束，二月二十日註冊。二月十一日是農曆春

節，兒打算直到這天才跟金生、連豊一同回家。兒想找個工作，或是家教之類。

一九七四年（民國六十三年）十二月二十九日 星期日
（天氣陰暗，不冷）

情緒很低潮，我是要轉向另一個角度來體察人生嗎？不然怎麼那樣痛苦呢？是的，我在轉變，我正在孕育著一股新生的力量。

一九七四年（民國六十三年）十二月三十日 星期一
（天陰）

身體比從前壞多了。由於近來沒有一定時間吃飯，已把胃口搞壞了，又加上的是憂鬱。從今天下午考完翻譯過後，似乎整個身心俱廢，對於前途失望得很。

整整睡覺前的一段時間，包括那無聊的錄音室時間，我又衝突到了極點。

我在轉變，以前的生命就此死了。啊！前面的是多麼富於新奇性質呀！

一九七四年（民國六十三年）十二月三十一日 星期二
（天陰，似乎要下雨）

◆

今早上近代英國文學課時，管老師的兩顆眼睛跟我的相接，一種很奇妙的感覺是從前所沒有過的。忽然跟她的並不是一種師生關係，而是愛與被愛的衝突呵！

這些日子以來，所顯現的就是為了諸如此類的嗎！

我著實在轉變，舊日世界漸漸地在離開著我。我要轉變成另外一個人了，試探著邁向另外的成人世界。

下午與楊伯園坐慢車往台北，很擠，最後我被擠了下來，望著火車，吁嘆中我有孤獨的感覺。

晚上在金生處，與他的老闆還有他的父親一起吃火鍋，今晚是新年除夕。很醉。

◆

整個月份，我生活於悲多於喜中，充滿著血與淚。如今，回顧整整那些日子，生活是莊嚴性更重於腐敗性呀！它託付於不可避免的生之苦海。

苦難過後，我就變了。

一九七五年（民國六十四年）一月一日 星期三 元旦
（天晴）

今晨由於昨夜喝酒的緣故，醒來好多次。愛的迷惘令人不能自已。

整個早上我逛街，到建中，南海路的畫展也有我的足跡。中午時，吃了一碗牛肉麵，二十五元，真是搶人也不會那個樣子。

下午去國際學舍，參觀音響展覽，人被擠得有點醉昏昏。最後到商展的體育館前面書展，用一百塊買了六、七本書，包括許常惠的《巴黎樂誌》，里爾克的生平及其作品等。我又花錢了。

一九七五年（民國六十四年）一月二日 星期四（天冷、陰）

今晨直到下午離去前，一直在金生處。金生跟我一同吃早餐與中飯。我有一種特別的感覺。啊！哥哥。

下午離去時，他給我一千塊，叫我不夠時要寫信告訴他，不要向家裡拿。回麻豆故鄉時順便到他那裡，他要拿錢給我帶回去。

我又到連豐大哥那裡了，他不在，我到他工廠裡，門可羅雀。我最後在他租屋處拿了吉他、歌本第一集。

回來已約七點多左右。蒙頭就睡了。

一九七五年（民國六十四年）一月三日 星期五（天晴朗、風大）

俊廷來訪，早上買菜和肉，中午同進火鍋。我們偕同繞校園，深入「柳暗花明又一村」。

他對創造一個「紳士型」很有興趣的樣子，有點太注重小節，或許我的一切他是看不慣，尤其是房間的佈置，我覺得隨心所欲，他卻認為太零亂。

終於黃昏時，我送走了他。晚上由於中午沒休息的緣故，肚子很不舒服，也就睡了。

一九七五年（民國六十四年）一月四日 星期六（天陰、冷像毛雨）

我現在已改變成另外一個人了。這樣子的轉變，對我確是一種冒險。多少會引起別人的震驚。

這是一條路，我走它經過了一連串的血淚。啊！往日的那一切規架都消失無蹤了，對我越來越模糊。而我深信生活是最重要的。

我要生活得如此有價值，熱愛生命，因為我知道真理隱藏於何處。

這一種轉變，呵！這一種轉變。生命，我與它有了妥協。

今早把去年十二月份的日記全部大略看一下，裡面竟多的是血與淚呵！

為何激情始終會動盪在我的心中呢？

一九七五年（民國六十四年）一月五日 星期日
（天陰、風大）

◆

我愛我母親，因為雖生活困苦，她還是不辭勞累，忠實於生活。

原來世界上每一個人都有煩惱。今早在宿舍無意中看到了陳旭岡的日記，它証明了這一點。他是很幼稚的，好多人像他，受了痛苦的侵襲，但怠惰去思想已委實令他們不會看到思想問題的真正內涵所在。

深刻的情感在那裡？真理隱藏在何處？我絕不可以再像以前或他們婆婆媽媽了。

◆

我的祖國在何處？我滄然淚下。他們只會拾取別人的牙穢，懂一、二他國語言，就擺出不可一世的架子。啊！今天英語國家比較強盛，大家就往那邊鑽，何時才是醒悟的時候呢？

一九七五年（民國六十四年）一月六日 星期一
（天晴、風大、不冷）

近來，衣服不大注重儀表了。我飲食也自己弄，只花十幾塊，管他營養不營養，生活才是最重要的。

期末考到了，今早上散文課，下午有翻譯考試。

速記補考時，真慚愧。郭雙屏監考，啊！我的臉給丟盡了。不過痛苦並沒有從前那麼大，我覺得多少我會從裡面得到一些益處的。

晚在寢室抄筆記，將近十點時，和吳忠宇談到學校慈幼社和國家的一些瑣事。

跟某人談話，自己應小心，不要太莊重拘謹，否則自己承諾太多，到時難以實現，怎麼辦？祇有為自己製造煩惱，作責任的奴隸罷了。

啊！我應在外表看來是一個平常人呵！

一九七五年（民國六十四年）一月七日 星期二
（天陰、有間歇的濛濛細雨）

「濾淨」是一種很奧妙的生活過程。它不知隱藏於何處？卻時時擔當我們成長的重要角色。似乎它就是真正的促進劑。唯有它，我們才能真正留下些值得回憶的東西。

那些繁瑣的外表現象，惱人且構成一種可怕的威脅。因人很少時刻能看破它，直達生命的底層中心，故我們每一個人才會變成一種「什麼的奴隸」了。

我已不再悲傷。我已不再痛苦。我已發現了什麼是生活的真正意義。存在對我來講，勢必比從前有色的多了。

一九七五年（民國六十四年）一月九日 星期四（天陰冷）

是誰說要這樣子的？是誰說我們必須放棄性靈？我知道的是要使我的人生更特別罷了。

打字練習，這學期根本一次也沒有，怪不得剛剛打報告時，緩慢又錯誤接踵而至。受了影響，連我的心頭覺得很不對勁，我在傷心嗎？我到底是怎樣一個人物，容易多愁善感？到底我是不是一個有深度的人。我希望有個愛人，但我是否有東西值得別人的愛。真正我的理想目標在哪裡？我曾說畢業後要考研究所，而如今我的志氣為何如此地低沈呢？我的精神為何老是變動不得集中呢？我太幻想了，我太不用功了，我太照顧自己了。我何曾想到母親的不幸和苦心。我何曾努力從事要去改善他們的生活。

晚睡覺前，心平氣和了。

一九七五年（民國六十四年）一月十二日 星期日（天陰冷，風大）

人只有兩種：買與被買，不，還有另外一種，飛行於天空。

今午有電視長片，一共兩部，第一部象牙海岸探險記，但內容描寫的是基度山的奪寶，內容緊張刺激，英國紳士的風采是始終我所嚮往的，我腦子裡也呈現了舊日閱讀《基度山恩仇記》小說的激浪。

第二部已前半段演去了一部份，不知其名字，然而劇情的動人是不朽的。男主角那種深沈的孤獨氣息，表現在臉上的是一種堅忍沈靜的智慧，我一直覺得他臉上有不朽的光輝。他說：「人在世上只有兩種：賣或被賣，另一種則是不受人家的束縛，不屬於任何地方、角落，像一隻遨翔於天空的鳥兒，祇有死時才降落地面。」他背著吉他，他在流浪。他唯一的缺點是講話「奇怪，離經背道」，但他是智慧的代表，生活的苦楚已賦與他任何人也不能達到的談吐、操守。最後大風被惡魔所縱，燃燒了糖果店，而他卻被正人君子的人類所害（消防隊的大水柱）。

我現已更加肯定今後的動向了，重新有了勇氣來面對世界，即作一個擁有偉大心靈的人。

一九七五年（民國六十四年）一月十三日 星期一
（天陰、小雨、風大）

我心裡在掙扎：是否把自己侷限起來，或實際面對人生，勇敢地。這兩面的掙扎已是很長的一段時間了。為何歡樂隱藏著悲哀，還是實際上根本沒有所謂悲哀之存在，是我心理在作祟罷了。也許前面的歡樂是屬於無知的，而最重要我必須認識清楚的是：是否我把人生當做一種專屬於自己一個人的遊戲，並沒有別人的介入。這樣就好了，我將由我自己來裁判自己。我也不必去裁判別人。人的命運是生來要逆來順受的。

◆

一九七五年（民國六十四年）一月十四日 星期二
（天陰、下午下了雨）

今早考英國文學，看他們寫得很起勁，一張一張地加，是靠整晚的開夜車所努力的成果。一考完，紛紛作鳥獸散，有的談天，有的回家大睡。這就是台灣考試的一幕，它也把這一代給「烤」壞了。讀文科的同學氣息在何處？他只不過是一種工具，一種奴隸罷了。

我不知道往後的日子是否會再接受相同的命運？我只是會不斷地與當局的「蠻橫」、「不講理」鬥爭到底。除此之外，我又能很順利地在我的生命裡獲得什麼呢？這一代。可憐的這一代。有天，我將到別處看看是否跟這裡一樣？我已對老師感到失望，我已覺悟了。

◆

我們讀書為了多得經驗，多接觸到一些別人所想像不到的問題。同樣，離開了書本之外，生活就是一種新奇的探求活動。

His look was still fixed upon the unknown. ——死亡與超脫人生有何分別？

一九七五年（民國六十四年）一月十八日 星期六
（天陰雨）

一考完，我卻無歸思，跟往年不一樣。

今午來台北，到新店找惠玲，好不容易才

找著她的居處，是一家天主教辦的德華公寓。那裡有美麗的風景，環境顯現一種台北所沒有的優雅情調。她不在。

我在景美一帶逛了兩、三個小時，像一個流浪漢。行經景美橋時，祇見流水在橋下潺潺不斷，流水清冷地襯托著滄茫的霧氣。遠處有美麗的高巒圍繞在這城市的四周，景美是一個不染都市氣息的好地方。

傍晚時，我在德華公寓的通路徘徊了一陣子，最後蹲坐在小橋石椅上。只見行人不斷地走過，德華公寓的女孩個個打扮入時，份子很雜，看多了覺得女人並沒有多大稀奇呀！

終於大約晚上八點左右，我找到她了。她跟我用樓下的對講機通話，我阻住不了內心的激動，我們約定明天早上八點在公路西站門口見面。

她說她姐姐覺得我第一封信寫得太過份了。

◆

一九七五年（民國六十四年）一月十九日 星期日
（有大好的陽光，但風大天冷）

今早我七點多就離開了雙園街，金生昨天整晚都沒有睡覺。早上當我告訴他要去火車站等朋友，他拿給我兩佰元，我有點歉疚地離開，他本想要我替他接電話。

我足足在公路西站空等了三個多小時，是什麼在維持著我的內心力量呢？我在探究。在「堅持」當中是否人們可藉以慢慢地忍受和觀察那苦痛的緩慢侵蝕，雖然處境是一種所謂「墮落」的情況之下。

——我了解我的命運，我深深地認識著它，那靈魂的啃噬者呀！慢慢地在侵蝕我茫然的心靈。

空蕩，空蕩，命運的鐘擺沒有固定的停頓，只知左右不斷地在擺動著。

◆

我黃昏找連豐兄去，他說：準備春節回去就不打算再到台北來了。

一九七五年（民國六十四年）一月三十一日 星期五
（天晴）

生活的苦楚我已認定了。所經歷的途徑是否給我產生一些美麗可採的花朵？有的。無論怎樣，我終於認知了我在做什麼。我最興奮的事莫過於我喜愛一切我能握執的人、地、事、物。我不匆匆，也不忙忙，我終能停住腳步，耐心地欣賞，承認他們的存在。「耐煩」原是忍受人生最佳的途徑呵！

我想：我應在美麗裡默認醜陋的裝腔作勢，在快樂當中我應感受即將來臨的淒涼與悲哀。如此，透視一切，我就更能把握一切了。

一九七五年（民國六十四年）二月六日 星期四（天晴）

◆

「從前有某國，除了聰明的國王外，大家都喝了被人下過毒的水，不久全國民眾都指責國王是瘋子，於是國王也趕緊跑去喝了水……」（寓言一則）

◆

今晚金源從台南回來，我也從麻豆國小剛回來，金源說：「多少年來，也沒像今晚有過這樣wonderful」。我們一起唱了一些歌。他借了一本懷念台語歌本，裡有洪一峰的，他吹著口琴，我們唱：「媽媽請妳也保重」，母親那時正在床邊。

一九七五年（民國六十四年）二月十日 星期一（天晴）

昨晚連豐哥從台北回來了。

一早就與連豐到麻豆國小，單車他一練就會。冬冷的氣息令整個野外場地顯現無限的潔淨。回來後，替母親照顧菜攤，她忙不過來，衰老已令她在忙亂當中簡直六神無主。永遠我會深刻地留下這份痛苦的記憶。

中午逛五王廟，廟前小攤的木瓜甜又便宜。

金源拿二張講義紙要咱們練習寫字，但字體不需模仿，按照個人手型筆觸即可。我當然不信有什麼真性情，不是，品性在裡面。望今後寫時能注意用心就好了。

今晚是農曆除夕。這一頓年夜飯少了金生一人，但大家吃得很高興。我和清池喝了啤酒，母親竟然也喝了。大家都很興奮，尤其是連豐講了一些酒話。

一九七五年（民國六十四年）二月二十八日 星期五（風大、天陰）

◆

又過去一個月了，真快。在家裡那段時間

很快樂，它總給我一個立志並轉向的機會。我如今十足變成一位流浪他鄉的人了，而我所企盼的是作一個「君子」罷了。過去，我曾對他人有所寄望，有所期待，然如今皆空付流水。唯一靠得住的是自己。

我想，感情是一種稀奇古怪的東西，尤其愛情這回事。我唯一得到益處的是它使我成長，使我更加純真，使我知道人生的真正意義以及它的悲哀。

生活如果說一定需要很多體驗的話，沒有理智的隨時駕馭，即使不墮落，也可能遭逢頹喪而失去信心的命運。而經驗是隨年齡而增長的，生命是靠創傷的一再被療癒而維持的。

對人生我無可奈何，我提供不了肯定的答覆，我還是得說「我是個流浪者」。

◆

金生吾兄：

自別後已快一個禮拜了，近來好嗎？我已開始了學校的生活，心靈也因而比較有更多方面的充填，或許這就是學校給人方便的地方吧。然而我寄望有天在另外一個地方時，心靈亦仍如此豐富。

連豐兄已辭掉塑膠工廠的工作，不知是否再找到了職業？我想無論如何，這總是一種考驗。鼓勵他，給他信心最重要。

弟在這裡一切會自我約束，不必擔心。畢業前，這段時間我想多讀點書是必要的。

面對未來我們要有信心，儘量用理智的心情來對待長遠的計劃。如此，人生就有個目標給我們遵循，應該不再有所徬徨才對，您說是不是？

那天在您那裡談到有天返鄉競選鎮長之事，弟覺得您對它很有興趣和天賦。而且每次發現您講話的時候，總是有一種智慧的轉捩點在裡面，弟真是佩服您。

弟發現穿了西裝的您是那麼大方，氣質非凡，這是可喜的現象；而我們如果都如此樂觀，則就不怕困難的來臨了。在這裡，弟給您鼓勵，但願好自為之，好嗎？

最後祝

愉快

弟 丙丁敬上

六十四年二月二十八日下午

一九七五年（民國六十四年）三月一日 星期六

（風大、天不大晴）

今晨二點才睡覺，六點半就起來，雖睡的

時間減少了，但希望能熟睡就好。

剛剛聽到「基督教主」林四浩跟對面的一個女的談話，心生無限的憤慨。我想王清薰（接觸教會不久）如到此地來，她的耳朵聽到這諸多的「醜聞」，不知是否會感覺多失望？像這種行為不是他們常常嗤之以鼻的嗎？如今卻比咱們一般「無藥可救」的人有過之而無不及。其戰戰兢兢，一副刁滑醜陋的嘴臉，真的會使人直呼上當喲！

整天在圖書館，最後支撐不住，回來就睡覺了。

一九七五年（民國六十四年）三月二日 星期日
（天陰、濛濛極細的雨，校園裡晨間充滿著霧氣）

今早我也到了圖書館，但讀了一會就往外走，身體有點不舒服。

霧氣是由極細的雨絮所構成的，我深深地呼吸了一口氣，外面景色竟如此美麗。此時杜鵑花已開放了，路邊正豔彩奪目。不知不覺我走往校門口，風景還是依舊，然我的感情卻是更深一層了。路間我曾停下來寫詩。我看到那山腳下有遠遠的一條流水正流潺著，而田埂間有老牛正犁著田，傾刻我真的被迷住了。後來我又走上環校公路，兩邊美麗的杜鵑花有白的，有紅的，也有紅白夾枝，於是我體認到了什麼是流連忘返這一回事。好久已沒有漫步校園了，細雨後的校園一切是多麼清新。

真的我是一位過客嗎？我拿著書本，手挽著大衣，心情有高遠的思想，但這並不沈重呀！

今天下午跑了五千公尺，晚上沒有睡好，身心俱疲，受了隔壁吵鬧的干擾。

一九七五年（民國六十四年）三月三日 星期一
（天陰、風大）

凡事不是都靠忍耐而得來的嗎？我的缺點就是躁急、害羞、自卑感。

如果我好好想一想母親的辛苦就好了。她的生活條件算是頂壞的，然她那麼多年來還不是都全部忍耐過去了嗎？清池兄也是一樣。這些例子如果是我遵循的良方，則我還有什麼可以畏懼呢？難道我感到神經緊張嗎？或者我在懼怕著敵人呢？

早散文課，許老師給我們上詩選。E.E.Cunning 的精神真是值得學習的，以後我要朝著「易變性」的這一方向前進，無論在寫作上，或是待人處事方面。

中午為了忍耐隔壁的吵鬧聲，所以把收音機在午睡的時候繼續開著，但不知是否患了感冒，我睡得很不好。最後到了圖書館，讀不了一會，身體忽冷忽熱，趕著走出來，到寢室聽 Mountain Man 彈吉他。晚我身心俱疲，整理日記，內心有一股慾望就是想見 Wang。

我想一位哲學家，一位文學創作者，他是需要歷經出生入死的慘境的。我常常徘徊於兩種去向的中間，生活也因而沒有真正了結的時候。至今我才相信為了獲得某種東西，某種目標，魚與熊掌是無法兼得的，必要犧牲某種東西。而我卻可能失掉了我的健康，為了獲得創作的機會。

約十點的時候，上了床的我又被吵醒了，不得已又爬起來，往外面問房子，仍沒結果。「魔西」對面那個綽號「毛澤東」的所幸告訴我可以用 Fm 收聽 Am 的美軍電台。

雖然整整一個晚上沒睡好，而且一直作夢，但我已決定要把自己往創作的那一條途徑上路。

無情的眼光對待世界吧！

一九七五年（民國六十四年）五月二日 星期五
（天氣：未記）

俊廷吾友：

那天接受您的招待，謝謝！您喉嚨好了嗎？要好好保重。

我覺得愛情是一樁很重要的事情，它使我們被迫要考慮身旁的許多關聯。即使它終結了，我們卻學習了許多。而創痕要癒合，往事要淡忘，重新追逐所需要的勇氣是極大的。

人的情緒，好與壞，所占的時間時常穿插一起。有些人是我們情緒壞時給疏忽了；有些事情是我們情緒好時，作得夠慷慨穩當的。留給人家的印象在掙扎的日子裡最能反應出我們的薄弱與堅強。既然如此，讓我們衷心祈求上天的祝福：但願掙扎會過，「肯定」會使我們去愛每一個人、每一件事物，而自然地對待「愛情」這個東西。

我現在寫信給您的心情也不知要如何形容。我現在是在圖書館裡，四周圍很靜。

對了，代我向上次南遊的那三位女同學問候。

祝 愉快

友 丙丁敬上

六十四年五月二日

一九七五年（民國六十四年）十月二十六日 星期日
（天氣：晴）

與金生、金源、克復把行李全搬妥。老闆要二百塊水電費。給他，沒有說第二句。現在回想起來實在有點後悔和最大的痛恨。

但東園街這邊的房子並沒有住成功。搬進去了，又搬出來。老闆不像先前那麼和藹了，跟那個大肚子，帶著一身腥臭，把她頭髮圈成一團的女人開始談起咱們的閒話來了。我想女人最討厭、最骯髒。

剛進入，金源與我立刻對那房間的狹窄與陰暗感到驚訝不已。或許金生太匆忙之故。

後他又帶我們到巷尾看，只見屋前一群小孩正在喧鬧。樓梯下積滿污水，有一個女人蹲在那邊，我們經過她的身旁，踏上了木板梯子，而老闆在那邊正聽著歌仔戲。似乎他整個身體是襯托在充滿藥味的房間裡走出來似的。而那房間簡陋得像點綴著雞糞似的鄉下房子。老頭還蠻有自信的問我們什麼時候要搬來。聽金生講，他已拿了三佰塊定金了。看他那副迫不及待的模樣，真使人噁心。沒有跟他講什麼話，我們立刻衝出了房子。

和克復、金源又重新把床鋪架好。金生搬那些東西，是費了相當力氣的。裝衣櫃時，隔壁那個乳臭女子也跑來幫忙。

中午吃了一頓價錢太貴的飯，大家都很不舒服。

後我們又商量把東西搬出，而金生那裡並沒有地方擺放。兄弟三人冷汗直冒，不知如何是好。

現在就是連豐的問題難以解決了。本來大家住一起，他的寂寞也能解決。本想跟金生、金源一起往蘆洲向他解釋，但我已甚覺疲累，一心一意想回中壢。

火車已遲。在公路西站排隊買票，人潮洶湧。我後面有一似是客家女子者，不時以其乳尖碰觸我的背部，我也恍恍忽忽地被擠出了人群，要回得著隊伍，就不那麼容易了。一憲兵走來，說我插入隊伍，我理直氣壯地直指其憲兵室與他理論。最後感覺他可能打我，為了避免受到傷害，不跟他談了。

去買高速公路站票，在車上的想法就此改變了我今後的人生作為，我發覺我已不再懼怕與悲觀了。

一九七五年（民國六十四年）十月二十八日 星期二（天氣：晴）

今天中午無意中遇見外一的王禮莉，她是那麼地一位高貴的女孩，現在我整個心神都專注於她身上。然而我的生命並不會平添什麼色彩，這點我知道得很清楚。沈默、沉思佔據著我整個的心房，人生在我已確定得就像流水一直地流過去罷了。我並不是害伯品嚐愛情之苦澀，而是人生如同流水，飄忽得有如一陣風，那麼虛幻地略行而過。啊！我不再存著任何希望底我的身驅。如今我瀟灑地祇感覺那思想的前駛，而感傷得……啊！

王禮莉她要教我鋼琴，並為我準備課本。

今天跟林仁政跑步。昨日已跑了十八圈多，今一開始跑，就滿覺腳不得自由。回來洗了熱水澡，我們開始互相按摩，覺得很爽快。

想替金源錄 Tape，可是位子都被佔了。打不一會兒字，有一外二女子帶其男朋友進來。老黃一見外系的就要他離開，對方很不禮貌，還限老黃三分鐘內必須出去，並與女子合作罵老黃。啊！中大的垃圾，竟然這麼菜，我這個調人實在很生氣他們的舉動。

一九七五年（民國六十四年）十月三十日 星期四（天氣：雨）

一早起來，吃完東西後，告訴林仁政今早 I have something。從窗外看，我知道她已去了。到了那裡，把書錢拿給她。又把一本新聞英語拿給她，因此我們談了許多。她最後演奏了貝多芬的曲子。與她同往教室。

她是那麼完美的一位少女，如詩如畫般地，她在那裡。我作夢也不知為何會如此自自然然地與她相見。是上帝的厚愛嗎？賜給我這麼的一個緣份。如今我算是最幸福的一個人了。

往事，我覺得一切都滄桑，我心靈已皆疲憊。啊！想起它們，我是如何地無能為力呀！

一九七五年（民國六十四年）十一月三日 星期一（天氣：雨）

今天胡秋原來演講，題目是「130 年來的歷史變化」。這個曾罵李敖「小瘋狗」的老蠢子，他來，學校倒是要為他忙一陣子。國民黨的都緊張了，林仁政被楊石志催逼著要去參加。楊這個傢伙平時那麼沈默，居然也要催人家上道。如此地老奸巨猾！

本來，我一定會去參觀，得個真象的，不過覺得不必要。我的生活既是自己的意志所安排，又何需去添加什麼呢？本來就沒有那一回事呀！

已矣！過去。

一九七五年（民國六十四年）十一月六日 星期四
（天氣：有小雨，後來下大了）

一早起來，把那本世界史的翻譯本借給她，並聽她彈鋼琴。第二首是快板，最後一首是蔣公紀念歌。我聆聽，覺得樂曲是憂傷的。她說別人彈將會是很快。跟她一同到教室去，途中談及叔本華的「人忍受噪音之程度恰與其智力成反比」。

晚上身體感覺還是很疲憊。今天下午有 Mitford 來演講荷馬，但系主任不給咱們去。

一九七五年（民國六十四年）十一月七日 星期五
（天氣：晴）

我算是墮入戀愛中了吧，我整個心思傾向著她。我在幸福當中。不過內心一股感傷升自於盼望的實現，但已轉為寧靜之繼續。

早上在錄音室裡，身體不舒服。領了掛號信，心裡對母親的愛除了感激之外，也很難過。中午，帶著兩包花生與三個橘子到秉文堂。她不久就來了，坐在我旁邊，教我彈鋼琴。我實在太幸福了。她對我那麼慷慨，把溫情給我，我當永遠不會忘記。她是無疵的，她是那麼地完美。我寧願犧牲自己的一切，我要給她愛護。

從秉文堂出來後，我們又繼續談起叔本華的「一個人忍受噪音之程度恰與其智力成反比」。她的見解是：人必得要能容納他人，愛的範圍不分階級。我 said :I understand。我想用赫塞的《流浪者之歌》向她解釋，請她往校門口那邊走，後又怕著涼，她要我送她回宿舍，沿路我的講話既含糊又雜亂。

一九七五年（民國六十四年）十一月八日 星期六
（天氣：晴）

◆ 進入陳順雄房間。他首先讀一段《新約聖經》，內容大概是：神愛世人，寧願犧牲自己獨子，派遣他來人間。人信，便得 external life。他的解釋是：其實神並不愛世人。神有把整個宇宙視為一整體的神祇的概念。牠雖遣派其獨子，其實他將再度回到牠身邊。上帝只不過是一狡猾的陰謀家而已。上帝其實不愛世人。

但本來 nothing + nothing，之間的 relationship 便形成了一種有意義的聯結，它將使世界存在。

人們將死亡，人們不覺得 external life。而上帝卻看得到，因此上帝是勝利者。

其解釋是獨到的。

又說：人潛意識的東西必使其充分在 action 獲得實現的可能，便沒有煩惱再存在。經血與淚，它是充滿著麻煩的。

人並不自覺他自己的 rebellion。——他生活了他自己。

人不必讀太多書的，只要他思考他自己在宇宙大自然界中的地位，觀察事物，他便可能寫小說。

中午，一股衝動，買了橘子，往秉文堂走。她不在，大概回家了。我單獨一個人，在溫暖的陽光下，到校門口來。我這個滿腦子思念的笨漢子，並沒有一個快快樂樂的時光。

◆第一次世界大戰死亡五千五百萬。

蘇俄死亡高達二千萬。

中國人一千五百萬。

一九七五年（民國六十四年）十一月十三日 星期四
（天氣：）

◆我每次在這裡，妳彈奏著鋼琴，我實在是以我整個心靈來聆聽的。

此時鳥聲啼叫得特別響亮，我幻想一個靜謐的地方。那個地方就像廣播偵探小說裡與世隔絕，被人遺棄的一位少女她彈奏著鋼琴。

她是靜默的。神秘的氛圍籠罩於四周，她本來是無辜的。但恐佈離奇的那偵探敘事，加上有這麼一段無關的浪漫史，我有另外一番的感觸。

那四周是極為靜謐的，那老人已奄奄一息地靜躺在那千古恆久的床蓆。窗戶緊閉，惟有夕陽會斜射進來，把那黑暗襯托得極為憂傷。

而那感傷呀！如今縈繞於我的四周。雖然如此，我的感受是另外與那過去不同的莊凝。

◆剛剛看了《碧海騰蛟龍》，這是一部 sad movie。太感動人了。Micchal Niclos 從他改編而來嗎？最傷心的是離別時，那教養海豚的博士說：「不要說話，不要跟人說話。只管睡、吃、動，不要跟人說話。人要來了，人要傷害爸，人要傷害媽！」

雖海豚一再地叫他們

Never speak! 跟人講話，太可怕了。

◆

最近幾天，生活不甚愉快，似乎看不慣這一批大學生的作風，我不得不陷入孤獨當中。

一九七五年（民國六十四年）十一月十五日 星期六（天氣：雨）

今天早上到秉文堂獨自練習鋼琴。

晚上到陳克復那裡，他借我一本王尚義的《狂流》。之前我不大了解他，僅知他死了。我誤解此人與那些無病呻吟，哀哀自憐者無異。然而我現在年歲稍長，重新看了這本書，才曉得他的偉大。他是醫學院的學生，對文學藝術卻有獨特之抱負。他是一個與我有相同處境「我的化身」，而如今我終於認識了他。他是有深度的。他不是悲觀，他是正確而積極地在摸索人生，而人生實際上是不可解的。

一九七五年（民國六十四年）十一月十六日 星期日（天氣：陰）

林仁政每天都一早起床，就開窗製造吵聲。本想離開這地方，再另外找房子，但最後計劃到圖書館用功後，就打消了這個念頭。

在圖書館裡，意志比較容易集中，再也不像從前那麼容易垂頭喪氣了。整個早上讀《狂流》，而讀它只是因為我對愛情觀念的一種渴望。其實作者對於「愛」這個主題的探討，雖夠深度，並沒有提出很具體的結論。他僅闡明一種抽象的概念，愛是無止境的犧牲。

中午到圖書館午睡，下午又去跑了五千公尺。坐在我斜對面的是那個中文系高高，長得清秀的女子。上一次她站在圖書館的門口看我，但我實在不想與她談話，並不是缺乏勇氣，而是沒有必要。

我必需要專心來愛一個人，作無限地愛的奉獻。

一九七五年（民國六十四年）十一月十八日 星期二（天氣：晴）

中午沒去看她。一個寧靜的下午於午睡過後，現在我心靈漠然地像失落了什麼。人都需要愛的滋潤，如今年齡增加，體會更深了。

我把自己這一整體徹底地把握住，然而在我的生活裡還是無法一個人這樣地獨自生活自己。現在我一找著對象，心靈就全部歸屬於她了。

一些時候不見她，我便無法忍受。

我的牙齒壞了，吃飯要小心翼翼地。用牙籤戳入牙縫時，「我的牙齒到底是壞了！」我如此想。我想到人的無能與渺小，歲月一疏忽，即使那飽經患難的種種對安慰有很大的企盼，也是要感傷得變成泡影了。

我如今所能想到的是母親。假如以後我能好好地照顧她，那將是唯一的安慰了。

一九七五年（民國六十四年）十一月二十八日 星期五
（天氣：晴 但風還是很大）

◆

昨晚從蔡金發那裡借來《夏濟安日記》，這本書正是我現在需要看的。

中午她獨自一個人來，時間已是很遲了。我不該跟她談到宗教的問題，而且又說神不愛世人。在她面前，我太緊張，話竟然講得很不流利。她說要借我一本有關宗教的書，內容毫不牽涉說理。我把糖果與橘子給了她。本來我是多麼高興能與她同去拿書，但她突然說改天再拿給我，便走掉了。留下我一個人靠著秉文堂的長椅下失神，weary，不知所措，茫然了一陣子。

我總是生活於幻滅的邊緣。快樂一下子便消失了，人生的苦痛我感受何其深刻！

彈了一陣子琴，疲憊的身軀不得不回到寢室，想把連日來的疲勞消除。

我問她禮拜天是否有空，但她拒絕了。

◆

上帝是什麼？牠可曾被你我看見嗎？因為我們看不見牠，所以上帝為了顯現牠的偉大，乃犧牲牠的獨子，以便贏得這項美譽。

上帝不與人相對應，而是與萬事萬物相對應。不過牠為贏得人的向心力，乃犧牲掉牠的獨子。不過上帝是全能的，其子將再回到牠的身邊，牠沒有什麼損失。這是一項詭計。

人們的錯誤是以他個人的「獨自」來面對上帝。其實他們一直把上帝看作一個普通人，一個擁有權柄，喜歡施捨，跟他們沒有任何衝突關係的「亡人」。

神愛世人嗎？

人為什麼要愛神？人愛神有意義嗎？人是一種媒介嗎？人不愛神又怎樣？神所對應的是自然界嗎？
永生是什麼？假如人有信心？
◆我是多麼地像夏濟安呀！

一九七五年（民國六十四年）十二月五日 星期五（天氣：晴）

金生騎摩托車從南部回來北部，他從家裡帶來油炸芋丸、魚丸、雞肉。要我寫信給彰化他的女朋友。回南部時，他順道到過她家，但其家人反對，她假裝睡覺。她們家人嫌我們窮困。金生陷入愛情的困擾當中了。

一九七五年（民國六十四年）十二月二十日 星期六（天氣：雨）

雷神交響曲

某青年有放屁惡習，其屁既響且繁，深以為苦。

新婚初夜，欲向新娘告白，又難以啟齒，卻見新娘雙眉緊鎖，低頭不語。青年再三問之，答以有要緊事相告。青年心想：「糟了，我一定娶了一個二手貨。」

新娘曰：「我有放屁的習慣，恐你討厭我。」

青年頓時撥雲見天日，雙手抱緊新娘曰：「彼此彼此，讓我倆從此夫『放』婦隨吧！」（馬一馬）

一九七六年（民國六十五年）一月十九日 星期一（天氣：）

我的心似被冰霜所封鎖，永遠失去了秋天與春天。我的血液隱藏著強且烈的憂鬱，無人可傾訴。我的靈魂受鐵門與鐵窗所閉，永是孤獨與落魄。呵！生命快樂之源泉何處？我今徘徊於放棄與否之邊緣。我痛苦於無決心，受人左右。

呵！我生之歡樂何處？去矣！事事。事事。

我寧可生於孤獨之中，我寧可沈浸於眼淚之中，什麼是歡樂呀！什麼是歡樂呀！我……

一九七六年（民國六十五年）一月三十日 星期五（天氣：）

今是三十春節除夕。兄弟圍坐於床上，喊清池來喝啤酒。金生尚留在台北。

往毅容舅舅家去，他給我舊日西裝，抄地址。

一九七六年（民國六十五年）一月三十一日 星期六

（天氣：　）

農曆初一。大舅毅文帶她二個女兒。大女兒頭面大大的，像金源。母親拒其邀金源到其家教小孩，後來我答應後天去。今天整天彈吉他，阿仁也來了。銘山回來，那個狗頭排長已客氣多了。陪他一天多，今下午與連豐送他坐車前往營區，依依不捨。

一九七六年（民國六十五年）二月一日 星期日

（天氣：晴）

坐往善化，剛剛下車，遇莊國明。到楠西，他叔叔當警察，給人請客，喝很多紹興酒。被用機車載去參觀曾文水庫發電廠，大湖區，折返時，又與國明的二位叔叔去其親戚家。回時冷風淒淒。在北寮附近看到有一車禍，車毀人亡。下車後，遇一女對面而視，驚詑其美貌。

一九七六年（民國六十五年）二月十日 星期二

（天氣：晴）

◆

全國第一個從軍的研究生——殷海光。

◆

簡伯勳逝世於一九七六年二月九日下午。

薛維格帶他哥哥女兒來校，在圖書館旁邊談起簡伯勳已自殺身亡。

簡伯勳逝世，我發現他的房間牆角寫著：

序曲

日子是這樣開始的
傾落一堆風鈴的笑聲
有暗香梅影裝飾
陽台上古典的盆景
慣常呼喚著
一點春光　呼喚
並且等待　一城星子的斑斕
即令睡姿
也恁地楚楚

◆

讀陳鼓應所編《春蠶吐絲》。

一九七六年（民國六十五年）二月十二日 星期四（天氣：晴）

◆昨夜讀《春蠶吐絲 殷海光最後的話語》，感動至極。今早我將不再去秉文堂彈琴了，以免再跟那個黨棍相遇。中央大學原來是這種學校，充滿政治色彩的軍校，老蔣的乖孩子。

Farewell！Farewell！都覺醒了。最後的一個學期有幾個目標，輪廓已顯明，祇等時機和我自身的決定了。切記沈默，遠離鄙俗。

以前，我從來沒有這麼失望過，現我思維綿密，「我與別人不同」的覺醒特別深切。

◆簡伯勳逝世了。

他，一張古典的臉孔，一副眼鏡，斯斯文文的，竟如此！

他的死使我想到有一天我也會像他。

他撞火車死了，他的死帶給我很多感觸與思索。每每想到他的臉孔，就想不通他為何如此倉促走向死亡。

◆那古典的花瓶、古典的吉他。

坐高速公路往台北，不久又坐車回來，煩悶至極。

◆房東太太告訴我今早總教官，今午又有同學來，懷疑他們找我何事。

很晚和謝耀宗聊天，吃他的軟糖。這次與他談話，收穫多多。他見過李敖、陳鼓應。李高大英俊，每看到謝探監進去 Jail，就先舉手滑稽地向他敬禮。關在那邊的幾個都很幽默。陳出奇地平易近人，學哲學的總該是這個樣子。近日報上還有一個白雅燦散發傳單，略云：蔣某不繳遺產稅。無期徒刑。（按：謝耀宗的哥哥謝聰敏也是政治犯。）

一九七六年（民國六十五年）二月二十四日 星期二（天氣：下雨）

晚上天子教聚會，鬧得雞犬不寧。他們這般人平常聚集一起吃喝還不夠，心裡老想著在某一方面應該也同步協調在一起。——有一群鴨，用石頭丟在他們中間，散了，但頃刻間又會聚集一起。他們的生活是虛偽的，他們都是寄生動物。

預官考試雖然迫近了，我的生活卻非常充實，充滿感觸。

一九七六年（民國六十五年）二月二十六日 星期四
（天氣：陰）

◆

俊廷吾友：您好。

未接來函前，原擬致書問候。如今接到信，心中欣喜萬分。

上學期您來校，未能盡地主之誼，而時日一延就是久長。這學期，可喜可悲者很多，然不久前弟對人生所作的「決定」，更是內心所引以為光榮者，當來日慢慢向您解說。如您知之，弟亦可得一份傾訴喜悅呀！

預官考試來臨，大學生活就要結束，心裡不免有許多感觸。我現在已決定不考研究所了。

這學期修了德文、日文，還有重修的英美文學。禮拜一整天課，四、六－半天。

兄的大學生活比弟多采多姿，平日言行諸多可贊者；不若弟魯莽形態，今猶能時時受兄關照。當以兄之模範，改正缺疵。但望時常來函，予弟指正。這是弟衷心的期待。

近日書讀陳鼓應著《春蠶吐絲，殷海光的最後話語》，十分感動。同時，長久以來對生活，弟一直懷抱著死亡的形象。弟深深領悟神經十分脆弱的人所需要的對待和今後的命運。談到此地，內心不免哀傷。然而假如兄知道弟十分喜愛短命詩人濟慈 Keats，便明白了。

弟希望將來走學術路線，研究哲學。生活方面，有一間書房，可以在裡面讀書、寫作、彈吉他，便夠了。

弟實在非常敬愛我的母親。我們整個家庭的痛苦，她二十多年來一直單獨承擔著。弟將來要寫很多小說，一部就要寫她的故事。

古人言：「寧靜以致遠」，弟的內心算是寧靜了。擺在眼前最重要的是如何生活得更有效些，對真理多所發現。盼望從兄處可以獲得更多勸勉。

最後謹祝

愉快進步

弟丙丁敬上

六十五年二月二十六日夜

P.S. 我的英美文學本來成績都很好。大二上學期英國文學甚至接近九十分，是全班最高的。當班代，為了「鬧學潮事件」，教授聯合當我。哪裡有說下學期變成死當，兩科都不到四十分。大學教授的惡形惡狀想來真是可悲，對我的大學生活打擊極大。

一九七六年（民國六十五年）二月二十七日 星期五（天氣：陰，但午後暖和亦偶現陽光）

整個早上在兼文堂練琴，中午她沒來。

午飯後，遇李文章，偕其散步，逛校園，談佛法。他把本子借我。我欣賞：〈破相〉。

不要把自己看得太重。孫中山先生曾說：「人生以服務為目的」，實在地，要禁慾，不要羨慕人家。

下午找王。她說這學期沒有時間，我也卻了一樁心事。

黃昏時拿吉他到校門口彈唱，發現李錦芬亦有男朋友哩！晚上頭痛，到郭宗雄那裡，與阿寶他們聊天。

如此看來，我的希望又完全破滅了。不過落得清靜也好，更何況我已學習了：不羨慕人家。

一九七六年（民國六十五年）二月二十八日 星期六（天氣：陰，但暖和）

與陳順雄談，間有智慧的火花閃爍，難得有這樣一位同學。他如今已有杜斯妥也夫斯基的模樣了。

土地、殷實的農夫、建築工人，整個中國人民的革命尚未了。

層層阻礙仍多——假知識份子，他媽的工商業、小本商人的子弟，其實他們沒有什麼。他們的父母就像經營清末的洋行，與外人作生意，賺幾個錢，私生下來他們這些子弟，接受制式教育，如此，便可代表整個中國的知識份子嗎？現在除了他們，工人、農人都沒有受教育呀！

真正的革命家、真正的知識份子，應該來自我們這群受著迫害，穿破舊衣服，「性格」的失望者、迷失者。因為我們認識什麼是土地、什麼是淒滄。

一九七六年（民國六十五年）二月二十九日 星期日（天氣：寒冷）

銘山吾弟：

接到來信，展讀再三，兄實在難以遏止思念之情。而路途離得如此之遙，我們從前都來不及享受相聚之樂，而如今真的是有隔世之感了。

在此，學校業已開學。每次到校外，看到勞動者處處皆是，深深感覺在校的無憂無慮。作一個學生可以說太幸福了。

對將來，兄腦筋裡已漸漸有個輪廓。兄一直在想：環境給人的影響實深且鉅。

我們來自於貧窮，一無所有。像兄，從小老是有一種幻滅的感覺，總以為人世飄忽。如今，更加確定了。想到此，有無限的蒼涼。

兄已立志成為小說家，一定要寫一部小說來敘述母親的偉大。兄希翼以後有間書房，可以在那裡彈吉他、讀書，如此人生的享受也就夠了。

金源弟在台北的讀書態度令人欽佩。兄願意回復以前像他那樣的童心，在待人處事、讀書求學方面力求純潔，則稍稍可以補贖往日時光所作的浪費了。

三月二十九日是預備軍官考試。兄會好好努力使它通過。

研究所的考試，因現在有德文、日文課，可能以後再考。

你在那邊如需要什麼書，可來函，兄為你寄去。你要樂觀起來，把一切都當作經驗看待，便可泰然自若。如有空，準備個簿子寫寫日記，這樣思想便有個地方寄託，對你將來的求學生活一定有很大的幫助。這點，希望你答應哥好嗎？

金生現在已經沒有在瓦斯店工作，暫時和金源一起，連豐也在那邊。

他們的地址：台北縣新店鎮寶元路一段三十一巷二號四樓。

在軍中，保重為要。望常來信。

最後 兄祝你

愉快

丙丁 敬上

六十五年二月二十九日夜

一九七六年（民國六十五年）三月一日 星期一

（天氣：冷陰）

◆

國明吾友：您好。

拖到現在才跟您寫信，實在抱歉。

有您的一千多塊錢，弟這次才能付了房租。又每次去您那裡，總是受到您殷誠地接待。藉此信深致謝意，盼兄不要見怪。

上次與您談話，對因果觀念領會了一些。

至今行事待人每每想到它，因此就不像從前那麼「居心刻意」了。我想以後，我會受益無窮。關於「佛」的事情，他日如有空，想要好好認識。

人一安靜下來，做事便會考慮頭緒。離開考試，也只剩一個月了，但望您與弟互相共勉。

最後 祝您

快樂

丙丁 敬上

六十五年三月一日

一九七六年（民國六十五年）三月二日 星期二
（天氣：冷陰）

天主教的聚會令我受不了。帶書到圖書館去，拼命苦讀。晚上回來，睡前又看了《哲學的主要課題》——〈論哲學與科學之分別〉。

◆

一九七六年（民國六十五年）三月三日 星期三
（天氣：陰）

假如我如此專注、用功下去，不到幾年便會有所成就。因為一位跟他們絕對不相同的人，他受得了被奚落與孤獨。而對方，那滲雜了群眾虛偽的，他想。

他是受得了孤獨的。不等幾年，他便會成功。他早已把命算好了。

◆

晚電影《初戀的故事》，回來後，痛苦異常。

生為何如此的苦呢？生為何如此的苦呢？我整個的在……傾墮。

《初戀的故事》是描寫一位藝術家生命最初的遭遇。不過，昨天晚上我讀了《馬克思略傳》，才澄清了以前對他的「不認識」。他犧牲了自己的健康，兒女、妻子、家庭的溫暖，三個孩子因為營養不良而夭折，如此偉大的靈魂才真真值得我的研究呀！

近來讀書常感精神不振，身體實虧太多了。我現在已漸漸地體會幸福實在需要自己去創造。

◆

一九七六年（民國六十五年）三月四日 星期四
（天氣：天放晴）

中午天氣放晴，與郭宗雄到高速公路散

步。沿路談了許多，他的結論是以後不要結婚。妙論：見到理想的女孩不要追。我問陳順雄是否與他談過杜斯妥也夫斯基，他說他不喜歡這個人。陳順雄之所以喜歡他，只是因為他的生活遭遇正好和杜氏的相似而已。

回來後在小吃店裡喝汽水，第二宿舍舍監拿著酒杯來與我們談在一塊兒。他講話細聲得令我們聽起來很吃力。一塊小小的豆腐干被他咬過好幾次，但仍然絲毫沒有任何異樣。他似乎喜歡喝米酒。他告訴我們不可以對女人認真。（結婚之後他還跟其他女人有四度初夜的關係。從前，他投考初中時，與妓女在前夕還跑去划船，住高級旅舍，前天他還碰巧遇到她。）

康曉君帶她男朋友進來了，郭對其投以不屑之眼光。舍監告訴我們簡伯勳臨走那天中午還送他一隻黑色的原子筆，說著便拿出來盪了盪。研究生宿舍最近又有一學生鬧情緒，據說跟我那邊外四的，我在想是否陳美麗？

晚上天主教又聚會了。我給他們放余天的歌，他們把門閉塞起來。不一會兒，我便到圖書館K書去了。

◆

森鴻學兄：您好。

受苦的人是幸福的。因為終究有一天他將獲得免疫，重新他的生命；但那些毫無知覺的卻永遠沒有這種機會，所以他們的生命也就污爛到底了。

來信提及「挫折」了的愛情。實在地，男女之間的感情問題影響一個人很大。一般來說：情況如進行順利圓滿，自己也就沾沾自喜，引以為榮。

有的人卻常常一出師就不順，到頭來一敗塗地。

於是沒有女子的就羨慕有女子的，好像那個有女子的已經是功德圓滿。

弟就常常看到許多人在這裡面打轉。日子一拉長，他們給人的印象便成為一群陰性的犬儒主義動物。這些人在真理方面是不可能有所成就的。

說實在，愛情問題深深地影響一個人。弟重複一遍。它使一位原本充滿理想的二十來歲男子就癡癡呆呆地空等、站立在那兒，無所事事（本來他可以寫作的）。

他可能衝口便跟弟講文學之事他已全部知曉，再也沒有什麼其他好學啦！任何人也談不過他。弟是男子，如此的驕傲口氣相對待；假如弟是一位女子，他應該不會這樣了。

近來對佛學弟已漸感興趣。至少在待人處事方面，對期望與希求（hope and want）已漸漸看淡了。

我想：昔日的挫折也許是一樁幸運的事情，至少咱們此時是以空空泛泛、孤孤單單的靈軀留著下來處理一切；我們必需引以為傲，因為我們算是「一個人」活著過來的。這樣的情況來處理事情便有絕大的自由。您說這不是「獨身」的好處嗎？

四年來在中大的一切遭遇對弟來說是刻骨銘心的，將來可能在回憶裡佔據極大的份量。

預官考試即將來臨。謝謝您的祝福，弟應該好好用功才對。

來信要弟談些哲理，實在不敢當。但以一片真誠的心向您表達些許思緒，如此作為一種「傾訴」，如為兄所接納，則德不孤；如有缺疵，當請兄不吝賜教，以求得更大的進步。

最後謹祝您

軍祺

丙丁
敬上
六十五年三月四日夜

一九七六年（民國六十五年）三月七日 星期日
（天氣：晴，陽光普照）

陳俊廷來訪，送我兩顆蘋果。他一來就談及我重修英、美文學課衝堂的事情。他對我這個很關心，似乎要極力爭取我的注意力。他要我翻出以前曾經記載林春仲拒絕我簽選美國文學的日記本，以備他日有麻煩時可以作為證據。

在做事方面，他顯得格外謹慎小心，不像我早已浪蕩習慣了。發覺他一有機會便要提醒我注意這個缺點。

出來散步。杜鵑花盛開著，來學校遊覽參觀的不少。有朋友來，我心情當然開朗許多。

俊廷提醒我多多注意預官考試，並表示不願多作停留，以免浪費我時間。雖然我一再表示我正需要散散心，希望他能多作久留，但他已決定午飯後十二點多便離去。（並且說如果我需要錢，他可以借我一千元，要我把預官書籍購買完全。）

中午在餐廳吃飯，他說我們學校價格賣得頂便宜。我送他一張畢業紀念照，忘了簽名。遇見陳順雄，他也送了俊廷一張。

我們三個人下坡前往乘車地點，剛好車子

已開走，等下一班，在荷花池旁邊聊天。

我向俊廷詢問有關陳鈴英她們的事，他告訴我，她們也很關心我，曾一再提及我功課方面的事情。俊廷似乎不大了解我的想法。或許我應該是開開玩笑，對人表示關切罷了。近日他已不再談女人的事情，表示不想結婚。

一九七六年（民國六十五年）三月十日 星期三
（天氣：晴）

Dear Tom 毅音舅舅：

接到信，已三月十號。希望您仍未 move。來信所談的，我皆明白。蓋從小受苦，如今唯一的收穫便是「思慮精純」與「認清」了。

四年大學裡，我有一些「遭遇」，將來如果有機會見面，會告訴您。現在我唸的是英文為主，我也旁修了日文、德文與法文。高一時，原本我的興趣是理工，但後來因為同學的慫恿，偷偷地跑到教務處改了文組，如今已後悔莫及了。

時常，我會深深地意識著自己的「deep thought of consciousness」，充滿著感傷與幻想。如果說這是我所以想要作個自自由由的「Philosopher or Poet」之藉口，理由並不充份。因它或許是不健康的病症吧。我的好奇心強大得很，多麼盼望把一切都經歷，再作「成為Artist」的決定。我想「Artist」是冷酷的一位旅行者。

您我相互通信，一不小心便會扯起往日。所幸您提醒我「forget it」。謝謝您勉勵我不要自悲，這是一直我的麻煩所在。

最近準備預官考試，當二年。畢業對於我不代表什麼，因我好奇心很強。等著瞧：只要我自由身，我便想找尋潛力所在。我這麼講，您一定會說我仍未好好計劃。

實在是這樣子。

我母親已蒼老，身體不好，仍辛苦終日。家中祇有我與金源弟唸到大學。連豐他們因學歷低，沒有好的工作，至今仍未結婚。每一次假期回家，住進那個老早已破爛不堪的房子，所看到的是母親永無休止的辛苦工作。這些事都在在地與我求學生活與思想發生緊密的關係。

人於苦中搏鬥再搏鬥，最後獲得的是怎樣的補償呢？

您也知道人不單要生活搏鬥，思想更要「真實」，不受「欺騙」。

我的麻煩如果 seriously 去想想，便會發覺我的四周是多麼地複雜與險厄。不知哪天我亦能出國。我的興趣是多方面的，如果改行，您想適合我唸的該是哪一科比較好。因我已打算多多餵飽學問心靈。盼望來信示知。

我計劃將來有個好的生活給母親，有時間就研究。不娶妻子。

最後謹祝您

愉快

丙丁 敬上

三月十日

◆接到毅音舅舅來信，讀了令我不知如何是好。一切都被證實了，十多年來的努力白費？體育課完後，回來，仍然痛苦萬分。

晚上電影「丹麥嬌娃」，主題探討「性」。最後那個皮鞋公司的老闆被責罵了，他是偽君子。

一九七六年（民國六十五年）三月十一日 星期四
（天氣：不晴朗，冷了些）

下午與陳克復到台北。不知何因，臉龐出現許多像青春痘的紅色斑點。這幾天每次一喝熱湯，便感覺臉部熱熱的，奇癢無比。金源與我到景美橋下找到一家內科醫院。醫生，台灣人，和藹可親。他說是接觸性感染。花了八十元。

金生晚上也來了，囑咐我明天一定打電話過去他那邊，他準備辭職了。

一九七六年（民國六十五年）三月十二日 星期五
（天氣：不晴朗，寒流來襲）

早上，離開了陳克復之後，吃了包子、豆漿，坐車前往政大，在校門口打電話給沈銘鐘，不在，以為他上課去了。到課務組查，隱約記得在五……教室。在他後排教室，正有青年杯辯論賽。我肚子已餓得無精打采，恍惚。迫不及待地向沈拿錢，去吃米粉一碗。他告訴我有女朋友正在房間等他，他沒錢。不過，臨走時，他又把一百塊錢塞進我口袋裡。

坐柑峽往輔大的車子，路上下了好幾趟。輔大到時天已晚又冷，俊廷正在洗澡。

與他同進晚餐，送我上車前，遞給我一千塊錢。他告訴我：「原則上」不要還。

本來他就打算幫我，但總是沒有藉口。

一九七六年（民國六十五年）四月三十日 星期五
（天氣：陰晴）

一名南投縣籍的，民三十六年（二十三歲時）在埔里燥坑山的一家木材廠偷電纜被判六個月，名叫張心舊。作工，每隔數月，便選擇一個月黑人靜的夜晚，送一點錢回家給父母。後來父母先後辭世，他心中更感痛苦，便離開了燥坑山。籍貫：南投縣埔里鎮蜈蚣里。（在外逃亡三十年）

一九七六年（民國六十五年）五月十日 星期一
（天氣：晴）

我現在唯一要做的事情是能定下這顆心來。不要太凝情於旁物，一凝情便有危險。一把事物特別化，則便成為奴隸一般，為人所拖累罷了。一方面我要作個 Cynical，另一方面我要積極。也許過去的經驗已使我釀成了一種奴隸的性格，被欺侮太過份，導致了神經質。其實，人不需懼怕人，沒有什麼偉大的事呀！

治療這種疾病的藥方是誠誠懇懇地對待自己，不必太拖泥帶水了。

一九七六年（民國六十五年）五月十二日 星期三
（天氣：雨）

人生祇是一連串的超越罷了。不斷地超越。從一個角度來講，根本沒有什麼可以值得自己再去耽擱與懷念。既成的事實如果已經顯明，人的離開是避免不了的。雙方互陷於沈默也是避免不了的。因此我願隨時超越，人生不能再是一盤死水。

就像嚴現在所給我的感受一般，就像聶貞瑞、陳復國所給我的感受一般，整個中央大學對我已毫無意義了一般。我願隨時揭發他們的罪惡，我願隨時超越的形象，使他們捉摸不及，打一場勝利的仗。

一九七六年（民國六十五年）五月十六日 星期日
（天氣：晴）

◆做一個杜斯妥也夫斯基式的悲劇人物是太實在了。（因為屬於杜氏形象之下的人處在現世惟能成為悲劇人物，沒有樂觀可言）。當今，教徒是我心中最痛恨的（其中有時候是莫名其妙所引發），情侶亦是我嫉妒恨惡的對象（他們無知得令人作嘔），中央大學的大部份平凡學生（像蘇俊逸、張聯輿等等），以及最可輕視的那些傾向物質主義的女學生。（教徒裡面林四浩是教主，還有那個昨晚脫落衣服，露出個大肚子的張平生，吃軟飯的傢伙，其 wife 準台灣型的老鴇，梳個髻子在後頭，臉不寬正，嘴巴尖如鳥嘴，邪惡的偏見在其雙眼瞳孔，自以為是，自以為半部《聖經》可以治天下。）

所以，我的四周就是充滿著這些混蛋，令我病得如此之久，病得要發瘋。

當然，我的氣一升就千丈，可以拿刀子來把他們通通殺掉了（裡面包括黨棍、國家的敗壞者）。殺！殺！殺！殺！

——我如今知道：生活得越真實，越發不得安寧。

——Let it be 吧！

如今，我已學習要來看透這一切，看透的方法不外乎把自己給忘掉。

作一個小說家，儘量要心平氣和來從事，否則非但無法完事，最基本的 information 更別說了。

◆（藝術家要與事物保持距離）

所幸昨天晚上還是睡著了。晨到餐廳吃飯，遇那個張平生的妹子。阿表。我的敵意又來了。

回來想了一下，不必那樣子。

◆連豐睡得晚起，可能工作太過於勞累的緣故。房東孩子時常哭鬧得好像是一群餓壞了的小豬。音響粗糙極了，使人噁心。他們總是帶有一種「骯髒」的 perception，今天更甚。

自今日起我已學習了如何控制自己的情緒，如此我想就能夠解決「心急敗壞」的壞毛病。我假如凡事生氣的話，根本生活不下去。

與連豐一起用餐，順便到新蓋成的活動中心觀賞，談及報紙上王羽打人的事。午睡後，連豐走了，我就在寢室K書。

一九七六年（民國六十五年）五月十七日 星期一
（天氣：晴）

在杜氏，謙卑起於受難心靈之昇華。惟此，一顆對人生因受苦而有所體認的心靈，以它為起點，因而也隨時獲得最佳的滿足。

心存謙卑，他不欺上凌下。在心靈最深處，他體認自己是最普羅階級的。惟有藉此，他表達了他的愛心。這種算是最純真、最樸實的表達方式。其他的，都是虛偽罷了，充滿奸計、慾望。

因此，為了不使自我再昇超（抬頭，加上尊嚴），他惟有不斷地旅行。為了要忍受生活的蕪繁（當然有使一個人流落於俗氣的可能），他必需要不斷地 change 。change 環境。

一九七六年（民國六十五年）五月二十日 星期四（天氣：晴）

◆早上日文考試，雖形式比以前簡單多了，但單句沒背好，能胡亂寫個大部份已是萬幸了。到活動中心買冰淇淋吃，享受報上王羽打人的新聞。回寢室，睡了一會。下午天氣悶熱，K館呆不下去，走出來在廊柱底下細讀李敖的《胡適評傳》。又到活動中心，坐在東面的涼臺桌上寫阿三的 Translation，享受一種很悠雅之野趣（通常在外國電影可以看到）。買了一瓶鮮乳與一塊麵包。下午準備去聽尹雪曼的演講——現代文學與人生。

嚴突然來了，出乎我的意料。她把書置放於我旁邊的座位，後來並沒有坐下，反而坐在我前面。我與她同學談了很多話。她同學有一本《二十世紀文傳》，裡有很多名作家的相片。她說她很喜歡杜氏。

尹先生的外表不出眾，不雅觀，像老黑仔（留著兵仔頭）。黨棍一個。今日他來演講似乎是為著黨政而來的，要來教育（訓）這批乖孩子。他講話語氣不像一般學者的謹嚴，疏鬆而錯誤百出，像二、三流的文化份子（自衛份子）在講的話。啊！可惜。

啊！尹雪曼這麼漂亮的名字。頃刻他的人變成一位十足的黨政專工，在我前面訓話。而他講的題目又是那麼一個需要講者謹嚴的題目。廢話扯了一大堆，卻只有一絲線索在牽連——即維護傳統霸道主義。坐在下面的琦君正與他互相呼應。

◆他首先把各派作介紹，加上個人先入為主的意見：古典主義（perfect）強調形式、一般性、社會性；1556 truism、1880 naturalism 他說郁達夫屬於自然主義，這點我覺得不確，自然派可導致頹廢派嗎？浪漫主義（缺陷）強調為藝術而藝術（？）有一部份如此。紅樓夢浪漫精神，卻用寫實主義之筆法解釋；futurism、Dadaism 超現實主義，動不動即狂妄、虛無與破壞，極端的個人主義。並說像存在主義之類都是違反理想的，並說他們是反叛文學、反叛人類自身、反無奈、反宗教，用詞不仔細考慮，是爛作家的壞習慣，並說哲學需要探出一條出路，並說沙特勸人自殺，不是哲學家云云。

我起來據理反駁，聲勢浩大，尹嚇住了。雖嚴坐前面，我心想反正快畢業了，如她因此而誤會，也好當個藉口。反正我離開這裡就代表著揮別了個人過去的一切。

尹毫無學者風範可言，一開始便敷衍我並加以憎恨的口氣。說什麼我有我個人的看法，而他有他的。似乎我並沒有問了問題似的，我談我的，他談他的。琦君更她媽的！跟我一樣的聽眾角色不好好當，竟然站起來說什麼：「這同學書本是看了不少，但今天不是辯論會。而且連最起碼的禮貌也不懂，發言不站起來。」平常詢問問題有哪一個人站起來，無不是舉手就算了。她竟扯起這種事。

後來我真的站了起來，反駁尹的「你我無關係論」。原來他說我沒有繳錢，不聽可以走掉。我是旁聽者。這是他媽的啥話。我要他回答問題，只回答了那條哲學家必需探出一條出路，扯了什麼孔子、老莊。我再反駁說聽者與講者之間怎麼會沒有關係呢？他越來越離譜，說僅止於回答我一個問題，哲學家他沒有多深研究。醜態畢出。後來有一「老包」站起來問主義（各門派）問題。他回答說：「什麼主義都可贊同，但不能違反基本國策。」我進一步插嘴說：「不違反國策，哪算是主義！」

在極不協和之氣氛下，尹怕人打似地倉促離開，被琦君、鄭鈴她們簇擁而上了他的計程車。我至此已對中國的知識界心灰意冷到了極點。

在冰果室遇到那個別科四年級的，我不曉其名字，但常找呂麗玲吧。他說詩學會與中文系的自己把氣氛搞壞，他們太閉關自守。我聽了至為欣喜。與他一路長談，到了活動中心，遇方佶，外二的她們。我買了二瓶可樂，再談及一些嚴肅的問題。後送她們至女生宿舍。欲罷不能，我又與那四年級的獨走談話，後來就乾脆坐在活動中心前面的石椅上。忽然聽見不遠處有喧鬧聲，走去一看，方知郭宗賢他們班的買了六百多塊錢的「豬頭肉」，兩打啤酒，已慶祝很久了。在歡呼聲中，我參加了他們。各人唱台語民謠，哀歌、飲酒歌一齊出籠。他們要我表演轉播摔角節目，我沒允諾。因夜已深，大夥兒往小吃店走。楊伯原買了一個大西瓜，眾人圍站在路中間吃著。我買了二瓶啤酒。阿珠當了郭宗賢的飲酒秘書。大家又上了樓頂，欣賞月色。在漆黑一片的夜色中各人編織著恍恍惚惚的夢。後與阿珠談及愛情問題，大都聽我「蓋」，蓋得他好像把我當作愛情問題專家似地崇拜。直到早上四點，他要我把那些觀點寫成一篇文章送他。歸途中，遇老鳥，給我住址。

◆

他媽的！蔡金發。睏蟲。他竟然對我說：「看你在那邊丟我們的臉！」他們的臉到底是一張怎樣的臉？有這一張臉嗎？還是蔡金發獨自個兒想出的。如果有這麼一張臉（or 許有），它是多麼病弱的，是中大外文系集合所有無知、幼稚、憨呆、嘻嘻哈哈（總之只有無知的性質可以找出來）的大多嘴臉拼湊起來的。這一張臉，可惡至極！這一張臉當然在任何地方都有副本、影印本。如果沒有這一張臉，而是蔡金發這個「老ㄙㄞ」計策出來的，無論如何，它對我已造成了一種絕對的傷害。蔡金發，這個鄉愿，我不要了。所幸，他下樓的時候，我還他一句：「你如果這樣講，就枉費多年來在這邊讀書了。」

我今後要學會堅強、冷酷，更加上無情。所有過去歇斯底亞的劣根性都要一概摒棄。他媽的！人間多麼冷酷。中國人在迫害自己中國人。所以毛澤東是一個比較真實的革命人物，至少比起我們的老蔣更接近真理。

所有歌功頌德的要弄掉，中國人民要再教育，像蔡金發這類的土呆子要作掉。像外二那班成天嬉嬉哈哈的人妖、妓女都該抓來，創剝。如此，中國就有希望了。中國需要一批經得起「流浪」的青年。他們不是什麼形式的信徒。他們忠實於他們自己。（唯有忠實於自己才有合作團結的可能。忠實於自己，對別人的需要才有所了解。）

一九七六年（民國六十五年）五月二十一日 星期五
（天氣：晴）

今晨發現眼鏡不見了，又到阿珠那邊拿。昨晚蔡金發說我丟了他們的面子，其嘴臉可鄙。

王文傳（王牌）（王船）與兩位同學在學校後面的池塘划竹排嬉水，結果他獨自落水淹死了。今晚陳克復告訴我這件不幸的消息，二人相對無言，頗覺傷感。

一九七六年（民國六十五年）五月二十六日 星期三（天氣：　）

母親包了東西，裝入一千六。一千要給金源。又是長言的離別，一番特別的滋味離開了麻豆。

到台大金源那邊。他中餐尚未吃，本來身上2元想要買根香蕉。所幸，我來了，和他同坐在宿舍前面的石椅上享用母親囑我帶來的油炸物。臨走時，給了他一千塊錢。我往三重方向，站牌前巧遇輔大俊廷之同學。在蘆洲連豐兄那裡蚊子太多，晚上睡不著。兄弟倆半夜起來拍打，仍然沒有辦法。野蚊雖小，但甚厲害。

一九七六年（民國六十五年）五月三十日 星期日（天氣：晴）

至希爾頓飯店前面等車，遇游伯陽和他「老太太」，不久也來了總教官他們。化工系的來不少人（大多我不熟）。我沒有用早餐便上了車。

第一次到基隆。基隆通向大海港的道路氛圍寬闊，似有極大的缺口。路途中我曾小睡一會。與總教官坐在一起，是前面第一排座位。基隆的房子牆壁黑黑的，不像別處華麗，它們好像生了銹。

到了喪家，主人招待我們至一處服務站。我坐下來越想越悲哀，而總教官與王平卻坐在我旁邊看他們的報紙，絲毫無動於衷。

我出來走到外面，看到路中擺設著王文傳（王牌）的香火案，桌上那張大大的照片大概是學士照吧。樂隊大吹特吹，他們中有一些人去取了東西正在食用著。大白天的葬禮，不像黃昏。天氣酷熱，沒有哭的場面，大概眼淚都已被悲傷者流盡了吧。但王牌老媽被人攙扶著，她一一向眾人表達謝意，眼淚仍然掛滿著。輪到我們上前捻香的時候，每個人前胸都早已用別針掛了一條白色手帕。樂隊奏出了驪歌，把現場氣氛拉得極為悲傷。棺木繞行一圈之後，我走出來了。我不知道化四他們那班是怎樣想法的。怎麼沒有半點表情，更何況他們都已同班了四年。而我這個平素不常跟他接觸的，感受竟然如此之深。阿寶也來了。

前往金山，送葬的行列幾乎沒有任何旁觀者站在街道兩旁，因為基隆處處為山所環繞。

王牌家尤其靠山，故深入或淺出皆需車子的長遠護送。我與一女子坐在一塊，她是他們班上的女朋友。我精神悲淒，故一路不與她談任何一句話。在路途中我又小睡一會，醒來時海邊可望。金山遼闊之海洋使人有無限的清爽，我此行算是獲得了不少見識。下車時飢腸已轆轆，漸漸無法支撐下去。於是我便脫離隊伍，逕往一家小吃店。吃完了麵，肚子卻覺得怪怪的，慢慢從後追趕其行程。到的時候，人群已在墳墓的那一邊。我漫步走入墓地，只見兩旁甕子放在木板下面的處處可見，而斑爛了的棺木也破碎地任意被丟棄。我走上前去的時候，他們已把那只不大不小的棺木放進土坑裡頭了，幾個「土公仔」正準備挖土掩埋。人群圍在四周，寂靜無聲，內心充滿著哀傷。「土公們」卻無動於衷，互相以台灣的俚語開著玩笑。如果在別的場合，我一定會為他們玩笑的內容激起喜感，然而那時候我內心卻對他們責備有加，認為他們應該體念家屬的感受，舉止莊重不可輕浮。幾個和尚開始唸經，一下子又把氣氛弄得莊嚴起來，但繼續沒多久。總之，我那時候認為它似乎不是葬禮，他們草草了事。死者如此被送掉實在是一種悲哀。王的親人到了墓地早已無淚可掉。不知基隆人是哪一種怎樣的心情，而王牌的那班化工系的同學更談不上了。我與阿寶不與他們同行，卻坐最後一輛車子。

晚上到阿寶家裡。他家開服裝店，很大間，小姐請了許多位。我上了二樓他的臥室，聽唱機寫日記。他老爸年紀雖大，但不老。晚餐喝了啤酒，與他哥、妹、姊、姊夫同桌。大家有說有笑，尤其他哥哥與姊夫更是典型的廣播劇通，什麼張宗榮他吸食鴨片煙被抓呀！

晚上與他們坐自家用轎車同往台北。路上下了雨。我坐寶妹旁，一路上大家談笑風生。寶妹正讀師大生物系一年級。途中曾到其姊夫新店的家參觀。之後他們送我到台大。下了車，我逕往金源的宿舍。

一九七六年（民國六十五年）六月九日 星期三（天氣：晴）

本來不想參加畢業典禮，後來不知甚麼緣故，跑去借了領帶、白襯衫即前往。本想邀連豐大哥，然他拒絕。今天心情這麼不好，人家的父母都去了，只有我沒有。遇嚴等外一的幾個女生，她們權充我的家長，真感謝。我想將來等到她們畢業典禮的時候，我一定回來參加。典禮完後與她們合照，請他們在福利社（活動中心）吃冰，後來又同道用餐。下午和陳克復的女友照像，與康來新教授談有關愛情的問題。

未跟陳克復他們到台北。晚到秉文堂看電影，片名是《錦囊妙計》，描述一紐約市地頭蛇行善事補過，由《蘋果伊拉？》改編而成。

一九七六年（民國六十五年）六月十日 星期四
（天氣：晴 後下大雨）

這個早晨我就要離開了，心裡有說不出的傷感。疾病已折磨我至此境地，這是我三、四年來萬萬沒有想到的事情。教育之害在我身上算是最明顯了。

但望離開這個引發我疾病的地方，我的健康能慢慢恢復，重享人生歡樂的一面。

四年來，我太痛苦了。友情與愛情兩者皆徹底落空，甚至對它們的價值產生懷疑，我委實變成一位道道地地的虛無主義者了。

我希望我的宿疾不要復發。

以後一切就屬於我個人的事情了。

我（希望）現在是真真正正的一個大人了。

——第一、保持沈默。慢慢地寫稿、投稿。寧願過一種恬靜的生活。

——第二、平民化。

我對人生既然沒有什麼希冀了，為何緊張幹甚？（最主要的一點是：我已對一切產生淒滄之情了。）

一九七六年（民國六十五年）六月二十九日 星期二
（天氣：晴 似乎有颱風的氣象）

早上和金源一路走著，準備前往北勢國小參加他們的畢業典禮。路途有點遙遠，我們把收音機扭開聽著，解除寂寞。突然有一摩托車騎士在旁邊停下說認識我們兄弟倆，好心地載我們一程，對他真是感謝。

在北勢國小，校長接待我們至一間教室權充的辦公室。有一位老師很有禮貌 slave 式地招待我們吃糖喝茶，原來他是李清池的父親。不久陳登烽走進來，他像懶豬式地賴躺在沙發上面。緊接著鎮長都來了。而「登烽仔」對著農會總幹事開玩笑說他只想來吃飯。畢業典禮在一小小的教室裡舉行，畢業男生只有三十個，女生二十個，幾乎人人有獎。幾位先生都上台講了冠冕堂皇，勉勵的話語，有的內容很深奧，學生感動落淚，我卻在旁頗覺好笑。會後聚餐時，我們應邀入席。我很不智地向身旁的人表露身份，而北勢百姓並不領情，他們癡呆地漠不關心，令我很失望，而金源更是難過。食物豐富，感覺甚滿意。最後結束走出來後時間已下午一點多，清池兄趕來載我們。

當我趕到新營，簽大部份已被抽走了。我抽中陸軍六號，聽人家說七月十四日就要入伍了。

柒、軍旅日誌

阿兵哥（一）

一九七六年（民國六十五年）八月二十九日 星期日（天氣：未記）

嚴淑華：妳好。

不知上封基隆發出的信收到沒有？距離現在二個禮拜的時間，輾轉軍旅，心神不定，所以無法提筆寫信，至盼妳原諒！

我如今是「海防」班的一分子，十餘人據守海角一隅。天天面對一望無際的海洋，聽著海濤，尤其秋天來臨之際，涼爽的風吹使人醒覺那個嚴冬在慢慢萌芽，威力將不小也。有人告訴我這裡去年曾經下雪，不過我對戴面罩，著棉襖抵禦寒天的窘態卻不願多去揣測，因為這清秋，新鮮、活力的海風實在太令我流連徘徊了。我不願它的離去。

接觸「危險」之前，人往往會有所猜疑，不由得顯現了懦夫的情態。我如今已到達了戰地，和敵人面對面，和死亡為伍，心態一下子已坦然。這是從小開始，每當事情達到一個極端，在痛苦擺弄之下，我的心情反而會顯現平靜的 Situation 。不過，潛意識裡我很高興也很相信這次考驗無疑將會使我成長許多。妳認為呢？

歡迎中大外文系新的一群，妳們迎新會節目是否已準備妥善？我認為舊同學的心態比節目準備來得重要。只要大家顯現誠意，開放心靈，快樂自然會感染成一種很難得的氣氛。節目表個個項目或許會增色不少，除此以外，也可以跑出許多事前未曾料到的節目呀！

約明年二、三月將返防台灣，到時我們又可見面了。

中秋佳節將臨，「每逢佳節倍思親」

在這裡我預祝妳及　貴家人

中秋節快樂

萬事如意

林丙丁　敬上

一九七六、八、二十九下午

一九七六年（民國六十五年）九月一日 星期三
（天氣：天晴）

李錦芬：妳好。

不知從基隆發出的信收到沒有？一段不算短時間的翻騰，如今我已至陣地，一小夥駐守海防。心神安定了，才提筆寫信給妳，希望妳原諒上封信不周到的地方。來信提及寫信從來不分段，這個我不在意。我認為文字祇要表達了情意就很難能可貴。至於裝飾飄亮，「見字見其人」的說法沒有什麼意思。

偏見的毛病時常和個人的好惡互相連接，而且很容易養成習慣。人們嘴巴常說要改要改，其實不真正有一天他們受了感動，否則是改不過來的。舊病復發，煙癮難戒，形成人間多少流離，多少遺憾。

妳看的《黑暗裡的咆哮》，有空我一定看看。記得小時候看過由《黑潮》改編的電影《湯姆叔叔》，黑人反抗的怒潮，浮盪之記憶猶新，這類電影多帶有早期美國開元獨立凝重深沈的色彩，可以說是很古色古香的。

在這裡天天所面對的是一望無際的海洋，凝思變成更加深沈，我常常想念在遠處的妳們。真後悔往日歡樂時光沒有好好把握，祇期待退伍之後了。

這裡與敵人一水之隔，戰事隨時可能發生。從前電視影集《勇士們》的場景我在此地算是親身體驗了。一位軍人非但樣樣武器要會，而且要視死如歸。有時候想一想生命從頭至尾是如此的變化多端，真感覺人除一死之外，何有休息的機會。除了一些真的看開的人才能真正隨遇而安，處處有休息的機會罷了。不過，那種境界，我真不知哪天才可以到達。

不走出象牙塔從不知世界之廣擴。猶記得留學美國的舅舅曾有一信告訴我：「偉大的有可能是世上最卑賤的」。我並不鼓勵我們都是懷疑論者，不過隨時「眼看四方，耳聽八方」，多少可以彌補殘缺，釐定比較正確的尺度。Maybe I can not express this idea much in letter. 深期他日暢談。

妳們也快開學了嗎？最後謹祝

進步愉快

林丙丁 敬上

一九七六、九、一早晨

一九七六年（民國六十五年）九月三日 星期五（天氣：天晴）

親愛的大哥：您好。

在家一別，天涯海角。如今，弟已轉至馬祖外的東引島。約半年之後，會再返防台灣。

母親不知康健否？經此次離別，弟益發思念她老人家。真真後悔往日沒有好好孝順她，事事惹她擔憂。兄每逢回家時，但望多多帶給她歡心，凡事好商量。則弟也可心安了。

歲月不饒人，不把握，一下子就溜走。從前很多意願如今祇有暫時擱淺。當好自為之，待退伍後，相見言歡，共創家業。

金源不知是否已北上？一定囑咐他飲食要溫飽，出外自己要好好保重。

這裡雖處前線，然安全不足慮。每天一有空就翻英文《聖經》，讀書變成惟一安慰心靈至好的夥伴。弟飄洋過海，這是頭一遭。命運或許是要引領我走向更廣大的世界，我深信這番考驗一定對我心靈會有更深一層的助益。信乎與否，我已在時間性的感受中有所覺察了。

男孩子大都是要外出的。弟打算當完兵回去後加緊用功，準備到外國求取更高深的學問。

以前似乎我有點近於當個失敗者的恬淡意味。如今，我再不那樣了，我要作一個勝利者，多多帶給自己機會。

兄近來生活可否順意？有空可多多與金生兄通信。

每逢佳節倍思親。一年一度的中秋節將臨，弟在這裡祝福我們全家

健康快樂

弟 丙丁 敬上

一九七六、九、三 下午

◆

一九七六年（民國六十五年）十月十七日 星期日（天氣：晴）

親愛的母親：您好。

自從上封信後，兒因再受一個月訓，故無暇覆回，懇望母親大人原諒。

兒在此一切安康，母親請您不要為兒離家遙遙而掛念。兒已長大知事，照顧自己當為本份事。寒季已降臨，這邊天氣聽說冬天十分惡劣。所以請母親為兒寄來一雙皮手套、圍巾、長內衣褲（衛生衣褲）。順便放入幾包糖果好嗎？用包裹寄來。

金源不知是否安心上課？還有銘山近況如何？

這幾天有空，我會寫信給銘山。代向清池吾兄問好。

最後謹祝

家安

兒 丙丁 敬上

一九七六、十、十七

◆

連豐吾兄：

好久沒有覆信。一個月來，因新兵訓練，所以信都擱了。內心至今祇覺無限缺憾，加上思親情切，雖然自己不承認鄉愁，然而這是無論什麼人都無法自已的。

盼望將來自己有能力可以用英文寫作，不受四角方方塊塊的形式限制。我隨身攜帶有英文《聖經》。在這裡，對大自然體驗與日增加之外，對將來該走哪一方向也都有了更新的彌補。內心惟一盼望的是日子早點過去。雖然如此，我知道人不可以坐等日子過去，人要時時有所發明，尤其是在這種困頓的時期。

我在這裡一切安好。我平時有空就會寫一些內心的感想。對不起！下一封信比較有空，我再多寫些文字。

最後謹祝

萬事如意

一九七六、十、十七

一九七六年（民國六十五年）十月二十五日 星期一

（天氣：未知）

◆

嚴淑華：

真抱歉，一個多月來沒有回覆妳的來信。因再受一個月訓，有以致之。

這裡郵遞區號依附在馬祖下面，同屬於福建省連江縣。居民為省籍，有土話。房子近似台灣的小鎮。食物水果類奇缺。

刻正北風怒號，嚴冬比起台灣冷酷。中大現在大概細雨迷濛，時時有大風吹襲吧。我偶而會回想起過去在那邊生活的點點滴滴，彷佛昨天才剛發生的事情，腦子頃刻間就很茫然。感覺人生真是一場幻夢，離開終究是要離開的。

昨天接到我母親的來信，為我身居遠處掛念異常，頗責一月來無隻字片語返家。信裡並有一大堆朋友寫到我家的新地址和話語。

我讀完信後，內心無限感動，同時也很慚愧。盼望以後不再疏忽朋友的來信。直到現在，我才真正領略：寂寞的時候，領受溫情總是好的，即使是一點一滴。

謝謝妳寄來的照片，它帶給我很大的 Surprise。我把它存放於 meditation book 中。

「愛智社」（讀書社）的構想很好。真羨慕你們。我自己總鞭策自己要往「邏輯」方面下功夫。盼望自己有天到德國去鑽研 Philosophy。

記得以前曾經聽史作檉先生演講「形上學的三個遭遇」，第一次我見到一位為知識負責任的人。他沒有講稿，心思所及，足夠把 topic 帶入本身整個情感考慮範圍之中，而以真真實實的姿態流露出來，呈現給予聽眾，令人如醉如癡。我的意思是說讓我們付予所傾心的事物全部的生命吧！

Though I speak with the tongues of men and of angels, and have not charity, I am become as sounding brass, or a tinkling cymbal (I. Corinthians 13:1)

美妙的講詞，即使有天使般口若懸河的言語，如果沒有真正的慈悲而言之無物，甚至虛偽，它就好比是眾聽途說的一塊廣告牌而已，它將與真正的生命哲學絕緣。

近來妳一切可好？系主任是否換了？我言止於此，

最後謹祝

愉快進步

林丙丁

一九七六年光復節　9：25　早晨

◆

李錦芬：

很抱歉，很久沒有回覆妳的信。因再受一個月訓，沒有屬於自己的時間，故一拖再拖。盼望妳的原諒。

你們迎新會不知辦得如何？中大社團不起勁，我有同感。問題牽涉相當廣。不論怎樣，妳能脫穎獨立，盡己所能，它是一件令人高興的事情。

現在能負責的人算是不多了。

書本多，重量可能成為一大連累，尤其搬家麻煩。慣於思考的人可能只保存日記、記事簿於身邊。

能從書本中 catch 一些有用的東西，以供思考的佐証。讀書不必快也不必多。人要有一種自知之明，了解自己。需要什麼，便消化什麼。

我常見有些人藏書豐富，斤斤計較，保存得像寶貝。其實這些人絲毫不知自己已淪為書本的奴隸。為了使我自己更加活用書本裡面的知識，我儘量不劃線，不作任何記號。因為自己有了自己一個程度之後，自己便有了一座「思想觀念」的海，任何新的東西流入，雖然會起或大或小的波浪，但當我們透過再一次的思考經驗，融會貫通以後，不平靜的海洋終究要平靜的。因此，海洋越受苦難的折磨，越會擴大深邃。

所以說吸收消化是很重要的。學文學的最好能發抒於紙上，寫日記，寫出一些自己的東西。那是最彌足珍貴的，最可寶藏的東西。

至於書本有無不大有關係。而知識還可以從其他境地獲取呢？

我認為「美國新聞處」是一個良好的讀書場所。辦借書証很快，只要拿身份證，一次最多可借四本。可聽 Tape，有時常舉行英文演講。雜誌很多類。希望妳寒暑假能多多利用。

我個人覺得影響我們對事物的見解（文學的觀念）是多方面的。為了使我們更具準確性，我們除了不斷領受人生不同的體驗外，同時也自我教育於其中。有人說生長是一段痛苦的歷程。我們憑此希望生長出來的是血色的、健康的，而不是蒼白的、不健康的，否則痛苦不是白費了嗎？

我近來有空便翻閱隨身攜帶的英文版《新約聖經》。我本身不是教徒，讀它只是用一種「欣賞古典」的態度，不由得心靈也自然充滿一片喜樂。

我知道換其他古典的小冊子，我也是會很喜歡的。

從前 Romantic 的憤慨心情已隨遠飄忽。站在大自然的宇宙當中，徬徨和狂喜雖常因心境有所變換，然冥冥中總是對精神生活獨增印証，帶有十二萬分的感動。

妳近來可好？在這裡衷誠地祝福妳

快樂順意

林丙丁 敬於

一九七六年光復節下午

一九七六年（民國六十五年）十月三十日 星期六

（天氣：未知）

鄭純音同學：平安。

真抱歉，一個多月來沒有覆妳的信了。原因是再受一個月訓，無暇無心思。

來信提及精神失落比勞累的肉體摧殘更加使人難以忍受，我頗有同感。如果針對問題來說，妳的話真是一針見血。

暑期在台南，功亮曾贈我黑色表皮的英文版袖珍型《新約聖經》；自入伍以來，便一直攜帶在我的口袋中。有空翻閱，對我有了莫大的幫助。除欣賞詞句的美妙外，我的靈感、我的心思總是不斷地受著它的錘鍊和鼓勵，對慈祥的神恩有了一番新的體認和欣喜。我想我們要獲得拯救，惟有單獨透過這種思考的方式，直接與神交通。

我已決定今後對自己多加鞭策，在思想上有所進步，有所發現。實質上，雖然美學的考慮將是我整個的生命內容，但我仍然會不斷地仰望信仰的崇高和偉大。寫到這裡，我不禁肅肅然而生起一片謙卑的心情來。

寒冬已屆，常常我會思索故鄉風吹、冷瑟的情形以與這裡的氣候兩相比較。思鄉之情因此地一天比一天加冷的關係更加殷切了。盼望你們多加添點衣服。都怪自己沒有多多把握往日的時光，如今遠地乖隔，寒暄問候已成為不可能了。

願藉這信紙，煩妳代替我向團契弟兄姊妹們問安。

謹祝

以馬內利

林丙丁敬筆

一九七六、十、三十晨

一九七六年（民國六十五年）十一月八日 星期一（天氣：未知）

俊廷吾兄：近安。

自從上次台北一別，我們便音訊斷絕，算算時間已有一段久長的時日。弟思慕兄的威儀偶偶於惦念之中。

預官落榜，服普通兵役。七月中旬，弟入伍，如今輾轉來到馬祖外方的東引島，離鄉背井，對往日一切更加思念了。

家兄來信告知您新的住址，便即刻寫這一封信向兄問安，更感謝兄對弟一番關懷的心意。

弟來這裡已有兩個多月了，幸運的是明年初可回台灣。

平常有空閒，便看軍中書籍。自己帶來的書本只一、二。

兄也快考預官了吧，希望您金榜題名。

悔當初沒下功夫，至今當兵當官遂有天地之別。但望您記取。

弟學校畢了業，在家鄉，曾利用當兵前一個多月的時間試寫了一中篇小說，稿子猶留於台北重慶南路的重慶出版公司。本與老闆商量出版，然入伍急促，故未能談妥。老闆答應為弟保管。弟希望明年初回台後再處理。

當初寫的動機是：學校畢了業，對一切頗感失意，覺得一事無成。又兵期在即，想把多年以來的生活重新整理一番以作為結束，又當作重新是一個起點。基於此，感情的沸騰充沛可想而知。

現在弟已經比較理智了。需知文章事不是一、二時日草草可成，要經過不停鍛鍊的。至今想想那小說（名叫：《毀壞紀傳》），幼稚當使我赧顏，更別說出版了。心中從此充滿著求知慾極是豐盛。希望退伍以後好好K一番，以補贖從前疏略了的時光。

兄近來可好，餘言後敘

揣此　頌安

謹祝

愉快進步

弟　丙丁　敬上

一九七六、十一、八

一九七六年（民國六十五年）十一月十日 星期三

（天氣：未知）

◆銘山吾弟：近安。

很久沒有互通音訊了。今接來信，至為欣喜。回想六月初自學校畢了業，有時在家，一會兒又在外。直到入伍前，行止一直飄忽不定。很多信都耽擱了，這一點但望你諒知。

我在這裡尚好。昨天接母親寄來的包裹，裡有衛生衣褲、餅、橘子、生力麵……很大一包，對母親的苦心無限銘感。在中心，我只回過家一次。如今人海兩隔，衷誠地盼望退伍之後能好好照顧她。我明年初可回台灣，到時必定先返家一趟。

你的信行文很有進步，希望你永遠保持這種純真的個性。所謂文如其人，我想我們兄弟都有這般優點。

你平常可以多看書來改善自己的文字。另外，胸襟的懷抱時時注意不斷擴充，這點你一定知道的。

兄從前一切作為實不足為你的模範。希望

經過這一次的離別，透過生活體驗的磨難，我們都能更加了解人生。

金源弟，不知你是否寫了信給他？他隻身在外求學，今連豐兄又已回到台南，剩下祇有金生兄一個人可以照顧他了。我這裡沒有他的住址，無法告訴你。待寫信回家，要母親通知我們好了。

我發現軍中有《勝利》這刊物，中英對照，語句實用。你可以好好利用，對英文的改進當事半功倍。有空時，要朗誦再朗誦。

來信告知平素生活節儉，甚慰。兄也要向你學習。

軍中甚望有人寫信來，我亦有此同感。兄以後有空的時候，一定時時寫信給你和母親，希望你也常寫。言止於此，

最後謹祝

愉快進步

丙丁敬上

一九七六、十一、十早上

◆

金生吾兄：近安

弟來東引已兩個多月了，約明年初可返回台灣。

這裡已寒風吹襲，冷酷勝過台灣。昨天母親為我寄來衛生衣褲、手套和一大堆東西，真感激她的一番苦心。銘山也來信相問安，提及自入伍後一切都有很大的改變，尤其是身體比起從前更加強壯了。

弟平常有空便看書以消除寂寞。打算退伍後能一方面服務，一方面繼續研究學問。

希望兄有空常來信，互敘別情，喜樂自是無比。

金源弟在台北不知生活如何？現只有您一人在台北獨自可以照顧他了。希望兄轉告他多注意飲食起居。

兄弟之情，靠紙墨難以形容，兄當知弟對兄寄望之殷了。

謹誠地相祝

順利愉快

弟丙丁 敬上

一九七六、十一、十

◆

王禮莉同學：近安。

我現已離家鄉服役於馬祖外的東引島，路途遙遠，思念之情更加深切了。但思念終歸是冷靜底思念，卻絲毫沒有半點浪漫式衝動的氣

息。因為經過這一番輾轉流離之後，七情六慾業已隨遠飄忽，剩下對「大整體」寧靜的感慨之外，便是隨遇而安的一位知命者了。

六月底返家曾致信到校相問候，不知妳收到否？暑假本欲再寫，可是知道妳已離開學校。來東引之前在基隆曾寄函鄭純音轉致心意。在基隆偉昌嶺時，心情沈重異常，充滿著愴惶不安，渴望命運之神的幫助和扶持。因此我再也不像從前那麼驕傲了。

在台南，功亮曾贈我小型《新約英文聖經》一本。自入伍以來，我便一直隨身攜帶著它。一有空便翻閱，頗得喜樂和對聖靈有著一番體認和感動。

我想從前自己是夠渺小的，有很多事自己認識錯誤。我現在最大的寄望是將來。從現在起我要用功，我要進步。我現在感覺自己需要謙卑才能使心靈平靜。

約明年初可回台灣，寫到這裡不寫了。

謹誠地祝妳

愉快　以馬內利

林丙丁　敬筆於一九七六、十一、十

一九七六年（民國六十五年）十一月十三日 星期六

（天氣：寒冷 在東引）

李錦芬：

相信接到這封信時，你們期中考也已完畢了吧。

我在這裡一切平安，謝謝妳的關懷。我有可能回台過春節。

論及圖書館讀書的經驗，我頗有同感。在書本前面彷彿呈現了一個充滿「豐盛」的莊嚴國度，我們發現我們是 a「king」，擁有無比的財富。這財富是流動性的，它不斷地作著精神的交易，而雙方又是多麼慷慨與大度。不管成本是否虧損，祇管付出，不取任何代價（不意欲要取），結果都心滿意足了。

如果我們不為考試而讀書，胸懷作學問的抱負，則更能專心一意而忘卻自我，充份享受讀書的樂趣。

我個人認為要過得快樂，人必須把平直的生活面擴充為四度空間，也不一定要四度，數目越大越好，幾至於n……度。人的自我可以隔離於現實生活之外的那一層面，甚至躍高至最後可以容納自己的另一層面，當然面積越大越好。我們隨時間、生命的成長而增厚地積。為什麼我們要這麼作呢？因為我們要過一種藝術性的生活。

美感第一要素強調的是適當的距離，對象不能太遠或是太近。我們不必削足適履，而要經由不斷地反省，把生活的一些瑣屑、煩雜從心底一一把它們否決掉，這樣我們便能成為一條單純的、活動性的變形蟲。這條變形蟲，牠知道某些人是重要的，某些事物是次要的。比如說：一個關心更遠大事情的人他對人際間的關係是看得很淡的。因為他是過來人，雖然他人已在一個超離現實更高的層面上關心，然人際之間與人交往卻不失其準確性。因為他是過來人，如今他已不是現實社會的過客了。

美感的生活要我們實事求是，卻不為事所牽絆。

不要為社會的不公平憤慨而死了。讓藝術的imagination精神來滋潤我們煩躁的心靈。白天過去，黑夜來臨，人需要休息，藝術即為我們的安眠曲。

講這麼多，所要告訴你的無非是存在主義——「為自己負責，抓回自己」和丹麥神學家齊克果的觀念。或許我講的妳不明白，但我很為妳在信裡提及的感想而高興。

美新處「Snobbish」，真贊賞你如此形容他們。老實說進去外人所舉辦的「好地方」，處於今日的時勢總覺很不自在。不過，不管那麼多了。

思鄉仍是情切。「望鄉」不得，祇能以讀書補贖精神上失落的感覺。顯然，在某一特殊的環境，某一例外的時空之下把自己幻想成悲劇英雄是我過奢的僭越，可是有什麼辦法呢？

信至於此，尚有很多的關心和祝福仍未完全表達。

最後謹祝你
以馬內利　愉快進步

林丙丁　敬草於
一九七六、十一、十三午夜

一九七六年（民國六十五年）十一月十五日 星期一
（天氣：未知）

◆

嚴淑華：

聽李錦芬講你們最近正期中考試。

可能我們可以回台灣過春節。

來信提及接了美術社長熬受苦頭，在這裡謹致慰問之忱外，並為美術社順利上了軌道而相祝賀。

我外祖父是個畫家，可惜他早已過世了。我幼小常常在他四周圍走動，心靈受影響很大，雙手卻對畫畫一點辦法也沒有。兄弟中算我是最差的一個。舅舅本繼承衣缽，為謀生，到美國便改攻他科了。畫畫在我們的家族算是世代失傳了。

我一直對畫畫的人有特別的好感，對生活與工作合一的人頂禮膜拜。

希望妳不要氣餒，再接再厲。我不知道我們外文系的教授方法是否有所改進？以及學生「K」書的態度和方向是否得當？總之：不隨波逐流是最重要的。有天離開那小小天地，便覺世界真是海闊天空得令我們悔不當初了（假設以前生活得小心眼）。

像我現在便對中大的一切無論哪方面都感覺已隨風飄忽了。雖僅僅離開不到半年的時間，空間一轉換，什麼都覺滄桑。人生為羈旅的一句話是最確切不過了。我們凡事盡力而為，不受利害得失牽絆，這是我們了解佛家因緣論的起點。時時抱持著最後一天活在人世間的想法，則謙卑自生，對生活便有萬分的崇敬。記得從前在學校時曾與你談及俄羅斯文學，現在寄上二張侯立朝先生所作批評的末尾，希望你看了有所裨益。下次覆信時再郵寄還我。

揣此頌安

最後謹祝

愉快進步

丙丁敬上

65、11、15 凌晨

◆ 俄羅斯文學靈魂的負擔　侯立朝

四　表現

以上，我只舉出從一九五六年開始陸續出版的這三部小說，把它的男女角色提出來欣賞，當作是俄羅斯文學靈魂的象徵，如果讀者有興趣，可以把這三部小說中的男女人物與托爾斯泰的「復活」中男女角色，屠格涅夫的「荒地」（處女地）中男女角色，杜思妥耶夫斯基的「罪與罰」中男女角色，普希金的「尤金．奧尼金」男女角色對照，我們會發現有同一的主題：靈魂的磨難。而靈魂的磨難，首先是從生活的磨難開始的。它表現為：

痛苦

虛無

虔誠

的梯次及最後之綜合。由具體的生活的現實之痛苦出發，由肉體的磨難出發，經歷恐懼，饑餓、暴虐、戰爭、革命、流血、死亡的心理震動，通過洞穴、田野、冰河、深谷、雪山、森林、沼澤、碉堡、車站的環境變化，穿過春華、夏實、秋收、冬藏的時光流動；於是，體驗到生命的真痛苦和大虛無，體驗到生存之震盪與流動，終而歸根於對生命之虔誠：要求展現出無限的自由，無限大的愛，無邊際的永久。因此，蘇俄的文學，不是要我們看它的故事，而是要求我們看它的生命。

在已知的地球上現存的民族歷史中，有兩個民族生活及生命的遭遇最痛苦：其一是猶太人，其二是斯拉夫。而這兩大民族的文化基礎都起於痛苦的感動，一個創造了宗教的頂峰，一個創造了文學的頂峰。而宗教與文學的第一個特性，就是感動。新約全書的神髓力量就是感動，俄羅斯文學的神髓力量也是感動。但是，這兩個民族的統治者，好像是全無感動的知覺，舊約時代的猶大帝王，俄羅斯的沙皇和黨書記，是異體而同性。日耳曼和中華民族較為幸運，所以只能有「哲學」與「倫理」，這就不是生於感動，而是起於認知了。

一九七六年（民國六十五年）十一月十九日 星期五（天氣：未知）

我已很久沒有寫日記了。心裡的壓抑如今似乎有爆破的可能，我無法再忍受了。我不能再用英文來表達什麼，真正心中的感觸仍是中文式的，用英文便表達不出來，而且只作一天、兩天的事情。環觀左右，我的敵人竟然如此之多。從當兵以來，我便自認倒霉，誰知倒霉事緊接著連續，令人作嘔。一直所抱持的沈默的態度再也不能夠了。

喔！現在我是嘔著心血在寫我的心聲，讓我痛快淋漓吧！

從今天以後，我再也不怕了。我為何要受無端無由的精神恐懼？以前我不是一位自己為自己負責，充滿決定的勇士嗎？自從被禁於籠屋之內，一切都顯得如此頹唐、荒謬。

對！我要打倒我心裡一直恐懼著的一切人和物。我要再用中文寫日記，哪怕被看到了。我要作千百個索羅尼辛。我要作杜斯妥耶夫斯基。

一九七六年（民國六十五年）十二月一日 星期三

（天氣：未知）

王禮莉：平安

盤坐雙腿於床沿，把紙張置放其上，慢慢覆這信給妳。

猶記得今年三月，預官考試前，受過妳的祝福，然不用功的我終究沒有考取。

在偉昌嶺洗手間巧遇和我同樣命運的大學同班同學，兩人愕然良久，來不及相敘別情，他轉換另一條船航向馬祖去了，當時他臉色十分憂戚。過幾天，他女友來找他不到，經我再三勸慰，才離去。

他是基督徒（聚會所），見我口袋裡有《新約聖經》（現午夜衛兵畢，繼續此信。在燈光下竟然有一張書桌。），告訴我說到了馬祖一定要他女友為他郵寄一本。

前天接到他的來信，略謂近已心安神定，並且給我許多勉勵的話，要我刻苦耐勞。……我想起以前在學校的時候我們都沒有如此過的。如今時空既南北乖隔，對於舊日好友也就更情真意切了。大體上，我對大學裡的相識，或其他朋友，在此地，每當靜下來的時候，懷念一天總比一天深切。過去生活的點點滴滴，能夠回憶的都使我思念，低迴不已。盼望妳珍惜大學時光（我想妳會的）和美好的天賦。

我一直認識著一種信念，它支撐著我生活下去。在獨自一人踏上了一步山階，或順著山坡疾奔下去的時候，它有如寒天清晨那般的清新，掛在我眼前。

一年一度的聖誕節大概也快到了。

六月中旬返家後，曾把過去生活整理，寫了七、八萬字的文章，小說名《毀壞紀傳》。現稿子在重慶出版社，因入伍關係，等回台灣再商榷了。

我想如回台灣，可能把它取回，不再談出版事。

我整個心思總有杜思妥耶夫斯基《地下室手記》的「悽愴」在，更有齊克果佝僂的背影。我願以自己的「劣等產品」自惶，期待以後進步之中了。

神的偉大與博愛亦使我對自己感到羞愧。希望從此把愛多多施捨，以彌補他日的「疏忽」於萬一。如此，我才能真正感受生存的價值何在。

謝謝妳對我生活的關懷，我在這裡一切都安好。請妳不要掛念。

一九七六年（民國六十五年）十二月五日 星期日
（天氣：未知）

（今五日清晨再繼續此信）

光島在西面，清晰可見。

妳來信提及一切橫逆皆可作為鍛鍊自己有趣的「課題」，我頗有同感。這是一個美學的問題，假如在「落難」當中，一個人能作如此想法的話，他就不會亂發脾氣，只有「隨遇而安」便是了。

我剛來這裡，起初也很不舒服，主要是想不通的關係，加以思鄉情切。

一直「鍛鍊」到現在，回想起來，這期間生活的艱難，的確讓自己「動心忍性」不少，對於「上帝的慈悲」和可貴的人情有一種更加盼望的衝動。

軍中書刊種類也不少，所以一有空下來便閱讀。

我打算每天多少用英文寫一些稿子來訓練自己。

外文系的功課大二、大三很重。以前我們在正課之餘，總貪婪於其他一些「旁門左道」的書籍，到考試時才緊鑼密鼓起來，可是準備已太遲了，所以成績不會好。不過，心裡懷抱一項主題來從書本裡尋求印證，讀起來就不吃力受苦了。這一項主題是一種我們內心的情操和認識，好比追求神恩一樣，我們會發現非但在各種類的書本裡，而且在宇宙萬事萬物之中都有其所在。

然而一個人一定要抓取死背嗎？不必的。只要他能吸收到那種 Grace（恩寵），他非但會生活於知識的豐盛之下，取之不盡、用之不絕，而且形成自自然然的風度了。

我相信妳功課和生活一定會配合得很穩當才對。願聆聽妳更好的見解。

最後祝妳
進步愉快
敬頌
以馬內利

林丙丁 敬上
完筆於 1976. 12. 5 清晨

一九七六年（民國六十五年）十二月二十四日 星期五
（天氣：未知）

丙丁吾兄：

這幾天，心情很沈悶，似乎對某種感受的

過渡，也突然有一種覺悟，直到接獲你的信，更証實了此項觀念。

我十分後悔，很想贖罪，一種對生活腐敗的悔過。我徹底地發現，我好空虛，這段日子，不曾有過充實的體驗。閉目回想，過去也許較令人滿意，能夠理直氣壯的講話和思想，純真、堅韌、貫穿心胸，就憑這股意志氣流，生命力不斷蒸發。但是曾幾何時，往昔已不再，而今卻後悔。

我知道，目前的我，不復擁有文人的感受，我早失掉那份崇高的心靈。文章閱讀引不起我的興趣，然而我的課餘時間又花在哪裡呢？就這樣的不明不白，我的生活陷入腐化中。忽然我發覺，泥沼的寒氣已浸透我的骨髓，我想移身走動，卻寸步不能，難道我竟無法自拔！

這段日子，思想俗化了，生活沒有感想，實在令人遺憾，繼而悲哀填胸。靠著被子，頭埋在膝間，不斷搖晃，真想大哭一場，無奈沒有淚珠，豈是已成無血肉的屍軀？唉！傷心！傷心！

距離學期結束，還剩一個月多，我要重新生活。

吾兄多保重！

祝早安

弟　金源　敬上

十二月十四日晚

一九七六年（民國六十五年）十二月二十八日星期二

（天氣：未知）

金源吾弟：

來信曉得你近來生活不比從前寫意，陷入掙扎之中。這經驗我以前亦如此。希望你不要氣餒，勇敢地面對現實。以後你會發現你並沒有白白地生活過，你是獲得不少東西的。

在人生的各種場合中，誰也無從真正把握自己，我們都處在一種學習的狀況當中。

我以前在家時，就覺得你的生活態度要改，你太清教徒式刻苦地生活了。

尤其當我在大一初次陷入對女孩子的單戀中時，我更體會了什麼是「暗暗地掉眼淚」這一回事。

我也曾經歷與領略了什麼是「墮落」以及陷入生活泥沼中的不可自拔。

人生原不是你所想像那麼單純的。我至今仍然常常在「贖罪」，充滿悔過的心思。

無論如何，我們要面對現實。就算齷齪、就算流血，我們也要嘗試。不要太「自我反省」，放心地做去。我們為自己負責一切好了。

我建議你多多接觸有關「存在主義」的書籍，從尼采、齊克果、卡繆、沙特一系列看下來。這是非常重要的，它關係著個人的成長是否順利、成功。

對「基督教」的來龍去脈也希望你能好好地研究一番。

（寫上面文字是在清晨，今傍晚提筆又寫了下去。天冷，雨點已結成小小的冰塊撲打地面。仔細聆聽，鏗鏘有聲。早上聽說溫度是兩度。）——十二月二十七日

我近來有一種想法：我們都需承擔整個家庭的命運。不管將來我們作怎樣的團結奮鬥，在個人性格上，我們都曾受環境的影響很大，所要克服的就附帶了許多。這是所以我在當兵之前放心不下，而整理出一些文字準備出版的原因。我可能將來準備走Writer這一條道路。

你有空多去找金生，並常來信助兄消解寂寞。

兄近來比較有時間看書。再差不多二個月便能回去探視母親。

我希望你能好好計劃將來，準備考個研究所或者是出國。最好立定考個研究所，對於當兵比較有利。

再談。

謹祝

勝利愉快

P.S. 不要忘記每天寫日記

兄 丙丁 敬草於
1976.12.28 10:20晨

一九七七年（民國六十六年）一月四日 星期二
（天氣：冷 雨）

我的感情沒有全然發洩（半調子這種苟且偷生的方法，我的肉體可以繼續如此存在乎？）。

我的痛苦與其說是別人加給，不如說是自己致令它如此。

我為何這樣呢？我使我自己陷入痛苦的邊緣，是我自己陷害我自己的。

如果早先我依循《地下室手記》裡的他那樣子去做，現在就不會這樣子了。我的情感沒有全然發洩。

過去在學校，還沒當兵前，我曾有過全然

忘記光陰之流逝，專心一意於寫作中渾然忘我的時刻。可欽羨的那段時光啊！為什麼我沒有繼續下去？是我那以後的生活沒有安排得妥當？抑或自己仍然處於不知何去何從的複雜當中。

啊！昨晚我一夢再夢 Wang，和外文系大二的一群，往日的美好時光我全然捕捉不到。

這該是我重新開始的時候了。

我近來的形象已改變很多了。

我爬上山氣喘如牛，為什麼呢？

保健的觀念對我無補於事。假如我想努力完成一些東西，就不該注重這些細節才對。我不要那些戰戰兢兢的舉動。

附註：今日看完 way to wisdom 雅斯培的《智慧之路》，獲益不少。我已比從前更了解這樣的文字描寫。真高興自己的能力和見識已變成高超的、非凡俗的。

《智慧之路》——周行之譯。

一九七七年（民國六十六年）一月八日 星期六

凌晨2點鐘左右

（天氣：未知）

我尿床了，夢與許文宏老師入廁。這麼久了，為何我還會遇見他呢？「我合併食指和中指向他表示我的堅決。雖然我的外表蒼白，充滿痛苦的表徵，然而，我的內心卻是赤裸裸的，比過去更堅強。」

所以會夢到他，原因我想是平時我所受的壓抑太多了。這尿床真使我心驚膽顫。

我近頗以牙痛為苦，卻堅決不去看醫生。原因是我認為身體不必照顧是可以的，只要能夠完成寫作便好。

鄭偉喬的宏論：一切為國家。看似無懈可擊，他的真誠令人無可懷疑，但我仍然模稜兩可。

總之：他們是幼稚的。

盧榮坤批評我絕頂聰明，在社會可以，在軍中則不行。我想其使用暴力、流氓手段於軍中，自以為是。別人吃不了他，真是幼稚的想法。這一點令我對回台灣的事準備打退堂鼓了。不與他們這些傢伙搞在一起。

我昨天算沒有過得快樂，原因有幾點：①沒有好好寫作是最主要的原因。②在家裡整日，沒替「豬仔」買奶粉，他雞雞巴巴。③鍾育芳來拿蛋。

我早上又勾起了彈吉他的興趣，但我卻仍

不能 get better of it。歌唱難，什麼都免談了。

我今天應當有足夠的理由可以生活快樂，因為我以後要開始致力於寫作。

一九七七年（民國六十六年）一月十日 星期一
（天氣：風吹 雨 東引）

為何我生活於愚昧之中而不自知呢？我四周環繞著這些甜言蜜語恭維的話，為何我自己不從中間脫離出來呢？可恨！復可嘆的我的四周圍環境。

我如此可鄙：欺弱怕強。No! 我不是這種人。

而什麼是我的方向呢？

為何我的心徬徨憂鬱，一切都看不順眼？國明，您在哪裡呢？是否在台灣？可悲的時勢。

我想：以我的頭腦，我是可以把像化學，還有其他一些科學方面的功課唸得有聲有色的，如果當初不考文組的話。

他們這些當幹部的愚昧無知，我所遇到今日的中國人個個愚昧無知，我盼望有誰來欣賞我美妙的紅顏。在病痛中我也可以奮發起來呀！我為何一味貪圖的盡是完美。於是完美造成病弱的我整個生活之持續不前。

陳順雄真的了不起。一切受苦的哲學家真的了不起。為什麼我做不到呢？

昨晚巧遇陳富才校友，他在重中。昨天下午在「天皇號」喝酒，遇葉榮生。葉的臉像與他內心的彎曲想像刻劃一致。這位校友真難得。以前在中大時，不重視。總之距離拉遠了，異地重逢，格外親切。

對了，母親寄來了包裹，令我十分驚喜。而銘山也已回到了台灣苗栗。我不能不回去，親情太可貴呀！

我實在太想念 Wang 她們了。Wang 她大概現在還是獨目一個人在秉文堂彈鋼琴吧？我們遠處乖隔。如果將來與她們有緣，一定會再有見面的機會。而我見她們的時候，我需要有所成就呀！所以我個人必需奮發努力才好。

一九七七年（民國六十六年）一月十二日 星期三
（天氣：風吹 陰 東引 陰慘慘的東引）

◆為什麼我們的一生祇有痛苦？我的苦難，自兒時，與生俱來的苦難。我要發瘋了嗎？現實人生的邊緣。為何在軍中，我僅是別人隨意差遣的奴隸，下等低賤的東西。

苦難何處是盡頭呢？我要抓住時間的永恆。我怯對時間。喔！我為何不曾從命運慨嘆的歲月流逝裡昇華出來呢？我的苦難何處是盡頭？

外面風吹得緊。故鄉！故鄉！人的歸宿我歸程的止點在何處？

故鄉！故鄉！I condemn the whole world！我要大叫大喊大哭大鬧。喔！苦痛唷！太苦痛了。想到人如此的脆弱，我他媽的什麼世界。欺騙！欺騙！

苦痛的來源如此令人難以抵擋。我必須挖掘它更深且入，把我整個靈魂獻身給它，如此我才能完成某些小說的創作。

我把今後的人生路線規劃如下：

極力完成小說創作。一心一意，時間花費在上面。不理會外面的（陰）恩怨。以完成小說為目的，不惜任何代價。

◆

我要發光發熱完成我的人生。

為什麼我不生活得豪爽一點？為什麼我要生活得如此痛苦？我要振作起來。

一九七七年（民國六十六年）一月十四日 星期五

（晨 3:55）

（天氣：未知）

◆

我願意犧牲一切來導使我的文學創作發光與發熱。我願意犧牲一切來導使我的生命更加虔誠。啊！對於神的敬仰。

我已作最大的犧牲了——志願留在這裡。明年五月！明年五月。

我希望在這裡利用時間寫出一些可貴的東西，同時也閱讀很多的書籍。我如果回台灣，實在怯於面對他們。總之，退伍了結一切是最要緊的，更何況我沒有半點成就。

我希望日子能像這般水流風吹地過去，則一年五個月就很快了。

◆

敬愛的母親大人：

寄來的東西與信件都早已收到了，遲遲沒有覆信，兒真抱歉。

銘山已經回去台灣，兒真替他高興。上次接到他的來信，無論文章、字體都顯現突飛猛進，可見他現在已經是一個可以照顧自己的大男孩了。

兒在此一切都很平安，請母親不要掛念。兒沒有寫信回家要東西，母親竟然寄來，令兒實在慚愧又感動。兒如果不更加努力奮發，怎能報答母親您的大恩大德於千萬分之一呢？兒每次想到母親在家備嚐辛苦的情景，無不淚水盈眶。盼望母親身體能多加珍重，待兒返家重整基業。

清池兄近來好嗎？金源大概現在已進入期末考，不久便可回家度寒假了。

記得在家銘山平常掛放書包的地方，兒有一個皮包，裡面裝有一張大學成功嶺集訓時的結業証書，希望母親把它拿出來妥善保存，我那皮包也是。

最後謹祝

家安

愉快

不肖兒 丙丁敬上

六十六年一月十四日 早上

一九七七年（民國六十六年）一月十五日 星期六

（天氣：未知）

◆嚴淑華：

一查日期，今已十四號了，一月又過去了將近一半。而這封信如妳收到時，大概也已放了寒假了吧？所以我寫妳家的住址。

終於到了今年了，一九七七年。屈指，明年五月我就退伍了。那時我弟弟將是大三學期末，妳們也是一樣的大三學期末。然後我就要找個工作，或者是繼續學校的生活（當老師或考研究所）。但無論怎樣，我一定要有所創作。我最近覺得當我們不得不為一種信念而活時，受苦算是我們命中所註定了。還好，妳們有良友促膝夜談，而我要透過千里的魚雁往還，或於理性的沉思當中滿足自己。

雖然如此，從妳信中我知道妳並不氣餒，我知道妳將獲得無數甘美碩果的；而我自來這裡一直到現在所忍受的一切使我增加了不少的勇氣。願我們互相祈求上天的祝福。

妳在信裡提及「無奈的精力上的『彈性疲乏』」，形容得真恰當。我在大二時為了「推翻」他們，也是和妳一樣的情形。有時候我想要大聲在校園裡高喊出來：「喂！你們看：世界上最大的一個騙子！」我知道我那樣喊時，臉上一定會充滿著血和淚的，可是我卻忍受下來而暗地裡哭泣。

妳說班上的氣氛已冷卻了下來，這是在那種教育之下「很正常」的現象。說來實在很可悲。（我不知道系主任換了誰？）

在任何環境之下，總是主要的占據有那麼「一型」，大學生也不例外。我想這樣子只是互相迫害、互相虛擲光陰而已。由此可以想見一種風氣的不能改變，除了互相沒有益處外，更把「真理」給埋沒了。

記得有位同學問我對英美文學老師有何感想，我順口回答：老周、老林應對我們所用的課本說聲「Excuse me!」。並不是課本辜負了我們，而是教的人違背了作者的旨意。

我也曾有過相同的經驗：就是老師的教學方式容易產生反效果。當我們厭倦了他的「嚕嗦」，同時也會對他所教的內容失去了好感。其實，本來我們都對「莎士比亞」滿懷想像和欣喜的，然而「莎士比亞」的考試一被趕，「莎士比亞」的風格一被迫去死背，則「莎士比亞」在我們心目中遂逐漸成為兇神惡煞，避之猶恐不及，更別說保留當初滿懷的熱衷。所以說：在「壞」老師的引導之下，我們幾乎要變成「正宗功課」的逃學頑童了。

不知妳的情形是否也如此。不過妳不要惶恐，走一條固定的路線並不是大學生的責任。大學時代所給我們的應是一種通才教育。我們應儘量接受「各種」考驗，然後將來那「唯一的道路」才能向我們展露曙光。所以我畢業時曾自問：四年中我到底得到了什麼？我發覺自己並沒有得到什麼。但惟一的安慰是自己「比較」曉得將來要走什麼道路，而且比較能把握自己了。

我真為妳辦事負責的精神所感動。記得紀伯倫在〈破碎了的翅膀〉前面的附詩中也提到了兩眼凝視太陽而不眨目的勇夫。我們受苦的代價只是要掙得再一次的「復活」而已。在復活中，我們覺得世界更廣擴了，而我們也更自由了，如此而已。

妳準備參加「台灣史蹟研究會」，我祝妳收穫豐富。上次我們班上也有一位同學參加，回來告訴我說：此行值回票價。

我也希望他日相見時，告訴妳一些趣聞。

揣此

頌安　最後代我向妳的同學們問好

謹祝

愉快　進步

P.S. 回寄的〈俄羅斯文學靈魂的負擔〉，

我已收到了，謝謝。

林丙丁

六十六年一月十五日 凌晨三點十五

◆我相信透過患難，我可以獲得靈魂的拯救。

一九七七年（民國六十六年）一月十七日 星期一

（天氣：未知）

跟他的一番談話之後，我知道他和我之間智識的差距極大。我就是和別人（大多數人）相比也都情形相同。因此，我必須作個決定，決定努力於我個人的事業。每想及我和他們之間的差別時，我就真傷心呀！

阿兵哥（二）

一九七七年（民國六十六年）三月十二日 星期六

（天氣：陰晴，有點細雨，宜蘭天氣還好）

今天遵行昨日以前的決定（保持平和的心境），所以沒再扯了麻煩。我想：這個決定可能對我今後的行徑有很大的幫助。

我知道這決定屬於調和的政策，but I feel something bloody in my mind.

Beneath such enforced government, I could not but keep silent.

一九七七年（民國六十六年）三月十三日 星期日

（天氣：晴）

昨晚本來要開始把日記寫好，可惜只寫了前面一兩句，臨時又想用英文寫作，而電視機聲響如雷，以致思路閉塞，半途而廢。這早晨天氣晴朗，一放假，人去樓空。我也利用這難得的清靜時刻，計劃仍然用中文來寫文章，因中文是我的母語也。

在這個國度，我已十足變成了一位異鄉人。這個政府，現有的制度對於我已經不具任何意義了，我看不起他們。

我真可憐，過去的我在那種陰影籠罩下是多麼地怯弱，提不起勇氣來作決定。每天只是敷衍苟且。

這與所謂「哲學的生活」合一嗎？

作為一個探討人生真諦的人，我還能容忍這種噬人的「歪曲」生活方式繩延下去嗎？不行！

如今，一旦我作了自己的主人後，現行的制度，不論它是來自哪方面的權威性，我都得「負有道德勇氣」地一一把它作為客體，實施批評的功夫。

舉例來說，現在的我就被層層的陰影所籠罩：

第一、國家。掙扎到現在，我已確認自己實在找不出什麼理由來維護我這個國家。這簡直沒有什麼意義嘛！這是極自私的觀念。況且耶穌說：「你要愛你的鄰居」、「有人打你左臉，你右臉也背過來給他打好了。」多麼仁慈真誠的話語。現今人人都生活於互相迫害的當中，實太無聊的愚笨行為。最可恨的就是那些說人家思想有問題的人。這點使我離開群眾而沈默，使我意識了自己是個「單一的人」，有許多話不能講的。

第二、我每想及家裡的困境，無論金錢方面，或自己低落的品貌，就成了像洩了氣的皮球。噯呀！女人。我可以隱藏我一切的苦衷，含淚靜靜地離開妳們。當然對妳們的優點，我可以熱情充沛地追求，我日夜以聖母瑪莉亞般地看待妳們，可是我終究不能不離開呀！請妳們欣賞我這點豪爽，我為自己這可敬處而感覺殉教徒般的莊嚴與驕傲。

我是不能把身世告訴妳的。我不能讓妳知道我的貧窮。我不能再把貧窮帶給妳。妳隨我，我不能使妳難堪。

說真的，我只是起先和妳談談抱負的初戀日子而已。這日子一過，我便自覺我必須停止一切的幻想。這莫不是為了妳。這是我的悲劇呀！

僅僅祝福友情的歡愉。日子，妳使我重新拾回了那失去的夢。這我就滿足了。

因為我的罪惡不值得妳來愛我。離開妳，我要去酒綠燈紅中與她們廝混，滿足我的性慾。

啊！不值得妳去愛的這個人呵。

一九七七年（民國六十六年）三月十七日 星期四
（天氣：晴　有點炎熱　顯然東引嚴寒在此突然中斷了）

嚴淑華：近安。

回到宜蘭有十幾天了，沒有寫任何信給妳。這些日子以來就像有塊石頭硬在心頭，常常想到妳。今晚夜深人靜的這時候（近十二時），在燈泡下提筆致函向妳問候。

大後天我們開始放六天假，我準備回家省親，看看一些老朋友。

這學期妳們功課還排得妥當吧？祝妳這一學期生活得更愉快、更充實。我也準備好好利用空閒的時間讀書與寫作。

回到台灣來，對周遭青綠色呈現一片祥和的自然景物更敏感了。尤其是對這廣擴的平原竟被它的一望無際感動得珠珠眼淚直往自己心裡面淌，我要來親吻這親切的大地。我願把我一臉的微笑來與朋友們分享。因為在外島一碰就是山壁，而蹓躂平原的閒情逸志濂灑在記憶裡是多麼令人懷念呀！

告訴妳這些。最後謹祝

愉快　進步

林丙丁　敬上

一九七七、三、十七　一點三十七分

◆我所受的迫害如今已呈飽和的狀態。幾個乳臭未乾的小「國民革命軍」在我眼前耀武揚威。如果不是最近我心性改成「溫和派」，則後果真會很糟。

這股仇恨……暫且我忍耐得過去……將來（一定）……

不過，我是不會把他們掛在心上的。我承擔得起這痛苦，且讓我把一切心思轉向於其他方面而忘卻我的敵人吧！

喔！主啊！耶穌基督。雖然我不是基督徒，我不習慣跪在祢的面前，但我現在來把它們寫在這紙上了。作此之前，我多麼懷著受拯救的希望和欣喜呵！我知道這一定會為我帶來幸福的。

今晚我已傾全力開始讀書和寫作了。讓我寫幾封信給我的朋友吧。呵！

一九七七年（民國六十六年）三月三十日 星期三
（天氣：先晴　午後陰雨）

害我站衛兵時稿背了半天。下午在福利社遇處長，他告訴我明天的演講比賽不要我參加了，改派鄭偉喬。看來，我永遠沒有代表第三大隊的機會了。主要的原因是我的國語「先天」不好。冷了半截後求他把我改調本中，他答應了。

前往郵局投信，沿路被雨水淋濕著，心想每一天日子不能不把日記寫好。對處長要我不參加我並不惱怒，反而自覺有點傷感。內心決意這些瑣屑都不予以理會了，我要轉移我的注意力於我的寫作事業呀！

這些日子以來的生活不知是否忍受得麻木了，我想大概我忍受得太麻木了。——改變現狀，如同烏龜既被倒轉而無能為力，最後也任憑風吹雨打了。有時候真想哭，哭它一個天翻地覆。

一九七七年（民國六十六年）四月三日 星期日（天氣：未知）

◆

鄭瓊燕同學：近安。

回家途經新營，順道拜訪阿岡，他對教師一職漸有去意。在台南，克復母親一再問我：「阿復怎沒同道回來？」。功亮媽近開張小店忙於作生意，容光比起從前煥發多了。外島假給我機會和家人相敘天倫，更偶然遇摯友於途中，內心的驚羨和快樂是無法形容的。

妳說：我變得……，謝謝妳的贊美。我自覺唯一改變的是飯量增大了。

軍旅生活使我成長許多，它使我變得堅強、樂觀，尤其是冥冥之中對「神」的認識。我在外島的那段日子裡，孤獨地在大自然中與自己相處，有機會喚醒自我。「自我」也就是神，牠原來就存在於每個人的內在世界，只是我們沒有把它喚醒而已。所以當我有了「自我」時常指導我、陪伴我，我寧靜了。我時時懷念友情、親情，深責付出的太少，寄望將來補贖外，更要以謙卑的心情去對待萬事萬物，忍受一切的苦難。

燕子，我盼望妳的來信，請多多給我鼓勵、指導。對了，Davidson 住址：台北市景美景明街 20 號 3 樓。上一次在台北公車上巧遇，他要我替他查林勝風學長住址，不知妳能否代查，寫信直接通知他，或告訴我。

在此煩妳代我向同學們問侯一聲。

謹祝

順意

林丙丁　敬上

一九七七年四月三日

◆銘山吾弟：近安。

兄已在宜蘭，剛放假返家未久。前天金生兄告訴我你曾來宜蘭找我不到。

兄營區在宜蘭市區不遠，問計程車坐來十塊左右。

相信你也是感觸良多吧。不過凡事忍耐也能捱過去。有空多來台北找金生、金源。

你也該好好準備聯考了。不過，不必孤注一擲，隨時努力充實其他方面的知識是最緊要的。兄準備用英文練習寫文章。這次假期能和幾位舊友相敘，甚覺愉快。希望有機會也能到苗栗找你。

謹祝

健康愉快

兄 丙丁

一九七七年四月三日晨

一九七七年（民國六十六年）四月二十五日 星期一

（天氣：未知）

我悲劇的命運面對著我而擺在眼前，一切如此，沒有甚話好說。我的意志力是堅決的，高尚的志業正等待我去完成。一切的恩怨得失也不視其嚴重了。

這些混蛋，光吃飯噬食智力的傢伙，與他們的鬥爭從此我要更冷血地進行，一切只求目的完成。如果我眼淚掉了，我的同情心來了，就不在這與他們交往的腐敗關係上。我應切記不可迷戀。我要把我的同情指向真正的受難者，他們才真正需要別人的幫助。

去他媽的！三民主義的腐蝕思想。去他媽的！國家主義。來自大陸的莫不是食人的。做為一位生於斯，長於斯的台灣人的我，被迫害到如此的程度，今天應堅決呀！

可嘆作為一個台灣人的我，至少有點靈性，尚且認識我們都生存於被欺騙、被玩弄的詐術中，而轉撥雲霧的時間頗為急促不足，其餘的人又如何糟糕呢？

這不幸的情形——知識被斷絕，真理受蒙蔽的空前悲劇時代使我不得不驅向於 Solitude 的自我放逐，且讓我這個人失蹤吧！不必替我談起什麼幸福的允諾 promise，因我銳利的眼光所穿透到的那幸福簡直令我嘔吐。我所見到的這幸福，其基礎是多麼罪惡呀？因此，我要排斥它。這是千真萬確地為我心靈所領悟之事實，並不是我懷疑的眼光之患得患失呀！沈默！沈默！知道真象的人衹有採取沈默之一途，對這罪惡制度下的一切遂抱以不屑的冷淡，多盼望那遠在一邊真實的層面呢？

一九七七年（民國六十六年）四月二十六日 星期二
（天氣：天晴）

我近來所以活得這麼痛苦的原因主要是未傾全力於寫作，心窩所遺留的殘渣太多了。而單調的這軍旅生活，我一疏忽我的寫作事業（它是情緒發洩的機會），則稍一不留意，便會陷入奸人的詭計之中，成為一頭任由情緒所擺弄的怒獸了。

啊！我必需專心於我的寫作事業，不能有任何隙縫供給奸人迫害的機會。如能專一於這個世界當中，則出事的機率就會大大地減少。

他們這些奸人所生存的世界簡直和我隔成兩半了，永遠失去溝通的機會。像這些人都該統統殺光的。錯誤的成長、錯誤的教化，這些人是不需被保護的。面對歷史，把他們通通殺掉，沒有可遺憾之處。

我不該再懈怠下去，不該害怕疲累了身體受災害。人活著沒有靈魂，徒具健康之身軀又有何用呢？懈怠就像癌症，稍不割除，便會蔓延全身。患得患失終生，結果非常的事故一發生，白胖的身體便毫無預知地躺在十字路口了。這就是人被迫害的悲劇事實。

以後，我要生存一種決斷自主的生活，即知性的生活，為目的而生，為目的而死。

一九七七年（民國六十六年）十一月八日 星期三
（天氣：未知）

親愛的大哥：近好。

弟已在十一月一日出院，至今將近一個禮拜了。很抱歉沒有立刻寫信告訴您。

腳傷仍未完全恢復正常，不過已比從前好多了。大夫曾經開了一張註明有「不能劇烈運動一個月」的証明。回到部隊來我會格外小心的，不會再像從前那股傻勁。

屈指一算，僅剩半年多就退伍，能度過就輕鬆地度過。還好這個月他們助民收割去了，我在這裡留守。大概月尾割稻假可以回家探親。

銘山再沒有多少天就退伍了，真是可喜可賀。

這年頭真是人與人爭的時代。人吃人太可

怕了，人們不再相愛。相愛也只是虛偽做作罷了。

我希望自己仍能保持從前的胸襟和抱負，同時也能覺察自己不好的地方或生活習慣而加以改正。金源弟在這方面克己的功夫真令人讚美。

代向母親問候

謹祝

愉快

弟 丙丁 敬上

民國六十六年十一月八日

阿兵哥（三）

一九七八年（民國六十七年）四月二十九日 星期六（天氣：未記）

◆我因平常在莒光日幫忙向弟兄們宣導「政事」演講，表現良好，年初移防東引沒多久，上面出乎意料地放我幾天的「外島假」，可以回台省親。本來不久就要退伍了，我竟然沒有多加考慮路途往返的疲憊，又踏上返鄉之旅。

◆其實，孤獨自身是經刻意安排的。我看到時間流轉於一片吵雜中間，於是意識，一切用以表示思索性的東西，都不再有其秩序可言。混亂了，也即讓它往壞、最壞的境地上壞去。雖然，我仍然理智地曉得有一牽引諸多混亂的線索之唯一的那輪軸。它總之是清醒的。它在靜靜地觀察。它在正視著一尊飄蕩的靈魂，一座偉大的帝國自其輪轉、自其導向死滅的邊緣。

於是我曉得我的靈魂並不真正是墮落的。我正在脫胎、換骨皮，等待時機來到。

一九七八年（民國六十七年）四月三十日 星期日
（天氣：未記）

◆這個月，只剩最後一天了。

苦，確實剛剛我經歷之途太苦。

於是我重新脫胎與換骨了。

這個擺在我面前的世界並不像之前我多麼羞赧地不敢面對。我存 nobody 於此心，則自我就 disappear，不再困擾我。

苦是太多了，但我有代價的。我要刻意安排我的生活。

◆我從前原不曉得世界路竟有如此多的走法。宇宙的四度乃至Z度空間，隱藏於我們四周塵埃之落定，處處充滿生之解決，牽引線條之交會、點頭。

呵！那存在於過去的竟然我們要貫徹一條固定了的道路，尋求緊抓！

多難想像的 Commiting Suicide ？

一九七八年（民國六十七年）五月四日 星期四
（天氣：台北曾下了一陣子雨，基隆卻是很晴朗）

金生他們很客氣地招待我，尤其新來的那位老沈（中年人）陪我喝了不少 beer 啤酒。坐了高速公路直達車到基隆，逕往金馬賓館報到。那裡的設備不錯，清靜。

不久，我便開始出去逛基隆市。

和從前一樣，懷抱著把時間加以虛擲的心情。我如此做已有多次的經驗了。當兵更是迫不及待地要把時間虛擲，彷彿那些時間都沒有價值，人的時間多的是，這真是太可怕了。

基隆是一座古怪的城市，充滿台灣人的一座古老而夜晚販賣生意的城市。幾乎每一個店家門口都懸掛著燈籠，而菜市場亦表現了芸芸眾生活潑的一面。我到處找不著有 coffee house 的地方。事實上，基隆比台北純樸多了。沿路欣賞那些小攤子風光旖旎的景色。小港水色涼沁，Bar 幾個大字，門前人潮滾滾。我疲累地……

一九七八年（民國六十七年）五月五日 星期五
（天氣：陰晴不定有雨　在基隆碼頭）

◆小呂早上來了。辦了船票之後，我們到批發市場準備購買水果。新的中隊長 Two Teeth

（二齒仔）的小雞小鴨仍未幫他買，總是放心不下。行李也不敢帶太多，怕船擠。購買東西和小呂一起是有趣的。他這次送一個來台管訓，我還怕他出事而擔心不已。

船在下午四、五點鐘才上碼頭。最後搞不過，我陪他到輔導長「Po仔」的老家。他家在天橋下面碼頭附近的一條小巷子裡。而基隆中午的小雨將街道弄得濕濕漉漉的。年輕人已不再出現，這彷彿是一座缺少年輕人的城市。

「Po仔」的媽媽很殷誠地招待我們。

老實講，她真像極了我的母親。In the past，我曾聽「Po仔」敘述了一些 old memory，我真有同病相憐之慨。他媽媽也真偉大，幫我們坐車找遍整個基隆街道。她身矮，然矯健異常，熱情無比，一心奔赴，把我們看作是她自己的孩子。她是為其自己的孩子奔忙的，赴湯蹈火，在所不惜。

我很了解一位做母親的心情。

最後失望而返。事實上我並不想把小雞小鴨購買回來，因為我已準備了香煙請客。最重要的是Two Teeth，給他幾包煙，就可避免生事。

「Po仔」的媽媽準備了一隻雞，上面敷上一層鹽巴，用一張大大的白紙包了起來。我們實在肚子脹得很厲害，吃不了她從外面叫來的湯麵和魚。最後她送我們上碼頭。而船頭的汽笛聲音已嗚嗚作響，人潮擁擠，生離死別的景象是匆忙的。吆喝聲與警戒的吹笛聲充滿著大地。好不容易上了六五四的補給艦，人才鬆了一口氣。我坐在甲板上寫著日記。

那天的船內部是極悶熱的，悶熱得在床位上直難過。

原來高國權也要上東引，他是李錦芬的男友。

我看見四、五個人聚集在那邊談話，裡面走來了一位「阿兵哥」，身材高大，黑色的背影，戴著眼鏡。他問我是否認識「林丙丁」，我回答我就是，因我兵籍名牌是向別人借來的。已將近兩年沒見面了，往事已顯得迷濛而不復記憶，原來的熱情已消失得無影無蹤。船內實在沈悶得不像話，最後終於昏昏沈沈地睡著了。

◆

我終於又在極度疲憊的狀態當中準備就緒，往Ton In東引的航程出發。我這一次在台灣的搏鬥也太辛苦了，非但我的身體導向病弱與痛苦的邊緣，而且我竟然相信自己已罹患不可治療之病症，病弱得無法恢復生機與希望。

——人有時竟不能驅以意志而振作起來。

——我的病相信與氣候，自己用餐時的心情和別人對待我的態度種種有關。

病弱得幾乎與一切生之希望絕滅。

病弱得幾乎無法拯救。總之，這一次在台灣的一切真的一點也無所作為。

今，this time的出航，惟有它，一次的出航，斬斷過去，讓我又朝向新生出發吧！（這世界原來充滿著這許許多多的奴才。）

◆我真真後悔昨晚上了賊的當，看我今天要怎麼辦才好？我或許可能因此得病？這又是一個重利的社會。

（一籌莫展）我真後悔不已呵！

生之微光何處？

生之解決何處？

我寧願忍受那種孤寂的痛苦。

四面八方圍攏過來的「侵襲」，即使它具有極大的令人噁心的威力，我仍然要以一心的思想與一心的創作來面對而加以排斥。

——一九七八、五、五　於船上

◆記得那是前天吧！

今天是五月五日。

昨天是五月四日。

就是五月三日，前天，我又流浪於大街的某個角落。本想去三重觀賞「歌舞團」（脫衣舞），心中的意念徘徊於理智與浪蕩的邊緣。

我內心曉得如何真正地行善啊！

我知道我的內心是要如何如何……，然而就是那慾望的神，情慾的神霍然地佔有了它，如鬼魅附身，我不知何時著了這樣的鬼魅。有時候我的內心很想要吶喊，請還我公道，請還我清白之軀，但It is so impossible.

決斷了再決斷……，不能！無法！

也就在我這死滅的邊緣，她出現在我的眼前，是神召喚她來嗎？

那天，我從三重，那條路，往台北的那條路，那時候我的身心已極度疲憊與滄桑。歌舞團、女人，喔！那慾望之神，歷歷在目引導著我，我，我似乎是著了魔似的，上了一輛公車，我坐在最後一排的座位，是跟著一位看似普通女工的女孩坐上去的。她另外一旁坐著一位女高中生。

我跟著坐上去是為了有機會親近那位「女工」，但不久她便離開了。

因此，我和那高中女生，中間便隔著一小片相互可見的虛空。

她的臉孔是清秀的，皮膚很白皙，身上帶有一種我所企盼的靈氣，因此我便一直轉頭看著她。幾次之後，她竟不知不覺笑了，我問她笑什麼？她便可親地坐靠了過來。

第一次我跟一位少女以如此相互尊重的平等基礎開始，毫無顧忌地相互問候。或許我年齡與她有段差距，但一開始我們都很親切……。

一開始我便很喜歡她。

「看妳真像是正在求學。」她說著。

「唉呀！我年齡可能大一點。」

於是我便開始介紹我的現況，My state now。

她拿起我的塑膠夾板，看著我筆記本裡面所寫的東西。

我告訴她我正在流浪，我準備前往三重觀賞「歌舞團」表演，她問我：「去了沒有（目的地找著了沒有）？」

我就這樣地認識了她。

我告訴她我正在寫作，流浪，以一張落魄的臉像出現於大街小巷。她並且知道我畢業於哪個大學（她似乎很欽佩我）。

她希望與我通信。互換了住址之後，我頓覺有點緊張。

她最後終於很乖巧地準時回家了。

——我們以一種相互情願的平等基礎開始，因此我是多麼渴望她的愛情，並且祝福她。

然而我並不因此而作罷。她離開之後，我又流浪於街頭，讓都市的吵雜把我整個人吞沒，彷彿我的個性與自我已消失得無影無踪。

有機會遇到她，我心裡自然歡喜無比，以為我的行當終究是一種屬於勝利的決定。

晚上我又進去了那家極 secret 的 coffee house。原先的那個 lass 身材極為纖細，彷彿其乳蕾是雙層的，那乳頭被我玩弄了幾下便激凸得不得了。但她臉孔與心機何其兇惡！首先邀約我請她出去吃飯和從家裡要錢，這種狀況似乎從前我已受夠了。她的奸計無法得逞，最後我們終於爆發吵架與互相扭打，鬧得老闆也加入調解，我似乎很有經驗地應付著他們。終於換來了另外一位lass，長得較為矯小，然而皮膚白皙，豐滿得讓人不忍心釋手。剛開始，她原本準備開口，然而處於那種迷茫之時刻，我不準備讓她有那種機會，似乎她是欲語還休的。肉體的相互touch與撫慰形成一種享受與不需要任何語言的靜默。然而她兇殘的面目不久便顯露無遺，竟至連touch一下都不可以。我們最後也搞得不歡而散了。

後來我又到Wa See Street（華西街），那裡人潮洶湧。夏天在台北龍山寺四周圍的夜市既悶且熱。我像極了一位流浪漢，所幸這一次能及時挽回自己，雖然寶斗里的娼寮有一位小女孩，似是外省模樣，長得非常可愛。

華西街有很多殺蛇的店家。在門口的攤位前面我擠在人群裡觀賞店家播放的電視摔角節目並且聆聽老闆口沫橫飛的推銷。最後我被他的三寸不爛之舌打動，進去戰戰競競地喝了一碗蛇湯，連一杯膽汁酒花了三十塊，又買了他的藥丸五日份共三百塊錢。

最後我似有所悟地在午夜一點多回到金生兄的住處。

一九七八年（民國六十七年）五月六日 星期六

（天氣：晴朗 又見東引）

船內部悶熱異常，昏昏沈沈之中睡著了。不如想像中那麼辛苦地到達了目的地。涼風習習，陽光普照著湛藍的海洋，顯露照亮海島它翠綠的叢楫。整體來說，東引島的蒼翠不輸給馬祖。

順利地下了船，一直因為沒有幫「二齒仔」買小雞與小鴨而擔心不已。下了船似乎很沒有光彩，所幸有野戰醫院的車子返回部隊。

下了車回到隊上，只見人影所剩寥寥無幾，原來他們大都被派往我坐回來的那條補給艦方向「卸載」去了。我從台灣回來東西並沒有帶很多，勉強可以分配得足夠。留在隊上的大部分都是一些我認識的老兵吳俊景他們，我一人給一包煙。最糟糕的是下午我也要跟著他們卸載去。和老朋友相見隔外親熱。「兩齒仔」似乎比以前更兇，亂七八糟地指揮著部隊。

一九七八年（民國六十七年）五月七日 星期日

（天氣：不是一個像台灣那麼良好的天氣）

◆ 經過一個晚上的休息（卸載實在太累了），早上起來意識變得較為清醒，不像昨天那麼不快樂了。昨天剛開始之所以不快樂，原因是覺得很不好意思回來。後來居然被他媽的奴才Two Teeth「二齒仔」狂吠了一陣子，從此我再也不會感覺不好意思了，更能很堅決地按照自己的意思實行自己的生活。

早飯後，例行出操。Two Teeth 似乎法外特別開恩地要我去站對空監視哨的衛兵，我因此可能免除 20 號的什麼他媽的他們要刺槍、打莒拳慶祝總統就職並且加上舞獅耍龍的表演，那些都是我即將退伍之前最不屑去做的事情。

對空監視哨站衛兵極為輕鬆，不像之前別的據點那麼容易感覺緊張。坐著閒來無事，祇聽得幾聲從遠處傳來的吆喝聲，那是他們在出操大喊。但中午的那一餐卻是等吃得極為辛苦與令人抱怨。他媽的！作為一隊之長，竟然不知叫人來換我的衛兵，過了整個中午居然一直沒有人送飯，肚子實在餓得太不像話了。哪裡有像這樣的中華民國軍隊？

出乎我意料之外，這個隊大部份的人又要被派散到各個海防據點，而我留守本部，又得受「粘膜」之苦了。

◆

人生即痛苦，這是叔本華在《意志與表象的世界》裡所揭示的。

寂寞，我們無法化除。

——這幾天，那個「政戰士」常來，不知何故，他老是與我相碰。「人生有很多無法化解的謎」。相信氣候與環境的因素都會讓人的性情、意志產生轉變。昨天中午下了船，我便感覺凡事都不大對勁。愛的施捨如果對方把心靈緊閉，則會變成尷尬與無法自解。這真怪不得到處充滿著不可思議的人和事了。

退伍之前所剩餘的二十天，如果個性率直地表現，我便要站立起來大聲反抗與控訴。然而一切似乎都在隱伏當中，一切也就這樣的在晦冥之中，祇待日子一天一天地流走與自我療癒。

這真是一處充滿著個性與環境衝突的地方。

◆

我現在正排徊於兩個極端中間，一個是絕對地與過去割裂，不理會那些我曾「自卑感地」在情感上有瓜葛的人、事，另外一個是也和他們保持聯繫。無論如何，人都是有感情的，過去的回憶，相互之間的友情仍能引起追憶和夢迴不已。特別是感情脆弱地因熱情與盼望而語然神傷。

今夜，又不知不覺地憶起 L.L. 她們的事。

◆從前我的寫作，或許只作消遣，它並不太重要。可是今後它卻變成我的生活，實實在在我每一個細胞都發覺與它密切而不可分。

從前我以為寫作衹是茶餘飯後，現在則時刻不肯乖違分離。

L.L. 我深深地懷念著妳。那是妳的善良與美德，至今仍然未把我忘卻，斷斷續續會寫信給我。

L.L. 雖然我以後不可能再與妳見面了，但我將努力使某些屬於永恆性價值的東西傳播於世界，發揮它光燦的力量。

——或許以後我將以「默默的寧靜」來處世待人，都不要走兩個極端。

◆今晨起來，精神已比昨天好多了。昨晚進入「兩齒仔」的寢室，本想給他幾包煙和肉乾，但是在他的大聲吆喝之下，我知難而退了。

一九七八年（民國六十七年）五月八日 星期一

（天氣：天晴與有 sunshine）

◆下午在中山室待了一段時間閱讀書籍。

胡秋原的歷史理解似乎不錯，真佩服他們這些人蓬勃的學問氣象。

我們實在都太淺薄了。我如果不隨時爭取一些時間來用功讀書的話，實難與人競爭。

昨晚實在生活得軟綿綿，「粘膜」的感覺滯留揮之不去，未嘗不是一種「乏味」。他媽的，一切都是……。

早上站衛兵，有看書的機會。中午 Two Teeth「兩齒仔」遠遠地從廁所那邊走出來，叫著我。機會來了，我進入他臥室，把外國牌的香煙拿出來。吞吞吐吐地窮扯了一陣子，「引誘」他收下，引誘他不要不好意思。我想這是我奴才的行徑之最後一次演出了，下不為例。

黃昏的時候，我也如法炮製一番。不過，「黃天霸」一包煙似乎就阻住了他的狗嘴，不太有困難似的。我毫不感覺歉疚地只給他一包煙，原來他不是說回來只需帶一條口香糖給他嗎？

◆我似乎已漸漸地專心走上寫作的道路了，不像之前只是茶餘飯後的談話資料而已。

◆ [1978 5 8 晚 begins]

L.L. 王禮莉：

妳的信五月一日寫、寄，那個時間點前後幾天我剛好在台灣。有一次「放外島假」的機會使我退伍之前不得不暫返故鄉休一航次的假期。雖然再過 20 天我就要離開這軍旅生活，心裡多的是不願意。

也就是坐回來的這班船收到妳的來信。相信（並盼望）妳不會再回覆我東引寫的這一封信。五月二十八日是我退伍的日子。

很巧地在這班船上我遇到了高國權。那時候我正在甲板的凸椅上寫日記，船仍然停靠岸邊蓄勢待發。他跑來問我是否認識「林丙丁」，我也一下子記不起他來而詫異地回答那是我。原來我的兵籍名牌是臨時向別人借用的。

回來後一切都感覺厭倦與疲勞，不僅對台灣的事物或是這裡的 old old story。

電信特考本來是今年二月要考吧，後來延了期。我有一位同學，在一月臨時辭職，準備全力以赴，結果似乎受了玩弄而不得不改弦易轍。

I hope 妳考得順利。

世界的一切事物都是疲勞轟炸，多麼令人厭倦與憎惡。一切都是不誠實的東西。粘膜粘粘濕濕。冷漠。一切似乎隔著一層皮，雖玲瓏剔透，卻使人摸不著邊際。嘔吐。

我曾近視好幾千萬度地凝望著我手腕的紋細膚路而發呆，舌頭掉落口唇之外。一條死狗，真的變成一條死狗。死狗一條。

於是再也沒有信仰。再也沒有徬徨。一切都似乎塵埃落定了。一切都超凡入聖，同時也一切卑鄙得可以。彷彿世界的一切只是大人與小孩的分別而已。

從孩童開始，我們被教導，被矇騙不要做大人的事；有天我們卻不自覺地認知了自己已屬大人的身份與年齡時，而童心卻已不復回返了。一切都如此而已。

道德、承諾只是暫時性的，一時利便。

（這信我實在不願意續寫下去。不久前，我曾經準備把一切朋友、親人的友誼與關係都斬斷，斷絕一切書信的來往。）我已不再是從前的我。從前是虛假，從前是憚忌，從前不可能向妳述說真情……。

而現在呢？提起這筆來，我卻胡亂地寫……。

我實在願意告訴妳：我的盼望與徬徨。我

幾乎每天都感受著極大的痛苦。不是人與人之間相處的痛苦。人與人之間的相處，團體生活對一個意識時作衝突，思想時受磨難的人實在簡單得可以。

世俗，人際，人與人之間的雜七雜八，我的心思並沒有任何理由置放。那是可以看輕、忽略過去的。假如我是這麼地滯留於這人際的一層，則我便是世俗一個，一切也不用計較了。

天呀！我卻毫不關心這世俗的一層。因我已雜七雜八地和這一層的老兄老弟們玩得快樂無比了。我的盼望，我的問題卻是理想……，卻是更高一層的「形而上學」。不是人間的，是上天或入地獄的問題。

〔一九七八　五　十一〕

最後仍然準備投寄這封信。

我希望妳仍能寫點東西，作個記錄。

藝術是要進步的

音樂的敘彈（琴）不失為一項同等的表達行為（當然妳已擁有了它），這似乎很重要。為自己留點東西，至少將屬於自己的諸般特質灌注於自己所喜好的行事作為當中，來証明（抓住）自己是真正地存在過。最後那些東西也真的留下來展示著我們曾經有的患難和進步。這是藝術真正的涵義。不要微風吹了，一切都是屬於「發洩的作為」，同時也煙消雲散了。宗教如果單只是脆弱和禱告一起來互相抵消，像一對對的輪軸奔失，則我們的空虛當然如常，我們的卑微仍然如是，我們絕對攀登不了屬於基督高貴的殿堂。因為我們不曾提昇自己，提昇自己的心靈，並把它施捨於萬事萬物。

〔五月十三日下午〕

我退伍以後一定會再寫信給妳。

我退伍以後可能幾乎無事可做。

Or any occupation to take. 大概 to roam is better for me.（流浪？）

我的命運如不以寫作來填補，則將會倍感困乏與空虛。

謝謝妳對我弟弟的關心。他是我們家的老么，將和妳同年畢業。現他……：我實在很模糊。希望退伍以後我們有較多的時間相處一起。

今天下午右手割了一個很大的傷口。血流。包紮。寫，不大方便。

一想到「身體髮膚，受之父母，不敢毀

傷」，內心也就不知不覺有一股神傷。

希望我們在外寄居的遊子，都能格外保重。

謹祝妳
學校生活快樂
並學業進步

丙丁

一九七八、五、十三 下午

一九七八年（民國六十七年）五月九日 星期二（天氣：晴朗）

早晨霧氣頗濃，我拿夾板與稿紙到對空監視哨給 L.L. 寫信，我準備不投寄這封信了。

一九七八年（民國六十七年）五月十日 星期三（天氣：雨 風吹）

晨有防護演習。一早起來，只聽到砲彈聲響在前面隆隆。我們跑過坑道口……。

一九七八年（民國六十七年）五月十一日 星期四（天氣：晴）

◆

今天下午一點半召開榮團會。我 attack 那些人，但這並不是一個盛大的場合，一切都是那麼不值得，但我仍然像著了魔似的。這些人都……。我起來說他們廚房，並攻擊業務士官那個脾氣頂壞的兵工。After it，那個文書的謾罵，我並未加以理睬。

今天在榮團會上我的發言與態度，簡直是一項真正民主的典範。

◆

最近我正在閱讀 Lenin 他們 Struggle 的東西，真佩服他們的勇氣和氣魄。透過會議與各種訴諸大眾的場合，他們表現了對國事的關心與就事論事的精神。我真太佩服他們了。

為什麼我們中國人就缺乏這種在議會裡實行善意的議事精神呢？為何我們一切都只會隱藏在自家的褲袋裡頭，而在公共場所，在事物公開表達的場合，我們卻表現極為懦怯與平庸，甚至愚笨得可以。我們都自以為表面聰明得不得了。喔呀！奴才！形式主義。可悲的中國人外衣，簡直忍受不了。

因此，往推理、形式的邏輯置放我們那「土包子」式純樸的本質流體於模式中，並加以訓練成有系統，有組織，加強它的應用與發揮的活動力量是時機很緊迫的。中國人需要這種力量。中國整個人群的思想必需納入這種正軌，社會才真正走上進步的世界，否則仍然停留於原始的老態與農業社會當中。

◆ 我的苦痛是深沈的。形上學，符號邏輯沒有人懂。那些高築於萬物之上的架構，那些真正地是在敘述與表明真理呀！未有人曉得。我們的物質黏膜竟然黏得多麼嚴重呀！我們陷入於物質主義當中而不可自拔。

我們都是……。

◆ 退伍之前的日子為何如此難捱？只是一天過一天，總算一天。我已倦得真不知怎樣才好。總之這是一次放逐。且讓我暫時修養心性，避難吧！實在太痛苦了。

一九七八年（民國六十七年）五月十二日 星期五
（天氣：晴）

◆ 下午有莒光日的補課，上了一半中途溜出和XX至其觀測所。它隱藏在深遠的地方，風光明媚，我沿路有所思索。

距離退伍的日子已不遠，想家想得很。

◆ 俄國的革命份子實在很了不起。Marx 與 Lenin 等人的評傳我都已閱讀過了。作者鄭學稼先生是一位了不起的人物。由此我了解俄國革命歷史的一番真面目。

◆ 晚上「二齒仔」在中山室正進行很冗長、很沈悶的講話。

很疲累地過了一陣子之後，我又返回那中山室的桌子寫日記，不久「Po仔」要我明天參加教官試講。

一切都是屬於奴才的東西。

一九七八年（民國六十七年）五月十三日 星期六
（天氣：雨）

早上，作了我最動人的演講，自自然然地，就像托若茨基向黨會議桌、黨代表大會的演講，那樣地以一種真理的使者出現。

昨天晚上心有餘悸地聆聽了 Two Teeth 嚇人的「亂講」，實在那樣子是夠嚇人的，當兵真地變得越來越難呀！

和黃思亮進入中山堂，遇吳俊景、林德文，

於是我們又攪在一起了。黃思亮和吳俊景總是「貌合神離」地在進行那些無意義的對話。

中午洗餐桌時，不小心，右手大姆指割了一個很大的傷口，到醫務室貼藥並觀賞他們本部中隊的彩色電視機。晚飯後，肚子膨脹得很，不舒服，並且厭倦得很厲害。

一九七八年（民國六十七年）五月十四日 星期日
（天氣：雨）

最近快退伍的日子裡，真別有一番滋味在心頭。日子似乎過得特別緩慢。我現在最主要的心思是最好逃避一切 labor 和出操，彷彿它們已變成瑣屑，一種厭倦了的東西。

在豆大的雨點中又搬來坑道了。睡帀床，也滿舒服。母親寄來一個很大，很大的包裹，裡面裝有各式各樣的糖果、大餅。到坑道口裡面的寢室時，大部份都發給了他們。

一九七八年（民國六十七年）五月十五日 星期一
（天氣：陰晴）

指揮部教官試講，因種種原因，我又有這麼一次最後的機會參加。結果大失所望。赧顏。我羅馬式的，有深度、有威嚴的講演之熱望破滅了。一切都是可以意料得到的。

那上校，那政戰主任，不就像我初中時的那個顧正謙（黑貓仔，Spy）嗎？怎麼？那麼多年了，我竟然把他給淡忘了。Let it be！

一從那吃人的介壽堂出來，便偕「Po 仔」和黃家泉到文康中心的小吃部。我本來就計劃退伍之前好好請「Po 仔」吃一頓。那個時刻我也存心要將介壽堂不愉快的情緒沖散掉。我們點了菜，喝了一些啤酒，突然有一著空軍制服的上尉軍官在我面前出現，問我是否麻豆人？原來他是我初中的 classmate 同學陳烏梨，他的確改變太多了。白皙的臉龐，算得英俊瀟灑，文雅，講得滿嘴外省口音，文謅謅直膩人的國語，與以前相比，彷若不同的兩個人。

以前初中的那些同學，我至今仍然保存那時候留下來的印象，如果按照陳烏梨這樣子的改變，我確實是要大大地重新想像那些同學現在變成什麼樣子了。

陳十月退伍，下班船就要回台灣大溪去了。我們四個人一起吃喝，大家都很愉快。回來路上，與「Po 仔」談及當兵後所遇到的這些臉面猙獰的人物，希望以後把他們當做 Phantom 鬼魅似地全部都忘掉。

◆我找了夜訓隊的地方睡覺。

◆晚上，上尉軍官來坑道。大約八點時，上去他們的廣報中心，原來是從遠處望去，有兩個大大的地球那地方，裡面真別有一番天地。我把母親寄來的大餅送一個給他。

上面藍球場……

一九七八年（民國六十七年）五月十六日 星期二
（天氣：晨有大雨）

◆他媽的黃滿朝、徐耀司他們不會付錢的，白白地吃了我一頓。不過他們也該想想：我快要退伍的呀！竟然是我付錢。

◆不過，這沒有什麼關係的，區區三百塊錢在社會上，我一出手所花的當不止於這一個數目。我是為了同情黃沒有晚飯吃，是嗎？而第一次來東引時，劉○○請我們和「殺豬仔」在同一家小吃部喝，而黃當時也在場呀！姑且離開東引前，將他們這些鳥事做個紀錄爾。

◆我漸漸地在感受著一種壓力，一種來自Kumintang 的無形壓力。昨日的那個不正像是初中時候那個吃人的顧正謙（小人物）嗎？為什麼我被蒙混了過去。

我仍依稀可辨那一張窮兇極惡的臉譜呀！一張屬於軍隊訓練出來的黨工、政工，奸詐的、邪惡的臉龐呀！

可惜，我們 Taiwan People 被同化了，或且奴才式地、自甘平庸地奉承，屈服在其作威作福之下。

為何？……

我相信我們 Taiwan People 原本有很高尚的智力呀！有獨立不屈的精神呀！可惜我所見的都是被剝削後的平庸與墮落。

◆這幾天仍然像以前那般地徘徊，到底是否該用英文寫作？決定的很苦。

◆美國都是真正地從做一樣事情當中去學習裡面的諸種元素，而不是背那些 vocabulary 來增長字彙能力的。

他們都是從一件事，一篇文章中去學習的。

一九七八年（民國六十七年）五月十七日 星期三
（天氣：晨大雨 約莫中午就放晴了）

◆ 現在似乎一切都太糟糕了。病，源流，貫穿已進入墳墓之死。固定、蒼枯了的軀殼，似是一陣瘟疫，其來有自。我心裡很是明白：這麼的一個惡劣的環境，當然生病是很自然的一件事。（頭暈，頭痛，暈眩得如此厲害）似乎拯救的路只有快速離開這兒，回台灣去！回台灣去！

◆ 陳烏梨又來寢室找我了。沒有想到晚上九點多左右，他來邀我和輔導長到他那裡去吃餃子。「Po仔」藉口明天有業務檢查，故婉拒了。

一上去他們的廣報中心，在最高處通過雨淋的廣場，進入一間有著白色牆壁，豪華如民間的大客廳（裡面的機器似是打字機），旁有廚房設備。隊長、士官們以及兩個年紀稍大的雇員都等在那裡了。他們正動手包著餃子。很客氣地對我打著招呼，他們態度都很優雅、和善，不像一般步兵粗魯，好發脾氣。電視機正上演著我從不「入心」的連續劇。烏梨把水果罐頭打開，那時候我正在為自己沾滿泥土的皮鞋感覺不安，自慚形穢。如果早知道要來，事先有個準備，該不會這樣子了。

他們都很客氣。臨時買不到酒，一直說抱歉，為了只有兩瓶而感覺不好意思，其實我並不介意呀！（請客，如果沒有準備周到，主人便感覺不安，雖然客人真的不感覺什麼。）

離開廣報中心已接近午夜十二點鐘了。烏梨好意地盛滿一湯盆的水餃要我帶回去給「Po仔」。淋著小雨，他專程又送我回來，但「Po仔」已睡著了，便叫「ㄏㄤㄙㄤ」起來吃。

一九七八年（民國六十七年）五月十八日 星期四
（天氣：從晨下大雨）

構工。

「二齒仔」拒絕我站衛兵。

淋著大雨，我們一群小兵穿著雨衣，拖著鋼筋，手拿工具便往文康中心的方向迤邐前進。

今天本來是莒光日，但文康中心附近的牆倒下了，上面在催，三日內必須把工趕完。於是不管天正下著傾盆大雨，我們把雨衣卸去，有人連內衫也不著，裸著臂膀，任憑雨淋。大家都身感冷顫與不適，還是翻扒著溼泥，灌漿。似乎我們是苦難的一群呀！

「一將功成萬骨枯」，我心裡感覺憤憤不平。

中午回來，我們已全身都溼透了。

一九七八年（民國六十七年）五月十九日 星期五
（天氣：未記）

◆今晚他們要吃雞肉，請客。

（為何奴才會一大堆）他們食的是民脂民膏呵！

我看「Po仔」也是奴才。世界上，當今的China，都是學識極低、極卑劣的奴才呀！

再過幾天，我就不必再在這些人的手裡，權威下過日子呀！

◆我要以這樣子讀書、寫作的方式，大概再有三天左右來過完我退伍之前的這段日子。

一九七八年（民國六十七年）五月二十日 星期六
（天氣：晴）

將小蔣的《點滴在心頭》唸完，發現頂不壞，至少對大陸撤退前後的那段歷史有了掌握。

我開始閱讀《齊瓦哥醫生》，這是第二次。

一九七八年（民國六十七年）五月二十一日 星期日
（天氣：陰雨）

◆今天衛兵的排法變動了，四人輪流三個崗哨。好不容易說服他們讓我獨自霸「站」對空監視哨，因那裡隱藏有可以坐著閱讀的長木板凳。

出乎意料之外，把《齊瓦哥醫生》的上冊看完了，這增加了我很大的信心。

我又重新發現了閱讀小說的樂趣，非但要慢慢地，而且要有一個安靜的地方。

《齊瓦哥醫生》電影，從前我在台北看過了，記得是跟連豐兄一起去看的。

每一布幕，每一個場景之間隔總是呈現滿園盛放的黃菊花，活潑而精靈，主題曲以鏗鏘卻柔和的音響出現。

（閱讀完小說之後，我猜測：這樣的安排大概與作者寫作的時候分配章節有關。每一章節的內容自成一個主題，而歷史故事之完整是靠個別的敘述、「交待」而連貫的，不像一般小說一路直敘下來。這也是電影導演難拍的地方。那黃菊花出現的場景大概跟這個有關係。）

這部小說我要繼續往下看。

從前我是看不懂的，現則因已閱讀過俄羅斯相關歷史與共黨的發展等等，奠定了相當的基礎，所以閱讀起來很是明瞭，認知了作者在裡面所闡釋的哲理，並且發現其原文一定很有規（韻）律與詩性美。

這兩年當兵，雖然我失去將時間應用分配的自由，但漸漸地我已由懵懂而對某些事物清晰，並發現「自由」是多麼的可貴。

凡是閱讀，要充分掌握內容的真正含意，必需事先對其歷史背景下番功夫。

◆ 最近幾天，事實上生活得極為煩悶。要不是在站衛兵時，多讀了一些「共黨研究叢書」，暫時將時間給淡忘。……

離開了書本，則對日子的煩憂又來了。苦悶與不奈。

一九七八年（民國六十七年）五月二十二日 星期一

（天氣：陰雨）

◆ 晚上「二齒仔」發現我沒有理頭髮。

最後一次在東引島理髮是由隊長親自幫我理的。

◆ 「烏將仔」住在野戰醫院，我已老早聽說過了。他是我在曾文初中夜讀自修那時候的伙伴，有氣喘病。他時常騎著一輛破舊的腳踏車到處奔馳，捉金龜。由於他，我想到了很多老早已淡忘了的人、時、地、物。

在東引，這麼荒涼的 Front line 前線，我實在應該去看看他，風雲際會。但我身上實在一文不名，怎麼辦呢？我有錢，一定買奶粉去看他。

時隔這麼久了，一切的人、時、地、物也變化極大。他的頑皮是否依舊？他那雙我印象很深，極度刁滑的眼睛，或許就像童年往日的殘夢永遠消逝了。陳烏梨的例子就是如此，他已改變得非常斯文體貼，不像初中時代「毛毛頭」那個模樣了。

我實在驚呼自己變得毫無情感可言，往日的熱情不知往何處去了？

我要排除那些曾經認識我的人。我要將他們視為「過程」，他們都是很容易引起我傷感、自卑的絆腳物。我對他們已沒有情義之可言。現在最重要的是朝向未來，再也沒有人是曉得我內在秘密的。

我不需要人家了解我。

再沒有人曉得我過去是貧窮的。

（齊瓦哥醫生講得好：一個人極度努力，滿腔心思寫作時，惟恐思路阻斷，字體大都潦草，惟有其自身才能辨識呀！）

一九七八年（民國六十七年）五月二十三日 星期二
（天氣：濛濛細雨）

◆今晨，什麼王昇上將要來了。華視的歌星也隨著要來勞軍，眼見四、五個都長得「纖細」不錯。但我已經不準備在軍中這種嚴肅的地方有所歡暢之心了，內心裝作沒有那麼一回事。因此，讓他們去歡樂吧！

這些都是俗不可奈的。我不願意再撩起傷感，受其玩弄了。總之，不可對虛假的東西付出情感。

而那主持人竟然一開頭便用「豐滿」等肉麻的字眼，好像她們也來這裡賣肉的。而同志也有的好出風頭，四十三年次、四十四年次的膚淺小子！

由於時間有限，下午前往南澳急步匆匆買酒。那裡的人心好奸詐，非要附帶購買其他的酒類，否則風溼酒不賣給我。我身上錢已用完，發生了困難。和他們有理也說不清，反正他們比共匪還勢利。

◆列寧的猙獰面目又在我心中出現了，我必須抓住權力，拿什麼溫和主義。他媽的！

◆「Old Po仔」在今晚我入其寢室向「New Po仔」取信時講了一句話令我很不舒服，他說什麼我「站衛兵，整天睡覺」，想其言必有其日夜所懷抱妒恨的念頭。

他大概在痛恨我衛兵站得太舒服，害得他當官的人地位與時間價值都減低了，更何況我又那麼會「用功讀書」。

這些人實在是混蛋，學校出來的「形式蟲」。

「Old Po仔」，這傢伙，仍以為他在服役期間已把事情都搞得完美無疵。事實上，他左右逢迎，事情一點也沒有完成，部隊的「病根」仍然留存在那裡。這些人真真枉費了國家的一番苦心。

我假裝若無其事，不發一言地離開了。反正退伍是他家、他媽的事，以後大家都各奔前程。

我曾在五月的第一班船回來東引（五月三日），現在又準備搭乘最後一班船回去台灣。一個月之內連坐二班船，如此結束東引的軍旅生活，真是奇蹟吧！

◆

一九七八年（民國六十七年）五月二十四日 星期三
（天氣：天下濛濛雨，雨勢並不小，足以將一個人的衣服濕透）

◆

連哄帶騙地將 Lane 的地位奪過來，由我鎮日站對空監視哨的衛兵。對於他的軟弱，甚至帶有一種都市人狡猾的氣息，我很不屑。我對他絲毫施予不了同情與友愛的動作，因此我為何罵他與對他大聲講話，他大概永遠也想不通原因。

——總之，我是一個不可理喻的野蠻人。

真真慶幸有那麼一處隱蔽的地點和寶貴的時間，我快把《Dr. 齊瓦哥》看完了，內心甚為感動。雨細細濛濛地下在我眼前，山巖之景物又極其清新無比，帶有一種超俗的霧氣與氛圍。我極類似已對繁瑣的人間遠離的一個人，獨享「閱讀」於那麼寧靜的時空，心裡所感受的快樂配合著小說中 action 的進行，內在醞釀的智慧和四周圍的景物水乳交融，我確實對自己的前途甚感慶幸與光明呀！

◆

今晚有很好的機緣和吳俊景（他現已當伙委）在廚房的小房間裡閒聊了起來，甚覺愉快。他親口對我說：好久沒有談心了。經過這麼一次的促膝相談，感覺舒暢許多。前幾天，我心裡仍然在唾罵他的浮爛與庸俗。這次，這樣的念頭完全消失了，甚至對他感覺十分欽佩。我們對於四周圍的腐爛空氣加以譴責一番。現帶領一個連、一個隊大概非參大出來的不行，就是那些正期生也沒有什麼用。

◆

晚上回來不久，有喝酒的「阿兵」。那個「憨嘟嘟」的分隊長一搶著了酒瓶，便倒酒往地上直潑，他的行為也實在過分。當我從外面洗臉回來準備就寢之際，那個頭髮已理得極像

「鐵錘仔」那般乾淨的「阿兵」抓了狂，和呂振賢（分隊長）發生了爭吵，差一點槍被他奪走。當他從其床鋪抓了東西出來時，呂振賢害怕地直往外面跑，而他在後面緊追。躺在床上的人漠不關心的態度，我感到很驚訝！他們竟然不聞不問。平常那些講「大聲話」的，勇氣不知往哪裡去了？他們坐待同志的犯罪與事故發生。這種事情實在太可怕了。政治教育推展的結果竟然是如此。

我實在想要大罵幾句。

這正印證了吳俊景所說的：我們現在的部隊只注重軍事體能之訓鍊，而不提倡內在的教育。只養成對命令形式上之恭敬，事實上沒有一點國家觀念。

我本欲干涉，阻止他們發生事情。

好在事情不如想像中的可怕。當「二齒仔」出來時，事件平息了。我聽到呂振賢在後面嗚咽。

「二齒仔」慣用手段把對方壓服。

一九七八年（民國六十七年）五月二十五日 星期四
（天氣：未記）

◆

Boris Pasternak 1959 Nobel Prize
巴斯特納克
《齊瓦哥醫生》 吳月卿譯 上、中、下三冊

◆ 晨於 Ton In Island 東引島站衛兵，將下冊閱完。那時天空正為霧所罩，濛濛細雨夾雜著略為寒冷的颱風，戰場顯出一番肅殺的景象。居高臨下，人有一種被世界遺忘的感覺。而我再過幾天便要結束在 Ton In 的軍旅生活了。真是巧合或某種機緣的安排使我離開 Ton In 之前重新閱讀了《齊瓦哥醫生》一遍。無疑地，它讓我精神重新佈置了堤坊，使我更決心要朝向藝術性的創作大道邁進。它也為我這兩年阿兵哥生涯的苦難作了一番註解。象徵性地，齊瓦哥，與我同病相憐，我就應該不再為失去的東西感覺難過。

今後的時光自己應好自為之。

〈齊瓦哥醫生隨筆〉

◆ 我現在終於能夠理解《Dr.Kevako》裡面所談的是什麼了。我很驚異、很欣喜自己 Those

days 以來的進步。

雖然文字是透過英文翻譯而來的，但揣摩其大意，透視那些籠絡、不整、粗糙的層層瓦礫，我立可意識「真髓」如何地在底下有秩序、完整而豐盛地蘊藏著。這是一種能力，看書與透視真理的能力，非一日立可造成的。由此我排解了長久以來是否用中文或英文寫作的遲疑。其實，它是不重要的。最要緊的是否自己具備靈性的領悟與對藝術、對真理「易如反掌」地捕捉的能力，並用最恰當、最清晰之語文把真理表達，那 Form 外在的形式，就隨本身的直覺與喜好，來自由發揮其美觀。

我真真驚羨與佩服齊瓦哥生活範圍之廣擴，那裡中所充滿的取之不絕，用之不盡的生活能力與他對生活真正出於真誠的領會。

那股赤誠是無從隱藏的。就是翻譯過後的東西我們仍可直覺地查出它那活潑生活的「原型」，受其感動而與主角共患難、共同生活。

為了這，我內在昇起了一股自信與喜樂。我假如能對生活保持沒有間斷的熱誠，則生活的語言自然從唇邊、筆下自然流露，毫無勉強。這是屬於靈性，有無窮潛力的創作。

基於以上的觀點，我因此發現作者的語言與他的篇章安排，那些破折號，那些自我的對白無不產生於 Stream of Consciousness 意識流，將情景與意志交融，自身的生活與大自然合而為一，然後就那樣子地寫……。

我想作者一定花費不少的苦心，正如他在小說中不斷地暗示著：

——筆記本一定要不斷地隨時隨地記載，因惟有這個才是生活直正的語言。

——時日一定相當久長。據說作者曾中斷寫作而專門從事翻譯達幾十年之久，最後決心出版這本小說，那時候他已瀕臨死亡之秋了。而作者雖從事翻譯工作，必定平時還是不斷地記載著生活的語言，如此，作者永遠不可能從這個世界消失啊！

◆ 書中對於宗教、歷史有獨到的見解，像耶穌的母親 Maria 以 virgil 的身份懷孕生子。

倡導生活，如此「一對六」，以一個單獨的自由對抗集體的不可能，作者提出了「自由主義」最新的註解。

作者似乎對歷史有一種超乎常人的看法，能很有智慧地加以解釋，這無非是真正生活之體會中得來的。

生活的體驗使我們可以自己創作邏輯，不必跟隨別人的說法。

我們隨時隨地可以看到許多事實上是「別人話語」的作品，我們很少看到真正生活當中所體會出來的作品。

從生活體驗中寫出來的，永遠不嫌其「不具真理」。雖然外表粗糙，轉折處頗多，然其真理並不牽強附會，卻是活潑、生動的對生之感嘆。

作者，古樸的……

而角色的安排也在生活中合情合理。

齊瓦哥的出處……

某人的弟弟……

作者從某個角度透視，開始有步驟地描述，如此主角並不是以絕對專一之姿態出現，像劈開木材，起先說不出哪邊年輪比較厚重。

主角的位置，不一定在哪個方向，但你仍然要慢慢地剝。

◆從前我對 Kevako 的誤解是認為它沒有連貫性，氣魄不會比托爾斯太的《戰爭與和平》來得雄壯感人。我以為巴斯特那克，它的作者只是一名庸碌的農夫，印象裡他又好像禿頭，只作為一種政治宣傳的工具。殊不知裡面絕無半點政治意味，反而是生活智慧的集體澎湃。

◆當我們回溯歷史時，似乎每一樣都有連貫，事實上互不相干。

如果將歷史斬斷使成一截一截的，它便失去了一種作為「歷史」的特殊意義。

形成了歷史之後，我們追究其原因，似乎有一種極微妙的因緣促使人們悲歡離合，同時也影響了他們的命運。而事情之結尾，我們驚奇於命運的因緣際會與種種的微妙關係。事實上，剛開始誰也不曉得的。

舉例：

李錦芬曾寫信給我。經六、七個月後，他男朋友來東引。

◆嚴淑華：

很久沒有寫信給妳了，只能寫 no mail 的信。

不寄信給妳的理由（或許我們永遠不會再見面了）是為妳好。我不願意人家再為我受苦受難，或者帶給她以後不愉快的事實。

阻礙情勢發展的原因當然是我個人的環

境、背景與我的一切「不優」的現實。

撇開家庭環境不講，假如我有英俊的外貌與精良的舞技能博得社交的寵幸，或者我有能賺錢如理工科同學的才能，當然我會有勇氣來繼續我們的交往。

而事實呢？我卻是一無所有。一位文弱、多愁善感、「沒前途」與「混過去」的傢伙，我老早實在該自己照照鏡子呀！

為了避免品嚐事實的苦果，我要斬斷友誼。

◆我現在祇有以某個人物為對象，確確實實地寫信給他來打發時間了。（信不寄）

◆我們對時間的闡釋逐漸因疲怠而鬆軟，等待已逐漸褪去它的意義，坐等希望腐滅吧！

好難堪的年代。

我的苦難與我的病並非一日所造成的，乃是長期的壓抑所致，長期地不得輸洩——齊瓦哥的病理知識。

為何我還是要忍耐下去呢？是何等地難忍呀！

無人關心我。祇有日子逝去，不能解決得了什麼。

退伍之前的日子難熬啊！

◆我至今唯一能拯救自己的，便是靠著不斷地寫作。除此，一無所有。

另外一途即徹底作一個無產階級的形象，緊記再也不要談諸 those 文雅之事。

一九七八年（民國六十七年）五月二十六日 星期五
（天氣：天下著濛濛細雨）

◆我又抬著機槍準備站整天的衛兵了。昨晚沒有睡好，似乎已感冒而腦筋昏昏沈沈的。站衛兵雖然可以坐讀，但感覺束縛。我現在是應該趕快在退伍之前解脫任何束縛的。越想越不是味道，決意明天開始不站了。他媽的！

◆巫俊錫似乎已為調離三中的事發瘋了，他現日夜為它而煩惱。因此一曉得我上面可能有一點熟，他便硬要把我黏著，現在似乎只有我才能帶給他路了。事實上我是胡亂蓋他我認識 vice 指揮官，他竟然信以為真。下午在參一科指揮部的軍官俱樂部，他和舊日的友好會面被其敷衍搪塞之後，弄得最後晚上他對我的諾言越來越重視，越來越緊迫。熬不過他的請求，我終於帶他去找曾國中。曾是本中的副隊長，有一次禮拜六我在他們中山室觀賞電視節目時認識的。那邊的人正因沒有歌唱節目而把電視機轉來轉去。我說看平劇有什麼不好呢？它的舞台是所有藝術集結的場所。後來大家轉看有關技術進步的專集，什麼P.R.O.的塑膠在紗的紡織或小艇之應用。這一種有關技術進步的系統介紹，事實上有很多可看的地方。

——它增進我們的知識，帶給我們許多新奇的觀念，不像一般歌唱節目觀賞完後沒有留下任何東西。曾國中的觀念也是與此模合。

我被他超人的見識所吸引。後來有天站衛兵時，他從我身旁經過，我又和他聊了起來。他尚未婚娶，他要我幫他介紹小姐，我笑在心裡，以為他也是一個平常的大老粗罷了。他性怪僻，和我一樣，喜歡高頭大馬的小姐。他告訴我他曾在美軍顧問團做事，我不大相信，不過他說退伍的英文是retire，他在其中某個單位呆了two or three years，他「略的」英文口語清晰，使我不得不對他的語言能力驚嘆不已。

我為巫俊錫所逼不得不爬上濕濕漉漉的山坡去拜訪他。（隊上的曾國宜漠不關心的態度，我給他好幾個白眼報復，心裡有說不出的痛快。）

曾國中很客氣，斜坐在床上。我說再過一、兩天就要退伍了，他很驚呀。大概因年齡大了，對某些事已不再有很好的記憶。

他告訴我他姑姑在台北的地址。

巫俊錫委託能幫他介紹個像文書方面比較輕鬆的缺，他謹慎地答應了。

他桌上正擺著打給美籍女友的信件，英文用語很流利而穩健，他的能力實在不低於一般大學畢業生，令我自慚而形穢。他唸的語音真的很像外國人。

在信裡，他的口氣直接而大膽，要求與對方結婚，然而他整體的內容一點哲理也沒有。

雖然我的英文技不如人，今後卻可以多多利用自己善用的哲理創作。

◆ 終於快獲得Freedom了，今晚請求不再站白天的衛兵，竟然獲准。胡生基（好像也是麻豆人）幫了我大忙，對他我甚是感激。

以前對他無情，諸般生硬、不好的印象現

在突然轉好，我要如何報答他呢？

一九七八年（民國六十七年）五月二十七日 星期六
（天氣：早晨仍霧氣遮天，下午卻出人不意地放晴了）

◆ 午夜兩點多，身體覺得很不舒服地起床，想嘔吐。嘴裡滲滿著濕濕的口沫，甚感虛弱。大概坑道太潮溼了，空氣污濁得沒有流通之故。

——我想我對嚴淑華或許太殘忍了些，竟然連隻字半信也沒有寄給她。她也許會以為我這個朋友不值得交往。

◆ 我已瀕臨退伍的日子了，早上便溜出來打算到軍官俱樂部欣賞電影明星雜誌。有些人也順便拜託我幫他們到文康中心購買郵票、肥皂等等。

真是出乎意料之外，可能緣份它有一種奇妙的因素在牽引著人與人之間的相遇。

當我踏進軍官俱樂部的時候，我注意到眼前站著一位身材高大，年紀略顯蒼老的軍官，他的領邊有一顆星星，我猜他一定是副指揮官。

我不安地和他打著招呼，他認出我來了。他旁邊竟然是指揮官兩顆星微弱的光彩閃爍在那兒。我發現他們的星星並沒有發出明顯的光亮，顯得相當平凡。

本來嚴肅的他經副指揮官一番的提醒過後，才露出笑容和我談話。他問我為何幾次到燈塔都沒有找到我。我因這突然的相遇頗感不安，加以自己是小兵的身份而自慚形穢。

意猶未盡地我在軍官俱樂部寫了兩三張從日曆撕下來的廢紙，準備向指揮官表示感謝。本想當面交給他，但突然從廁所樓梯口跑下來的副指揮官喝止了我。顯然他原本就是一個大老粗，對此我極感心灰意冷。

最後我把寫的東西交給了侍從官，他也告訴我說曾到過燈塔找我好幾次。

對於他們提醒我曾到燈塔找我的事，我頗感莫名其妙而懷抱著一種狐疑的態度。如果真的要找我還不簡單，應該不必那麼大費周章地到燈塔。如果真有誠意的話，就告訴隊上的長官說要召見我就好了。

我真真感覺不可思議，也不想多說什麼。反正我快退伍了，一切似乎都太慢了。

◆坑道實在太潮溼了，它不是人居住的地方。我腰骨酸痛得很厲害，去年因跳壕溝骨裂的腳掌總是有感覺。

抽空到觀測所看李啟淵，在他那邊躺了一會兒。劉李明老公聽說對骨折很有一手，因此我抄下住址，準備退伍後到他家拜訪。

外面已放晴，陽光將大地照射得耀眼異常，一切又恢復了它原有的氣息與生機。

李啟淵送我四尾曬乾的黃魚。

一九七八年（民國六十七年）五月二十八日 星期日

（天氣：大放晴朗）

漸漸這班交通船回台灣的希望渺茫了。吳俊景、謝鎮國、林德文和我聚在一塊兒，相對唏噓不已，心中有很大的不平。他媽的指揮部那些「狗仔」們！

謝鎮國帶來了一隻雞，最後決定由我負責宰殺牠。他們似乎對這個都很害怕，……或許他們從前的環境太優裕了。總得要有一個人把牠殺掉，對於這件任務我熟練的程度使他們都感到很驚奇。其實，母親以前宰殺雞隻的時候，我總是在旁邊幫她扶穩那裝雞血的碗。

下午天氣放晴，我在本中看電視，一直到晚上總是感覺身體不舒服。心情很煩，在外面一直逗留著。

坑道裡面實在太潮溼啦！

我最近腳實在酸痛得要命。上次骨裂的地方使我真的迫不及待地想回台灣。這班船卻使我失望異常，本來歸心似箭的一顆心被極殘酷地打落了下來。住在坑道裡空氣污濁又潮溼，我簡直害怕住在裡頭。所有因它而引起的疾病正讓我迫不及待地想回台灣治療呀！

一九七八年（民國六十七年）五月二十九日 星期一

（天氣：天空霧季，籠罩著整個大地）

◆看來我又要在這裡呆下去，繼續等下班船的到來。這真是不公平：馬祖的 1065 和我同梯次的走了。

他媽的！「Po 仔」七月十日入伍，我十四日，僅差四天，而他二十三號坐交通船走了。為什麼昨天二十八號的交通船我們不能坐，而被拘留在這裡。這多麼不公平呀！拘留我們在這裡有什麼屁用！他媽的！ to make worse of it

◆

下午很不公平地仍站了一班衛兵，越站越氣。突然車隊從上頭駛來，原來是專艦送來的台灣勞軍團像婦女界的那些。我持槍禮，她們婦女們坐在軍車裡頭無動於衷。婦女祇曉得在沒有規則、禁律的世界裡頭生活，她們哪裡懂得在規則、禁律的世界裡男人所受的苦頭與不安。

這些特權世界裡頭專吸人民血汗的權貴坐著專車與人民隔離。

站完衛兵之後拿著吉他坐在矮牆上彈奏。晚飯後跑到本中看電視。回來之後便扯在話題的爭論當中，最後把自己弄成口渴得要命。我身上已沒有任何一把錢，孫啟達買了一水果罐頭送我。

一九七八年（民國六十七年）五月三十日 星期二
（天氣：今晨下雨）

◆

昨晚費了好大的力氣和那「四眼田雞」，固執的政戰士，「菜鳥仔」辯「不無不同」這一句成語。

我說：不相同。

他說：相同。

這簡直把我氣炸了。他那種自信的態度說他的答案是正確的使我萬分氣惱。他們簡直都是同一類型的，從他身上我想到那些「隨波逐流」者。

我突然變成了一位為真理辯駁的人。並不是「外表的對不對」使我爭辯，而是我想到那些「奴才性的卑劣性格」，那些「種種在軍中的精神壓迫而使人無處申訴」的不平。因此我發洩了。我簡直氣憤到了極點。因此引起了一場鬥爭大會，準備聲勢奪人地將他鬥臭鬥垮。

◆

我最近已不敢面對日子與計算日子了。我最後選擇逃避，否則便陷入於……。

一早連續遭了「二齒仔」的三頓罵。心想也沒什麼，反正退伍了，還理他幹嗎？

◆

在大隊部的寢室裡彈吉他。人事官（人頭仔）是個年輕人，很會假裝。似乎凡是英語的歌曲他都規避三分，這大概是怕人家說他唱不標準吧！尤其是在我這英文系畢業的面前。

他的人還不錯，我在那裡甚覺愉快地度過了整個早上，時間也過得特別快速。

◆

午睡醒來，ㄏㄤㄙ ㄤ大叫大嚷什麼「二分鐘之內將被子摺好！」、「再三分鐘將槍枝分解開來！」。真是活見他媽的大頭怪！張宏春便和他起了衝突，對幹了起來。ㄏㄤㄙ ㄤ說不吃他那一套，似乎又要去向「二齒仔」通報，春仔衝口而出：「去報沒關係！再走進這個門，我便要用槍把你結掉！……」。

感謝老天爺！ㄏㄤㄙ ㄤ仍然不想在「二齒仔」面前出醜，故終於平息了爭端，在私底下解決，由張宏春寫了一張悔過書。這真是無聊。

◆晚上到介壽堂看了根據古龍小說，楚原導演的「多情劍客無情劍」，它由狄龍、爾冬陞擔任男主角，井莉擔任女主角。片子實在好看，武俠片像這一部算是獨一無二了。從頭至尾它就像一幅畫，一直有一個底子，而畫面寧靜得瑰麗無比，它是屬於黑白對照之下的單調美。楚原匠心獨運，真是頂天立地。

Suspense 古龍原本就習慣於「懸疑」，上一次陳敏榮便介紹給我了，如「白玉京」等在板橋看的片子。

我想古龍大概是西門町那段生活史造就他小說之中的反映，即人……

一九七八年（民國六十七年）五月三十一日 星期三（天氣：早起霧，中午放晴）

◆我第三次返回東引島。第一次洗了澡，也有可能是最後的一次。……

◆今天下午藝工隊沒有看成。雖然我佔到前面的位置，他一來，大家都被趕了起來，連我也不得倖免。座位重新排來排去，最後還不是被他們大官所奪取而專擅地坐在前面啦！

我不屑地離開那表演場所，沿著山坡走回來，在中隊洗澡，洗了頭髮。……

◆我剛剛洗了澡，總算把下午所受的倒霉氣一一掃光，回復清靜。

我現在有一個單一的思想觀念，即退伍以後好自為之。你看！我把身體洗得這麼乾淨，一股清新的精神使我重新有了希望。……

◆我這樣子坐著寫稿，也許是留在東引島最後的紀念儀式。

事實上，這裡是一個風景區，如果不發生戰事該有多好，我也不用在這裡當兵了。然而如果沒有阿兵哥戰戰競競構築工事，則草莽之區如今也無法開闢成這麼雄壯、廣擴的野戰天地。

人類同時也是創造著宇宙所有的現象，改造著它們，但時間一過也分不清什麼是人工，什麼是自然了。其實人工也是自然界那變動的泉源所孳生的力量之一，它包括人禍。

人的破壞自然、人的不安於本份、人的移山填海，無論如何總是蘊含於那更大、更遠，四周圍繞著它的「大宇方內」。

於是「孫悟空，雖有七十二變，最後亦逃不過如來佛之掌心。」

自然更偉大的源流，鉅大地掌握人命運的「不可知」真正地主宰著一切。

人工，雖然造成事實，我們有時不敢面對。因為它不是自然形成的美，我們需途經一番適應方能予以接受。然而這個正象徵著人的命運有著不圓滿，有時需用人工來加以補齊。

因此還是安於現狀，承認事實吧！「生米已煮成熟飯」。當年煙久遠，一尊人工塑成（生）的銅像或許別有一番古色古香的意義帶給後世的人。而那個時候，誰又想到人工呢？

——這就是長久以來，我們的歷史世界雖經一再破壞，最後仍能細水長流的原因。

人工只不過是上帝假借人的手罷了，就像牠假借其他的大自然。

◆一九七八年（民國六十七年）六月一日 星期四
（天氣：括冷風，但莒光日我們在外面看電視）

又進入時序的六月份了，一切都顯得亂七八糟。（他媽的！我應該可以開始以自己的尊嚴過活的。他媽的！不理你們這些奴才了。）

今晨，李憲宗跟那個矮小的打架，打得頭破血流，最後倒臥在床上哭泣。我阻不住他，突然他拿起刺刀來，就直往外面衝，後來總算被他們制止了。

◆李憲宗本來就是這麼一個從溫室裡頭，台北市街區或台北縣附近的「土霸」環境之下長大的孩子。他在褲管上寫字，形成如「阿飛型」的那些花紋。他不審察狀況，竟然在軍服上寫字，真諷刺！我看了也聽了，心裡對他真的一點同情心也沒有。那矮小的也不該先打他三拳。

「兩齒仔」總算恢復了理智與「仁性」，原諒了他們。

◆ 我知道白天的辛勞不曾為我留下什麼，祇有疲憊與混沌的空無。

需經覺醒的時刻，或是午夜夢迴之時，我才會回復腦筋的清靜與多愁善感的思緒。因此，退伍之後的日子，我便要夜晚仍像白天一樣，辛勤地工作了。

◆ 前幾天，看報紙職業廣告欄，發現無一項屬於我的，自己真的是一無所有了。我竟然無一技之長。

錯誤的路子真浪費了我不少青少年的時光。如今機會消失了，人也變得消沈，頭腦也變得混沌了。

（其實外文是一項基本語文常識，如今我竟然變成一竅不通。）

我哪裡有機會再從頭學起？因此錯誤便注定性地要誤我此生了，真真覺得惶恐。

如今惟一聊以自慰的就是順其自然了，視自己為「無路用」的人，準備坐著接納一切的命運，一切的知識。反正，一無所有的我已準備不奴役知識以謀生，只是想藉它來了解人性罷了。如果當初我真的走入自己並非沒有天份的技術專門世界裡頭，我如今的心性可能又是另當別論了。我或許會變成尖鄙小人一個。

我本來就一無所有。

一九七八年（民國六十七年）六月二日 星期五
（天氣：天濛濛雨）

◆ 最近我都是彈吉他，讀書度日。

他們早上又緊急要去「輾」空油桶了，那是非常危險的工作。所幸，「二齒仔」沒有叫我們這些已退伍的。

◆ 上次有位新兵丟了空彈夾，結果翻遍了全部行李箱，人員在坑道內到處尋找也找不到。「二齒仔」一直用拳頭，神經兮兮地打著那位新兵的頭，好像是「烏仔頭」要把它扭斷似地帶有十足的虐待狂。

現在的長官都是 homosexual 或帶有虐待狂或神經病，選傳令兵要選皮膚白皙，可愛的柔細男子，這是公然的事實。聽說指揮官即將在6月3日叫各大隊的傳令兵集合，他請客。他媽的！這不是和社會差不多嗎？人愛飄亮，人有十足的虐待狂。

一九七八年（民國六十七年）六月三日 星期六
（天氣：晴，但似乎不見陽光）

一早我便將那件發霉的褲子洗乾淨，曬了。仍然和昨天一樣，讀書、彈吉他打發時間。

在 evening 和李憲宗對話，我實在不願意進入寢室承受那股悶氣。

李憲宗似乎煩惱多多，最近又跟人打架。他原本就懶惰，不肯與旁人合作，對任何公差沒有一點興趣，甚至漠然而形成一種諷刺。我想 Hatred 恨意和譏諷已漸漸在他內心深處滋生，真擔心再度演變成「李廷輝事件」。

我們在寢室裡泡維大力麵，聊天。我告訴他軍隊中的黑暗面諸如虛偽、自私自利等等並不那麼要緊，受它影響因此受苦一、兩天就夠了。最重要的是如何使心境平和下來，快快樂樂地過日子，亦即內在的 joy 能戰勝一切。「人家雖然以兵役的束縛在表面上擊敗了你，可是聰明的你可以探討、追尋、讀書，或專心一意地投入某一項興趣，把當兵這件事漸漸地把它轉變成一種副業，如此便能超脫一切現實 reality 的痛苦，而暗自竊喜。」我說了這，他似乎明白了。

［註］ 李廷輝事件

「李廷輝事件」是我到東引島所聽見的最驚心動魄的一段故事。它發生於民國六十五年七月，剛好我到東引島之前一個月。

我們這一中隊的同志們正要上莒光日。李廷輝半路碰著石頭，腳趾受傷因而折返據點擦藥，那時候衛兵沒有警覺到他（後來衛兵被關了警閉）。他把每一個人放置在床頭的兩顆手榴彈全部收集了起來，又順手偷了一挺機槍，到了中山室便往裡面掃射並扔擲手榴彈，所幸有些未爆炸。剛到一天的1049梯次新兵們驚惶失措地扒在地上，哭喊成一團。李把中山室牆壁炸了一個大大的窟窿，玻璃震碎了，彈片飛過牆頭把管訓隊的一個憲兵刺割成重傷被緊急後送（後來他不幸在遣送艦上過世了）。我們隊上的士兵有幾個受了重傷，所幸沒有死人。事情發生的當時，大家都往外衝，我們「長長鼻」據點的班長劉永霖也是其中之一。他常常吹噓說李用機槍沒有掃射到他。事件之後，李一直往東海岸方向急速快跑。我們的大隊處長，人長得矮矮的，卸除掉他自己的武裝往前勸說，可惜沒有用。李後來跳海自殺於「長長鼻」剛好我站衛兵的據點下面。他的身體被撈上來時，聽說很多人捐血，仍然無藥可救。

我從班據點一位同志那裡看到李廷輝的照片，他人長得壯壯的，不高。那是三中以前是輪訓部隊時慶祝春節舞獅耍龍大家合照的，李也是裡面的一份子。我聽「呂仔」說他人也是頂和藹的。後來三中調來了幾位年輕的幹部，如副隊長「二齒仔」，大祖澳分隊長黃天富（黃天霸），一時之選。幹工時也是不忘他們那一套嚇人的把戲。李可能受不了他們的精神壓迫或肉體之虐待。

聽秦正隆班長講：「二齒仔」有一次巡視海防的時候，說指揮官要親自下來作清潔檢查。他看到大祖澳供奉有觀音菩薩的神像，硬要一位同志把它扔到大海裡。

而李廷輝家，他的母親曾接受一位和尚的勸告，把一件白色，特製的內褲寄到東引來給他穿，並且囑咐李必須在睡覺之前默念禱告，可是事情最後仍然發生了。聽說行動之前，他曾寫了一封信告訴家裡最近有特別的緊急任務。我們是屬於突擊隊性質，所以李家也沒有防範。

此一事件深深影響了許多人，也成為我來東引島服役其間茶餘飯後的談資。似乎今天環繞於三中的災禍都是李廷輝的 Phantom 鬼魂在作怪。「二齒仔」我想以後理所當然地會受到報應。假如他想在三中幹下去的話，必須把他那暴戾的壞脾氣改掉，否則事件早晚會再度發生，因為李憲宗和李廷輝都是屬於同一類型他們所謂的「頭痛人物」。我現在才發現他們兩個同樣都姓李。這事件真真整垮了那李國謙大隊長。總之，他們姓李的似乎在彼此「同根相煎」。

他們說事發之前，李廷輝有好幾天吃不下飯，一直都在空想卻始終想不通。又說李總是坐在大石頭上默默地凝視著大海，精神古怪。最後竟然還造謠說他可能是匪諜，受了共匪的誘惑，因為在最後的時刻，他曾經匯了大筆的錢回家。

李廷輝事件常常在某種場合被提起，陰魂不散地提醒並震驚著初次聞知的人們。

它使「二齒仔」和「黃天霸」都記了過，而中隊長羅小林剛好在台灣休假，很僥倖地逃過了一劫，並且免受責罰。

從打罵教育進步到「愛的教育，鐵的紀律」，我們花費了長長的十年，為什麼要那麼久呢？

一九七八年（民國六十七年）六月四日 星期日（天氣：晴）

我在軍中已失去太多了。什麼是個人主義？什麼是國家？現在 China 的這些軍官們竟然無一懂得。

晚點名，「二齒仔」胡說八道，不知扯些什麼東西。最後他竟然指我個人主義太重，國家將在像我這樣的人之下覆亡。他的意思很明顯，完全拿一副無知的專修班小子對國家之幼稚觀念來對付大學畢業的，它乃是自悲感與 hatred 之滲合。

他舉例批評我們飯後走往坑道的隊伍根本是一群烏合之眾，他哪裡想到那時候是他們建議我帶隊，卻給別隊的插入二個而混亂了。

不！不再了！假如我再有機會當兵，一定要做個軍官。做個兵，我的精神壓迫已受夠了。我的尊嚴、我的人格，甚至所需要的一點才能的貢獻竟然受到愚人的任意擺弄、踐踏。

我已看過了，也聽得夠多了，軍中就是這個樣子，沒有特別。原來大地任何一個地方都是如此有著黑暗的存在啦！原來任何生活無不透過奮鬥方可獲得幸福。由此，「權力」所代表的意義實在太重要了。一個不抓住權力的人，他怎麼能夠在平凡的大眾之間施展抱負呢？

一九七八年（民國六十七年）六月五日 星期一（天氣：晴）

◆

船真的已確定明晨到達這裡了。他們補假，是由大隊長通知的，好不容易的一次休假。外島的這些同志非但受精神的折磨，連一次外在的休假給肉體得以獲得休息的機會其實也不得休。

好像一切都突然安靜了下來，我兵役的瑣務也暫時告得一段落。面對著大海彈吉他，把「禁忌的遊戲」那首曲子彈了又彈，連續好幾次。面對著大海一切是清靜的，一切感傷已瀕於終止。大海那邊的故鄉又有誰知道我呢？

我已針對退伍後的生活有一番簡單的計劃和輪廓了：即遠離一切足以拖垮我精神的包

袱與惡習。我要做個在身心方面成功的人。我必須全力照顧我的家人。我必須時時警惕自己站在一段距離之外，將我過去所受的教訓和我的夢想 dream 反省反省，如此我便能更清楚地看清我人生的方向。不要沉溺而自陷於不可自拔的境地而把過去所遭受的一切都給忘了。

◆

今補假，因明早船就要來了。大家為有休假的機會而狂喜，四周圍也顯得比較清靜了。我拿著吉他與筆記本夾板到大隊部廣場旁邊的台階坐彈與閱讀。大海正往廁所過去展延，群嶺矗立，面對著台灣的方向我彈著吉他與懷念故鄉的一切。

◆

天下哪裡有不散的筵席？

雖然軍中我所遭遇的一切都是橫逆的，都是自己非常不願意的，仍然在這離別的時刻我有許多的惆悵與懷念。

服兵役之前，似乎我的生活一切都是順著一條理性的道路前進，我竟然幼稚地相信命運可以隨意由自己的意志安排，要怎樣便怎樣，只要不犯差錯的話。

兩年的兵役下來卻使我那些幼稚的「溫室裡的花朵」概念全部為狂風暴雨所襲捲。一切理性的架構都倒塌了，以致造成現在我這個複雜的情緒與深而厚的「猶豫」個性。

我雖猶豫，卻對「真理」更加確信，以為路途雖崎嶇而險厄，但真理卻是毫無遮掩地向我顯示著，它要我承納。

於是我的內心只有一個想望，一盞明燈它無條件地帶領著我，令我無視周遭的一切是否合乎理性，是否合乎慣常的道德秩序，因為它們已經全部變得陌生而遙遠了。

它們如同創造一座輝煌的金殿過後顯已被遺棄的瓦礫，現在靜默地躺在一旁。

並不是我不愛我自己的國家？國家是一個疑問。並不是我不愛自己的同志？同志是一個過程。拜拜！我顯然已受夠了。……

◆

後來我到中山室閱讀「文藝」書籍。什麼作家與讀者座談會，真噁心與低級！看他們那樣子仰慕虛名，把「Literature」當做是一種顯耀身份的工具，我確實很鄙視他們。同時那並不是我所望 want 的。（其實就文字氣氛與他們臉孔的形象，我十分可以想像得出他們的低級。）「周惠民」的名字也在簽名冊上，卻是藉藉無名。這個假知識份子，專會找機會鑽營。大學的英國文學課堂上我已受夠他的氣了。

總之，那些並不是我所想要的。也罷！得一教訓警惕自己萬萬不可捲入他們的漩渦，萬萬不可參加那種「非人性」的聚會。我看那些參加的讀者也是虛榮心作祟罷了，他們惟一可取的是熱情與尊敬作家，認為作家了不起。

事實上，一位作家如在大庭廣眾之間顯示他自己很了不起，身份非為凡俗，如果他存心如此，如果他極擔心而日夜盼望，則完了，一切都免談了。

我現在盼望我自己完全是出於超然的一種立場，自願而自自然然地領導寫作的這條道路，則隱姓與埋名就成為必要了。

下午把後天要帶走的東西大略整理。腳掌的骨頭不知怎樣總是感覺不舒服。今日天氣至為晴朗、氣爽而安靜，最後一次機會生活在Ton In Island 東引島，我要好好地把握。

孫啟達、林春生他們晚上和我到北澳去，退伍之前給他們宴請一頓，內心有說不出的感激，但我心情卻感覺極度麻木了。

一九七八年（民國六十七年）六月六日 星期二
（天氣：大雨滂沱不斷）

船終於來了，卻正下著大雨，和昨天的晴朗簡直成為強烈的對比，這是東引氣候的特性。他們準備卸載，而「二齒仔」說如果我們這些退伍人員不送飯，則晚上通通要把我們關起來。下午淋著大雨送飯，一不小心我被竹簍筐的利刺割了一個大大的傷口。

他們卸載人員晚上很疲累地回來了。

一九七八年（民國六十七年）六月七日 星期三
（天氣：大雨）

◆又是下著大雨，很麻煩地通過檢查的關口。聽說東引丟了兩把刺刀，我們這一梯次的真是「福無雙全，災禍連至」。

◆我發現我們這一批真是活見鬼。這或許是以後我進入社會的第一道關卡。

◆人實在是太平凡了。……

淋著大雨，好不容易通過層層的關卡。我們坐在卡車上面，沒有遮篷。雨點斗大如豆粒般地鞭打在我們的頭部，我內心仍然視之為一項考驗。

指揮官來送我們，他正站在我的前面，可是不知怎樣？我總開不了口再提醒他：「我就是林丙丁！」然後來一陣告別儀式，再向他說明一些什麼。我似乎已退伍，茫然、木然了。那顆心也已經死了。

◆

大浪與大海已快要遠離了，今後我應該是一個沒有難關的人才對。我要成為與現實絕對孤立的人，再不願與無知、幼稚搞混在一起了，它們才浪費我的光陰。

我今後應該是沒有徬徨的一個人。相同的難題不再是難題了，姑且視之為「不可理喻（解）」而成為我們生活的基本一個部份。

◆

Farewell to the Army

在上船的時候，我往那大門口，正當媽祖廳前的「馬山壯士」行了一個鞠躬禮，以為那個站著的銅像是指揮官，我的舉動令大家都感覺很驚訝。我又大聲重覆了幾句自我表白的名子「林丙丁」，大家更感覺莫名其妙。

我一路迤邐地任憑船駛的波動。1065 梯次的退伍人員似乎都與我已貌合而神離了，是我當初絕對想像不到的。漸漸地我疏離了他們，但成一個獨立的個體。我開始給李中原寫信。我有時候往上面船舺走動，看看大海，看看藝工隊那些零散的女團員。

終於我們並不如想像中的困難到達了基隆。吳俊景從拜託我幫他攜帶東西的那時刻開始便一直困擾著我，多麼幼稚呀！我從未想到他是如此地老陳與固執。我開始對他起了憎恨之心。

至於林德文，簡直是無藥可救了。不知什麼事情使他永遠呆若木雞，絕對不可能和他談一些比較深入的話題。這樣的一個朋友一被打離軍隊，他便一文不值了。

幸虧有外島服務車到達台北。一開始感覺熱氣騰騰，但上了高速公路便好了。

半夜敲金生的門。金生已期待我有好多時日了，我們相見至為欣喜。兄弟一起搭計程車到 Wa See Street 華西街吃稀飯。

捌、附錄

一、兩根香蕉的故事（註冊記）

那是一個相當貧困的年代，我們的家就像茫然無知的一隻小船，在一片浩瀚無垠的汪洋中，不知航向何方？

民國五十五年，我以優異的成績考上了麻豆鎮的台南縣立曾文初中。那一年，我的年紀相當小，大約是十二歲左右。

記得初一上學期註冊剛開始，我就無力繳交費用。那時候，註冊費大約是一千塊錢左右，可是母親卻只能七拼八湊好不容易才籌足兩佰塊。我一看到那兩佰塊錢竟然大聲哭了，覺得它和註冊費的差距過大，內心的煩惱和對學校的恐懼不禁油然而生。

兩佰塊錢怎麼能註冊？兩佰塊只能繳交書籍和簿本費。從前在小學，因為我的成績相當優異，四、五、六年級的補習費還有導師林傳枝和林榮題幫我，他們讓我免費參加小學的課後補習。而初中的學校對我來說真的既陌生又深不可測。我那時候真的不想就讀初中了，自從接到了學校的註冊單之後，每天幾乎都在煩惱著。而且我又為沒有鞋子穿而懊惱，因為我從小不論寒冬或酷暑，都是赤著腳上學，從來沒有穿過鞋子，頂多晚上著一下「木屐」。

我現在回想，我後來會決心去唸初中，原因大概是我小學的成績一直都是相當優秀，家裡的人，尤其是我母親，都鼓勵我要繼續求學向上。而母親的辛苦和眼淚更是讓我產生無比的勇氣，不管環境多麼惡劣，我一定要繼續升學來扭轉家庭的命運。

好不容易母親才說服我準備到初中註冊。記得前一天她帶我到服裝店把卡其布的衣褲買好，雖然皮帶也買了，可是最後仍然少了一雙鞋子。我只有安慰母親說我會想辦法，原來我準備隔天去註冊的時候，用紗布綁在我的腳上，然後塗上紅藥水，假裝我的腳受傷，我可以光明正大地穿上我的拖鞋去見教官了。

我只有兩佰塊錢註冊，所以感覺很害羞，時間拖得很晚才準備到學校去。可是到學校去我又不敢走正路，因為我害怕遇到同學而遭受他們的嘲笑。那時曾文初中比我上的小學麻豆國小有兩倍距離遠。沒有腳踏車，我只能用走路的，一個人偷偷地走斜路彎道然後繞到學校。我記得我趕到學校的時候，時間已將近中午十一點半，那時候註冊的時間已經快要結束了。我慌慌張張地領了註冊程序單就逕往繳交書籍與簿本費的攤位給了小姐二佰塊，同時我的註冊程序單也蓋了章。接著下一關是繳納學雜費，我當然不敢去那個攤位，因為我根本沒有錢繳交。僅有的兩佰塊錢我已交出去了。

我慌慌張張地快步走向檢查服裝儀容的攤位，教官周之庠臉孔很嚴峻地坐在椅子上。看到我穿著拖鞋，腳又用紗布綁著，他馬上質問我為何沒有穿鞋子。我害怕地用顫抖的口吻欺騙他說我的腳不小心受傷了。剛開始，他還帶著一種懷疑的眼光打量著我，但最後，出乎我的意料之外，他竟然相信了我的說詞。老實講，我那時候，真的膽量很大，我甚至檢查服裝儀容過後就直接把註冊程序單攜帶回家了。我真的不曉得那是一件相當嚴重的事情，本來註冊程序單按照規定不准攜帶回家，它最後一定要繳回教務處，這樣才真的完成了註冊。

開學第一天，註冊組長萬之寬就直接到班上來找我了，因為他廣播我到教務處好幾次，我都不理他。他一看到我，當然是一陣責罵，他再三地命令我要趕快把剩下的註冊費用繳清，否則不准就讀。

我那時候，家裡可以說是全世界最赤貧的。母親一手帶領著我們六個孤苦伶仃的小男孩，存活在世界的邊緣。連三餐都不濟了，哪裡有多餘的錢繳交學費？於是就一直拖，每天拖，萬之寬也緊迫盯人似地每天到班上來找我。每次當下課前幾分鐘，我看到他在窗戶外面兩顆大眼瞄我的時候，就好像看到魔鬼似地趕快把頭低下來。等到下課後，他又一陣子開始責罵我，質問我為何不趕快把錢交到學校。每次他來的時候，我就像一個小小的罪犯一樣，內心裡昇起了莫名的恐懼與羞恥感。同學後來每次看到他來了，竟然開始譏笑我說他是我的爸爸，而我的爸爸又來看我了。我受到這種嘲笑，內心感到相當難過。其實，我的父親老早在我差不多四歲的時候就過世了。

我那時候真的也太有勇氣和向上心，雖然內心感覺恐懼和無知的羞恥，但我並不害怕到學校。這樣子，連續拖了差不多幾個禮拜後，學校可能經過打聽，知道了我家的困境，最後竟然允准我註冊費可以分期付款。他們也準備給我每一學期二佰塊錢的清寒獎學金，可是這二佰塊是領假的，一定要再繳還給學校。

讀了一學期，第二學期當然我還是故技重施。我真的沒有辦法（寫到這裡，我的眼淚真的快要掉下來了），不得不把註冊程序單帶回家，因為家裡真的沒有錢，母親只能東挪西湊地給我區區的兩佰塊錢，不過這兩佰塊在當時是相當大的錢了。

相同的故事又重演了，萬之寬仍然不斷地到班上來找我，我也仍然不斷地遭受他的責罵，不過最後學校還是讓我分期付款了事。然而這樣的事情已經在我小小的心靈深處埋下不可磨滅的傷痛和難以克服的自卑感。

二年級上學期，萬之寬終於忍受不了我對他所造成的困擾，他對我已經感到不耐煩了，因此乾脆叫訓導處把我記了二支小過。台灣因家窮無力繳交學雜費而被記過的學生，我可能是第一個。況且這兩支小過是我這一生當中唯一被記的過。他們把我記過的理由是我把註冊程序單私下帶回家，違反了註冊程序。那時候，我的導師是楊堯風先生。他是一位相當關心學生的好老師，他也沒有料想到訓導處會把我記過，這件事根本沒有經過他本人的同意，就直接公佈在佈告欄了。他為我感到相當地難過和生氣，也為此曾經和訓導處理論，但最後還是沒有辦法。有一天，他就在班上幫我向同學們解釋。他告訴同學說我並不是因調皮做錯事，或品德上有什麼缺點而被記過。我是因為家裡貧困無力繳交學費。

二年級下學期開始，我一再地哀求母親，乾脆想辦法把註冊費籌措完整然後再讓我帶到學校註冊。我不要再被那個可怕的註冊組長萬之寬責罵了。我終於老實告訴母親他每次到班上來找我的時候，我都好像是犯了天條的罪犯般地感到無地自容。母親聽了也覺得相當難過。最後為了不讓我再遭受他的侮辱，她就想盡辦法到處去籌借，好不容易終於湊足了一千塊左右的錢來要給我拿到學校註冊。

當我一知道完整的註冊費已被準備好，真的是感覺喜出望外。我想我終於可以大大方方地去學校註冊了。我可以永遠擺脫被萬之寬責罵的夢魘了。

但是隔天的註冊，我作夢萬萬也沒有想到我會遭遇生平第一次那樣子在眾人面前被侮辱，然後在我的往後人生中留下不可療癒的傷痛。

雖然母親已幫我籌足了註冊費用，但是我仍然不敢走正路到學校去註冊。時間，我還是拖到接近中午的十一點半。等我到學校的時候，註冊已快結束了，學生已寥寥無幾。而註冊相關的所有單位已開始享用便當。我帶著一種惶恐的心情領取完註冊程序單便準備按步就班，一關一關地繳交費用註冊。但是沒有想到我走到第一關剛準備要繳交書籍與簿本費的時候，裡面的小姐就使用一種輕蔑的口氣當面告訴我說我要先到總務處去，因為那邊有先生等者要告訴我事情。我的心裡立刻昇起了陣陣的恐懼和迷惑。我沒辦法，只好遵照著小姐的指示，怯怯地走到總務處。

總務處的人已老早開始用餐了。他們一看到我，好像狼群看到羔羊似地把我團團圍住，然後開始七嘴八舌罵我、批評我，所使用的詞句相當尖酸刻薄。他們責問我為何上學期的獎學金到這時候還沒有還給學校，我是不是已經把它吞進肚子裡了？我一定要把那獎學金兩佰塊先還給學校才可以註冊。我被他們罵得頭都抬不起來，好像變成一個十惡不赦的罪犯。我至今仍然記得他們的嘴臉，一張一張的，永難忘懷。裡面有一個身材長得高高瘦瘦的，戴著一副眼鏡。我曾經聽母親說過，有一次在理髮廳附近遇到他，他竟然把我母親痛罵一頓，說什麼我的二佰塊獎學金還沒有還給學校。另外一個長得有點像日本的摔角明星豬木。我最懼怕的是他那雙嚴峻的眼睛，目光永遠斜視著，對我露出一副輕蔑的眼神。而這種眼神至今仍然好像是夢魘，永遠隱藏在我的腦海深處，每次偶然想到他，我仍然會被嚇得大冒冷汗。

我的確是有點嚇住了，本來好好的一件事情，我心想我怎麼會突然變成這樣子的狼狽？為了不再被萬之寬找麻煩，母親不是已經完整地幫我準備好錢了嗎？結果他們還是對我這麼殘忍，最後讓我不能順利完成註冊的心願。

我最後帶著失望的心情離開了總務處。回家我還是不敢走正路，我偷偷地、慢慢地繞著原來的斜路彎道。到了家裡，母親剛好暫時停下她賣菜的工作正在煮著中飯，滿屋子的濃煙把人的眼睛燻得難過得幾乎張不開來。母親眼見我回去，感到相當的訝異。我趕忙告訴她我還需要兩佰塊錢還給學校，否則就算我這學期的學雜費有錢繳清，他們也不准我註冊。母親聽了我的話後，大失所望。她帶著委婉的口氣詢問我原因。經過一陣子折騰，我才老實告訴她，上學期的兩佰塊獎學金其實還要還給學校。我當初所以告訴母親獎學金不必歸還學校，其實純粹是為了討她的歡喜，順便能享受一下利用獎學金貼補家用的滋味，結果萬萬沒有想到學校這麼斤斤計較。母親聽了我的解說之後，並沒有責備我，趕忙從一只竹籃裡面取出賣菜所得存放的兩佰塊錢，她要我趕快回學校註冊。其實母親那兩佰塊錢是要付給蔬菜大盤商的，因為母親賣菜都是先賒帳取貨，賣完再把錢歸還他們。

我拿了母親辛苦賣菜的兩佰塊錢，二話不說，連中飯都沒有吃，趕忙用跑步的再去學校一趟。當然路仍然繞著我已熟悉的小路彎道跑著。那時候，時間已是中午過後，日正當中，我的頭被太陽光曬得大汗淋漓，眼睛幾乎已經張不開來，好不容易跑到學校，上氣不接下氣地衝進了總務處。

他們一看到我衝進辦公室，很好奇地又圍上來，但是這一次他們又刁難著我說我的印章忘記帶，沒有印章不能讓我註冊。我一聽到他們的說詞，幾乎整個人快暈倒了。我帶著一顆惶恐的心趕緊跑離總務處，在外面我頓時感覺茫然無助，我一時不能決定是否再聽從他們的話趕緊再跑一趟回家去拿印章，因為我突然內心昇起了一股輟學的念頭。我的心裡那時候想：讀書如果這麼辛苦，而且還要遭受那麼多人的侮辱，不如乾脆不要唸算了。可是這種念頭剛昇起來沒有多久，我竟然遇到了一位平常比較談得來的同學，他知道我的困境後，趕緊把他的腳踏車借我騎。

我如獲至寶般地向他連聲說謝。我騎著車，好像火箭噴射般地趕回家。母親一看到我，還以為我已辦完註冊了。她萬萬沒有想到我會告訴她註冊還沒有註完，他們還要我的印章。學校這種刁難她「苦命子」的作風，她那時候能說什麼呢？一切只有逆來順受。母親趕忙給我印章，再三地叮嚀我沿路騎車要小心。

當我拿印章趕回曾文初中辦完註冊走出校門口，時間已是下午兩點鐘了。太陽光強烈地照耀著肚子已經快要餓死的我，那時候我整個人的意志力幾乎都已經被摧毀了。連本來那條彎彎曲曲的道路我都不敢走回去了。我竟然悲哀地懷著一顆失魂落魄的心，繞著往麻豆糖廠更加偏遠的道路前進。那可以說是一條既陌生又漫長的道路。幸好，我沒有繼續走下去，因為繼續走下去剛好方向相反，它真的會變成一條不歸路了。記得我那時候走到半途就折往曾文農校的方向準備繞經南勢里的道路回家。雖然它仍然比我原先已走了好幾趟的彎路更加偏僻而漫長，但不會遇到同學對我來說是我最大的安慰了。

我在日正當中，疲憊的身軀慢慢地往前移動著，肚子那時候已餓得整個人快暈倒了。當我快暈倒過去的時候，眼前突然出現了一家小小的「店仔」，它就在靠近曾文農校附近的道路轉彎處。這種「店仔」專門在賣「囝仔貨」，平常最受小朋友的歡迎。我發現店前掛著小小的兩根香蕉，瘦瘦乾乾的，它們的表皮已經發黑了。可是我身上只剩下唯一的「兩角銀」，再也沒有多餘的錢來購買其他的東西。我只能懇求店裡的「老阿公」以較便宜的價錢「兩角銀」把那兩根香蕉賣給我。我一再地拜託，他終於慈祥地答應了我的哀求。我拿到那兩根香蕉，好像遇到了救星般地欣喜，趕快把它們剝皮送進嘴巴裡，也因此讓我最後避免暈倒在路上的命運。

在以後的歲月裡，我永難忘記那兩根小小的香蕉。每次想到它們，我的內心就浮起了許多人物。尤其是我的母親，她就好比是一座大山，永遠頑固地聳立在那兒。她永遠支撐著生活在世界邊緣的我們，讓我們依靠，不斷地供應我們的需求。每次想到這裡，我的內心就不斷地在淌血。想起那個年代我們家的窮困，想起那個年代人情的淡薄。貧窮似乎是注定的，它是永遠擺脫不了的命運。而對於為什麼會造成這樣命運的原因呢？那時候的我是茫然無知的，好像我生下來就必須承受著它。

別人的命運注定往好的方向走，而我的命運卻注定要往壞的方向走。我一直改變不了它，至今仍然是。如此過了這麼多年，我也不想改變它了。改變它又有什麼意義？我們從小就被教育要改變命運，要把貧窮變為富有，如果人生真的是只有這樣，又有什麼意思？那只不過是單純的一個面向而已。

假如由富有變成貧窮，又怎樣？

如今的我早已超越這樣的層次。

如今的我，已不是傳統的我。我已經是一個徹底革新的我。一個嶄新的我。一個歷經無數精神磨難的我。

所有關於「建構」這個社會的倫理、家庭、婚姻、友情，和愛情，它們早已都因為這樣的「受苦」而徹底摧毀了。我似乎發現我自從活到這個世界，原來是為了要不斷「濾淨」這些心裡的「殘渣」——它們是傳統社會的謬誤，同時也是捆綁我們身上的鎖鍊，而大部份的人都因它們就這樣地白白犧牲掉了。我活著的本務，似乎就是要勇敢地面對這些東西，來造成一種徹徹底底的「醒悟」。不然，我活到這個世界來受苦幹什麼？每當我有這種感觸，內心就會稍微寬慰一些。不然，這世界一切都是很不公平的。受苦的人沒有得到任何應得的回報，而享福的人繼續在享福。是故，面對這個世界，當然我要抱持和一般人完全不一樣的想法。

（註一）

我就讀台南一中一年級的時候，聽說曾文初中註冊組長萬之寬發生了事情，原來他有一次到麻豆戲院看電影，竟然對一位坐在旁邊的婦女做出襲胸的舉動，結果被拉扯到警察局去了。而他的小孩在初二的時候也和我同班。

人的命運和人性真的是難測。

（註二）

教官周之庠先生雖然管教嚴格，但我就讀曾文初中期間，常常看到他對比較弱勢的同學表示關懷。我記得他和楊堯風老師跟隨劉智校長後來調到北門農校，我曾經去探望他們。

而嘉義八掌溪事件的第一位死難者剛好和劉智校長同名同姓，想必阿扁一定想天底下怎麼會有這麼巧合的事情。它可能成為阿扁心中永遠的痛。因為劉智校長是一位仁慈的好人，應該有恩於阿扁。而下層階級的劉智卻慘死在阿扁的執政之下。

（註三）

「壹」週刊第四十八期裡面竟然出現了我的照片。看到那一張照片，我越想越悲哀。因為照片裡，蹲在最前面的我，竟然骨瘦如材，看起來一副營養不良的模樣。站在後面第四排的陳水扁那時候就讀高一。他常常告訴我他是被騙留下來就讀高一的。因為學校告訴他們曾文中學已準備升格為省立的學校。學校願意提供獎學金留他們下來。但是升格的事最後失敗了，結果阿扁沒有辦法，只好趕緊插班到台南一中。而學校給他們的獎學金總務處竟然追到官田西庄他的老家強討回去了。他常常告訴我說那是他年輕時候最感到痛心的事情。

我就讀曾文中學初一時，阿扁剛好是高一，所以領獎學金時大家合照過。

二、沒有電燈的求學生活

我高中畢業之前家裡一直沒有電燈，所以我們兄弟的求學生活一直都是以打游擊的方式來尋找燈源。當然讀書場所主要是在我們家的前面，麻豆中央市場的北邊出口，也就是我母親擺設菜攤的附近。市場前面延伸的屋簷上面掛有一盞有罩的老式路燈，電力雖然微弱不大光亮，但勉強還可以照明來看書。

我們要讀書的時候，會在路燈的正下方擺著一張可以折疊的老舊竹桌，然後兄弟各據一方讀書或寫功課。有時候路人從兩旁經過的時候會好奇地駐足而觀，但我們兄弟並不感覺受了干擾，已經習以為常。

夏天的時候，當然蚊蟲肆虐，咬得我們兄弟的雙腳起了無數的「紅豆冰」。冬天時更是受不了，有時候寒風吹襲得頭部會時時感覺麻痛，就是頭上裏著毛巾，也直覺寒冷。這時候，我們讀書的場所會被迫轉移到市場裡面兩邊肉攤前面的通道，因為那裡暖和多了，可是上面的路燈光線更微弱了。有好幾次，我們兄弟想要去打開人家魚攤上面懸掛的電燈，卻被母親制止。母親告訴我們那是不對的行為。

我在肉攤通道的路燈下曾經因為指導銘山弟功課，一時失去了耐心而動氣毆打他，如今懊悔不已。那種情景至今仍然顯明地滯留在我的腦海中揮之不去，我現在內心裡仍然對銘山弟感覺相當地歉疚。我悔恨我那時候為何會失去耐性而修理了他。

我們也曾經轉移陣地到路邊「電火柱」高掛的路燈下面讀書，而在那裡燈光真的是曚曚矓矓的，各式各樣的昆蟲更是不斷地飛舞著帶來更多的干擾。有時候，真的想要把讀書的這一件事情放棄了。

比較舒服的地方是果菜大拍賣市場的「組合」裡，他們的桌子通常四張放在一塊，形成一個很寬廣的讀書場合，而那裡的日光燈也比較亮。在那裡讀書按照道理講，應該是對視力比較正常。但美中不足的是果菜市場的職員叔叔常常會兇巴巴地禁止人家進去裡面。

後來我好不容易以優異的成績考上了台南一中，但台南市和麻豆鎮之間來回通車我就要花費將近二個半多鐘頭，回到了家裡又沒有電燈讀書，內心真是感覺懊惱萬分。那時候聽說以前的曾文中學，也就是現在的麻豆國中教室晚上有開放讓人家讀書。我知道了以後，真是欣喜萬分。

終於有一個十二月冬天寒冷的晚上，我踏著一部破爛的腳踏車好不容易地在狂風怒吼中，顫抖地掙扎騎到了曾文中學，它也是我的母校。我進入教室，開燈不到五分鐘，學校竟然叫警察要來把我帶走。我那時候心裡感覺非常惶恐，以為這下子真的發生事情了。還好，警察叔叔進來教室帶我的時候，並沒有很兇。

我雖然還是一個十六歲，剛就讀台南一中高一的「少年囝仔」，但我還是被迫乖乖地含著眼淚，用手拖著我的那一部破爛的腳踏車，跟在警察叔叔的後面一步一步地前往有一段很長距離遠的麻豆總爺派出所。

我一進入麻豆總爺糖廠前面的派出所，那位警察叔叔開口便詢問我：知道為什麼他會把我帶到派出所嗎？我抽搐地回答說我不曉得。他就開門見山地告訴我說因為當時正值冬防時期，我不應該沒有經過學校的同意，就擅自進入人家的教室開燈讀書。他對我講話的口氣並沒有如我所預期的兇巴巴。訓了我一陣子之後，就把我放走了。

民國六十九年，我當選了國大代表，曾到台南縣的善化鎮去謝票。當我的車隊經過善化分局前面的時候，突然裡面有一位高階警官急忙地跑出來，抱著正徒步走在宣傳車前面謝票的我一直痛哭著，眼淚直流。我一下子對他突如其來的舉動驚惶得不知所措，但當我仔細地端詳他一陣子過後，結果我看出原來他就是當初把我從曾文中學的教室帶到總爺派出所的那一位警察叔叔。他還告訴我說他就是我的初中同學陳亨通的父親，我一直不曉得。他溫馨地向我透露幾乎有將近十多年的歲月裡，他常常向他的子女提起我的事。他一直勉勵他的子女一定要拿我當榜樣，學習我向上求學的精神。我聽了他的話後，回想起從前我在曾文中學的教室裡被這一位警察叔叔帶走的那一幕情景，自己也不禁熱淚盈眶。

我時常在想，假如我家裡沒有那麼貧困就好了，竟然窮到連看書的電燈也沒有。我以前高中三年的求學生活真的非常艱苦，很早就要從麻豆鎮搭乘興南客運一路通車到台南一中。日落黃昏的時候，還要從台南市坐車回到麻豆。包括等車、走路的時間，就足足花掉了我兩個半多鐘頭。回到了家裡，我又沒有電燈可以讀書或寫功課，到處打游擊，又曾經遭到被警察帶走的命運。

家裡沒有電燈的求學生活真的是有夠辛酸的。

我雖然通車來回就花掉了不少時間，但我在台南一中一年級上、下兩個學期的成績卻都排名在全班的前三名之內。就讀醫科所需要的生物，我的學期成績幾乎都達到將近九十分。而台南一中又是一所非常重視理工的學校。等到升上了二年級，教務處要我們填志願以便分組的時候，我自自然然地開始就滿有自信地填上了自然組理工科。

可是一、兩天過後，我的意志動搖了，我自己突然考慮到通車的問題。我不像人家有錢，可以在台南市租屋，又可參加補習。我幼稚的想法是社會組文科方面只要下記憶的功夫就行了，不必花費太多的時間。

而在我猶豫不決的時候，曾任婦女救援基金會的董事長，也是我高中三年都同班的同學名律師莊國明，他好意地聳恿我不要就讀理工科，趕快更改志願。他最強有力的理由是將來那些唸理工科的同學都是要去從事「黑手」工作的，要去當人家「元勞」（隨便人家使喚的下屬）的，他們一定常常會把身體弄得污黑不堪。我聽了他的話，竟然無知地相信那是真的。而那時候，我的家裡又沒有人可以指導我，因為我上面的三個哥哥都是因為家裡經濟的窮困，沒有繼續升學，連初中都沒上，為了拯救下面三位弟弟的學業，跑去替人家做苦工了。

終於有一天游泳課完後，我高中三年最要好的同學莊國明竟然陪我跑到教務處偷偷地把原先的志願更改為社會組了，結果這一舉動就從此注定了我後來考上與我興趣不合的科系之悲慘命運。

其實我對數理方面從小就滿有興趣的，我的邏輯頭腦也不輸給我那從美國留學回來，現任中央大學數學研究所教授的么弟金源。這可從我國小五、六年級的算術成績看得出來。那時候，我可以五十張的算術模擬考，張張一百分。

大家都知道，五、六十年代大學聯考的數學成績，一般考生都考得很低，很少有超過五十分的。而我的大學聯考數學成績考四十九分，我曾和中央大學外文系的男女同學閒聊有關他們的數學成績，結果出乎我的意料之外，他們的回答不是六分，就是七分，沒有超過十分的。而我的國文作文成績最差，滿分四十分我竟然只拿了十四分。可見那時候，作文分數真的是沒有一個客觀的標準。

家裡的窮困真的大大地影響了我們兄弟的一生。我要不是天天通車，浪費那麼多的時間，而回到家裡又沒有電燈讀書，說不定無論在理工科或是文科方面，我都可能考上台大。

我後來考上了國立中央大學外文系，而那一年，民國六十一年，考上大學的麻豆子弟卻只有我一個。

三、懷念楊堯風老師

楊堯風老師是我就讀麻豆鎮曾文中學初中部二、三年級的導師。他是來自福建省的大陸人，長得高高瘦瘦的，有一種「本省人的味道」。他可能是受了師母很大的影響，因為師母是道地的本省鄉下姑娘。他們的姻緣訂於曾文中學，師母以前正好在學校的保健室服務。

師母的娘家剛好位於我以前國代服務處的附近，前面有一大片芭樂園。我上小學的路途一定會經過那裡。每次經過的時候，我的兩顆眼睛都會逕往芭樂園裡面瞄一瞄。每當我看見那些黃色或綠色，成熟或不成熟的芭樂，都會垂涎欲滴，真的很想跑進去偷摘它幾顆來嚐嚐。

可惜，它的竹籬笆圍得太緊密了，所以雖然我曾嘗試過，但每次都不能得逞。不然，我們一般的鄉下小孩在路上行走時，一看到路邊的樹木上面有水果成熟，一定會呼朋引伴，想盡各種辦法，一頭鑽進人家的竹籬笆，或用石頭，或用彈弓「打水果」，打下來之後，就地馬上平均分配。所以我們都會互相嘲笑對方是「果子狸」或「水果猴」。每天上學的書包裡頭，除了上課用的書本以外，就是各式各樣的水果，有時候大家會互相交換。在那極度窮困的年代，這真是一項永難忘懷的童年回憶。當然它談不上是否小偷的行為。

初二時，雖然有能力分班，但男女班級還是分開的。我因為成績不錯，被分到男生方面最好的「愛班」。在純粹是男生的班級裡，我還不會覺得不自然。可是，因家庭經濟情況相當地窮困，我一直都是學校註冊組「登記有案」的黑名單。

我從初一開始就一直在違反註冊程序。學校的註冊費用總共要繳大約一千塊左右，但每次母親都只能拿給我區區的兩佰塊，而這兩佰塊錢只夠繳納書籍和簿本費，一繳完它之後，我每次都把註冊程序單直接帶回家了。學校後來也體諒我，主動提供清寒獎學金兩佰塊錢相抵（領了要再還給學校），剩下不足的部份讓我分期付款了事，這樣我才勉強順利度過一年級上、下兩個學期。所以我的求學情況一開始就是讓我擔心受怕，不知道哪一天我會被學校給退學。果然到了第三學期，也就是我剛上初二的時候，學校終於再也忍受不了我的一再違反註冊程序，就乾脆記了我兩支小過。

台灣有史以來我大概是第一位因家貧無法註冊而被記過的學生。那時候，楊堯風老師剛擔任我們初二愛班導師沒有多久，他一聽到這個消息，就質問訓導處為什麼給我記這兩支小過，也不知會他一聲，就馬上公佈在佈告欄裡。沒有想到訓導處給他的答覆竟然是因為我已是累犯，而且我的這一件事情是相當緊急的。也不知道他們所謂的「緊急」是什麼意思？反正最後我的導師楊堯風先生也沒有辦法幫我的忙。但卻在同一天的國文課裡，他一開始就向同學們談起我的事情。他說我的被記過，並不是因為我的行為不檢，或是道德方面有什麼瑕疵，而是因為我的家庭經濟貧困，所以沒有辦法順利地完成註冊。我因為把學校的註冊程序單帶回家，所以違反了註冊程序。但是學校不該把我直接就記過，楊老師還向同學們再三地強調這件事情並沒有經過他本人的同意，這是學校不對的地方。我聽著楊老師苦心地向同學們解釋我的事情，眼眶早已充滿的淚水不禁掉了下來。

我並不是真正地想要讓我一個人獨來獨往的，而是因為現實的環境逼迫得我的性情不得不悲觀起來。我好像漸漸地認為我沒有資格去和同學們一起歡笑。我之所以能繼續在曾文初中求學，是因為學校可憐我、同情我，我才能有這個命繼續地唸下去。像我這樣窮困的孩子應該老早要去做童工，幫人家養雞養鴨的，哪裡有這樣好的命留在學校裡？我的二哥清池上一次還不是為了區區的六十塊錢被學校給退了學，而只讀了初中一學期。我一想到我那個可憐的二哥，心裡就是一陣子酸楚。

所以我在曾文中學的求學生活，心裡一開始就蒙上了一層厚厚的陰影，老是在擔憂不知哪一天學校會把我退學。

我的另外一個陰影大概是註冊組長萬之寬帶給我的。他每次都透過麥克風廣播我到教務處去找他，但我一次也沒有去過，所以他後來就乾脆直接到教室來找我了。因為他常常在找我，所以最後同學都開始嘲笑我說他是我的爸爸。於是我自卑的心理因此一天、兩天漸漸地在養成，日積月累。其中最主要的因素當然是家裡的貧窮。別人家裡都有主人翁，父親在掌理一切，而我家的經濟卻獨靠母親一人在苦撐著。

小學的時候，由於我的成績相當地優秀，而我又年幼無知，所以還不大會介意別人對我的嘲笑，但到了初中一切就不同了。

我的自卑感越來越重，可能還有一個原因就是我那時候已經是一個青春期發育中的少年郎。我對周遭別人的眼光越來越敏感了，而我的感受也越來越深了。我真的感覺我自己需要孤獨而靜默。我更發現要衝破這一切現實的痛苦，要忘掉這一切生活的不如意，只有努力用功地讀書。

另外一件事情永遠地存留於我對楊堯風老師的記憶裡，那就是「帶便當」。

從小，我的家可以說是全台灣最赤貧的，所以就讀初中的時候，母親給我帶的便當裡面幾乎看不到任何魚或肉，全部都是母親親手炒的菜，而那些都是她賣完菜後所剩下來的「貨尾」。當然有時候，母親會煎一些蛋給我增加營養。在學校的蒸飯箱裡，蔬菜便當一蒸就整個爛掉了。為了吃溫熱的便當，我又不得不蒸。

初一、初二都是純粹男生班，我的性情還沒有那麼「孤僻」。每到中午的時候，我還敢在教室裡半摭半掩地吃我的便當，深怕同學們看到我的便當盒裡裝的是什麼東西。但初三男女合班以後，我就不敢再在教室裡享用便當了。尤其是青春期的發育，讓我對男女合班，心理方面產生極大的困擾。那個年代是一個相當保守的年代，在社會上，男女之間的交往很少直接地公開，更不用說在學校裡。訓導處絕對禁止異性同學之間的交往，有時候連雙方的交談都會被誤會。

初三時，每到中午時間，我就躲到操場後面的防空洞裡，獨自一個人享用我的便當。吃完便當以後，我還順便可以瀏覽瀏覽操場附近的鄉野景色。它真的是一段我永遠很難忘記的回憶。因為，對我來說，那是一段很難得的孤獨時刻。從那個時候，我開始思考人生的種種。內心裡的悲哀與無助是很難想像的。

中午時，我不在教室裡用餐，剛開始，同學們都以為我是到福利社買東西吃。但過了一、兩個禮拜，就有幾位女同學向導師楊堯風反應說我因家裡貧窮，所以連中午的便當，家裡也沒有辦法為我準備。

有一天中午下完課，楊老師要我跟著到他的宿舍。當我進入時，我發現餐桌上早就擺了一鍋滿滿白色的豆漿，而在一旁的紅燒肉更引起我極大的震撼。楊老師要我坐下來慢慢地吃，他又囑咐我以後每天中午上完課，一定要直接到他那裡吃午餐。我聽完他的話後，一下子感動得眼淚直直落。

雖然我明白楊老師的好意，但我連續到他那裡吃了三天的午餐後，就不好意思再去了。因為他的宿舍裡雖然有很好吃的飯菜，但我還是感覺很不習慣。我寧願一個人跑到操場後面的防空洞裡獨自享用我的蔬菜便當。

雖然只有三天在楊老師的宿舍裡吃午餐，但我這一生永遠感念楊堯風老師的恩情。每當我吃便當的時候，我都會想到這件事情。想到母親那被蒸爛的蔬菜便當。想到楊老師宿舍裡那一鍋滿滿的，乳白色的豆漿和大塊的紅燒肉。想到我在學校操場後面的防空洞裡孤獨地一個人享用我的蔬菜便當時，所觀賞到的那一大片原野景色。

麻豆鎮的縣立曾文中學曾經透過好幾位有力人士的奔走想要升格為省立的中學，但最後一切努力還是功虧一簣，徹底地失敗了。而它後來也被迫強制改為現在的縣立麻豆國中。這樣的影響真的既深且鉅，因為連現在貴為中華民國總統的陳水扁在當時也被迫從它的高中部插班轉學到台南一中。而他在就讀曾文中學高一的時候，我剛好就讀初一。曾經在領清寒獎學金的時候，我們一起合照過。後來楊堯風老師和其他幾個老師一起跟隨著劉智校長調到佳里鎮的省立北門農校服務。

民國六十七年的中央民意代表選舉，突然因為中美斷交而宣佈停止了，大部份的候選人都措手不及。選舉中斷之後，我曾經到北門農校的宿舍去拜訪楊堯風老師。幾年沒有見面，楊老師仍然非常熱誠地接待我。

在閒談當中他問我參加選舉會不會累，絲毫沒有談到與政治有關的任何敏感話題或規勸我該走哪一條政治路線。我心裡非常明白，那是楊老師體貼我的地方。因為我那時候所走的路線和黨外人士謝三升很近，它是一項非常敏感的黨外民主運動。

不管政治立場如何，我和楊老師之間的師生關係是永遠存在而不能抹滅的事實。我認為楊老師對我的恩情是永難忘懷的，它的價值和偉大，比起當今那些口口聲聲喊說要保護學生權益的政黨來得具有永恆性。

民國六十七年的那一次北門農校之行，可能是我和楊堯風老師這一生當中最後的一次會面。我現在前前後後回想起來，內心真的是相當地悔恨。我雖然後來在民國六十九年當選了國大代表，但以我國大代表尊貴的身份，竟然連一次也沒有去看過楊老師。原因是我當時正和黨外人士謝三升走得很近，我的黨外路線是相當明顯的。而那時候，因為剛發生美麗島事件沒有多久，緊張的政治氣氛讓一般人民很容易誤信報紙的宣傳而認為從事黨外運動的都是一些壞人。我因為有這樣的體認和自知之明，就是當選了國代，也不會主動地去拜訪以前的親朋舊識，除非他們主動來找我。因為我害怕我的政治路線會連累到他們。

我現在檢討起來，我的這一種顧慮是多餘而且很不應該的。我當選後，更需要去探望楊老師，至少他可以提供我很多寶貴的意見。我也可以感謝他過去對我的恩情。

參加黨外運動，我真的犧牲掉了太多值得珍惜的東西。等到我現在再度想起楊堯風老師的時候，一切人事已非。我只能在這裡表達我對他的感恩之情於千萬分之一。

四、我遇到了林春成老先生

我本來不相信「命運天注定」這回事的，因為我是一個「非理性的人」。但我相信「機率」與「緣份」。

我和我太太的認識就是一件相當奇怪的「機緣」。

本來我是不應該結婚的，因為我相信尼采老師叔本華的話：人欲斬斷魔鬼之鎖鍊，絕對不要結婚。就是結婚，也不要生小孩。因為這會造成「痛苦的延傳」。如果要痛苦，到我們這一代就把它給結束掉就好了。否則，就是中了魔鬼的詭計。因為魔鬼常常會處心積慮，要我們中它的詭計，生下小孩，然後把「生之輪迴」、「痛苦之鎖鍊」繼續展延下去。

於是，我又發明了一句話，那就是：天底下最有愛心的人，絕對不要生小孩。因為小孩將來無論是否已長大成人，或是否已結了婚，最有愛心的人還是會不斷地擔心著他，直到離開這個世界為止。

我的姻緣好像是上天早已在我的政治活動之中就注定了。不管怎樣，這一段姻緣和立法委員蘇秋鎮有關。我如果沒有參加政治活動，也不會認識蘇委員。沒有認識蘇委員，就不會認識我最敬仰的一位長者林春成老先生。而他就是我的婚姻介紹人。

民國七十八年的炎炎夏日，有一天我到蘇秋鎮台北市臨沂街的臨時住所吃中飯聊天，本來要走了，但卻臨時下了一場很大的西北雨，我留下來等一陣子。後來雨停了，我本來要向蘇立委告別，他卻又把我留下來，原因是：等一下，有一位很了不起的朋友要來，他想要介紹我們兩個人認識。結果，我答應了。

不久，林春成老先生出現了。他戴著一副深度的古典眼鏡，穿著相當樸素。人長得高高瘦瘦的，極像我的畫家外公柳德裕。年紀大約已有七十多歲了，他給我的感覺是非常的溫和而具有「深藏不露」的內涵與學問，不像很多政治人物給人一種氣勢凌人的感覺。打完招呼過後，我們便開始使用茶點和聊天。

他曾提到王津平的名字和台大教授王曉波的事情。

距今已將近四十年了，民國四十二年八月十八日，王曉波教授的母親章麗曼女士二十九歲時即因「匪諜案」叛亂罪含冤伏刑。這件案子在「馬場町」執行，當時王教授年紀非常小，才九歲。「馬場町」就是現在的青年公園水源路堤防外的「白色恐佈紀念公園」。

我聽了王曉波教授的悲慘故事之後，內心相當地替他難過，它也讓我想起我那悲慘困苦的童年。林春成老先生開始讓我感覺他和以前我所遇到的政治人物都不一樣。我以前所遇到的話題都離不開選舉，誰和誰準備在哪一區參加競選？誰和誰有什恩怨？誰背叛了黨外？誰和國民黨有了勾結？

他和蘇秋鎮所談的卻是和思想有關的東西，尤其政治離開不了廣大人民的經濟問題。我在旁邊聽得入神，從前黨外所談的不外乎要如何從國民黨那裡掠奪它的權位，而現在他們卻極關心下層階級人民的福利。

他似乎曾經坐過牢，我也不好意思多問。他告訴我他有一個非常要好的朋友，在臨終時，曾託付他一個女兒，他現在準備把她介紹給我認識。他取得我的同意後，當時馬上就把這件事情連絡好了，時間敲定在隔天晚上。他說她是一個平凡人家的女兒。父親以前是彰化高中的數學老師，後來轉到台北市的建國中學當了數學老師的召集人，一當就是二、三十年。他一直都在教丙組，大部份他的學生以後都當醫生。他就是邱清池老師，曾經編了很多數學參考書，南陽街補習班的許多名師都出自他的門下。可惜他教書教一輩子，從來沒有間斷休息，一直勞累到中風而被迫離開他最喜愛的教育崗位，沒有幾年就過世了。

隔天晚上約七點鐘左右，我搭公車到達了國父紀念館附近林春成老先生的家裡。他熱誠地招待我，聊了沒有多久，邱小姐出現了。她人長得瘦瘦高高的，很是文靜。在邀請我們晚餐之前，林老先生一直談興極濃，不斷地述說許多事情。我似乎比較被他的話題所吸引，而忘記那一天我是去相親的。

林老先生談到他的生命其實老早就該結束了。在日本時代，美軍空襲台灣的時候，有一天，在彰化的防空洞口，他來不及進入，就差一點被美軍的子彈射中，它剛好掠過他的耳朵旁邊。

更有一次，他從台北下來回到了老家彰化，一個人沿著人家屋簷底下的走廊準備慢慢地走回家，很不巧地竟然有一輛大卡車衝進走廊把他撞得幾乎粉身碎骨，血流滿地，幸好，計程車司機送他去急救的那家醫院院長正好就是他的親戚。努力搶救的結果，他最後還是能撿回一條生命。自從這一件大車禍之後，他的人生觀就一切都看開了、看淡了。因為，無論怎樣他也不會想到人家的走廊走路也會遇到車禍。

他的日文造詣極為高深，日本的國會議員每次來台灣，一定會拜訪他。曾經是日本讀賣新聞記者的吳三連老先生就曾經讚揚他是台灣日文程度最高的人。他大部份時間都使用日文寫作。香港中文大學的教授陳玉璽曾在日本東京被國民黨的特務抓走了，林春成老先生聞訊馬上趕到東京，運用他私人和日本國會議員之間的關係，向國民黨當局施壓，最後陳教授才被釋放了出來。而他的婚姻也是林老先生介紹的，他太太現仍在聯合國的某個機構服務。

林老先生相當具有「內涵」，卻絲毫不注重他的外表。他平常的穿著相當簡樸，簡直比一般平民更加平民化。一般人從外表看他，根本不知道他是一個具有高深學識與思想的人。

有一次，他因事到他的「同門爺」（連襟）的公司。他的「同門爺」是台南幫的企業家，家財萬貫，但公司的小姐卻有眼不識泰山，藐視林老先生外表的穿著，竟然以為他是工人，連座位也不招呼他，就是茶水也不給他一杯，讓他一個人站在門口好一陣子。一直等到他的「連襟」出來才發現他，那一位小姐也因此被老闆痛罵得很慘。

我從小受苦，所以早就已經習慣於「不以貌取人」，但遇到了林春成老先生，我的內心對於「高深的學識無需炫耀」的道理才更加地肯定。一個人的學識如果真的有所成就，不是從外表所能看出來的。這一點，林老先生是我的榜樣，也是我永遠懷念的人。

他又聊起一件我聽來更為震撼的事情。他說日本有人按照當初毛澤東、周恩來逃亡經過的，也就是二萬五千里的「萬里長征」路線照樣再走一遍，把沿途所遇到的「驚險」與「景物」都詳細描述，出了一本書，結果轟動全世界。本來大家對毛澤東這幫人都不心存好感，甚至說他們是「匪幫」，結果觀念一下子完全改變過來了。大家讀了這本書以後，都認為這一批人真的非常了不起，他們才是真正的「偉人」。

我們在林老先生的住所用餐，我印象極深刻的是他自己煮有一鍋「虱目魚」湯，他的生活相當簡樸。一直到我結婚，我才看到他太太。他太太的作風完全和他不一樣，聽說以前是校花，很多人在追。

我和邱小姐經過三個多月的交往，終於準備要結婚了。那時候，我的心性當然和以前有很大的不同。以前的我，可以說是活在「幻夢」與「虛榮」之中，常常虛構我的婚姻要如何如何地出人頭地，要辦得如何如何地風光、豪華與奢侈，因為那是一般鄉下窮小子的幻夢。然而我自己卻一直保持著自己的「風骨」與「節操」，即使在擔任國大代表的時候，我也不為國民黨的威逼利誘而踏上「政治婚姻」之路。所以很多人說我國代六年任期，未利用機會結婚，實在是「傻子」一個。

最後我們的婚禮選在一家小小的餐館，男方和女方的親友加起來總共才只有九桌。林老先生平常很少穿西裝。為了參加我的婚禮，那一天他竟然西裝筆挺地牽著他太太大駕光臨，並且為我祝詞。

後來林春成老先生曾經短暫地臥病在國泰醫院，我每天去探望他，和他聊「思想」的東西。有一天他突然病好了，跑到北投去洗溫泉，很不幸地舊疾復發而過世了。他的葬禮簡單隆重，很多政治人物都來參加了，連以前華航大園空難的中央銀行總裁許遠東也哀痛出席。

在我的內心深處，我永遠會記得林春成老先生。他的一切言行對我的內心來說是一項極大的震撼。因為我的內心知道得非常清楚：長久以來我的「台灣民主運動」歲月可以說大部份的時間都「追求虛榮」而浪費了。大部分的所謂「黨外人士」或是民進黨人士，對我來說，他們都只不過是「我知識不滿足」的時候繼續往前追求的一個「里程碑」而已。但林老先生就不一樣了。在他的身上，我發現到我所需要的，那就是：人需要透過「受苦」的過程才能達到「謙卑」。高深的學識有什麼了不起？那高深的學識只不過是用來「虛榮」炫耀自己一番而已。最真正有思想的人是能夠把外表的一切「看破」的人。他不需要打扮自己，他也不需要看別人打扮他們自己。那「化粧」是毫無意義的。一切只有思想，再思想。

五、我生病了，不久謝三升也過世了

民國八十三年一月底，那時候學校已經快放寒假了，而大家也正忙著準備農曆過年的事情，可是我生病了。

有一天，我發現我的下排牙齒左邊的「齒槽骨」附近長了一顆小小的肉瘤，我原先以為那是「齒包」。小時候常常口腔不太乾淨的時候，會生「齒包」。只要用牙刷灑上鹽巴在那「肉粒」表面刷一刷，或使用手指頭壓一壓，等裡面的膿水跑出來，一切就沒事了。但這一次我壓它時，卻發現它有點硬硬的。照鏡子，我又不敢用針頭一下子把它刺破。所以我趕緊跑到中醫診所，醫生使用一根金屬棒在它表面壓一壓，結果還是硬硬的。他建議我到台北市公保門診中心去作進一步的檢查。

我那時候和一般人的觀念一樣認為台大醫院是最棒的，我迷信台大，也相信台大一切都是萬能的，所以到了公保中心馬上就找台大的醫生檢查。醫生當天就把我轉診到台大醫院很快地把那一顆肉瘤切除掉了，我那時候天真的想法以為這樣就沒事了。萬萬沒有想到一個禮拜之後，當我去拆線時，台大有一位自稱從美國哈佛大學研究回來的病理醫師，他戴著一副金框眼鏡，以一種神秘而嚴峻的口氣告訴我一個非常不幸的消息：我得了「口腔癌」。

我原先以為拆線就沒事了，一聽到這個令我吃驚的消息，突然感覺天與地似乎在旋轉。而我父親逝世時的情景和他患了鼻腔癌後被台大「電」得黑黑的那半邊臉龐，又浮現在我的眼前。我忍不住大聲地喊叫了出來：這個世界實在是太不公平了！為何我「受苦」這麼多，而「天公伯仔」竟然都沒有長「目睭」（眼睛）。我仍然要遭受上天這麼不公平的對待。

那個天殺的病理醫生要我趕快住進台大，接受進一步的檢查。它好像晴空霹靂般地把我的整個靈魂都震動了。

以前的我，個性是海闊天空的，遇到這種狀況，一定會逃走。我一定不會理會它的。可是，現在情形不同了，我已經結婚生子，我的小孩還不到四歲。我不能像我那「罪惡的」父親一樣，在我四歲的時候，就丟下了母親和我們六個兄弟而往生了。一想到這裡，我的腳底不禁冰冷起來。

我在想：難道那可惡的命運之神本來就詛咒在我身上，而一切都要再「輪迴」嗎？不！我一定要面對現實。我一定要接受命運之神的挑戰。我不能丟下我的孩子，毫不負責任地讓他在這一個苦難的世界受苦，就像我的父親丟下我們一樣。

那時候，我相信台大是最棒的，我的心神一緊張，竟然糊里糊塗地沒有再到別的地方去檢查，就傻呼呼地住進了台大醫院。我在醫院裡曾經接受化學治療，連續有一個禮拜的時間。我一天要吐二十幾回，吐得我的心與肝都要吐出來了，但是我的頭髮並沒有因為「化學毒藥」

的副作用而掉落或斑白。

在醫院裡，我曾接受「電腦斷層掃描」進行了一個多小時，我也接受「同位素」全身骨骼的檢查。我曾偷偷向實習醫生請教，結果發現照片裡根本沒有任何「癌細胞」的蹤跡。於是我偷偷地辦理出院了。我想我不願意再回去那屬於「魔鬼」的地方了。我認為一定是醫生弄錯了，我根本沒有癌症。我的身體不是一直沒有任何疼痛嗎？我的身體不是一直很好嗎？我只不過是長了一顆「齒包」而已，而它現在已經被割除了。

可是當我回到家裡以後，心裡卻越想越不安，越想越恐佈。萬一我真的有癌細胞的話，怎麼辦？難道台大醫生會騙人嗎？一想到孩子的將來，最後，我又自投羅網回去台大醫院了。

本來我的主治醫生計劃要把我的顏面擴大切除，包括淋巴線。我真的嚇得要命。那時候，台大的口腔額面科主任是韓良俊醫師，他是台灣光復前後台南市的聞人韓石泉醫生的公子。他的人長得瘦瘦高高的，個性溫文儒雅，講話輕聲細語，他讓我對他產生了極大的信任感。我拜託他儘量建議我的主治醫生能夠縮小切除的範圍，因為我那時候正在教書，不能連我的發聲器官也把我切除了。結果韓主任答應幫忙，過了兩天，他給我肯定的答覆，他說他們醫生開會討論的結果決定很保守地只要把我下排三顆牙齒連齒槽骨挖掉，拿去再作檢驗就好了。我一聽他說縮小範圍切除，就勉強簽了手術同意書。

手術的當天一早，我便被推進了開刀房，一直到快中午的時候才結束。等我清醒過來，我發現我好像作了一場大夢。「昨日的我」好像死了，而「今日的我」又重生了。人生的一切也就此看淡了。

我的臉孔整個好像被毀了。下排左邊三顆牙齒連齒槽骨都被挖掉了，好像被挖了一個大窟窿似地，而口水不斷地掉下來。醫生說以後可以加以整容，他叫我不必擔心。

我到現在仍然懷疑台大是否判斷錯誤？他們為什麼一定要我開刀才能解決事情呢？我又沒有吃檳榔的惡習。而我曾收聽某電台的節目，有一位計程車司機，他的情形也跟我一樣，可是後來他逃掉了，十幾年來他也沒有任何事情發生。後來民間打聽的結果，原來它是「牙齒風」，是人因一時疲勞，「風邪」所引起的。

我現在戴著台大醫院配製的假牙，就好比是一隻牛被拴上了「牛鈴」一般，慢慢地也就習慣了。我幾乎每天都有「苦痛」，因為傷口的地方到現在有時候仍然會隱隱作痛。不過對於這種「苦痛」，我現在竟然也習慣了。我已習慣與它為伍了。它每天似乎也在提醒著我：人間真的是寸步維艱啊！

不管台大當初是否「誤診」，反正事情都已發生了，我也慢慢地接受了「它」來作為自己「命運」的一部份。什麼事往好的方向想，也就沒有什麼可「悲嘆」了。或許生了這一場大病，我整個人變成「醜八怪」一個而存活著，它更加印證了：人生表面的東西已不在乎了。

我要堅強地活下去，並且活得更勇敢。世界上就是我這一種「非人」最堅強了，最勇敢了。走了那麼多坎坷的道路，到頭來又生了一場大病，人生真的已經被「驚嚇」得什麼「懼怕」也沒有了。

我現在活著只是活著「自在」。把自己當作已經「死過一次的人」來存活著。「把現存最好的」維持著。而我在這「受苦」的過程裡面似乎也悟出了一番大道理——那就是人生命運所發生的一切我們只能接受，還能多說什麼呢？就如同台語所說的：人要「卡巴結」（堅忍）一點呀！

我八十三年生病住院的那一個多月，我的金生兄好幾次告訴我謝三升要來醫院看我，可是他最後還是不曾來過。他本身卻在民國八十五年罹患了肝癌，而在八十六年三月十五日下午三點多病逝於學甲住所，享年五十五歲。

命運的相遇與別離真是令人唏噓不已。

國家圖書館出版品預行編目資料

形而上、虛無主義　非理性的世界——青年丙丁思想漂浪之旅日誌 / 林丙丁著 -- 初版. -- 臺北市：博客思出版事業網, 2021.07
ISBN：978-957-9267-97-7(平裝)

1.林丙丁 2.自傳 3.臺灣
783.3886　　110007240

形而上、虛無主義　非理性的世界
——青年丙丁思想漂浪之旅日誌

作　　者：林丙丁
編　　輯：塗宇樵、楊容容
美　　編：塗宇樵
封面設計：塗宇樵
出 版 者：博客思出版事業網
發　　行：博客思出版事業網
地　　址：台北市中正區重慶南路1段121號8樓之14
電　　話：(02)2331-1675或(02)2331-1691
傳　　真：(02)2382-6225
E—MAIL：books5w@gmail.com或books5w@yahoo.com.tw
網路書店：http://bookstv.com.tw/
https://www.pcstore.com.tw/yesbooks/
https://shopee.tw/books5w
博客來網路書店、博客思網路書店
三民書局、金石堂書店
經　　銷：聯合發行股份有限公司
電　　話：(02) 2917-8022　　傳 真：(02) 2915-7212
劃撥戶名：蘭臺出版社　　帳號：18995335
香港代理：香港聯合零售有限公司
電　　話：(852)2150-2100　　傳真：(852)2356-0735
出版日期：2021年07月 初版
定　　價：新臺幣380元整（平裝）
ISBN：978-957-9267-97-7